UN SINGULIER DESTIN

La vie et la spiritualité
du père Julien Papillon,
Missionnaire d'Afrique (Père Blanc)

Dans le compagnonnage
de la sclérose en plaques pendant 42 ans

par
RICHARD DANDENAULT, M. AFR.

1073, boul. René-Lévesque Ouest • Québec Canada • G1S 4R5 • (418) 687-6086

Dépot légal : Bibliothèques nationales du Québec et du Canada
4ᵉ trimestre 2005

ISBN 2-89129-493-9

Imprimé au Canada

Le mystère du Christ consiste en ceci qu'il peut toujours susciter des personnes croyant que le ciel est accessible dans ce monde, dans les limites de la chair et du sang, justement parce que le Christ est capable de transfigurer la chair et le sang et de les illuminer, avant la fin des temps.

Georges Khodr, *L'appel de l'Esprit*, « Le christianisme est-il viable ? », p. 149

INTRODUCTION

Le 4 juin 1954, Julien Papillon, alors étudiant à l'Académie de Québec, écrivait ceci au père supérieur du noviciat des Pères Blancs à Saint-Martin de Laval[1] :

> *C'est avec une grande joie que je vous écris afin de solliciter la faveur d'être admis au noviciat des Pères Blancs. Depuis six ans je fréquente ce Collège, et je me suis toujours assez bien classé.*
>
> *Après avoir mûrement réfléchi et après avoir consulté des personnes compétentes, j'ai opté pour la vie sacerdotale et plus particulièrement pour les Pères Blancs. Depuis septembre, je rends visite régulièrement une fois par mois au Père Bédard et, sans doute, il a dû vous parler de moi. D'ailleurs, c'est lui-même qui m'a conseillé de m'adresser à vous.*
>
> *J'espère donc, Révérend Père, que j'aurai le bonheur d'être inscrit à votre liste de novices de 1954-55.*

Julien avait donc décidé à cette date d'orienter sa vie dans le célibat consacré comme prêtre et dans la Société des Missionnaires d'Afrique (les Pères Blancs). On remarque dans sa lettre de demande qu'il est

---

1. Les deux centres de formation pour tout candidat désirant devenir Missionnaire d'Afrique (Père Blanc), soit comme frère, soit comme prêtre, étaient le noviciat et le scolasticat. Les frères avaient en plus un centre préalable à l'entrée au noviciat : le postulat. Le postulat avait pour but de fournir, en plus d'une initiation à la prière et à la vie des Missionnaires d'Afrique, une base doctrinale, de nature catéchétique, théologique et scripturaire. Le noviciat était le centre proprement dit de formation humaine et spirituelle pour une vie de prière et de vie communautaire propre aux Missionnaires d'Afrique. Le noviciat devait assurer et vérifier chez les candidats la présence et le développement d'un esprit apostolique en vue de la mission en Afrique. Le programme du scolasticat visait à intensifier ce qui avait été semé au noviciat en proposant, comme ajout principal, un cadre d'études structurées en théologie, Écritures saintes et autres disciplines ecclésiastiques. Le scolasticat est l'équivalent du Grand Séminaire dans les diocèses.

rempli de joie et que cette joie deviendra un bonheur bien concret dès qu'il se saura inscrit à la première étape de formation.

Cette décision a été mûrie. Elle n'a pas été sans « crise ». « Être ce qu'il veut que je sois, appelé à être ce qu'il veut. Je le sens toujours comme une blessure d'amour », écrira-t-il plus tard dans son auto-biographie, comme on le verra de façon plus détaillée au 1er chapitre. Une crise, donc, mûrie dans la prière, la réflexion, et appuyée par la référence à un confrère du même Institut pour éviter toute illusion sur lui-même. Cette dernière démarche deviendra pour lui un élément clé dans toute histoire de vocation quand il sera plus tard affecté à accompagner des jeunes ayant le même désir d'engagement sacerdotal et missionnaire.

L'orientation de sa vie était donc prise. Julien rêvait de l'aventure en Afrique pour « sauver des âmes », selon le vocabulaire de l'époque et que l'on retrouve souvent dans le journal qu'il tenait pendant ses années de formation. Il avait pris cette expression à son compte. Il était loin de se douter que son aventure africaine se limiterait seule-ment à quelque neuf mois, et que son « service missionnaire » pren-drait une tout autre couleur.

Au mois de mai 1959, soit cinq mois après leur ordination et tout près de terminer leurs études théologiques, Julien et les autres confrères de sa promotion recevaient leur nomination. Julien était nommé au Nyasaland (aujourd'hui le Malawi), dans le diocèse de Mzuzu. Avant de prendre le chemin de l'Afrique, on avait cependant demandé à Julien de faire deux années d'études pédagogiques en Angleterre, au Goldsmith College, en vue d'un ministère spécialisé dans le domaine de l'éducation.

Moins d'un an plus tard, en mars 1960, six mois à peine après le début de ses études, Julien s'est réveillé un matin avec une étrange sen-sation de paralysie dans son corps, qui gênait sensiblement ses gestes habituels du matin. Ne sachant pas trop ce qui lui arrivait, Julien a cru un moment qu'il s'agissait d'une fatigue particulière qui allait passer comme tout le reste. Celle-ci cependant s'avérera comme étant quelque chose de sérieux et qui, loin de passer momentanément, ira s'accentuant jusqu'à la fin de ses jours. Pendant les jours qui ont suivi, il s'est retrouvé à hôpital pour des soins préliminaires. Voulant en savoir plus sur ce qui l'affectait, il a profité d'un moment de nuit où les infirmières étaient dispersées dans les chambres avoisinantes pour aller consulter son dossier médical. Sa curiosité immédiate était satisfaite : noir sur blanc, il a bien vu ce dont il s'agissait : MS. « Multiple Sclerosis », sclérose en plaques ! À moins d'un miracle de guérison, son sort était jeté pour les 42 années qui lui restaient à vivre. « Longue et impitoyable maladie », dira plus tard son ami de longue date, le docteur Yvan Auger, qui l'aura suivi de près et de loin durant toutes ces années.

Cinq semaines après le décès de Julien, le Dr Auger écrivait ceci :

Julien est décédé de causes à la fois lointaines et immédiates.

La combinaison de la sclérose en plaques, lentement évolutive mais à la fin inexorable, et du cancer du rein diagnostiqué en octobre 2000 ont petit à petit miné un organisme déjà lourdement affaibli. La sclérose en plaques, en plus de paralyser les quatre membres, avait aussi atteint chez Julien les nerfs commandant la respiration et la déglutition, au point où il avait peine à parler et où le simple fait d'avaler sa salive risquait de l'étouffer.

À la fin, il n'a plus eu même la force de respirer. Il nous aura quitté dans un murmure, dignement, et entouré comme il l'avait désiré.

Julien a vécu un destin, une mission singulière qu'il a actualisée à travers une maladie terriblement débilitante.

Ses vingt dernières années l'auront dépouillé progressivement de tout avoir et de tout pouvoir, processus qu'il a choisi de vivre dans un acte généreux d'accueil et de liberté.

La première béatitude l'a particulièrement habité !...

Notre consolation comme vous l'avez exprimée réside dans notre certitude qu'il vit toujours à travers la communion des saints, réalité si douce à nos cœurs, si humaine et si divine.

Et trois ans plus tard, à quelques jours près du 3ᵉ anniversaire du décès de Julien, le même docteur et ami nous donne un portrait global et saisissant de ce que fut Julien pour lui :

« Parole donnée, vie livrée [2] »

Lors du grand départ de Julien le 25 juin 2002, j'eus la perception d'une attente, d'une espérance mal définie que cet homme avait encore quelque chose à dire : n'était-il pas un homme de paroles, un homme « de la parole » ?

Aussi, je me suis réjoui d'apprendre par le père Richard Dandenault le projet de diffuser certains extraits de son journal spirituel.

Julien a été marqué au fer rouge par une maladie débilitante au plus haut degré. Son journal intime, lieu de son cœur à cœur avec le divin, fait de fréquentes allusions à son état de santé.

Le Dʳ Yvan Auger et son épouse Ruth.

---

2. Citation tirée d'un texte de Julien intitulé *Ils reconnaissent en eux des compagnons de Jésus* et destiné à ses confrères Pères Blancs au début de 1994.

Qu'en a-t-il été au juste ? Impossible de se substituer à sa personne dans ce qu'il a vécu de plus intime et qui, jusqu'à un certain point, relève de l'indicible. Mais à partir de son journal, de fragments de son dossier médical, de mes propres souvenirs encore si vivaces alimentés par une amitié de presque quarante ans, que puis-je en dire... prudemment ?

La sclérose en plaques est une maladie dégénérative du système nerveux avec des manifestations (motrices, sensitives, sensorielles, etc.) et des rythmes évolutifs variables.

Julien a vécu une forme à évolution lente et manifestations multiformes avec des périodes aiguës de détérioration sévère (poussées) suivies de récupération partielle. Une description graphique représenterait une ligne descendante avec plateaux, épisodes de chutes et remontées en deçà de la ligne de base.

À ma connaissance, trois poussées majeures ont eu lieu (mars 1960, mars 1978 et janvier 1990) dont celles de 1960 et 1990 représentent, à trente ans d'intervalle, les pôles temporels de perte d'autonomie physique très sévère, initialement vécue temporairement (1960) puis de façon permanente (1990).

En mars 1960, un homme de 28 ans voit remettre en question son plan de vie par une paralysie substantielle des quatre membres avec ses contraintes inhérentes quant au déplacement, aux soins d'hygiène, aux repas, etc. Huit à neuf mois s'écouleront avant qu'il écrive à nouveau.

Heureusement, à la suite de cet épisode, malgré le résidu de séquelles permanentes, la récupération motrice laissera place à une autonomie très large. Au début de 1978, six à sept heures de travail s'inscrivent encore quotidiennement.

À partir de 1978 cependant, le processus d'affaiblissement des jambes, bras et mains va s'accélérer.

– Fin 1979 : début d'utilisation de béquilles, peut marcher trente minutes.

– Fin 1982 : doit interrompre l'écriture après une heure.

– Milieu 1986 : fauteuil roulant, cesse de conduire une auto.

– Mai 1986 : réussit à se tenir debout brièvement ; un confrère fait son lit et l'aide à se dévêtir.

– Été 1988 : main et bras gauches peuvent à peine bouger, jambes presque totalement impotentes.

– *Décembre 1988 : seuls la main et le bras droits demeurent partiellement fonctionnels ; l'écriture est pénible mais encore possible.*

– *25 janvier 1990 : dernière poussée aiguë, paralysie totale des quatre membres, légère récupération de sa main droite.*

– *Mars 1990 : admis à l'infirmerie du Pavillon Cardinal Vachon. Le quotidien se vit dans la dépendance physique totale.*

Chez Julien, l'expression de la sclérose en plaques revêtit plusieurs formes en plus des atteintes de la fonction motrice : ataxie, troubles sensitifs, dysfonction du système nerveux autonome, perturbation de la fonction intestinale, spasticité des membres et autres symptômes généraux.

L'ataxie se manifeste par une difficulté à maintenir l'équilibre à la marche. Elle apparaîtra très tôt et de façon permanente. Julien, avec humour, fait lui-même allusion dans son journal à sa démarche « d'homme ivre ».

Les troubles sensitifs sous forme de dysesthésie (sensation de fourmillements, de pénétration d'aiguilles, de courant électrique, d'engourdissement, de bras cassé), décrits dès 1960 au membre supérieur droit, s'étendront éventuellement aux quatre membres, seront perçus ultimement comme douloureux et ne le quitteront vraiment jamais. Les analgésiques ne seront acceptés que durant les deux ou trois dernières semaines précédant le décès. Aux dysesthésies douloureuses s'ajouteront avec le temps les crampes et douleurs de contracture musculaires.

En 1982, les difficultés urinaires associés à la sclérose en plaques (besoin urgent d'uriner fréquemment) imposèrent un état d'alerte constant pour « éviter les dégâts ». Lorsqu'il perdra l'usage de ses mains, Julien deviendra dépendant de l'aide extérieure pour ce faire. Il n'acceptera la sonde urinaire permanente que quelques années avant son décès.

Tout aussi perturbants furent les problèmes intestinaux sous forme de douleur abdominale et constipation qui deviendra assez grave pour nécessiter l'intervention manuelle d'autrui. L'absence de réflexe automatique efficace, qui pour les bien-portant que nous sommes relève de la trivialité, ajoutera un degré supplémentaire de marginalisation.

J'ajoute quelques mots sur les symptômes généraux évoqués épisodiquement dans le journal : fatigabilité, faiblesse, lourdeur, asthénie jusqu'à être « fatigué d'être fatigué ». Après mars 1960, le sentiment naturel chez un être jeune d'un corps énergique, apte à l'action et prenant plaisir à s'y déployer, lui deviendra progressivement étranger. En plus de voir ses mouvements restreints, le mouvement lui-même du corps et de la pensée deviendra pénible. Ce n'est donc pas le moindre paradoxe qu'un homme si atteint et accablé physiquement ait eu un tel rayonnement.

Je mentionne brièvement les autres problèmes de santé de Julien : épisode de malaria au Malawi (1966) qui faillit l'emporter, calculs urinaires récidivants et le cancer du rein diagnostiqué en août 2000 qui évoluera fatalement en juin 2002.

Non pas que ces affections aient été négligeables chez un être déjà très atteint, mais leur impact, plus limité dans le temps, n'aura pas l'ampleur déterminante de la sclérose en plaques dans une perspective temporelle et existentielle.

Considérons à cet égard le quotidien de Julien à partir de mars 1990 où une longue période éprouvante de douze ans l'attend encore :

– Ne peut assumer son hygiène personnelle.

– On doit lui présenter la nourriture à la bouche.

– Ne peut plus changer de position seul, au lit comme au fauteuil.

– Les quelques doigts de la main droite qui lui permettent encore d'écrire très péniblement deviendront aussi inutiles.

– Il ne pourra éventuellement plus tourner les pages du livre devant lequel on le place et devra attendre bien souvent le prochain samaritain.

– Les muscles de la déglutition, ne répondant plus normalement, posent une menace constante : il risque de s'étouffer lui-même avec sa propre salive.

– Les muscles de la respiration atteints et son état de faiblesse rendront dans les derniers mois sa voix à peine audible.

Julien compare sa situation à un enfant effeuillant sa marguerite et laissant une après l'autre tomber les pétales.

Il accepte et désire devenir « hostie vivante » et pressent dès 1993 qu'il va entrer dans le « silence ».

Le journal spirituel parle mieux que quiconque de la façon dont fut vécue la longue maladie.

Je relève certaines attitudes qui m'ont frappé.

– Lucidité : dès mars 1960, Julien a vécu l'essence de ce que sera son sort permanent 30 ans plus tard. Sa vie sera la réactualisation progressive

d'un drame déjà vécu : paralysie des quatre membres avec ses contraintes de dépendance, marginalisation, humiliation.

Sa vie intérieure si riche et sa discipline de vie Père Blanc le rendent attentif à la progression et à la manifestation de la maladie plus que tout autre.

— Humanité : son journal révèle ses angoisses, ses craintes, ses peurs, son désarroi. Nous pouvons si facilement nous identifier à lui !

— Générosité et fidélité : il refuse de se laisser détruire par la maladie et jamais celle-ci ne le dominera malgré les moments « costauds ». « Parole donnée, vie livrée », ces paroles s'appliquent si bien à son attitude. Sa perception, conviction d'être fils du Père, le soutiendra pendant toutes ces années et il demeurera aligné sur l'axe fondamental de ses vingt ans : chrétien, prêtre, missionnaire.

Julien n'a pas été exceptionnel par sa maladie, si cruelle soit-elle : des dizaines de milliers de Canadiens en sont atteints.

Son destin singulier aura été, en puisant dans le sens de sa foi et de sa mission, d'en faire un événement créateur de liberté dans le paradoxe de la marginalisation, de la dépendance, de l'impuissance.

L'héroïsme peut s'inscrire dans la décision d'un seul instant ou se distiller pendant des décennies. Sa vie appartient à cette dernière modalité. J'exprime ma gratitude qu'un si heureux mélange de grâce et de liberté nous ait donné cette âme aimante.

Yvan Auger, md

Cette épreuve de santé allait donc provoquer une profonde remise en question d'orientation. Tout un horizon se bloquait, une vision de l'avenir se trouvait radicalement perturbée. Il faisait face à ce qui allait prendre l'allure d'une « crise », une crise qui allait se révéler d'une tout autre nature que celle qu'il avait vécue dans ses années de jeunesse.

À l'été de 1960, Julien doit revenir au Canada pour récupérer ses forces, pensant, illusoirement, que celles-ci lui reviendraient et que son départ pour l'Afrique ne serait plus qu'une question de sursis. Cinq années se sont passées dans cet état de repos, le plus souvent au noviciat des Pères Blancs à Saint-Martin de Laval, dans l'accomplissement de tâches adaptées à sa condition, telles que le soin de l'économat, l'enseignement de l'anglais et l'accompagnement spirituel. C'est dans ce contexte que germeront des semences de spiritualité qui fomenteront les années à venir. « *Je me sens très heureux d'être ici. Au niveau spirituel,* note-t-il brièvement dans un mini-carnet qui date de cette année, *cela me fait beaucoup de bien. Je puis vérifier mon statut de prêtre-missionnaire depuis mon ordination et approfondir ma spiritualité devenue quelque peu stagnante.* » Julien vivait une expérience pascale, le passage d'une idéologie de la mission à l'accueil de l'événement le ramenant sans cesse à sa réalité quotidienne où se trouvaient à la fois l'appel de Dieu et l'envoi en mission dans les confins mêmes de sa chair et de son contexte de vie.

En septembre 1965, il part pour l'Afrique, suffisamment « costaud » à son dire pour risquer l'entreprise. Celle-ci n'aura pas longue durée. Dix mois plus tard, il est victime d'une sérieuse attaque de paludisme et doit être rapatrié au premier feu vert du médecin. En septembre de cette année 1966, il est nommé à Lennoxville comme responsable du postulat des frères. Il n'y verra pas un seul nouveau candidat se pointer. Et en septembre 1967, un mandat officiel le ramènera au noviciat à titre de « socius » du responsable de ce qui s'appellera désormais l'Année spirituelle. C'est dans ce cadre de formation des jeunes missionnaires qu'il exercera son ministère jusqu'en août 1983.

Sur l'ensemble de ces années, il est intéressant pour le moment de noter les trois points suivants.

– De septembre 1967 jusqu'en août 1983, Julien est le seul Père Blanc qui sera présent comme membre du personnel durant toutes ces années à l'Année spirituelle. Tous les autres membres, près d'une douzaine, passeront un an ou deux ou trois, que ce soit à titre de premier responsable ou comme collaborateurs. Julien se fera le « témoin régulier de la tradition Père Blanc » devant être « transmise » à des jeunes, tout autant que de la nouvelle pédagogie se mettant en place dans ces années toutes fraîches de l'influence du concile de Vatican II.

– À noter aussi que le lieu où se déroulait l'Année spirituelle a changé de place huit fois durant les mêmes années, selon qu'il s'agissait de recevoir un groupe d'expression francophone ou anglophone et selon que la culture environnante était anglaise ou française. Et chaque année, le travail de formation commençait à neuf avec un nouveau groupe. On l'a vu pratiquer son « ministère de formateur » à Saint-Martin, près de Montréal, puis à Québec, et à Washington, D.C., à Dorking et à Birkdale en Angleterre, à Mours en France, à Fribourg en Suisse, à Ottawa au Canada.

– On comprend que Julien a dû se faire à une mentalité de « nomade », engendrée par des bouleversements et des déracinements successifs et suscitée tant par les déplacements géographiques que par un départ chaque fois nouveau avec un groupe de mentalité différente. Comme il le dira plus tard chaque fois qu'il devait opérer un changement de milieu : « Je dois apprendre la langue[3]. » Rester à l'écoute du neuf qui se présentait à lui et en faire son étoffe propre. Cet état d'esprit à couleur « d'exode » devient partie constitutive de sa spiritualité.

Ces années 1967-83 vont former les années d'or de la vie active de Julien. Il est mandaté, et ce mot a beaucoup d'importance pour lui, à l'Année spirituelle. Cette appellation nouvelle reflète le renouvellement théologique, spirituel et pastoral de l'Église. Les 365 jours complets du noviciat canonique, qui faisaient loi de cadre de formation jusque-là, laissent place à un programme de base beaucoup plus souple d'intégration humaine et spirituelle dans les limites d'une année scolaire.

Les objectifs de cette importante année de formation restent substantiellement les mêmes : assurer les bases humaines et spirituelles de tout candidat se sentant appelé à la vie missionnaire en Afrique dans la Société des Pères Blancs. Vatican II y apporte cependant du neuf,

---

3. Il ne s'agit pas simplement pour Julien d'avoir la capacité de parler une langue différente de la sienne, mais de s'imprégner de la mentalité du milieu, de son cadre de pensées, de ses valeurs et priorités, pour communiquer adéquatement avec les personnes qui en font partie, et se faire comprendre sur leur terrain propre.

surtout dans les priorités, en donnant la première place à la Parole de Dieu, médiatisée dans la vie liturgique, la prière personnelle et l'accompagnement. À l'intérieur de cette parole entendue et accueillie, se vérifie la présence du charisme propre des Missionnaires d'Afrique. La spiritualité d'Ignace de Loyola, dite spiritualité ignatienne, était proposée comme instrument d'intégration de l'une et de l'autre. Il s'ensuit toute une nouvelle pédagogie, dont Julien, en concertation avec les autres Pères Blancs affectés à la même mission, est l'un des innovateurs et maîtres. L'ensemble de ces points fera l'objet de la deuxième partie du présent ouvrage.

Les 19 autres années qui suivront son insertion à l'Année spirituelle, où Julien vivra un ministère de « disponibilité », se passeront respectivement à Québec, à la communauté de Sainte-Foy, de septembre 1983 à novembre 1989 ; puis à Lennoxville jusqu'en février 1990 et finalement de nouveau à Québec, à la Résidence Cardinal Vachon, jusqu'au 25 juin 2002. Là aussi, il dira à chaque endroit où il doit passer qu'il doit « apprendre la langue ». Ces années formeront une troisième partie qu'il nous restera à explorer dans l'itinéraire de Julien.

À ce moment, Julien est devenu péniblement handicapé. Son inséparable et impitoyable compagne, la SEP, ne lui laisse aucun répit. « Je suis fatigué d'être fatigué », écrira-t-il fréquemment dans son journal quotidien, devenu depuis le 1er janvier 1979 son fidèle confident auquel il avouera ses faiblesses et sa détresse tout autant que ses rêves et ses espoirs.

Période de purifications, s'il en fut une ! Julien n'a plus de mandat pour une mission précise autre que celle d'être présent à la communauté à laquelle il est affecté et d'être « disponible » aux confrères et aux personnes de l'extérieur qui solliciteront ses services selon ses possibilités. Autre « crise de passage », autre départ sans orientation précise, autre « ouverture à l'événement » tel qu'il se présentera et où il sera « invité » à découvrir la présence de Dieu et la mission toujours neuve qui lui est confiée dans la circonstance. Sa disponibilité, qu'on pourrait qualifier de « passivité active », est en effet de plus en plus marquée par une double passion : passive dans la souffrance physique, incontournable, semblant toujours s'imposer comme une nécessité, et l'autre, active, dans laquelle, au plus fort de sa volonté, il se veut fidèle à la mission qui lui est confiée au service de ses frères et sœurs. Tout se conjuguera dans l'attitude d'offrande de lui-même dans la maladie qui le terrasse de plus en plus et qui le réduira à la plus totale dépendance dans la plus grande liberté qui soit.

Cette offrande de lui-même restera toujours quelque chose de complexe et lui demandera une conscientisation nouvelle à chaque jour qui passe. Dès son enfance, Julien est hanté par l'« angoisse du mieux » et cela sans doute accentue sa souffrance à mesure qu'il est miné par la maladie. Sorte de réflexe pharisien à la saint Paul (« *Qui me sauvera de ce corps de mort* » [Rm 7,24]), il est sauvé en même temps par sa sensibilité presque « féminine » qu'il va assumer progressivement, luttant pour être un « dur » alors qu'il est un « tendre ». La rencontre de compagnes de route lui sera des plus bénéfiques. Il sera toujours très fidèle à ces dernières, par tempérament et par volonté, mais progressivement par « intuition consentie », expression de sa « passivité active » lui permettant de conjuguer dépendance et liberté. Son offrande ou sa disponibilité qui en sera la concrétisation, il l'exprimera envers Dieu mais aussi dans sa vie interrelationnelle, d'autant plus que, par sa maladie même, et à mesure qu'elle s'intensifie, il deviendra de plus en plus sensible au corps qu'il lui reste, mais qu'il pourra par là même transcender jusqu'à l'âme où se manifeste la présence du Dieu de miséricorde (« *Je me glorifierai de mes faiblesses afin qu'habite en moi la puissance du Christ* » [2 Co 12,9-10]). Métamorphose remarquable qui apparaît surtout dans les années 1967 à 1983 : un confrère, vivant à ses côtés durant une partie de cette période, nous en donne un témoignage saisissant au chapitre 4.

Peut-on présenter de façon globale les points forts qui vont marquer son itinéraire humain et spirituel tout au long de sa vie ? Une méthode ici semble s'imposer. Se mettre à l'écoute et se référer à son vocabulaire concret et existentiel, pleinement attentif à ce qui se passe en lui et autour de lui, sans oublier ce qui se passe au loin. Ses écrits sont remplis d'expressions du terroir, de vocables imagés, de mots colorés, de symboles inspirants, où interviennent des personnages influents, des attitudes intérieures, des événements imprévus, des rencontres bienfaisantes, des mouvements de l'Esprit, des appels au discernement, des habitudes remises en cause, d'une sensibilité en recherche de conversion, d'une volonté de Dieu à découvrir, d'une amitié à mettre en perspective, d'une disponibilité à assurer, d'une liturgie à célébrer, d'une mission à assurer, d'une pauvreté et d'une faiblesse à accepter, d'une spiritualité à unifier.

Les moyens d'appui qu'il se donne sont à la fois traditionnels et nouveaux : l'écoute assidue de la Parole de Dieu, la prière personnelle, communautaire et liturgique, le recours régulier au sacrement de réconciliation et à l'accompagnement personnel. Il entend rester constamment attentif à sa situation d'exode, avec un bâton de pèlerin qu'il gardait soigneusement sous ses yeux, en perspective constante de départ, près de la porte de sa chambre. Il implore sa participation à l'esprit des béatitudes. Il cherche dans chaque événement le sourire de Dieu qui l'invite à partager sa bonté et sa miséricorde. Il accueille dans l'action de grâce tous les dons de la vie, en priorité celui de la filiation divine. Il ne cesse de remercier Dieu de l'avoir fait prêtre, missionnaire et membre d'une communauté de frères. Il se veut rigoureusement attentif aux besoins des siens, à leurs difficultés, à leurs épreuves. Il veut se faire proche de la « communion des saints » qu'il fréquente chaque jour dans la lecture de son « office » (bréviaire). Il veut se voir un perpétuel artisan de paix et d'amour et signer toutes ses rencontres de « Shalom and Love ». Somme toute, on rencontre tout un monde d'idées, de mots et d'images qui habitent son univers mental, imaginaire et spirituel où il puise sans cesse pour se rendre attentif et vigilant aux forces de vie intérieure et relationnelle qui lui sont données de vivre et qu'il veut accueillir au maximum, les mains ouvertes, sans manipulation.

C'est à l'écoute de Julien qu'on se rendra compte de cette unité intérieure qui se crée tout au long de sa vie à partir de son être filial et de la mission qui a progressivement émergé sur la base de cette réalité. C'est autour de celle-ci que convergent et se conjuguent les expériences diverses et multiples qui permettront à cette identité filiale de prendre tout son dynamisme.

Julien a écrit, il a beaucoup écrit[4], comme pour y trouver un confident et rester en contact suivi avec lui-même dans sa marche en avant. *« Habite ta situation si tu veux trouver Dieu, car Dieu ne se trouve jamais ailleurs »*, écrit-il en première page de son journal de 1979. Tout va se centrer sur son expérience humaine, spirituelle, sacerdotale et missionnaire qu'il voudrait toujours davantage unifier, sans évasion dans l'une ou dans l'autre. Ce sont ces écrits, ceux dont nous disposons, que nous allons interroger pour le suivre dans sa « spiritualité de nomade » jusqu'à son « exode final », comme il aimait fréquemment se rappeler.

Méthode suivie dans le présent ouvrage

Plusieurs approches sont possibles pour mettre en lumière l'expérience humaine, spirituelle et missionnaire de Julien Papillon. À sa mort, tous ces documents étaient dispersés. Ayant personnellement connu Julien pendant plus de 40 ans, vu également l'amitié qui nous liait, j'avais proposé au conseil général[5], et avec l'approbation de Julien, de faire un relevé de ses écrits et d'essayer de dégager des sentiers où l'on pourrait avec profit se promener pour découvrir son étonnante personnalité. Le conseil général a donné son accord et son apport à ce projet.

---

4. Voir la liste à la page 24.
5. Ce sont les membres qui gèrent l'ensemble de la Société des Missionnaires d'Afrique (Pères Blancs), elle-même divisée en différentes provinces. Le conseil général est composé d'un supérieur général et de quatre assistants. Ceux-ci ont nom d'assistants généraux. À la tête de chaque province, il y a le supérieur provincial, lui-même assisté d'un ou de deux assistants et d'un conseil en vue de la gestion et des décisions à prendre dans l'administration de sa province.

Quelle procédure suivre pour aborder cette montagne de documents ? L'utilisation de différents thèmes en était une. La méthode chronologique en était une autre en faisant intervenir citations sur citations. J'ai préféré utiliser cette dernière, mais en laissant toute la parole à Julien avec ses mots propres, ses expressions colorées, ses images pour qu'il soit lui-même en contact avec son lecteur. Des explications courtes au début ou en fin de chapitre et des mini-synthèses paraîtront à l'occasion pour mettre davantage en relief ce qu'il veut nous dire. Si ces dernières gênent le lecteur, il pourra à son gré passer outre et reprendre la lecture courante.

Richard Dandenault, M.Afr.

Les écrits de Julien :

1- Entre août 1954 et juin 1959, période qui couvre l'ensemble de ses années de formation : des notes quotidiennes de son noviciat (54-55) et de sa 1re année de scolasticat (études théologiques), et d'autres notes des autres années relatives aux retraites de début et de fin d'année.

2- Des comptes rendus dans six carnets à feuilles mobiles de retraites annuelles et de récollections mensuelles de septembre 1959 à février 1971, avec un appendice de sa brève expérience en Afrique, de septembre 1965 à mai 1966.

3- Correspondance avec sa mère : 16 lettres et 44 cartes postales de septembre 1971 à juin 1975.

4- Trois agendas de planification d'activités et de rencontres avec réflexions occasionnelles sur les événements en cours couvrant la période de septembre 1975 à décembre 1978.

5- Vingt et un cahiers de son journal quotidien commencé le 1er janvier 1979 jusqu'au 31 décembre 1999.

6- Trois documents rédigés à l'Année spirituelle (noviciat) durant l'année 1978-79 : son autobiographie personnelle, le récit des Exercices dans la vie courante (pratique quotidienne de la retraite ignatienne), et des réflexions sur sa propre affectivité à la suite d'une session.

7- Un texte sur « l'identité Père Blanc » en réponse à une demande du responsable de l'Année spirituelle, à Fribourg, daté de septembre 1996.

8- Une réflexion de Julien, datée de 1994, en réponse à la demande du conseil général des Missionnaires d'Afrique demandant à un certain nombre de confrères de donner leur témoignage sur leur vie missionnaire.

9- 40 textes « Parole et Vie » pour le magazine *Mission* couvrant la période 1976-1983.

10- Un nombre assez considérable de conférences, de notes de cours, de récollections en matière spirituelle qui ont été le fruit de ses années comme formateur à l'Année spirituelle (1967-1983) et d'autres des années qui ont suivi. Certains de ces documents seront cités dans le présent ouvrage. On trouvera en appendice des extraits de cette conférence de Julien datant de 1985 sur Jean-Paul II et la mission.

11- Une correspondance fidèle et régulière avec les responsables de la Société des Missionnaires d'Afrique, soit 23 lettres de la part de Julien, 54 de la part des responsables. Et finalement un autre type de correspondance : un certain nombre de lettres adressées par Julien à des ami(e)s (18), confrères (38) et pouvant être utilisées avec permission des personnes concernées.

Écrits sur Julien :

1- Les évaluations faites par ses formateurs pendant ses années de formation : 1954-1959.

2- La nécrologie du *Petit Écho*.

3- L'homélie de ses funérailles : 28 juin 2002.

4- Six rapports médicaux qui ont été rédigés périodiquement par le docteur Yvan Auger, médecin généraliste.

5- Une graphoanalyse par le docteur René Pothier, D.G.A., datée du 14 octobre 1982.

6- Quatorze témoignages qui nous ont été envoyés à la suite du décès de Julien.

Première partie

CHAPITRE 1

De la naissance de Julien
(août 1931)

à son entrée chez les Pères Blancs
(août 1954)

On entre dans le monde en déchirant celle qui nous porte...
La vie est au prix d'une mort !
On « accepte » de quitter le sein chaud et sécurisant parce qu'il
le faut, c'est le temps. On est mûr pour la grande aventure :
La rupture est déjà là au cœur de la première rencontre.
La vie va nous apprivoiser au long du chemin de la découverte
du visage de l'autre et j'apprendrai dans ma chair qu'il me faut
partir et me départir pour vraiment connaître, vivre et aimer.
Accueil et exode donnent à nos rencontres leur cachet d'authenticité.
Au creux de notre désir d'être toujours plus ensemble
nous construisons notre exode, notre capacité de partir vers
Celui qui nous a façonnés au sein même de notre mère.
On peut le nier, mais on ne pourra jamais s'arracher ça du ventre.
Dieu nous a faits à son image, avec son cœur,
pour qu'on revienne un jour :
Une femme cesse-t-elle de chérir le fils de ses entrailles...
moi, je ne t'oublierai jamais ! (Isaïe 49,15)
Alors, Seigneur, on dirait qu'il me faut partir pour vivre
toute me vie, la vivre « au boutte[1]* ». Tous les minidéparts*
présagent le grand départ.
J'aime le langage viril des saisons.
Elles nous livrent une parole sûre : on passe vite...
« La vie, c'est ça, tu le sais bien, un train s'en va, un autre vient...
Un jour, les derniers jours viendront,
nous prendrons le dernier wagon... » chante Gilbert Bécaud.
Notre existence est ainsi bien marquée par l'angoisse
de la rupture originelle. Accueil, exode nous initient
au face à face ultime avec notre créateur.
Seigneur, apprends-moi à partir, initie-moi à faire mes valises,
à voyager léger. Que j'accepte d'aller plus loin,
au-delà du visible, d'entrer dans le monde des visages découverts
où il n'y a plus de rupture, de « bagages à faire », d'éloignement.
Soyons prêts à partir, l'exode est le prix de la communion
amoureuse et éternelle avec Celui qui m'a formé dans le sein
et aussi avec ceux et celles qui m'ont accompagné.

---

1. « Au boutte » de son action ou de son activité : un canadianisme pour « pleinement ».

« En vérité, je vous le dis, si le grain de blé ne tombe en terre
et ne meurt, il reste seul ; s'il meurt, il porte
beaucoup de fruits. » (Jésus dans Jean 12,24)
La vie est au prix d'une mort !

Julien Papillon, « Ruptures fécondes »
dans le magazine *Mission,* juillet 1979

Nous sommes à Vanier, près d'Ottawa, sur la rue Church, là où se situe l'Année spirituelle de 1978-79. L'un des animateurs propose en ce mois de janvier de faire l'expérience des Exercices de saint Ignace de Loyola dans la vie courante. Une pratique pour conjuguer l'écoute de la Parole de Dieu, la prière et le vécu quotidien de la vie. Et nous commençons en ce mois de janvier 1979. Comme prélude ou entrée en matière, nous sommes invités à retracer les moments charnières de notre histoire personnelle ou, si vous voulez, les étapes et les lumières qui ont jalonné l'itinéraire de chacun. L'idée est de conscientiser les « Mirabilia Dei », c'est-à-dire les merveilles de Dieu, les belles choses qu'il a mises en chacun, et comment la foi a émergé et grandi dans ma réalité quotidienne et à travers ce que j'appellerai plus tard les « méandres de ma vie ».

Famille

C'est mon premier contexte de vie : ma famille et l'école. Je suis né à Donnacona et j'ai grandi à Neuville, deux jolis villages sur la rive nord du fleuve Saint-Laurent, à proximité de la ville de Québec. Dans ma famille[2], j'étais le « bébé » avec trois sœurs aînées venant des premiers mariages respectifs de mon père et de ma mère. D'une deuxième union de ces derniers venaient mon frère Henri et moi-même. J'ai vécu dans le contexte aisé et gâté du gros magasin général du village, lieu de rassemblement. La maman, une profonde chrétienne, bien de son

---

2. Son père s'appelait Ernest et sa mère Albertine Godin. D'un premier mariage, le père Ernest avait eu une fille du nom de Simone. De son premier mariage également, la mère Albertine avait eu deux filles du nom de Germaine et de Monique. Le *magasin*

temps, était partie prenante des bourgeois du village, et attention à « l'impact social » ! Elle veillait généreusement au bon ton de la famille, la maison, la vertu de ses filles et particulièrement « attentive » à ses deux garçons… Amour fortement axé sur ses deux gars, à mesure que le temps évolue et que les problèmes matrimoniaux se font sentir. L'attention émotionnelle progresse en proportion avec un accent prononcé sur le plus jeune qui ne « cessera » qu'avec son départ.

À cette étape de ma vie, je note chez moi une grande sensibilité et, très tôt, je serai initié à la dimension religieuse de l'existence par l'éveil à la Présence de Dieu en et chez soi, à la connaissance et au vouloir de Jésus, à la pratique religieuse, messe et vêpres ; et vivant voisin de l'église, on y allait « au boutte ». J'étais ainsi très « engagé » par l'exercice à la fois de la prière et d'un certain regard sur le vécu, lié à l'existentiel. Très tôt aussi, j'ai été initié « naturellement » au respect de l'autre, délicatesse et attention à sa présence avec ses répercussions morales, à ceux et à celles qui représentent Dieu, avec l'accent ici sur l'élément « mystère » de ce qu'ils sont et ses implications vocationnelles qui feront très tôt leur entrée…

École : enfance et prime jeunesse

Je fais la « découverte » pénible des exigences de la différence, de la jalousie et de l'envie qu'elle suggère dans le contexte sociologique… J'y découvre le « mal » et y expérimente mes premières limites ; je fais

---

général, autrefois dans les villages, était l'unique centre de shopping où on trouvait de tout : quincaillerie, lingerie, articles de ménage tout autant que du ravitaillement alimentaire relevant de l'épicerie. Notons que ce récit sur l'enfance et l'adolescence de Julien jusqu'à son entrée chez les Pères Blancs en 1954 date de 1979. C'est une relecture des événements qui dénote la maturité d'un homme de 48 ans. Nous n'avons aucun écrit de sa main remontant à cette première période de sa vie. Le premier document chronologique, en fait, c'est la lettre qu'il écrit au supérieur du noviciat des Pères Blancs, demandant son admission, le 4 juin 1954.

mon « entrée » dans le monde de la souffrance psychique et morale...
et physique ! Je fais la découverte également de l'amitié, de la solidarité et de la fidélité en groupe.

Je découvre mon potentiel sportif « plus qu'ordinaire », de ses exigences ascétiques, de la discipline et l'esprit de corps qu'il engendre...

Et les découvertes se poursuivent : mon « éloignement » progressif
et marqué vis-à-vis de la famille... pour l'attachement à la « gang³ »...
percée de l'adolescence et assez tôt l'attraction forte pour les filles !
Cette époque est marquée par une sensibilité très vive et devient
l'élément dominant et dominateur dans ses manifestations : je suis très
vulnérable à l'approbation comme au blâme.

Je remarque ici quelque chose de très intéressant : la découverte
« d'être différent ». Elle va engendrer la peur, la crainte et le désir
d'être l'autre par conformisme. Je ne veux pas être un « phénomène » !

Pourtant, malgré cette peur et cette inclination au plus facile de me
fondre dans l'anonymat, je sens un appel confus, de l'intérieur, éveillé
par le contexte famille-école, à être « autre », « quelqu'un », faire ma
vie et cheminer dans mon originalité malgré les exigences attachées à
ce « challenge⁴ » !

Je me souviens très bien du « coup » de ma dernière année et de ses
répercussions émotionnelles et religieuses : découragement, révolte
(d'enfant), refus, éveil à la réalité, acceptation et entrée dans les
moyens pratiques : la reprise et l'engagement sérieux dans l'ordre des
moyens pour atteindre la fin, ce qui caractérisera bien tout le processus à-venir : la prière et le dialogue avec Jésus-Christ. Je lui expose
ma souffrance, mon désarroi et mon incompréhension. Le lien
s'amorce entre réflexion et prière, et je me sens très seul. Dieu devient
toujours plus mon confident. Je remarque ici une forte présence de
Dieu agissante dans ma vie et au niveau des réalités vécues, un Dieu
qui parle et à qui je parle.

---

3. Les ami(e)s du groupe, sans connotation péjorative liée à la violence ou à l'immoralité.
4. Défi.

« L'exil[5] » à Donnacona va accentuer cette sensibilité religieuse, la faire progresser et au plan « émotionnel » me faire vivre comme jamais la « différence », la « solitude » comme dite et expérimentée dans ses exigences par les « infidélités » (surtout) des p'tits copains au stade de l'école primaire à Neuville.

Ici, il y a un phénomène intéressant à noter : au stade de la 7e à la 9e année scolaire à Donnaconna : plus on parle de vocation, plus on me sollicite, plus je me retire : je sors avec les filles, avec la « gang » pour être comme les autres.

Et pourtant, « être quelqu'un » m'interpelle très fort, et malgré l'incapacité de dire quoi, j'entreprends la démarche pour le devenir en entrant à l'Académie de Québec, mais aussi avec le désir de me « libérer » des sollicitations vocationnelles et être indépendant. J'ai 17 ans ! « La ville de Québec[6] »...

Je fais ici une pause pour évaluer mon évolution affective, de l'entrée dans l'adolescence à mon départ pour le collège à Québec : septembre 1948.

J'entre dans l'adolescence relativement tôt. Je me « sens » homme à 11 ans ! Je n'en abuse pas – je suis plutôt « étonné » du phénomène... aucune initiation à la maison sur cette question « tabou[7] » mais non rejetée... on ne parlait pas de « ça » tout simplement. Dû à l'ignorance[8] et non à la mauvaise volonté... Les copains sont les « informateurs », mais le tout se fait très discrètement, si bien qu'à ce niveau personnel il n'y aura jamais problème !

---

5. Julien, encore dans l'enfance, a dû ressentir une certaine nostalgie de laisser l'école de Neuville.
6. La ville de Québec par rapport à la campagne ou le style villageois de Neuville ou de Donnacona.
7. Hors de commentaires ou de discussions.
8. Non sur le contenu mais sur la façon de le transmettre à la jeune génération.

L'intérêt pour les filles se développe vite et intensément et « naïvement » également dans son sens de pureté : la relation avec une amie sera dès le début un « centre d'attraction » particulier : cette relation demeurera toujours pure et « vierge[9] ».

Les rêveries seront aussi assez fréquentes sur cette question et d'ordinaire nobles et chaleureuses… « chrétiennes », je dirais !

La solitude est fortement sentie et d'autant plus que les relations d'amitié s'expriment ; gars + filles = la « gang » joue un rôle très important et continuera à le jouer.

Summer 45 is very important[10] : j'ai 14 ans et « il faut » que je quitte Neuville pour Donnacona ne sachant combien de temps ça durerait. J'ai « baptisé ça » l'exil !!! Ce fut un arrachement violent, quant aux circonstances et aux événements que je n'avais pas choisis… et j'étais trop jeune, conséquemment je n'avais pas le choix. Quant à Henri[11], il décidait de rester, mais moi j'étais « poigné[12] ». Je me rappellerai toujours le dernier regard, j'étais à l'arrière du camion avec les meubles… et mon chat ! Et la « gang » qui aussi me regardait partir et « on ne comprenait pas trop »… et l'arrivée « là-bas », l'impression des nouveaux lieux : on ne voyait plus le fleuve ! Heureusement, le cousin François m'attendait… mais ce n'était plus comme avant.

Nouveau départ… amis d'école et nouveau milieu : adaptation rapide au réel et entrée à plein dans les sports, vite « re-connu » et apprécié : entraînement « au boutte » en tout et engagement dans les moyens pour arriver à la fin qui n'était sûrement pas le moulin[13]. Par la « gang », j'entre de plus en plus dans une vie sociale intéressante et riche en amitiés, gars et filles, si bien que je serai marqué par l'une

---

9. Expression courante signifiant que les relations hétérosexuelles gardaient leur retenue. Peut-être l'écho de l'opéra *Faust* de Charles Gounod : « Demeure chaste et pure ».
10. L'été de 1945 a été marquant.
11. Frère de Julien.
12. Saisi dans des émotions fortes.
13. L'usine fabriquant le papier à l'usage surtout des journaux.

d'elles en particulier où je rencontre pour la première fois « l'amour des tripes [14] » et l'attrait chaleureusement senti et exprimé : elle « m'initie » à certains types d'expression « inconnus » jusqu'alors ! Ça durera deux chauds étés. Avec le temps, on demeurera toujours de bons amis « qui se souviennent » ! Puis une autre amitié qui durera aussi deux ans : très amis, type pur et naïf, nous sommes très contents d'être ensemble...

Ces trois années à Donnacona m'apporteront beaucoup malgré les exigences de l'exil ! Découverte d'un nouveau milieu et adaptabilité à celui-ci. Des ami(es) précieux, sympas, fidèles et très unis. Approfondissement de la solitude comme faisant partie de la vie et puis *you have to live and cope with it* [15] ! Sérieux de l'entraînement aux sports avec ses répercussions au niveau ascèse, esprit de corps, fidélité, compétition et engagement dans les moyens pour atteindre la fin : études plus appréciées dans cette optique et c'est alors que le projet d'aller au collège se solidifie. Ma vie de prière s'approfondit et devient plus personnelle avec la fréquentation régulière des sacrements : le milieu m'aide beaucoup et m'inspire ; quoiqu'au niveau de la sollicitation vocationnelle, il m'oblige, en prenant toujours plus mes distances, à me situer personnellement... Cet élément, avec le désir d'être « quelqu'un » dans la vie, va me conduire à la décision de quitter ce milieu pour une nouvelle insertion à Québec. C'est alors l'été 48. J'entrerai au classique [16] ! C'est déjà « quelque chose », il y en a trois autres dans la « gang » qui posent le même geste : encourageant, stimulant et avec son impact du milieu social et les filles ! Ce fut un été riche en divertissements et en amitiés chaleureuses.

---

14. En opposition à tout amour cérébral ou platonique.
15. Il faut vivre ta situation et lui faire face comme elle est.
16. Nom de l'une des orientations possibles après le primaire. Le contenu du cours classique était surtout fait d'arts libéraux à l'encontre des cours à contenance davantage basée sur des matières mathématiques et scientifiques. Le cours classique gardait cependant une certaine dose de ces dernières.

Collège et université : 1948-1954

Un nouveau départ ici se fait avec une première expérience de vie hors de la maison; relativement facile dès le début de vivre ainsi au dehors de la maison familiale : quelque chose qui est plus exigeant pour les parents, la maman surtout. Encore là, il m'est facile de me faire des amis, de très bons amis – et le sport est encore ici un lieu de rencontre et une école de formation et solidarité : je «dominerai» ici, avec quelques autres qui deviendront de précieux et fidèles amis, le nouveau milieu est très riche et d'horizons variés. «Dominer» dans ses implications d'influence socio-morale : sports, journal, politique (président des étudiants, etc.) et engagement dans les activités «socio-religieuses» : on se mouille en «gang» (Québec-gang) et au plan personnel, le travail de recherche se fait sérieusement en rapport avec «l'avenir» à mesure que ces années s'écoulent; tellement que la dernière année, aidé par l'un ou l'autre ami, je commence un dialogue spirituel avec un abbé du Séminaire.

Voici les traits caractéristiques de ma personnalité et l'évolution de cette importante période de mon histoire.

Au départ, il y a «conscience sensible» très forte que je suis de plus en plus «seul» et pourtant jamais «solitaire»! Seul à entrer dans ce nouveau monde : il dépendra de «moi seul» de m'y tailler une place. Coupure radicale dans d'éventuelles séquelles du cordon ombilical. Avec parents et famille et premier milieu sociologique. J'ai 17 ans et entre à plein dans la crise de l'adolescence au plan psycho.

Rapidement, des liens très forts d'amitié veulent se créer avec un groupe vivant, sportif, éveillé et bon vivant, accueillant au plan chrétien. Nous sommes demeurés fidèlement en contact et en communion jusqu'à ce jour. *Deo gratias!*

Ensemble on va créer «Québec-Gang» qui, à tous les niveaux, sportif, social, académique, politique et engagement «religieux», va profondément influencer la vie du milieu avec ses conséquences à l'échelle personnelle...

Évolution personnelle et solidarité avec le groupe iront de pair : inter-action et dynamique, grâce à la qualité des gars. Quelle grâce, Seigneur ! Merci !

Conscience toujours plus vive dans ma responsabilité vis-à-vis de moi-même et de ce que j'ai reçu et que je dois développer au service de la communauté humaine ; non pas sous visée « égoïste », de parvenir à ce « quelqu'un » qui motive à y mettre le « paquet [17] » dans tout : sport vs étude, culture vs société politique, vie affective vs sociabilité qui engendrent, plutôt qui font croître un « donné » déjà en éveil depuis la famille, que j'appellerais ma « vie intérieure ».

Vie intérieure ou intériorité signifie réflexion et contact d'amis, échange, lecture sérieuse constante, continuation et approfondissement avec goût intérieur. De ma relation *personnelle* avec Dieu : Jésus-Christ est vraiment une Personne vivante que je « consulte » quotidiennement. Fréquentation des sacrements presque quotidienne avec l'un ou l'autre copain, on lâche pas [18] ! On réalisera simplement l'impact sur le milieu et on en sera heureux, sans se penser « missi [19] » ou je ne sais quoi ? C'est comme ça qu'on est, voilà ! On vit !

Répercussion sur la qualité de vie, sur notre engagement académique, malgré certaines « faiblesses ». Là aussi, on ne lâche pas, et « au boutte », comme *tout* ce qu'on touche !

Implication politico-sociale avec la fougue de l'adolescence qui n'admet surtout pas d'injustice de la part de l'autorité... Défi audacieux à relever, à mesure que les années progressent, qui conduira à des affrontements « sérieux » avec certaines personnes en place et gouvernement du temps (Duplessis) par « chahutements [20] », défilés et révolution.

---

17. Y mettre tout son potentiel.
18. On tient jusqu'au bout.
19. Envoyés comme mandatés.
20. Manifestations, protestations avec tapage pour attirer une attention spéciale sur sa cause.

Manifeste ici : solidarité avec les copains, c'est sacré, et rejet de toute injustice et toute personne qui l'incarne, sans rancune ! Plus soucieux des droits de l'homme et je m'y engage étant très sensible au bien de la personne : tout à son service et sûrement influencé par l'optique chrétienne.

J'apprends ici l'importance du « temps » et par le sport, le besoin de l'entraînement ; *tout* investir pour la fin à atteindre, dans le travail et la qualité personnelle (ma tendance perfectionniste) et la solidarité avec les autres parallèles à *l'équipe*.

Tous les ans, ma retraite de trois jours en silence est vécue « à plein » et en silence malgré « certains gars » hors du coup. Je m'engage toujours avec un *intérêt* toujours plus prononcé avec les années : « Que ferai-je demain dans la vie ? » Avec les amis intimes aussi « intéressés » par la question – moi *poigné* –, on s'entraide dynamiquement à y répondre. L'un des amis me sera ici d'un support tout à fait remarquable et remarqué.

La vocation dont j'avais « peur » et rejetée à la fin du primaire remontait constamment à la surface avec les deux ans de philosophie[21] par le truchement des grandes questions du baccalauréat qui me faisaient mal au ventre et elles ne lâchaient pas durant l'été, avec Évelyne, mon amie de cœur, et à l'usine inclusivement[22] !

---

21. Deux années de philosophie. La fin du cours classique était davantage dominée par l'enseignement de cette science avec mathématiques, chimie et physique.
22. Dans une note adressée à Richard Dandenault, en date du 17 octobre 2004, elle dit ceci : « *La lecture (du présent chapitre) est terminée. J'avoue que j'ai été quelque peu bouleversée. Je ne croyais pas avoir joué un rôle si important dans la vie de notre ami Julien. Ça réveille de lointains souvenirs et c'est vrai que c'est beau. Au départ, j'étais réticente à révéler ‹au grand public› un passage de vie aussi personnel, mais après mûres réflexions, je pense que ça fait partie intégrante de ‹l'histoire› de Julien et un peu de la mienne. Je suis donc d'accord à ce que mon prénom figure dans sa biographie ; il n'y a rien de compromettant. J'ai désormais le sentiment d'avoir posé ma petite pierre dans son jardin parsemé parfois d'embûches mais aussi riche de joie, de bonheur et de rencontres enrichissantes. Je vous dis merci pour tout.* » L'usine : c'est-à-dire le moulin à papier.

D'où je viens ? La fin de l'homme ? L'autre bord ? Le sens de l'existence ? La beauté de l'univers... de la femme et son « attrait » ? Qu'est-ce que je fais avec « tout ça » ? Plus j'y pense, plus j'ai « peur » ! Parce que je sens que c'est sérieux et la question m'est personnellement posée ; pourquoi avec autant d'intensité ? Alors que la plupart ne semblent pas tellement préoccupés par ces questions : ça aussi, ça me travaille et pose question.

Ces questions seront ma « souffrance » particulièrement intense de rhéto [23] et philo. J'échange beaucoup avec des amis intimes et l'été, seul, près du fleuve, à Neuville, après avoir laissé les autres. Mon amie de cœur, ça revient... « Souffrance, réflexion et solitude » avec et dans mon mystère et prière. Petit à petit « j'apprends » à mon insu les voies du discernement !

« Tout ça » me conduit à rechercher un guide pour voir ce qui se passe et pour l'évaluer et me brancher [24] : durant les deux dernières années à Québec, j'irai régulièrement rencontrer un prêtre du Séminaire pour échange, évaluation et aide-témoin.

Ce dernier « conclut » que Dieu parle « fort » dans ma vie et dans mon histoire... il me respecte et me met devant « mon choix » qui demeure libre mais qui doit de plus en plus se « canaliser ». Je sens que je dois « tout investir » pour l'ABSOLU, c'est mon unique voie pour vivre ma vie d'homme : Dieu et Jésus-Christ et un engagement « radical » au service de l'Évangile dans l'Église... « au loin » !

Je rentre dans cette perspective malgré la peur, moi qui priais pour me marier avec mon amie de cœur. Il reste le comment – le mode. Visite des Franciscains ! Et au retour, arrêt chez les Pères Blancs d'Afrique, et « j'accroche » ! C'est novembre 1953 ! J'y retourne régulièrement. J'annonce ma décision à mon amie de cœur à Noël et décision définitive aux parents à Pâques 54.

---

23. L'année qui précédait les deux années de philosophie.
24. M'orienter dans une profession précise.

Cette « canalisation » engendre paix et joie intérieure profonde, calme, amour et « sûreté » intérieure inconnue jusqu'alors. La prière confiante, l'action de grâce et force s'ajoutent devant les ruptures à faire... à vivre.

Ruptures... affectives

Les projets : depuis quelques années, je rêvais avec mon amie de cœur d'une vie « tranquille » avec « ma » femme et enfants. Bon travail à Québec et maison de campagne à Neuville ! Citoyen heureux et responsable, engagé dans mon milieu !

Cette amie de cœur était devenue, avec les années et les étés particulièrement, une partie de mon univers et « envahissait » toujours plus ma sensibilité et mon champ de conscience. Notre relation était « pure » – non platonique ! Transparente et *très* honnête, pensant sûrement qu'on serait mari et femme. J'avais peur de l'autre projet qui se faisait « sentir » intensément avec ses exigences de radicalité et rupture avec mes et nos rêves ! Je lui en parle sérieusement à l'été 53. Échanges « douloureux » de part et d'autre sur cela et elle me fait sentir qu'elle ne mettra jamais de bâton dans les roues ! En septembre, au restaurant *Le Laurentien,* au carré d'Youville, on « casse[25] » officiellement et définitivement dans le respect mutuel, dans des pleurs discrets, la souffrance et les exigences de part et d'autre. Je la trouve admirable encore et aimable ! Et je m'étonne de la « force », du courage et de la paix qui m'habitent. Et depuis, chacun a pris *sa* route... fidèlement en demeurant respectueux et « amoureux » de l'autre. Elle « m'accompagne » longtemps et douloureusement jusqu'à ce qu'elle se « branche » le 27 décembre 58 par un mariage. La veille de mon ordination, le 30 janvier 59 : ce fut le plus beau « cadeau » d'ordination !

Mon milieu : c'est « ça » et la famille – mon frère et sa femme et les enfants en particulier – et les amis avec lesquels nous avions si intensément cheminé : ils étaient à ma prise d'habit en août 54.

---

25. On met fin à la relation telle qu'elle se vivait à ce moment-là en vue d'un objectif futur et d'une vie commune.

Le « fleuve » : symbole et témoin aimé de ma jeunesse et le lieu d'évolution dans lequel je m'étais si généreusement « troupé [26] » ! et qui était mon inspiration, ma consolation et voie de ma prière ! Tout près – avec les miens –, j'y reposerai un jour... pour attendre la Parousie : « Oh oui, viens, Seigneur Jésus [27] ! »

Je n'ai jamais autant senti aussi douloureusement la « différence »... Pourquoi moi ? Non pas mon frère ou copain ? « Torturé [28] » par ce mystère et en y répondant – paradoxe. Je m'enfonce dans la paix et la « sûreté » que c'est ça que je dois vivre et faire. J'apprends, à l'école de la vie, la fidélité à mon être, à mon mystère. Je suis « seul » et unique et c'est ce « gars-là » que le Seigneur veut... c'est là que je « m'épanouirai » ! C'est une évidence expérimentale, rien ne m'arrêtera sur cette voie inconnue et absolument inédite pour moi qui n'ai jamais expérimenté les couloirs des séminaires [29] ! Encore sur une nouvelle route...

En relisant cette période à l'Académie de Québec, de 1948 à 1954, je peux retracer le développement progressif d'un capital – « puissance » – donné par la nature, l'hérédité et l'éducation familiale :

> « Équilibre naturel » en progrès constant et grâce aux stimuli « adaptés [30] » à ladite période même s'il est costaud et robuste. Ténacité qui se nourrit de l'exigence du moment et de l'événement. Fidélité à ce que je suis et à la Parole donnée à Dieu, à l'homme et à l'ami(e) qui émerge vite et devient une force constructive et exigeante. Sensibilité très forte et intuition qui se renforceront avec l'expérience et s'approfondiront dans l'Être... et porteuse de tendresse. Adaptabilité naturelle et en croissance constante qui se conti-

---

26. Auquel je m'étais lié de façon particulière.
27. Allusion à la dernière parole-prière de la Bible, dans l'Apocalypse : « Marana tha » (Notre Seigneur, viens) (Ap 22,20) : ce cri d'espérance reviendra très souvent dans le journal des années 1983-1999 quand la maladie se fera de plus en plus grave.
28. La douleur provoquée par le fait de faire face à la différence qui ne semblait pas affecter les autres.
29. Julien n'avait pas suivi ses études de collège dans un contexte de séminaire, où le climat de formation était surtout orienté pour favoriser les vocations religieuses et sacerdotales.
30. Encouragements de nature diverse suscitant des motivations fortes.

nuera, se purifiera. « Spontanément » homme – jeune homme – enfant – très vulnérable à la transcendance. Habitué très jeune à un contexte chaud et tendre qui sera source de beaucoup de « souffrances » devant la « dureté » des autres et du monde, des mondes… école et autres. Grande délicatesse de conscience… Je traverserai des temps (années de l'adolescence) de déchirement, de scrupules. J'en sortirai à la sueur du cœur ! Et équilibré chez les P.B. Malgré le milieu facile et « gâté », je suis « naturellement » sobre et spontanément porté à investir dans les moyens pour atteindre la fin.

Je « traînerai » longtemps par manque de guide avec une certaine image négative de mon potentiel qui marque un certain manque de confiance en moi et qui aura des répercussions positives également : le besoin des autres, la collaboration facile et sentie, l'accueil en me sentant sensible aux infirmités des autres avec délicatesse et attention aux besoins…

Grande capacité de faire silence, de réfléchir et d'échanger avec des pairs et des hommes « sérieux » vers la fin du collège, « habitué » à une solitude féconde et en communion avec la transcendance. Le Dieu de Jésus-Christ. (S.T.[31])

Période très riche en croissance, responsabilité et approfondissement de mon être « unique » malgré les perpétuelles tentations d'être « comme les autres ».

Je passe laborieusement mais sûrement sans en être « immédiatement conscient » de l'indépendance bruyante, choquante et exigeante à l'autonomie calme, « sûre » qui n'a rien à vaincre ! mais de plus en plus « bien » d'être moi, appelé à être ce qu'IL veut. Oh oui : ÊTRE ce qu'IL veut que je sois et c'est inscrit au fond de mon être[32]. Je le sens toujours comme une blessure d'AMOUR ! Libre d'y accéder et pourtant on dirait « qu'il faut que »… Je sens dans mes flancs que je n'ai pas le choix ! Et pourtant « libre » : je sens !! Voir clair dans tout ça !?! Je sais qu'en « entrant » dans cette voie proposée, ce sera la paix, la joie et la sérénité. Alors… « il faut que » je laisse tout pour LUI.

---

31. S.T. : signature trinitaire sur une croix. Trois petites croix sur une autre croix : manière dont Julien signera certaines de ses phrases, ses paragraphes aussi, ses pages très souvent, et qu'on retrouvera abondamment dans son journal des années 79 à 99. Ce « sigle » indique ce qu'il élabora, de par ailleurs, la spiritualité qui l'a pratiquement toujours animé, fortement axée sur les trois personnes trinitaires avec la croix comme symbole d'amour et de service.

32. Dimension de l'être qui prendra de plus en plus d'importance sur le faire dans la vie et la spiritualité de Julien.

L'été, juillet 54, se passe dans une sorte de conscience très vive que je « m'embarque » vraiment pour une vocation très spéciale : les visites à la parenté me le font sentir joyeusement et lourdement... sens de responsabilité. Je revois surtout les ami(e)s de Neuville, de Québec et de Donnacona avec joie de me voir ainsi « entrer » dans cette voie avec nostalgie et exigence... fortement sentie au niveau affectif.

Pour la première fois en cinq ans je ne travaille pas au moulin [33] : c'est tout un changement ! Les gars du moulin sont tout « émerveillés » en m'encourageant dans cette direction de ma vie... et m'apportent beaucoup de « consolation et une autre confirmation »... il n'y a plus aucun obstacle : c'est ça !

---

33. Première fois en cinq ans où Julien ne s'inscrit pas durant les vacances de l'été sur la liste des travailleurs à l'usine de papier.

CHAPITRE 2

De l'entrée chez les Pères Blancs
(1954)

à la première attaque
de la sclérose en plaques
(1960)

La période du noviciat (1954-55)

Je fais d'abord appel aux notes rédigées dans mon autobiographie de 1979, et à quelques points signalés dans les rapports que faisaient mes formateurs sur ma personnalité et l'évolution de ma formation durant cette première année et durant les autres années qui suivront jusqu'à mon ordination en 1959.

Le 9 août 1954, j'entre au noviciat des Pères Blancs à Saint-Martin de Laval. J'avais été accepté par les responsables de ce premier et important centre de formation sacerdotale et missionnaire. Auparavant, cependant, on avait fait une petite enquête sur mon compte auprès de personnes qui me connaissaient bien. Quelques-unes des questions posées étaient les suivantes : « Est-il normal à tous points de vue ? Oui. Défauts physiques apparents ou occultes ? Non ! Tempérament ? Très bon ! Signes de vocation sacerdotale ? Sérieux, studieux,

---

1. Les documents de cette période de la vie de Julien sont les suivants :

  * Autobiographie : janvier-juin 1979.

  * Journal personnel durant ses années de formation : journal complet, relativement court de chaque jour durant l'année du noviciat (1954-55), à l'exception des mois d'octobre et novembre ; journal beaucoup plus élaboré et quotidien aussi durant la première année de scolasticat (années de théologie à Eastview, près d'Ottawa, 1955-56) ; se limitant aux retraites annuelles et aux récollections mensuelles pour les trois autres années : septembre 1956 à juin 1959. En septembre 1960, Julien commence des études universitaires de pédagogie au Collège Goldmith, affilié à l'Université de Londres. Année perturbée par la première attaque de la sclérose en plaques qui l'obligera à revenir au Canada, faute de forces suffisantes pour poursuivre ces études. De cette dernière période, nous avons des comptes rendus de ses récollections mensuelles et de retraites annuelles qui s'ajouteront au fil des années qui vont suivre.

  * Les évaluations des « étudiants ou candidats pères blancs » rédigées annuellement par les membres du personnel formateur du noviciat et du scolasticat couvrant les cinq années de formation. Les responsables du noviciat en 1954 étaient les pères Georges-Albert Mondor, Philippe Tétreault et Luc Piette. Le père Mondor était le père maître, le premier responsable de la formation humaine et spirituelle. Chacun des deux autres avait nom de « socius », l'un responsable de la marche matérielle de la maison et professeur d'anglais, l'autre professeur d'Écriture sainte. Les deux étaient ainsi « associés » au père maître pour la formation.

  * Finalement, la correspondance de ses confrères immédiats à Londres ainsi que le rapport médical du Dr D.A. Shaw du National Hospital, Queen Square, London, Academic Unit in Neurology, au moment où Julien est atteint de la sclérose en plaques en mars 1960.

pieux. Conduite toujours sans reproche ? Oui ! Fréquentation de l'Église et des sacrements ? Toujours exemplaire ! Pression exercée pour le pousser au sacerdoce ? On ne croit pas ! Que pense la population de sa vocation ? Ce n'est pas une surprise. »

À la fin de cette première année de formation, mes formateurs confirment dans les grandes lignes les points de cette petite enquête. On note que mon intelligence n'est pas de l'ordre du génie, mais qu'elle vise à comprendre l'essentiel à force d'application : mon jugement est bon et droit ; ma volonté est ardente et généreuse ; j'ai un beau caractère, jovial et réfléchi, je suis bien appliqué dans mes études ; je suis très estimé de mes confrères ; ma vie de prière est intense ; j'ai un grand esprit de foi, une charité intensément vécue. Finalement, je dois être surveillé pour ne pas faire de contention.

Voilà donc un beau capital. Dans mon for intérieur cependant, les choses ne se passent pas tout à fait selon les évaluations. L'image extérieure qu'on projette ne correspond pas toujours à l'image intérieure. On se rendra compte d'ailleurs, à mesure que les années en formation passent, à quel point je suis sujet à tension nerveuse. Cela me conduira à une petite « crise » psychologique révélant mon manque de confiance en moi-même. J'étais avide de perfection et je prends conscience de plus en plus que je suis perfectionniste. Avec ce genre de tempérament, quand on s'investit dans les affaires dites spirituelles et religieuses, il y a tout pour se faire jouer des mauvais tours, croyant que l'on doit devenir l'artisan de sa propre vie. C'est cela, être volontariste.

J'avais oublié de mentionner précédemment, à l'évaluation du secondaire et universitaire, qu'un sentiment très fort allait jouer un rôle important dans ma prière, en lien avec ma capacité de recevoir et d'interpréter la vie et les événements, le sentiment d'être pécheur. Il s'enracine dans mon histoire et dans ma différence d'avec les autres, particulièrement dans mon itinéraire socio-affectif et dans le fait, en ce temps-là inusité, de ne pas venir des voies normales d'un séminaire. Et les autres – certains autres – me le faisaient drôlement sentir ! En plus, la visite au noviciat d'un bon Père Blanc de Québec m'avait laissé une sensation pénible : il n'avait vu que les deux autres candidats venant de la même ville, sans même se soucier de moi. Cela avait profondément marqué ma sensibilité. Je l'avais cependant « avalé » et offert à Dieu comme partie de mon éducation et pour la purification de mes péchés. Et, par après, au scolasticat, que de petites choses ! Particulièrement, les souffrances des débuts étaient jugées et interprétées dans cette ligne. Cette acceptation – offrande – me faisait vivre « hostie » comme le Christ. La mission-médiation était active et bien orientée.

Voici quelques extraits de mon récit de 1954

Le noviciat, c'est un monde « tout neuf » pour moi où j'ai tout à apprendre. Je suis le seul qui n'ait pas connu la préparation du séminaire ! Je pressens ici un décalage ! J'y mettrai donc le paquet ! Mon expérience ici me permettra vite de voir que j'avais surestimé la préparation de ces instituts ! Les produits de ces derniers, les autres, *a priori,* sont « meilleurs » ! J'essaie donc d'être plus fidèle à ce que je suis, aiguillonné par le milieu privilégié : j'entre « au boutte » dès le début : c'est sérieux et je n'ai pas de temps à perdre. Et je n'en perdrai pas une minute !

Je vous livre ici mes réflexions au vif, au fil des jours, des événements et de l'action de Dieu : comment je vis ces deux premières semaines jusqu'à la prise d'habit, prévue pour le 25 août, jour où nous revêtirons la gandoura, le burnous, le rosaire, tout du personnage extérieur à travers lequel on reconnaît le Père Blanc, Missionnaire d'Afrique[2]. Tout au long de cette année, je noterai les points essentiels qui marqueront ma marche quotidienne vers ce qui me semble être l'idéal à atteindre. Plusieurs fois, je me suis rappelé en quoi consistait cet « idéal » pour moi avec les lumières et le langage du temps. Mon

---

2. Le « vêtement » père blanc ou l'habit était emprunté au vêtement des hommes de l'Afrique du Nord. C'était la « gandoura », une grande tunique blanche descendant jusqu'aux pieds, portée sous un manteau en laine à capuchon, dit « burnous » ou djellaba. Un rosaire en grains noirs et blancs aux dizaines, porté autour du cou, complétait cet ensemble.

mini-journal m'a été important non pas pour me raconter ma vie, mais pour apprendre à vivre avec la grande Vie.

Dans les premiers jours déjà, nous avons un cours d'Écriture sainte qui résume la description du voyage du professeur. Deux de mes voisins dorment, les charmants enfants! Pourtant, c'est intéressant! Et puis, je lave le plancher au réfectoire... ouf! « *It's tough*[3]. »

Après trois jours, c'est malheureux, on nous a changés de place à table, nouveau groupe! Ça me fait penser à l'exode de l'Alma Mater : mais il faut dire qu'ici l'intention est plus noble : c'est pour mieux se connaître et par la suite s'apprécier.

Je dois dire que je me suis acheté, en « silence », de beaux *running shoes*[4], que j'ai porté mes souliers teints en noir, ça fait drôle, c'est ma première paire de souliers noirs, depuis bien longtemps!

Nous avons du beurre et du lait au déjeuner : comme il fait bon de revoir deux mets favoris! Ensuite, je lave la vaisselle, je nettoie les planchers, puis conférence par le Père-Maître sur ce qu'est le NOVICIAT: très bonne et convaincante. Dîner frugal, bon pain brun mais ni beurre ni lait, ni au souper d'ailleurs. Ça fait drôle mais on va s'habituer.

Le 11 août : lever à 5 h 30. Enfin, on commence pour vrai! Tant mieux, on est ici pour ça! Il faut faire des sacrifices, car j'en ai besoin, mais tout de même, c'est de « bonne heure »! On médite de 5 h 45 à 6 h 26 afin de bien préparer la venue du Christ en nous... on ne s'y préparera jamais assez... surtout moi, « paquet d'orgueil ». Seigneur, je vous demande que tous les jours je puisse me mortifier de plus en plus pour obtenir cette simplicité qui vous animait tant sur cette terre.

La sainteté du prêtre prend sa source dans la manière dont il a passé son noviciat. Alors, je ne dois pas craindre de me sanctifier si je veux bien représenter ici-bas celui qui m'appelle. La méditation est au prêtre ce que le soleil est aux plantes : alors rien à ajouter!

---

3. C'est dur.
4. Souliers de sport (baskets).

Paroles frappantes de saint Ignace : « À chaque jour suffit sa peine... La fidélité d'aujourd'hui est le gage de la fidélité de demain. » Espérons qu'à travers les conférences, les idées que je retiens et mes réactions dans ma vie, je saurai appliquer ces deux sentences qui sont le gage du bonheur, de la paix puisqu'elles nous ouvrent les portes du ciel. Elles nous font connaître Dieu. *Deo gratias !*

Aujourd'hui, c'est très frais, il y a un gros vent, comme dans l'Évangile... espérons que je ne ferai pas comme saint Pierre et que ma foi ne défaillira pas. Seigneur, faites que je vous connaisse pour mieux servir ! Pour cela, mon bon Jésus, donne-moi la foi et que toujours dans ma vie je ressente votre présence près de moi afin de ne pas me livrer au découragement.

Le temps de la retraite est arrivé [5]: on se parle pour la dernière fois jusqu'au jour de la prise d'habit. Il est 17 h : tout est clos pour 8 jours avec le Seigneur. Le recueillement tant extérieur qu'intérieur est de rigueur pour ainsi mieux converser avec le Bon Dieu. Car Dieu ne parle que dans le silence et la paix. Seigneur, faites que j'apprenne à vous connaître, à vous aimer. Faites que ma vie soit un holocauste à votre divine majesté pour vous remercier de tout ce que vous avez fait pour moi et pour sauver des pauvres âmes qui sont dans le péché. Faites que tous les novices fassent une bonne retraite pour ainsi assurer le succès de notre noviciat et de notre vie missionnaire. *Deo gratias !*

Ça va bien dans la retraite. Je n'ai pas trop de distractions, je suis même pas mal concentré. Je crois bien qu'avec l'aide de Dieu ça va être un succès. L'atmosphère est très bien. Ce n'est pas du « bluff [6] », nous sommes réellement en « retraite fermée » et mes confrères sont

---

5. La retraite comportait habituellement un temps de huit jours en silence où prédominaient la prière et la méditation. Deux (ou quatre anciennement) conférences quotidiennes assuraient l'alimentation de la prière et la conduite de la retraite. Celle-ci était inspirée de la spiritualité de saint Ignace de Loyola, dite ignatienne. La récollection était une journée de réflexion et de prière à thèmes variés comme des moments de désert pour une mise au point de la vie de prière et de l'apostolat.

6. Faire du « bluff » : épater par des propos exagérés.

réellement édifiants. Comme toujours, Dieu m'a choyé en me donnant un entourage sympathique et ce qu'il y a de mieux. Comme j'ai des dettes envers vous, mon doux Jésus ! Je vais essayer de vous en remettre un peu en vous consacrant ma vie totale. *Deo gratias !*

Ce matin, une parole frappante de saint Augustin : « Je suis un rescapé de l'enfer. » Il avait beaucoup péché, ce bon saint Augustin. Et moi, je suis loin d'être un saint, aussi je dois prier et remercier Dieu de m'avoir sauvé des tourments éternels de l'enfer. Moi aussi je puis dire comme saint Augustin : « Je suis un rescapé. » Méditons là-dessus aujourd'hui, je pourrai ainsi constater la grande bonté de Dieu pour moi et comment il m'a aimé. Si je suis ici aujourd'hui, c'est parce qu'il m'a aimé plus qu'un autre. Alors je dois aussi, à mon tour, lui rendre amour pour amour, ma vie le prouvera. Aujourd'hui, je me consacre à vous par les mains immaculées de Marie. Commençons un bon livre, *Formation à l'humilité*. C'est solide, ça ne pourra point me faire du tort, « paquet d'orgueil ».

On me déconseille de faire une confession générale [7], c'est préférable pour moi, avec une conscience délicate, trop peut-être... minutieuse.

Et le 20 août, fête de saint Bernard, ce bon saint qui a fait tant de bien. Il avait pour devise, pour exciter sa ferveur aux moments de dépression : « Bernard, qu'est-ce que tu es venu faire ici ? » Ça dit beaucoup ! Pourrais-je faire la même chose, disons, devenir le plus saint possible pour déborder cet amour du Bon Dieu sur les âmes que j'aurai à diriger plus tard ? Travail manuel dehors, une belle heure consacrée au Bon Dieu. Mon livre sur l'humilité me découvre de belles pensées tous les jours. Exemple : « Cette vertu, plus belle, ravira le cœur de Dieu ; plus pénétrante, elle établira l'âme dans une paix céleste, peut-être une joie inconnue. » Je me suis confessé cet après-midi, un acte d'humilité. Pour vous, divin Jésus, je vous l'offre afin que vous me donniez cette vertu des saints. *Deo gratias !*

---

7. Bilan de ses péchés depuis une longue période passée.

Autre belle journée de la retraite aujourd'hui, toutes belles d'ailleurs, parce qu'on doit spéculer sur l'amour que Dieu a pour nous, futurs prêtres : ambassadeurs, collaborateurs, ministres et copains intimes du Christ. Ça, c'est ce qu'il y a de plus grand. Mon Dieu, fais-le-moi comprendre, afin que j'apprécie ce don en consacrant ma vie totale, en guise d'holocauste et de reconnaissance, invitation d'amour. « *Tu sequere me*[8]. » Par une réponse d'amour en me donnant intégralement à vous, Divin Jésus, pour les âmes que vous avez tant aimées.

Belle conférence hier soir sur l'importance d'avoir dans tous nos travaux une charité pleinement apostolique. Diriger mon devoir d'état dans le sens du devoir. Apprendre à tout faire avec joie, pour le Bon Dieu et la sanctification des âmes africaines. Que cet Esprit de sauver les âmes soit pour moi une préoccupation constante ! Pour cela, bien faire tout ce que j'entreprends ou que l'on me fait entreprendre. C'est la volonté de Dieu, et là je deviendrai réellement missionnaire, mon esprit deviendra plus missionnaire, c'est mon désir. Avec votre aide, mon Jésus, j'y arriverai. *Deo gratias !*

Conférence sur l'eucharistie. Il fallait venir ici pour apprendre comment le Christ a souffert pour nous, pour moi, comment il m'a aimé. Que je réponde donc amour pour amour en lui donnant un OUI généreux à cet appel des âmes. Il veut que j'étende son apostolat, que j'y réponde avec amour. Dans les moments difficiles, que je pense un peu au mal que je lui ai fait à son agonie. Malgré cela, il a répondu avec amour en se donnant totalement. Que je fasse comme vous, ô Christ Bien-aimé ! Que cela ne soit pas seulement des paroles, mais que je passe à l'action, en accomplissant tout ce que j'ai à faire ici pour vous. Pour consoler votre Divin Cœur qui est tout Amour. *Deo gratias !*

25 août 1954 : c'est la PRISE D'HABIT. Température idéale, vent fort mais chaud, très chaud surtout durant la cérémonie d'aujourd'hui. Tranquillement, la cérémonie approche, mon cœur bat de plus en plus vite. Nous voici à 15 h : je puis voir de ma chambre tous mes copains

---

8. Formule latine tirée de Jean 21,19 signifiant : « Toi, suis-moi. »

et mes parents ainsi que les frères de l'Académie qui sont en avant de la maison. Je reçois un beau cadeau, un beau livre de messe. Je jase avec mes parents après la cérémonie.

Dans mon autobiographie de 1979, au début de notre quotidien en tant que « père blanc dûment habillé », je note ceci : le *de more*[8] commence. Je le vis avec une générosité débordante et une ferveur qui ne lâchera pas. Je vis à plein chaque jour : prière, conférence, Bible, lecture spirituelle, travaux manuels, récréation, sport : tout est vie, « facile » pour moi. Je prends conscience que la partie difficile de mon noviciat avait été le souvenir de l'année précédente à Québec, 1953-54, l'année des grandes ruptures affectives.

Le *de more,* ce sera d'abord l'accueil du donné doctrinal servi en conférences tout au long de l'année et qui nous servira de référence et de lieu d'interprétation à notre évolution spirituelle. Ce cadre doctrinal comprend trois grandes parties. La première concerne le Christ, notre idéal à Nazareth. En visitant Jésus à Nazareth, dans sa vie que la tradition appelle la vie cachée, nous touchons, à travers l'étude, la contemplation, l'examen quotidien, toute la question de l'obéissance de Jésus à son Père, l'orientation de sa vie dans le désir de « faire sa volonté ». C'est notre désir et le mien.

Avec « l'obéissance » dans sa réalité la plus profonde, se fera l'apprentissage de la prière que nous abordons dans toutes ses dimensions : sa nature, son but, ses formes, sa pratique, ses qualités, ses difficultés, son importance. Cette première partie du noviciat vise vraiment à donner un fondement solide à notre vie spirituelle.

La deuxième partie concerne la croissance de la vie spirituelle par les sacrements. La célébration de l'eucharistie et l'identification au corps du Christ par la communion ont ici une place centrale. S'ajoutent ici comme compléments importants : la pénitence comme sacrement et comme attitude de vie, incluant la place du combat spirituel comme lieu de croissance et de purifications.

---

9. Formule courante signifiant le retour à l'horaire habituel du programme quotidien, tel qu'établi au début de l'année de formation.

Finalement, dans la troisième partie de cette année bien remplie, nous contemplons le Christ comme source de vérité à faire en nous. On traite ici de l'accompagnement spirituel dans notre effort d'identification au Christ. Un nombre important d'éléments entrent ici en ligne de compte : la place de la formation humaine, l'importance de la maîtrise de soi, la surveillance des injonctions de la sensibilité. Et puis, la formation chrétienne avec ses composantes : la communion fraternelle, la docilité à l'Esprit, la place de Marie et tous les désordres qui peuvent s'installer par le péché, les passions, etc. Et finalement, nous abordons le grand sujet de la vocation sacerdotale et missionnaire : appel, croissance et persévérance.

Voilà donc dans les grandes lignes le menu des conférences de l'année du noviciat. Il ne nous restait plus qu'à vérifier au jour le jour les répercussions de ces grandes vérités dans notre vie au rythme de nos réflexions, de notre contemplation, de nos combats et de notre prière.

Méditation : ça va bien, mais je pense trop à mon passé – découragé. Je dois non pas penser à ça, mais au bien que je puis faire pour Jésus. Résolution : éloigner cette pensée de mon passé, ne pas me tenir enfermé dans le cercle étroit de mes fautes. Donc, aujourd'hui, avoir confiance et faire plaisir à Jésus dans toutes mes actions.

Je parle durement d'un cher confrère PB. Encore là, vouloir faire rire, mais le contraire se produit. Tête de linotte que je suis ! Jésus, je ne vaux pas cher mais je vous aime.

Méditation sur l'humilité. Comme le Seigneur qui lave les pieds de ses apôtres. Quel abaissement pour Lui, Homme-Dieu, et moi, pauvre pécheur, je garderai ce maudit orgueil ! Non jamais ! Jésus, aidez-moi à devenir comme vous, doux et humble de cœur, à ne vivre que pour les autres. À tuer ce petit moi. Passer ma vie de prêtre à faire connaître la bonté de Dieu, lui qui pardonne tous nos péchés. Merci, mon Dieu, et par reconnaissance, je vous donne ma vie et je veux vous faire connaître et aimer des âmes que vous mettez sur **ma route**. Je veux être pour vous un instrument docile, vous servir d'autant plus que j'ai péché. Merci ! Résolution : charité fraternelle au maximum pour l'amour de Jésus. Foi et confiance, tels sont les motifs d'action pour le mois de décembre.

Méditation : consécration à Marie afin de mieux faire plaisir à Jésus et d'être sûr de correspondre à toutes les grâces.

Pardon, Jésus, pour le mal que je vous ai fait, pardon pour ne pas avoir répondu plus vite à votre saint appel. À cause de mon maudit orgueil, je me suis éloigné de vous. Je suis devenu une pâture pour l'enfer, pardon, Jésus ! Vous voulez maintenant vous servir de moi pour compléter ce qui manque à votre passion. Ô mon Jésus, j'accepte de souffrir, je vous offre toute ma vie, malgré le fait que je ne vaille pas cher pour vous, pour vous faire connaître des pauvres âmes qui n'ont jamais entendu parler de vous. Jésus, je ne demande qu'un chose : correspondre à ce que vous voulez de moi, mais venez brûler en moi ce qui m'éloigne de vous.

Ma vocation sacerdotale sous la protection de Marie, ma mère du ciel. Elle ne peut rien me refuser quand il s'agit de plaire à Jésus : je vous demande aussi de devenir un saint prêtre, missionnaire Père Blanc. Donnez-moi cette parfaite humilité qui vous animait ici-bas et cette foi robuste en Dieu afin que, comme vous, mon *FIAT*[10] total paraisse un don intégral de moi-même au Christ Jésus, votre divin Fils. Notre-Dame de la confiance, priez pour nous.

Mon Dieu, vous êtes puissant et bon. Cette puissance et bonté, vous les avez prouvées d'abord en me donnant l'existence et ensuite en veillant toujours sur moi d'une façon particulière. Si je suis aspirant prêtre, aspirant à ce qu'il y a de plus élevé sur terre, ministre de Dieu, ce n'est pas parce que je suis aimable, oh non ! car je vous ai tant de fois offensé. Mais ce n'est que par un effet de votre puissance et de votre bonté infinies. Merci, mon Dieu ! Je vous offre ma vie comme gage de reconnaissance de tout ce que vous avez fait pour moi. Et ne voulant pas fléchir dans cette promesse, je viens vous demander votre aide. Venez, ô Jésus, suppléer à mes faiblesses afin que je devienne un saint prêtre mis-

---

10. Tiré de Luc 1,38, réponse de Marie à l'ange Gabriel signifiant : « Qu'il me soit fait selon ta parole ! » C'est l'accord donné à suivre ou à faire ce qui est demandé.

sionnaire pour vous sauver des âmes en Afrique, particulièrer
qui n'ont pas encore le bonheur de vous connaître et de vous

Mon combat présentement, c'est la pureté d'intention. Confiance
et amour de charité : en vivre. Si je pense du mal de mes frères en les
voyant agir, penser qu'ils s'efforcent eux aussi à mieux agir et ne voir
que le bon côté en tout.

———•◆◆•———

À mesure que l'année au noviciat progresse, Julien se rend de plus en compte
de la présence d'une grâce de Dieu qui imprégnera tant les activités de sa vie
que tout son être. L'atteinte de son idéal vocationnel ne sera pas uniquement
le fruit d'efforts personnels sur lui-même, mais le travail de cette grâce, qu'il
appelle « l'esprit de foi ». Où puise-t-il cet « esprit de foi » ? Certainement
dans son héritage familial, scolaire, paroissial, cette « culture religieuse »
dans laquelle il a grandi. Le cadre du noviciat lui apportera les instruments
nécessaires pour en percevoir au fil des journées et des événements toute la
force intérieure. Dans cette lutte avec lui-même, Julien est encore tributaire
d'une perception confuse entre l'image négative qui l'habite et qui le porte
à se dévaloriser et l'authentique pauvreté spirituelle qui prendra place dans
sa vie et qu'il reconnaîtra comme le fruit du travail de Dieu.

———•◆◆•———

Esprit de foi dans la pureté d'intention. Jésus, venez, aidez-moi ! Je
souffre un petit peu, je vous l'offre pour les Africains. Je ne sais pas de
quoi ça dépend… peut-être je me sens très inférieur à mes frères. C'est un
peu vrai ! Donc, accepter cela pour Jésus, mais tout de même, c'est dur.

Durant la conférence sur « le caractère », je constate que je ne suis
pas très intéressant pour les autres. Pourquoi ? Je ne vois pas assez chez
mes frères qu'eux aussi n'agissent que pour Dieu. Il faut que je me
dégage de cette idée du MOI. Beaucoup de difficultés que j'offre à Jésus.

Esprit de foi dans chaque acte d'obéissance, que ça plaise ou non !
Esprit de foi dans chacune de mes actions pour les offrir pour mes
frères P.B. qui seront ordonnés dans peu de jours. Esprit de foi,
recueillement intense pour réparer le mal qui se fait contre le cœur de
Jésus. Esprit de foi dans chacune des petites actions de ma journée

pour déraciner en moi l'amour-propre. Je ne ferai de progrès dans la vertu qu'à proportion de la violence que je me ferai à moi-même. Esprit de foi : être très charitable en pensées, paroles, actes. Dans l'après-midi, il y a un match de hockey : je joue « salaud » et il y a rixe entre le bon frère Untel et moi. On se parle « un peu fort », en colère. Mais tout rentre dans l'ordre, non sans remords. Pardon, Jésus ! J'ai besoin de vous. Merci quand même d'avoir permis cette faiblesse. C'est bon pour l'humilité. J'en ai tant besoin. Je dois réparer.

Attention à mes rapports avec mes frères. Attention à mes pensées derrière ma sensibilité. Toujours la charité ! Esprit de foi : être le plus joyeux là où j'ai le moins de satisfaction naturelle.

Esprit de foi en ne me laissant point guider par ma sensibilité. Esprit de foi dans cette épreuve ce matin : amour-propre blessé. Je ressens beaucoup cela. Aimer à être « humilié » avec Jésus. Esprit de foi : Seigneur Jésus, devenez maître de toutes mes facultés. Esprit de foi : tout accepter avec Jésus : un grand recueillement afin de correspondre à ce que Jésus veut de moi. À la retraite du mois, on me dit de prendre cela sans contention, pas d'énervement.

Mes résolutions à la fin du mois de mai 1955 : 1. Imiter Jésus dans son humilité, pour me vider de cet amour-propre dans mes pensées, paroles, actes. Tout accepter des humiliations. 2. Charité : tout à tous. Aimer mes frères, agir comme un « autre Christ », sous le regard protecteur de saint Joseph, dans une parfaite charité parce que Jésus les aime, ce sont ses choisis comme moi dans une parfaite délicatesse. Déjà ce soir tentation de mal juger un confrère. Difficultés à résister. Je ne vaux rien, mon Dieu, ayez pitié de moi, je ne suis qu'un orgueilleux. Videz-moi de ce maudit amour-propre. Je veux vous imiter dans tout, mon Jésus, humble, caché.

Et tout accepter en disant : « C'est bien ! » Méditation : merci mon Dieu de toutes ces grâces infinies d'amour dont vous me comblez. Je veux répondre amour pour amour, vous consacrer toute ma vie, mes affections, pour le salut des Africains. Je ne vaux pas cher. Je manque de confiance, j'agis par peur plutôt que par amour, mais je vous aime bien quand même. Pétrifiez-moi dans votre monde d'amour, afin que je puisse vous donner totalement aux âmes. Je me donne à vous, ayez pitié de mes faiblesses, faites que, de plus en plus, j'aie une parfaite confiance en vous, pour agir plus en enfant de Dieu.

Esprit de foi : je crois voir de plus en plus ce que Jésus veut de moi : vivre d'amour dans tout – pour pouvoir embraser les âmes de son Amour divin. Je crois que ma petite sœur Thérèse est pour quelque chose là-dedans. Je dois donc tout accepter avec amour, que ça me plaise ou non. Résolutions : 1) Tout faire avec amour – confiance avec mon grand frère Jésus à la gloire du Père. 2) Délicatesse spirituelle plus poussée envers mes frères, en priant beaucoup pour eux. Je sens une paix profonde à la prière du soir – merci, mon Dieu !

Esprit de foi : attention au discours avec ceux de ma table, ne pas parler de femmes. Je ressens que je ne vaux pas cher, amour-propre blessé, mais je résiste au dégonflage : mais bien des difficultés. Jésus, aidez-moi ! Merci beaucoup, Jésus, de cette journée malgré les difficultés, faites qu'elles me rapprochent davantage de vous. *Caritas !*

Esprit de foi : soumission amoureuse – confiante – à la volonté du Père dans le Christ Jésus, dans une grande charité avec mes frères. Nous sommes allés passer une semaine au lac Vert, lieu de vacances. Au retour, on nous pose la question à propos de la personnalité spirituelle : est-ce que l'esprit sacerdotal a le pas sur mon esprit collégien ? C'est vital ! La bouche parle de l'abondance du cœur. Je dois juger les choses, prendre toute détente à la manière du prêtre. L'esprit collégien, c'est ce qui peut tarir la vie spirituelle à la prochaine étape des études théologiques, au scolasticat.

Attention ! Donc agir en prêtre – missionnaire PB – en tout et partout. À cet effet, mon examen quotidien pendant cette semaine de vacances était le suivant : 1. Soin particulier aux exercices spirituels. 2. Grand silence, bouche, yeux, etc., au dortoir. 3. Préparation de la méditation. 4. Acquérir le sens de la responsabilité dans le souci du détail. 5. Être ponctuel. 6. Exercice de dévouement : le P.B. pense à lui après avoir pensé aux autres. 7. Charité fraternelle : me faire « tout à tous ».

Esprit de foi : reprise des points antérieurs : esprit de foi pratique dans le Seigneur Jésus, dans la confiance, amour avec un grand esprit d'humilité, délicatesse envers mes frères, libre de toute préoccupation du MOI. Aimer mon prochain, quel qu'il soit, et davantage s'il est moins sympathique. Je sens quelque chose en moi, source de trouble. Je sens qu'on me trouve peu intéressant. Mon amour-propre blessé. Jésus, j'accepte cela pour pouvoir profiter de cette grâce d'humilité et aider les âmes. Au souper, un confrère m'envoie une *crack* [11]. Je résiste au dégonflage : mais comme je suis sensible ! Jésus, rendez-moi semblable à vous. Attention à ma sensibilité. Le dégonflage, c'est toujours la même chose. Ai-je résisté ? Jésus, changez mon cœur, que je prenne votre mentalité. Videz-moi du MOI, mon Jésus, faites-moi accepter les humiliations avec amour. Emparez-vous de toutes mes affections. Faites que j'aie de plus en plus la force de m'éloigner de toute créature qui puisse nuire à mon union avec vous. Que chaque minute de ce prochain mois soit imprégnée d'amour ! Que je puisse soumettre ma sensibilité à mon esprit de foi : je puis sentir, mais jamais consentir. Cela dans une grande confiance et humilité.

Esprit de foi : je suis allé en direction [12]. Jésus est content de moi. On me dit de poursuivre ma formation et de faire mon scolasticat comme j'ai fait mon noviciat, que je serai un « bon broussard [13] ». Je ne serai jamais un « grand missionnaire » ! Je prendrai la petite voie [14] d'enfance, c'est juste ce qu'il me faut. Merci, ma petite sœur Thérèse, vous y êtes pour quelque chose.

Le 17 juillet 1955, il y a changement de style dans le journal de Julien : les journées commencent non plus avec la demande de « l'esprit de foi » mais avec l'expression *Hostia cum Christo*.

11. Une mauvaise plaisanterie, quelque peu blessante.
12. Échange spirituel avec le directeur de conscience ou l'accompagnateur.
13. Travail pastoral non spécialisé du missionnaire travaillant dans un contexte de brousse, en l'occurrence la brousse africaine.
14. En référence à la voie pratiquée et prônée par sainte Thérèse de l'Enfant-Jésus, faite de confiance et d'abandon total à Dieu Père, à l'exemple de Jésus.

Ce changement d'attitude est symptomatique d'un accent nouveau dans l'expérience de Julien. Si la demande de l'esprit de foi était une supplication pour imprégner son combat de la force de Dieu pour le délivrer de toutes les tendances d'amour propre et, dans un sens, pour améliorer l'image de lui-même, cette deuxième expression semble partir de lui : s'offrir pour que Dieu fasse le travail désiré. C'est une première semence de grande importance qui le conduira à une authentique pauvreté spirituelle allant de pair avec l'amour de soi.

———

« *Hostia cum Christo* [15] » : Dans une grande intimité et charité intense avec mes frères, vivre dans l'humilité, la confiance et la pureté en tout, pour rayonner. Dans ma méditation, être à l'écoute de mes sentiments et agir comme un petit enfant à l'égard du Bon Dieu, notre Père, dans la confiance filiale et ainsi ne pas craindre mais aimer toujours plus. Dans la conférence de ce jour-là, nous sommes invités à garder notre union à Dieu et à travailler pour lui avec le plus de générosité possible. Plus je donnerai au Bon Dieu, plus il me donnera. Attention à mon amour-propre.

« *Hostia cum Christo* » : union avec Jésus, mais comme je suis porté à une certaine mélancolie, guérir cela en demeurant en Jésus et en le laissant agir en moi. Faites que je devienne un saint prêtre. Consumer toutes mes actions dans l'amour du Cœur de Jésus. Apprenez-moi à vivre de plus en plus dans la « sainte indifférence [16] ». Rendez mon cœur sacerdotal comme le vôtre. Dans l'après-midi, je travaille à nettoyer ma chambre. Préparatifs de départ : vivre cette semaine qui termine mon noviciat dans un grand recueillement.

Ma bonne maman du ciel, aidez-moi à me détacher du MOI. Je suis bien fatigué, mais bien content. Merci de m'avoir conduit au noviciat

---

15. Offrande, don, sacrifice avec le Christ. La référence scripturaire se trouve dans l'épître aux Hébreux 10,5-10 : « Tu m'as donné un corps. Me voici, je suis venu, ô Dieu ! pour faire ta volonté. C'est dans cette volonté que nous avons été sanctifiés par l'offrande du corps de Jésus Christ, faite une fois pour toutes. »

16. Expression tirée de la spiritualité ignatienne se référant à la liberté intérieure devant tout choix à faire selon l'inclination que suggérera l'Esprit saint.

des Pères Blancs. Je passe cette semaine dans l'amour pour vous remercier, sauver des âmes et prier pour nos successeurs.

Vivre davantage dans l'esprit de ma vocation, vivre en vrai Père Blanc. Une grande charité fraternelle – un zèle débordant pour tous, un semeur de joie dans l'obéissance amoureuse. Merci, mon Jésus, de m'avoir donné cette belle vocation !

Le 4 août 1955 : mon anniversaire : passer cette journée dans l'amour dans tout ce que je fais, le faire avec Jésus, pour remercier le Bon Dieu de tout qu'il a fait à mon égard avec une attention particulière à saint Joseph. Journée passée à l'oratoire, pour aider les malades. « Ce que vous faites à l'un de ces petits, c'est à moi que vous l'avez fait. » Voir Jésus souffrant dans ces âmes. Mon bon saint Joseph, aidez-nous tous à donner Jésus à ces âmes, par notre exemple et nos paroles dans la douceur et la délicatesse. Fin de journée : je crois que saint Joseph m'a bien aidé.

*« **Hostia cum Christo** » : c'est la fin du noviciat. Mes résolutions se résument en ceci : charité, me faire tout à tous et rendre service. Augmenter ma ferveur, en vivant plus près du Christ et des âmes.*

6 août 1955 : samedi : première journée comme scolastique. Je ne suis plus novice. Joyeux avec mes frères. Avec ma bonne maman des Cieux, tout ira bien.

Rétrospective : 25 ans plus tard (1979)

Cette trop grande générosité aurait dû être tempérée et canalisée par la direction qui a manqué au niveau discernement. J'arrive vers la fin de l'année presque épuisé. On appelait ça de la « contention ». Cette erreur d'aiguillage n'enlève rien de mon admiration et de l'action de grâce pour cette année privilégiée de la découverte de la prière prolongée et quotidienne, de l'échange spirituel, de la révision, de l'autocritique et de l'initiation chez et avec les Pères Blancs et de mon journal où j'apprends toujours plus que Dieu est vraiment dans mon histoire.

Je me sens de plus en plus attiré par le Père. La vie de communauté m'est facile et agréable : j'aime et suis aimé.

Le noviciat se termine comme il a commencé : dans la joie et la paix, dans la fidélité et la générosité. Et j'apprends beaucoup plus par moi-même que cette générosité qui m'anime doit être éduquée. Il faut être lucide sur cette question ! Le mois d'août 55 se passe en initiation à la prochaine étape ; au lac Vert, je passe un heureux été et je m'y repose. Je découvre une autre étape et d'autres confrères qui sont très bien et qui me font aussi découvrir que même ici, le monde n'est pas parfait : j'avais bien des illusions sur ces produits de Séminaire !

❖

En relecture de ce mini-journal 1954-55 de Julien, on peut assister à l'émergence de quatre éléments qui pourraient constituer la spiritualité de Julien durant cette année de noviciat.

1. Julien s'est donné un idéal de haute portée : devenir prêtre et missionnaire dans le célibat consacré. Il va de soi que l'image qu'il se fait de ce personnage qu'il veut endosser dans sa vie dépasse de loin ses capacités. Il se rend bien compte que c'est un don de Dieu, que cela ne relève pas de sa dignité, mais que c'est un effet de la puissance et de la bonté divines.

2. Cependant, et c'est le deuxième point, Julien fonctionne sur le plan humain avec une image « dévalorisée », relativement négative de lui-même. En outre, il se découvre « pécheur » sur le plan spirituel. Ici, toute une éducation religieuse joue dans sa conscience. Devant les exigences de son idéal, il est fatalement porté à se sentir coupable en manquant aux injonctions de son idéal par les efforts qu'il fait et qui ne semblent pas donner les fruits qu'il attend. Son image négative ne l'aide pas à surmonter ce handicap. « Je ne vaux pas cher », note-t-il, trois mois après son entrée. Son année sera fortement marquée par un combat de Jacob. Il lutte, et chaque réussite comme chaque échec sont notés. On a l'impression que cet idéal sera le fruit d'un effort personnel, une certaine conquête de sa vocation, où la satisfaction de soi se mêle à une certaine paix intérieure. On constate ici dans son discernement personnel que Julien voit la différence entre les deux et qu'elles n'ont pas la même source.

3. En lien avec ce combat, deux grâces vont se succéder qui lui assureront une base spirituelle solide et qui féconderont sa vie jusqu'à la fin de ses jours. Il y fera continuellement appel. La première, c'est l'esprit de foi,

comme il a été noté plus haut. Et l'expression qui apparaît plus tard : « *Hostia cum Christo* », être offrande, hostie avec le Christ. Ces deux lumières d'esprit de foi et d'offrande présideront à la transformation intérieure de Julien. Il a perçu à quel point il était centré sur lui-même et il supplie son Seigneur de façon encore confuse de lui donner les fondements qui lui permettront de se mettre en « exode », en marche vers une lointaine terre promise. Cette « sortie de soi » se vérifiera progressivement dans la vérité reçue par la Parole de Dieu, par l'humilité, dans les rapports avec les autres.

En tout, Julien cherchera l'appui sur la miséricorde et la toute-puissance de Dieu par l'entremise de la Vierge Marie. L'expression « *Hostia cum Christo* » marquera le fruit privilégié de cette première étape de sa formation dans le DON DE LUI-MÊME À LA MISSION. Elle deviendra une attitude de vie, la pierre angulaire de sa vie, lui permettant progressivement de prendre conscience que « l'achèvement de sa vocation et de sa mission » n'était pas SON œuvre à lui, mais celle de Dieu. Une parole de l'épître aux Hébreux lui deviendra chère dans la dernière étape de sa vie : « Tu m'as façonné un CORPS. Alors j'ai dit : Me voici, je suis venu, ô Dieu, pour faire ta volonté » (Hé 10,5-10). Pour Julien, l'offrande d'un corps de plus en plus délabré sera l'acte permanent et continuellement renouvelé pour vivre SA mission, celle qui lui a été confiée et à laquelle il voudra être fidèle jusqu'à son dernier souffle.

La période du scolasticat (1955-1959) [17]

Durant cette première année du scolasticat, Julien rédige soigneusement son journal de bord. Nous reprenons ici les moments clés ainsi que les réflexions marquantes et déterminantes qu'il nous laisse sur les nouveaux enjeux de son expérience missionnaire en formation.

---

17. Durant la première année de son scolasticat, Julien écrit son journal quotidien. Celui-ci datera du 6 août 1955 au 29 juin 1956 et couvrira 388 pages. Durant les trois autres années qui suivront, de 1956 à 1959, Julien a laissé un compte rendu objectif des retraites prêchées et de ses réflexions à ces retraites.
À cette époque, les professeurs M. Afr. du scolasticat sont les suivants : Les pères Gérard Jobin, supérieur ; Martin Jauréguy, professeur de morale (2ᵉ et 3ᵉ année) et de droit

Le 6 août 1955, c'est l'arrivée au lac Vert [18] à quatre heures de l'après-midi. Je me sens très content de revoir mes confrères scolastiques. Attention à une certaine gêne ! Je garde une belle union à Jésus pendant toute la soirée. Merci beaucoup mon Dieu de tout ce que vous faites pour moi. Faites que je devienne un saint scolastique. Donnez-nous à chacun la force de vivre dans votre amour afin que nous devenions tous des autres vous-même dans cette terre d'Afrique. Les scolastiques sont tous bien sympathiques. Ne jamais oublier ceci : je vis moi-même parmi les choyés du Bon Dieu. Noblesse oblige, donc les aimer tous !

Lecture spirituelle sur le Corps mystique [19] : quelle responsabilité, quelle puissance je puis avoir sur les âmes de mes frères, de tous les chrétiens, membres du Christ. Alors, penser souvent à cela, pour rayonner Jésus au maximum dans les âmes de mes frères. Excursion au lac Grand-Saint-Sixte [20]. Des femmes essaient de nous « crocheter » en parlant intimement avec nous. Je refuse. Mon Dieu, vous me connaissez, je vous offre ce sacrifice, pour votre grande gloire [21] et pour les âmes. Merci, mon Dieu, de me faire comprendre de plus en plus que la souffrance dans la vie du prêtre est normale et qu'elle n'est pas, comme je le croyais, un signe qui manifeste que vous n'aimez point celui qui en est l'objet, mais plutôt une manifestation de votre amour,

---

canonique (il sera remplacé pour cette dernière discipline par Guy Martin) ; Léo Dufresne, professeur des sacrements ; Roland Frenette, professeur d'Écriture sainte (qui sera remplacé en 1957 par le P. Yves Gaudreault) ; Léopold Morin, économe de la maison ; Anton Simons, professeur de dogme en 2e et 3e année ; Gildas Nicolas, professeur de dogme en 1re année ; Marcel Neels, professeur de morale en 1re année.

18. Résidences et bâtiments de camping où les étudiants pères blancs passaient leurs vacances d'été. Il est situé dans la région de l'Outaouais, à quelque 40 km de Papineauville.

19. Expression théologique assez couramment utilisée après la Deuxième Guerre mondiale pour signifier l'ensemble des croyants se rattachant au Christ.

20. Un très grand lac situé à environ 6 km au nord-ouest du lac Vert, particulièrement réputé pour la pêche.

21. A.M.D.G. : Abréviation de la formule latine « *Ad Majorem Dei Gloriam* », particulièrement chère à saint Ignace de Loyola et signifiant : « Pour la plus grande gloire de Dieu ».

puisque vous voulez le rendre plus semblable à votre divin Fils. Je récite les matines[22] seul. Je ne comprends pas grand-chose !

Je me promène en chaloupe et pense peu aux âmes. Je sens une petite gêne en jasant avec mes frères. Le maudit amour-propre ! D'où est-ce que ça vient et pourquoi ? Attention à cela : « Que votre volonté soit faite, mon Dieu ! » Merci, mon Dieu, de me faire sentir ma faiblesse, je vous l'offre. Ayez pitié de moi ! Comblez ces lacunes en moi par vos grâces infinies d'amour afin qu'ainsi je puisse devenir un autre vous-même. Je fais la sieste. Au réveil, je sens un « certain cafard » dans le fond de mon cœur, je me vois plein de péchés – sans aucun talent. Ayez pitié de moi, je ne suis qu'un pauvre pécheur. Je vous consacre toute ma vie. Que je devienne semblable à vous ! Videz-moi de ce maudit égoïsme qui me ronge !

Je travaille à l'épluchage des pommes de terre et je fais une gaffe involontairement, en parlant à l'un des confrères scolastiques à propos du bain. On me répond : « On ne parle jamais des faiblesses de ses confrères. » Merci, Jésus, de la leçon, c'est ici que je vois mes confrères scolastiques vivre vraiment de votre charité pratique, et non comme moi. Comme j'ai du progrès encore à faire !

Bréviaire : je prie les matines et les laudes seul. Ça va très bien. J'y mets une intention apostolique, celle de prier particulièrement pour

---

22. Le bréviaire, communément appelé aussi « l'office », comprenait à cette époque huit temps de prière, espacés sur les 24 heures de la journée. Les « matines », aujourd'hui appelées office des lectures, comprenaient 3 psaumes avec lectures pour les jours ordinaires, et 9 psaumes avec 9 lectures pour les dimanches et fêtes. Venaient ensuite les laudes, prime, tierce, sexte, none, vêpres et complies. Les textes de ces heures de prière étaient tous en latin. Aujourd'hui, ils sont priés en langue vivante : français, swahili, arabe, espagnol, anglais, selon les besoins. L'office de prime a été aboli. On n'utilise que l'une des « trois petites heures » de tierce ou sexte ou none comme prière du milieu du jour, selon qu'on prie à 9 h, 12 h ou 15 h. Laudes et vêpres sont considérées comme les prières du matin et du soir. Complies, c'est la prière avant le coucher. Le nouveau bréviaire, en quatre volumes, s'appelle *Liturgie des heures,* avec toutes les lectures. Le bréviaire en un volume, sans les lectures, s'appelle *Prière du temps présent.* L'ensemble des lectures, en un seul volume couvrant l'année liturgique, s'appelle *Office des jours.*

les pauvres moribonds. Nous faisons une petite excursion au lac Baril[23] dans la journée, je mange beaucoup de crêpes et les confrères sont charmants. Il n'y a aucun poisson au menu. Peut-être n'ai-je pas suffisamment pensé au bon Dieu cet après-midi et j'ai été distrait durant mon examen particulier[24].

Le 4 septembre (1955), nous arrivons au scolasticat[25] dans la soirée. Dans ma chambre, je trouve une table de dactylo, une vadrouille, etc. Le lendemain, il y a lecture par le père supérieur sur les dispositions à prendre en vue de la retraite[26] qui commencera cette année d'études. Cette année, je dois travailler en vrai missionnaire, avec les âmes africaines dans mon cœur. Vivre la charité, « fusionner » avec tous et attention à un certain amour-propre. *« Je vous consacre toute cette belle année du scolasticat. Faites que tous nous fassions une bonne et sainte retraite. Je suis pauvre, mon Jésus, mais vous m'aimez et c'est le principal. Je veux de plus en plus avoir confiance en vous. Aidez-moi ! »* Le lendemain, je sens un petit découragement. Combien je vois que je suis faible ! Jésus, vous êtes ma force, ayez pitié de moi.

C'est le début de la retraite, instruction sur la création. Sentiments de reconnaissance pour tout ce que le bon Dieu a fait pour moi. Merci malgré tous les péchés que vous saviez seraient miens. Je vous appartiens totalement, je suis tout à fait dépendant de vous. En plus, vous me faites votre petit enfant, par le baptême, grâce aux mérites de Jésus. Je vous consacre toute ma vie, pour vous faire connaître et aimer par moi. En chambre, je lis *Message de sainte Thérèse,* par le père Philippon. Très solide. Ma chère petite sœur Thérèse, aidez-moi

---

23. Autre petit lac au nord-ouest de Papineauville, à un km du lac Vert.
24. Exercice spirituel prenant place au milieu du jour, avant le repas du midi habituellement, ayant pour but de vérifier le ou les points du combat spirituel en cours.
25. Après le temps de vacances au lac Vert, on se dirigeait au scolasticat, à Eastview, près d'Ottawa, pour le début de l'année scolaire en vue des études théologiques.
26. L'année scolaire commençait par une retraite de huit jours. Une autre retraite, ramenée à trois jours, avait lieu au mois de juin, à la fin de l'année scolaire, en vue des ordinations de la fin de l'année.

à vivre dans votre petite voie d'enfance spirituelle, vous qui avez tant prié pour les prêtres missionnaires.

Résolutions de cette retraite de septembre 1955 : confiance d'abord en la sainte volonté de Dieu. Il me veut ici, alors Dieu me donnera bien la force nécessaire pour passer à travers l'épreuve. À moi d'en disposer par une confiance sans limites. En conséquence, abandon total et amoureux à la volonté de Dieu. Et ensuite l'amour fraternel : voir Jésus dans mes frères, toujours joyeux avec eux : sourire, même avec ceux avec qui j'ai le plus de difficulté, leur rendant service. Magnifique retraite ! Merci, mon Dieu, pour toutes les grâces reçues et toutes les lumières !

Le 13 septembre 1955, nous commençons les classes. Dans mes études, j'essaie de traduire les débuts du volume I de théologie[27]: c'est pas mal. J'ai bien besoin des lumières de l'Esprit. Et puis, on discute à propos de méthode de travail : ne pas m'en faire, y aller avec confiance. Je décèle en moi un complexe d'infériorité. Dans un mois, on me donnera un diagnostic général sur mon état intellectuel.

Après trois mois, je rencontre mon directeur spirituel, le père Dufresne. Il était temps ! Pourtant, j'en sors bouleversé. Je sens « pesamment » ma faiblesse, tout mon passé, mon incapacité à tous points de vue, surtout intellectuel. Je sens aussi des pensées très fortes de découragement, mais je lutte, non sans difficultés. Il y a cependant du positif : mon directeur me donne une méthode qui, je crois, va bien m'aider. Merci mon Dieu ! Merci de me garder, même si je ne vaux rien.

J'ai un gros mal de tête à la messe : mon Jésus, aidez-moi à dire OUI, un oui plein d'amour à la sainte volonté du Père. Quand ça va bien, c'est facile, mais présentement, mon Jésus, vous savez mes difficultés. Je sais que vous êtes là, mais j'ai peur de ne pas correspondre à ce que vous voulez de moi. Je veux devenir un saint prêtre. Dans mes classes, je suis loin des consolations sensibles. À la classe de morale, j'éprouve des sentiments de découragement : ça ne me dit pas d'étudier ! Que j'aimerais être à la maison d'un « coup sec ». Mais

---

27. Tous les livres de théologie, à l'époque, étaient rédigés en latin.

fiat [28], mon Dieu ! C'est votre volonté que je sois ici, merci de me faire trouver dur. Je vous offre cela pour la persévérance d'âmes qui vous sont chères, pour nos chers Africains.

La culture physique par contre me fait beaucoup de bien. Mais je trouve la classe de Bible bien longue. De plus en plus, je constate ma fatigue. Jésus, aidez-moi. J'entrevois la perspective d'un repos, ça m'effraie ! Gardez-moi, Jésus. Je prie le chapelet : ma chère maman, aidez-moi à accepter avec Jésus ce *breakdown* [29]. Les yeux me brûlent, j'ai la tête bien fragile. Je vais voir le père supérieur et lui parle de ma « maladie ». Comme un bon Père, il me dit de prendre cela *slow* [30], même si je n'arrive pas dans mes examens de Noël, ça ne fait rien. Je transpire « au coton », une manifestation encore de ma nervosité extrême. Je suis finalement bien content de lui avoir dit cela. Je suis en paix !

C'est la première partie de hockey [31] : Je n'ai jamais joué si mal et ça affecte beaucoup mon amour-propre, tout un dégonflage ! Mais je résiste. Quelle difficulté à le repousser quand même ! Le lendemain, le 8 décembre, c'est votre fête, ma chère maman, et pourtant, je crois que c'est la première fois que je me sens si bas au scolasticat, et la raison, c'est la partie de hockey. Cet amour-propre est une belle preuve que je suis loin d'être détaché du moi. Aidez-moi à avoir confiance !

Examen de théologie que je trouve assez facile, mais je réponds totalement en dehors de la question. Je savais d'avance que j'étais faible et ça y est ! Je ressors de l'examen ébranlé à en pleurer, dégonflé, mais je ne succombe pas. *Fiat, fiat !* Si j'ai 6 sur 10, ça va être beau !

---

28. Référence à Luc 1,28 : « Qu'il me soit fait selon ta parole, ton désir, mon Dieu ! »
29. Dépression nerveuse.
30. Lentement.
31. Premier match de hockey sur glace de l'année, au début de décembre, alors que le froid était suffisamment rigoureux pour que l'eau gèle. Les patinoires de l'époque dépendaient à 100 % de la température. Les patinoires à « glace artificielle » étaient peu répandues, sinon dans les grandes villes, au service d'équipes professionnelles.

Dans la récollection de janvier, je prends la résolution d'accepter avec humilité les difficultés éprouvées dans mes études et dans mes relations avec mes confrères. Et le lendemain, ça y est : je sens encore une fois toute mon incapacité intellectuelle et spirituelle. Mon Jésus, regardez ce que je vaux ! Je vous en demande pardon ! Mon introspection est trop forte ! Rendez-moi capable, mon Jésus, de dire un oui plein d'amour aux saintes volontés du Père. Et au souper, on m'annonce une mauvaise nouvelle à propos de mon examen de morale : *rather low*[32], sans plus de précision. Mon Jésus, ça me fait mal au cœur. Vous le savez, je vous demande de m'aider à accepter cela, et aussi à comprendre davantage ma théologie.

Je ne suis pas bien riche, je manque de personnalité, mais je veux, mon Jésus, vivre de vous, avoir votre personnalité : agir avec vous, faire la sainte volonté du Père ensemble. Et en allant voir le père supérieur, je reçois mes notes d'examen. Ce n'est pas fameux ! J'avais pourtant travaillé ! On va se reprendre, Jésus, ensemble, à ce second semestre.

Le père supérieur nous donne une lecture spirituelle sur les « amitiés particulières[33] ». Ça va tous nous faire réfléchir. On a tous cette tendance, mais elle doit être contrôlée. Merci, mon Dieu, et faites que tous désormais nous nous aimions dans la Christ Jésus, votre divin Fils. Protégez-nous contre ce fléau. Gardez-nous tous purs ! Que j'en arrive à cette identité parfaite de pureté et d'humilité pour la gloire du Père et le salut du plus grand nombre possible d'âmes.

---

32. Résultats d'examens plutôt bas.
33. Elles étaient déconseillées, puisqu'elles gênaient l'ouverture à tout le monde. Les nominations qui viendront plus tard, dans le contexte de l'Afrique, se feront sans qu'il y ait choix préalables des confrères avec qui on fera vie commune. Le Père Blanc était nommé dans une communauté de Pères Blancs, ne sachant pas à l'avance l'identité et la nationalité de ceux-ci. C'était le désir du fondateur, le cardinal Lavigerie, de former des communautés internationales, pour signifier l'universalité de l'Église. Il faut dire d'autre part qu'on avait une notion plutôt négative du sens de l'amitié, si essentielle dans la croissance de la vie. Peut-on avoir des amitiés qui ne soient pas particulières ?

Aujourd'hui, fête de saint Thomas d'Aquin[34]. Je sais que vous nous regardez prier : faites que nous puissions davantage réaliser tout ce que Dieu nous fait de bon en nous donnant la chance d'étudier. Aidez-nous, bon saint Thomas !

Mes pensées d'amour-propre reviennent à la charge constamment. Je lutte, mais il me semble qu'elles y restent toujours. Pardon, mon Jésus, de ces pensées d'amour-propre blessé à cause de ma faiblesse intérieure. Je vous l'offre, mon Dieu, et ça m'oblige à me tenir davantage collé à vous et à me tenir dans cet état de continuelle dépendance. Merci et pardon pour ces révoltes intérieures !

C'est la fin de l'année, **nous entrons en retraite avant de recevoir la tonsure et les ordres mineurs**[35]. Donnez-nous la générosité pour vous suivre dans la voie qui mène au Père, que nous devenions des *lux mundi*[36]. Et voilà, je suis désormais un « consacré » : faites que toujours je me conduise comme tel. Merci pour toutes vos grâces !

———

Voilà donc les accents majeurs de l'expérience humaine et spirituelle que l'on trouve dans ce long journal qui termine la première année de théologie de Julien en juin 1956. Malheureusement, nous n'avons aucun document sur les douze mois qui vont suivre, soit jusqu'à la fin de la deuxième année

---

34. Maître incontesté pendant des siècles tant de la théologie que de la philosophie. Tous les manuels à l'usage dans les collèges classiques, les petits et les grands séminaires s'inspiraient à forte dose de la vision théologique de saint Thomas et de ses disciples reconnus.

35. Avant la réforme du pape Paul VI en 1972, ils étaient divisés en deux catégories. Les ordres mineurs : portier, lecteur, exorciste et acolyte ; les ordres majeurs : sous-diaconat, diaconat et sacerdoce proprement dit. Les ordres mineurs étaient précédés de la collation de la « tonsure », signifiant l'entrée dans l'ordre clérical. Elle est remplacée aujourd'hui par une célébration où le candidat à la prêtrise exprime son désir d'engagement. Les ordres mineurs, par le décret de Paul VI, ont été réduits à deux, le lectorat et l'acolytat. Pour ce qui est des ordres majeurs, le sous-diaconat a été aboli. Autrefois cependant, le sous-diaconat signifiait l'engagement définitif et sans retour au célibat et à la prêtrise. Dans la Société des Missionnaires d'Afrique (Pères Blancs), le sous-diaconat était précédé du « serment missionnaire » par lequel le Père Blanc s'engageait définitivement à œuvrer dans les missions en Afrique, en suivant les Constitutions de la Société.

36. Lumière du monde, en référence à Jean 8,12, où Jésus se déclare être la Lumière du monde.

de théologie de Julien. C'est à ce moment-là toutefois que les scolastiques prennent leur premier mois de vacances en famille (du 20 juillet au 21 août). Voici donc quelques points du programme d'une journée que Julien s'était donné pour cette période de sa vie.

⁕

Je me lèverai à six heures environ et me rendrai à l'Église pour faire ma méditation, entendre la messe et faire mon action de grâce. Après le déjeuner, je ferai ma lecture spirituelle, je réciterai mon chapelet et mon bréviaire. Avant le dîner, je ferai mon examen particulier et, dans l'après-midi, je dirai une deuxième partie du bréviaire. Après le souper, lecture de Bible et prière du soir. Avant le coucher, enregistrement de la journée au point de vue spirituel, par écrit. Mon unique résolution consiste dans la garde intense de ma vie intérieure. Profiter de tout pour rester « *Hostia cum Christo* ».

Il y a un « esprit Père Blanc » à vivre et à développer. Il se manifeste dans les points suivants : une vie intérieure intense, un dévouement plus qu'ordinaire, une obéissance parfaite, un renoncement – pauvreté en tout –, une grande cordialité de soutien aux confrères, et un esprit de famille. Tout cela, dans un esprit de prière puisé dans le cœur de Jésus et en esprit de réparation nourri de mon immolation constante pour bien prier et pour vivre le don total de mon cœur pour les âmes. Marie sera ma compagne et mon soutien dans ce travail d'identification à Jésus, pour la gloire du Père sous l'emprise d'amour de l'Esprit saint.

Je dois garder une certaine souplesse dans les exercices de piété faits à la maison. Par exemple, la lecture spirituelle : ne pas l'imposer aux autres et même la faire dans une revue ou journal quelconque si ça peut éviter le formalisme et les commentaires : « T'en fais bien assez là-bas ! »

⁕

En septembre 1957 commence la troisième année de théologie. Durant les deux années qui restent à Julien pour compléter sa formation théologique et jusqu'à son départ « en mission » en septembre 1959, nous n'avons que le relevé des grandes retraites de 8 jours qu'il a suivies.

————•————

À la lumière de la retraite de septembre 1957, prêchée par Mgr Alfred Lanctôt, évêque de Bukoba, Tanzanie, j'ai pris les résolutions suivantes :

1) Tous les soirs en arrivant en chambre, faire la revue de la journée, enregistrement du combat spirituel dans lequel je dois mettre de la volonté et de la méthode.

2) Pendant le grand silence du soir, penser davantage à la messe du lendemain « avec l'intention de m'habituer une fois prêtre ». Au lever, penser au Christ qui va venir en moi et demander à la Vierge Marie de m'aider à m'y préparer.

3) Au niveau chasteté, attention ! Aucune concession ! Le soir au lit, être très énergique pour ne laisser aucune prise au démon impur. Immédiatement recours à la Sainte Vierge dans la tentation.

4) La charité : voir le Christ dans mon confrère, quel qu'il soit. Être très bon et compatissant pour tous. À travers son humanité, c'est le Christ que je contacte, pour ainsi m'habituer à y détecter toujours le Christ, quelle que soit la personne et le sexe. La Trinité habite en lui, la respecter, la vénérer, la servir par ma charité envers ledit confrère. Donc, attention aux jugements, aux condamnations, aux paroles et aux indélicatesses. Éviter les vengeances mesquines, la rancune et la bouderie systématique. Aimable toujours, tous les jours, que je le « sente » ou non !

5) L'humilité manifestée dans un dévouement discret envers tous mes confrères. En arriver à tout bien accepter de façon à être le plus possible indifférent aux créatures (santé – maladie – joie – peine – incompréhensions, etc.). Donc, ne pas répondre pour blesser, mais rire plutôt, même si ça fait mal, pour mieux ressembler à mon Jésus, par Marie.

6) Obéissance : penser à saint Joseph : « Lève-toi, prends l'enfant et sa mère et va-t-en en Égypte » (Mt 12,13).

7) Quant à mes exercices de piété, veiller sur ma vie intérieure : de façon habituelle, c'est le capital de vie divine en moi, c'est ma capacité d'agir en fils de Dieu. Et de façon actuelle, c'est la mise en valeur de ce capital. En conséquence, c'est l'état d'activité d'une âme qui réagit pour régler ses inclinations naturelles et acquiert l'habitude d'agir en fils de Dieu, de se diriger, de se former d'après la lumière du Christ. En conséquence, la vie intérieure n'est pas seulement d'ordre contemplatif, mais la référence à régler nos actes humains sous l'influence de la foi, de l'espérance et de la charité. Et tous les exercices de piété n'ont pas d'autre but que de maintenir active ma vie intérieure : la visite au Saint-Sacrement dans l'adoration et l'intercession pour toutes les âmes en besoin, l'examen particulier pour faire le point dans mon combat spirituel, et au centre, la célébration de l'eucharistie avec l'action de grâce, pour vivre l'union, la protection, l'identification, la transformation et l'abandon à Jésus.

8) Quant à l'usage des créatures, avoir une grande liberté intérieure, attention aux affections déréglées, imperceptibles au début mais qui deviennent vite une tyrannie, attention aux attaches du cœur. Je suis très faible comme tous les autres, alors « Veillez et priez » (Marc 14,38).

Le 21 et le 22 juin 1958, je fais mon serment missionnaire et suis ordonné sous-diacre. Et le 22 septembre, je deviens diacre[37]. C'est la séparation définitive avec le monde : il n'est plus permis de regarder en arrière. Je suis engagé dans le service perpétuel de Dieu. Que le Christ règne sur toute ma personnalité! Je suis témoin vivant du Christ au monde, consacré à la gloire de la Trinité et au salut des hommes. Je promets la chasteté perpétuelle, l'immolation des plus vives affections terrestres, une vertu angélique et héroïque : témoin, dans ma chair, de mon immolation à Dieu, mais aussi la joie du cœur que je dois rayonner autour de moi, la joie du sacrifice amoureux.

---

37. Voir note 35 ci-dessus.

Le bréviaire, l'office[38] devient mon compagnon inséparable des bons et des mauvais jours. C'est un apostolat, par lui, de la souffrance et de la prière publique de l'Église. Dans ma vieillesse, il sera mon initiateur à la louange des bienheureux. Par lui, je prie pour l'Église, l'Épouse du Christ, qui a tant besoin de mes prières, de nos prières, pour tous mes frères chrétiens, à travers le monde, à la gloire du Père.

Je garde une place éminente à l'eucharistie, ma messe de tous les jours. C'est un repas aussi, mon repas quotidien avec le Seigneur. C'est un vrai repas, même si cela ne nous frappe pas. Il a voulu faire ça simple. L'effet de la communion dépend de la faim que nous avons du Christ : c'est une transfusion de sang, c'est là que je prends ma joie. Nous mangeons le Christ, ensemble en famille, une source de force pour une authentique charité. L'amour fraternel est le thermomètre de notre amour de Dieu. Et le secret de la persévérance : vivre en amoureux. Considérer tout ce qu'il a fait pour moi dans le passé et considérer comment il m'aime présentement. « Prenez et recevez tout mon être... » (prière de saint Ignace de Loyola).

Le 21 janvier 1959 commence la retraite d'ordination. Et le 31 janvier, c'est le jour de mon ordination sacerdotale.

Mes dispositions intérieures sont fortes. J'ai un profond désir de ne rien manquer, une volonté généreuse à m'ouvrir à toutes les grâces. Il en va de la gloire à Dieu, du bien de l'Église et de l'Afrique, de la Société des Pères Blancs et de mon âme. Ma vocation sacerdotale, c'est mon salut. Je m'ouvre à l'Esprit du Christ et, par moi, le Christ sauvera des âmes, des âmes africaines plus spécialement.

J'ai donc un grand désir de recevoir le sacerdoce, dans la foi, dans l'humilité, de ne pas avoir peur. « Il intervient de toute la force de son bras et il élève les humbles » (Luc 1,51-52).

Ma prière est une prière confiante. C'est une attitude d'abandon et d'action de grâce qui m'habite. Je demande de me laisser remuer par

---

38. Voir note 22 ci-dessus.

l'Esprit. Il m'est important de garder un grand recueillement, de demeurer calme et sans contention dans un silence intérieur et extérieur.

Notre prière de frères est une prière en faisceaux, le Christ au milieu de nous. Nous sommes ensemble, surtout à la messe, le regard sur le Christ, l'Église et les âmes. Notre confiance en la Vierge présente est forte.

Les thèmes parcourus sont ignatiens[39]. Ceux-ci développent une objectivité de présentation qui permettent largeur de compréhension et sortie de soi. Il faut accepter que d'autres aient raison, que tout défaut doit être corrigé pour la plus grande gloire de Dieu.

Nous contemplons les mystères de l'Annonciation[40], de Jésus à Nazareth, de la passion-résurrection. N'aie pas peur, Julien ! Ce qui a commencé à ce moment-là se continuera par les prêtres.

À la fin de cette retraite, tout tourne en action de grâce. Je suis émerveillé devant ce choix du Père sur nous, d'être chacun de nous un *alter Christus*[41]. Devant tant de miséricorde, c'est une nouvelle vie qui débute.

C'est un émerveillement qui se répétera tous les matins par notre messe, par l'eucharistie. Toute ma matinée comme celle de tous les hommes – tout ce qu'il y a d'humain, de joie et de souffrance sera mise sur la patène[42].

Je désire demeurer dans la ligne de mon idée-force : garder l'union à Dieu. Que sa présence demeure active dans ma vie ! Je suis porteur de la sainte Trinité : y rester uni, la rayonner, discrètement, comme un

---

39. Ceux qui étaient utilisés dans la présentation des retraites, s'inspirant de la spiritualité ignatienne, et particulièrement, du texte des *Exercices spirituels* de saint Ignace de Loyola.

40. Dans l'Évangile de Luc 1,26-38, l'annonciation de l'ange Gabriel à Marie pour lui proposer de devenir mère de Jésus, mère de Dieu.

41. Un autre Christ. Référence discrète à la spiritualité sulpicienne sur le sacerdoce des prêtres, comme étant des « autres Christs ».

42. À l'offertoire de la messe, offrande de soi et de toutes les intentions que le prêtre veut mettre dans son geste.

prêtre dans mon ministère, par l'exemple, par ma parole, avec délicatesse.

———◆———

Ainsi se terminent les notes de l'itinéraire spirituel de Julien à la fin de sa dernière année de formation théologique, au scolasticat d'Eastview, en juin 1959. En septembre de la même année, il part en « mission » dans « l'obéissance » à la première nomination qu'il reçoit : deux années d'études de pédagogie à Londres.

Vingt ans plus tard, en 1979, lors de la rédaction de son autobiographie, on trouve les réflexions qui vont suivre sur cette période de scolasticat de 1955 à 1959. Au début de son récit, Julien se situe d'abord au mois d'août 1955, après la période du noviciat, au lac Vert, l'endroit où les nouveaux scolastiques passaient leurs vacances de juillet-août, avant de se diriger au scolasticat proprement dit pour commencer leurs études. Ses réflexions se portent ensuite sur l'ensemble des quatre années de théologie.

———◆———

1979 – J'entre ici avec tout ce que je suis avec la ferveur du néophyte [43], non « découragé » par une certaine réalité découverte et sentie au mois d'août (1955), au lac Vert, comme étant un peu dans un contexte de collégiens, pas très adultes, aux airs cyniques et où on ne se gêne pas pour rigoler des naïvetés des nouveaux arrivés. Au plan mentalité, j'ai l'impression de reculer en 48-50 ! Ça sent le « p'tit séminaire [44] » ! Ça me blesse, mais encore ici, ça me permet d'offrir « ça » de plus au Seigneur.

---

43. Les néophytes, croyant(e)s adultes, fraîchement baptisés, étaient considérés comme débutants dans la pratique de la vie chrétienne. Par extension, on pouvait utiliser le terme pour désigner le jeune candidat père blanc, ayant terminé son noviciat, encore fraîchement « oint » de sa nouvelle identité de missionnaire et engagé vers une maturité croissante.

44. Autrefois, séminaires et collèges classiques avaient le même programme scolaire de cours appelé « classique ». Le climat spirituel du petit séminaire se devait cependant de favoriser davantage l'éclosion des vocations religieuses et sacerdotales.

La retraite d'entrée, comme toutes les autres qui suivront, est vécue en plénitude. Pour moi, c'est fait et il me reste maintenant à l'articuler dans cette nouvelle réalité qui m'est offerte de vivre.

La théologie est, malgré le latin, la matière que je ne maîtrise pas parfaitement mais que j'ai passionnément étudiée avec la Bible que j'apprécie davantage chaque jour. Nouvelle journée, nouvelles découvertes, source d'action de grâce et de joie.

Je ressens des répercussions très positives dans ma prière où la fidélité et la générosité ne manquent pas. Une prière « consolée » dans laquelle se développe une vive intuition qui s'articule dans un attrait *très fort* vers le Père, avec une touche fortement trinitaire : être hostie avec, comme le Christ, à la gloire du Père sous l'emprise de l'Esprit.

Je me souviens que « l'étude » du traité de la sainte Trinité était pour moi « chose connue » comme plus expérimentalement « sentie » et en plus, l'étude théologique confirmait mes intuitions comme vraiment reçues du Père, du Fils et de l'Esprit. J'inventais mon sigle dans ma signature trinitaire, soit trois petits xxx indiquant les trois personnes sur la croix de Jésus. Je combinais Trinité et sotériologie[45].

Oui, Dieu ne se fait pas vaincre en générosité, une phrase qui revenait souvent chez moi, et les caractéristiques de ma personnalité, déjà soulignées antérieurement, allaient ici pleinement jouer.

Je note aussi que le dialogue spirituel, quoique généreux, allait manquer d'un « certain » discernement. On n'avait pas découvert ma grande vulnérabilité et ma générosité « passionnée » pour le « don total » ! Et la fatigue sera une compagne de plus en plus « intime » avec ses lourdeurs d'abord et ses souffrances ensuite. Pendant trois ans, je vivais sans le montrer, me « dominant » grâce à la prière et l'offrande, avec fortes difficultés de santé caractérisées par des maux de tête. Cela développera chez moi un nouveau type de prière dans la ligne du précédent : c'est ici que « *Hostia cum Christo* » prend du sens comme

---

45. Littéralement, venant du mot « sauveur », une partie de la théologie traitant particulièrement de la Rédemption.

médiation missionnaire, acceptation et offrande de la limite et de la souffrance vers un approfondissement existentiel de tout ce que « j'étudiais ».

En troisième année de théologie, je rencontre un médecin qui détecte un certain malaise et qu'il appelle « névralgie ». Et puis un oculiste qui « voit » un trouble visuel sérieux qui exigera le port de lunettes. Cela apportera un bienfait marqué et apprécié. Finis les maux de tête !

En juin de cette année 1958, je fais mon serment missionnaire Père Blanc. Le lendemain, je reçois le sous-diaconat. Me voilà engagé officiellement pour la vie. Je suis profondément en paix et heureux : *Deo gratias !*

La quatrième année sera une dernière année au scolasticat, très riche en grâce, en consolation et en joie. C'est, en plus, la « confirmation » de l'appel de Dieu jusque dans ma peau !

L'ordination sacerdotale se fait le 31 janvier 59 : c'est un sommet et un « nouveau départ ». Les premières eucharisties m'impressionneront *beaucoup*, moi qui redis le « Faites ceci en mémoire de moi ».

Que de chemin parcouru ! Moi, l'indigne avorton, comme disait Paul, qui n'avais pas du tout les filières « préparatoires » : « *Adsum*[46] ! Me voici pour faire ta volonté, fais ce que tu veux de moi ! »

L'offrande est – et a toujours été – caractéristique de ma prière. Les premières eucharisties à Donnacona, à Neuville et à Québec ont été des événements d'action de grâce et de gratitude envers toute l'histoire.

Je remarque avant de quitter ce lieu que le Seigneur « prépare » bien ses hommes à la mission qu'il leur donnera dans la mesure où on le laisse « travailler ».

Je reçois ma nomination à Londres en éducation-psychologie. Je ne suis pas surpris, mais j'aurais préféré un départ immédiat en Afrique. *Adsum !*

---

46. Référence à Hébreux 10,5-10.

Dans les derniers mois au scolasticat, je vis dans la joie, la reconnaissance et le service : « Me voici…! » Durant les mois de février à juin 1959, je fais du ministère dans les paroisses et les écoles. Je vis la confirmation de mon appel dans l'action de grâce, et l'accueil de demain. J'ai hâte aux vacances qui viennent avant de « partir définitivement »… Toujours partir en référence à Gn 12,1[47] et ÊTRE SIGNE prophétique de la condition humaine, un itinérant.

Durant l'été 59, ce sont les retrouvailles de la famille et des amis, les célébrations et les grandes intimités : je ne « les » reverrai plus. Le 18 août 1959, c'est le départ de Québec en bateau pour Londres, sur les quais du Foulon[48]. C'est le déchirement pour mes parents. Papa vivra son EXODE presque jour pour jour 3 mois plus tard, le 15 novembre. « Il le faut ! » C'est une rupture que je vis relativement et facilement, « tout plein » d'espérance et sûr que c'est ce que je « dois vivre ».

Londres, c'est la première expérience « hors pays ». Expérience d'université qui m'interpelle. J'aime bien ça ! C'est du gros travail – avec le ministère. Après un an, l'arrivée de la *multiple sclerosis,* la sclérose en plaques, diagnostiquée après Pâques 60 avec ses rechutes pénibles de paralysie partielle et une grande faiblesse, ça va me faire entrer sur une nouvelle route. C'est pourquoi d'abord une certaine révolte et agressivité, puis c'est l'apaisement, l'acceptation, l'offrande et finalement, l'entrée dans le mystère accompagnée de patience[49].

---

47. L'appel de Dieu à Abraham lui demandant de « partir vers une autre terre » : « Va vers le pays que je te montrerai. » Référence à l'appel d'Abraham qui sera si importante dans la spiritualité de Julien. C'est l'idée de la marche en avant, en se faisant obéissant à la Parole de Dieu et se fiant à la promesse qui lui est faite. Départ, rupture, attente, patience, confiance : c'est tout le langage de l'expérience de la foi dans un contexte d'alliance avec Dieu.

48. Partie de la ville de Québec où se trouve le quai pour les navires toutes catégories, les transatlantiques en particulier.

49. Voici d'une façon globale ce que ses formateurs ont pu dire de Julien sur ses années de scolasticat : « *C'est un tempérament qui peut se fatiguer. Il est un peu timide de nature et sensible aux taquineries qui reviennent. Pourrait être susceptible, ce qui va bien avec son tempérament. Mais il s'améliore beaucoup, et cette année (1956-57), cela va beaucoup mieux. Il avait manqué de confiance en lui-même l'année dernière, ce qui est pas*

Période d'études à Londres de septembre 1959 à juin 1960 : l'épreuve de la maladie [50]

À la première récollection du mois, le 3 octobre 1959, je demande d'être entièrement uni à la Trinité à travers l'accomplissement de mon devoir d'état. Je suis un étudiant au Collège Godsmith. Je lutte pour vivre à plein dans cet état, malgré les difficultés. Encore là, la charité envers mes confrères et collègues à travers mon activité et mes services. Au Collège, les débuts ne me sont pas faciles, à cause de la mentalité – plutôt froide. J'offre tout ça au Père avec le Christ. «Père, je te donne ma vie, ma vie quotidienne. Je suis tien, garde-moi dans ton amour ! »

À celle de novembre, je prends la résolution de me lever au son du réveille-matin. Je me sens pauvre à cet effet dû à l'inquiétude et au fait de me sentir endormi. Je dois lutter contre le sommeil, c'est dur ! Quant aux inquiétudes, je sens que je manque de confiance envers Dieu. Savoir surveiller cela dans ma préparation de la veille.

Nous sommes déjà en décembre. Le 15 novembre dernier, c'est la mort de mon père. C'est peut-être cet événement qui est à la source d'une bonne amélioration de ma méditation du matin. Je trouve très dur ce départ de mon père, mais je l'accepte et l'offre à Dieu pour aider ma famille à accepter cette épreuve dans l'amour. L'accomplissement de mon devoir d'état reste le cœur de ma vie. Les derniers travaux au Collège me donnent davantage confiance en moi. Cependant, j'en remets le crédit au Christ.

---

mal disparu avec son économat au lac. Il s'est rendu compte qu'il n'était pas plus bête qu'un autre. Il possède certainement un bon talent d'organisateur. Il sait prévoir, il sait organiser son affaire. On l'aime dans la communauté pour son dévouement. Je crois que, quand il se sera bien développé, il pourrait prendre en mains une responsabilité et la tenir sans ‹broncher›. Un homme de prière. Humble, très obéissant. Son trait principal, c'est sa charité : elle est merveilleuse, sans limites, sans prétentions et authentique. »

50. Sur cette période d'études à Londres, les documents dont nous disposons sont les suivants : 1. Un carnet de bord de Julien où sont notés les comptes rendus de ses récollections mensuelles. 2. Une partie de son autobiographie de 1979. 3. Lettres de ses responsables immédiats, surtout lors de l'apparition de la maladie qui affecte Julien en mars 1960.

Et nous sommes rendus en février 1960. L'adaptation est maintenant chose faite. Une chose liée à la charité envers mes confrères : être souriant, à leur service, les rendre heureux. En même temps, l'eucharistie du jour m'est source de grande joie et de consolation.

Nous sommes en avril 1960. Le 15 mars dernier, je me sens envahi par des douleurs musculaires, genre de paralysie qui sera identifiée plus tard comme étant la sclérose en plaques. Ma main a du mal à écrire. J'ai peine à remplir mon devoir d'état à cause des rhumatismes. Ces derniers deviennent source de mortification. *Fiat !* Je ne peux pas faire beaucoup. Il y a même une proposition de mettre fin à mes études. Mon Dieu, mon *Fiat* ici, c'est ta volonté. Je prends la résolution de l'acceptation et de l'offrande de cette souffrance, des limites qui me sont imposées avec toutes ses conséquences.

Le 7 mai 1960[51], face à mon devoir d'état, je me sens encore capable de faire mon travail. Je ne peux cependant faire l'enseignement pratique. Je me prépare par contre aux examens. « Ta volonté, Père, pour le bien des missions. En résolution, je t'offre ma souffrance, je garde ma joie et continue à travailler. »

———◆———

Entre les mois de mars et de juin 1960, les événements se sont implacablement précipités dans la vie de Julien. Il fait face à une deuxième « crise », qui l'obligera à faire des « ruptures » nettement imprévues. Remise en question de la possibilité même de terminer ses études et incertitudes profondes face à son avenir en Afrique. Son projet missionnaire n'est pas ébranlé pour autant, mais « comment cela se fera-t-il » ? (Luc 1,34). Au cœur même de l'événement qui le bouscule de fond en comble, il devra déchiffrer les signes avant-coureurs d'une spiritualité qui s'approfondit et d'une mission dont les contours sont encore très imprécis.

---

51. Le rapport médical du Dr D.A. Shaw du National Hospital Queen Square de Londres stipule, le 20 avril 1960, que les symptômes mentionnés à la suite de l'examen fait sur Julien Papillon sont « probablement dus à la sclérose en plaques ». Il n'est pas nécessaire de rapporter tous les éléments notés dans ce rapport médical. Ce diagnostic sera par ailleurs confirmé par d'autres rapports médicaux.

Sa spiritualité, telle qu'elle nous est livrée durant ces quatre années de formation théologique, se développe selon les lignes qu'il s'est tracées durant son noviciat. Un esprit de foi nourri et alimenté dans sa prière et son examen lui permet de résister à de nouvelles difficultés qu'il rencontre sur sa route. La confrontation avec les études ne semble pas l'aider à améliorer l'image qu'il se fait de lui-même. Une certaine dévalorisation et un manque de confiance en lui-même accentués par un succès aux examens nettement relatif à ses yeux. Il aurait aimé « se prouver davantage » sur ce plan intellectuel. En ce qui concerne ses relations avec les autres, il semble encore souffrir d'un certain « complexe d'infériorité » qui est source de souffrance morale dans son quotidien. Et là où il pense bien « se prouver », soit dans le domaine sportif, une mauvaise performance lors d'un match de hockey semble peser lourdement sur son moral. L'image de lui-même n'est pas à la hauteur.

Somme toute, il s'en remet constamment à « plus grand que lui », attendant miséricorde et soutien. Son deuxième repère spirituel, l'offrande de lui-même avec le Christ, « *Hostia cum Christo* », gagne plus d'impact sur son quotidien et imprègne davantage ses démarches de chaque jour.

Son orientation missionnaire se fait de plus en plus certaine. Les références de ses formateurs sur l'ensemble de sa personnalité le confirment dans son choix et les appels successifs vers un engagement final pour le sacerdoce missionnaire dans le célibat consacré mettront un premier sceau sur son désir de « donner sa vie » pour que le salut apporté par le Christ puisse être partagé par d'autres, notamment par les Africains qui ne le connaissent pas.

L'événement de mars 1960 bouscule cette vision immédiate de sa vie. Les choses ne se passeront pas comme il le croit, ou « contrôlables » comme il l'avait souhaité. Un certain « volontarisme », lié à une certaine réalisation immédiate dans la mission qu'on lui a confiée, infiltre encore sensiblement les rouages de son contexte quotidien.

Une période de « purifications » profondes commence. « Des purifications par la base », dira-t-il confidentiellement plus tard, « et ça ne lâche pas ». Étant toujours en contact avec lui-même dans sa marche en avant, Julien se donnera de nouveaux outils de discernement, à travers la lecture assidue de son cœur, où pensées, sentiments et désirs se mêlent inextricablement. C'est le « sanctuaire » intime où il apprend à rejoindre et à écouter le Dieu qui l'a choisi, toujours discret dans ses appels, passionnément aimant, qui sait alimenter un cœur de paix et de joie dans ses moments sombres.

Deuxième partie

CHAPITRE 3

Les années 1960-1967

L'expérience de Dieu ne peut être interprétée comme un pur phénomène psychologique qui ne transcenderait pas les frontières de l'archétype et du moi profond. C'est une expérience des êtres et de l'Être dans leur identité la plus radicale. C'est une expérience qui me dépasse en tant qu'expérience même. Les rôles s'échangent : je ne suis plus son sujet, mais je me trouve dans l'expérience elle-même. Au fond, c'est l'expérience mystique, l'expérience de la profondeur. Je ne découvre pas un autre objet ou d'autres êtres ; je découvre la dimension de profondeur, d'infini, de liberté, qui se trouve en tout et en tous. C'est la raison pour laquelle l'expérience de Dieu confère, presque nécessairement, l'humilité d'un côté et la liberté de l'autre.

J'accède à Dieu si je ne m'arrête pas à moi-même, c'est-à-dire si mon moi profond est transporté, pour ainsi dire, dans un tu (nous dirons même dans le tu de Dieu). Sinon, je peux tomber dans un narcissisme spirituel destructeur. C'est pourquoi la vie spirituelle est dangereuse, ambivalente et constamment ambiguë. L'expérience de Dieu me libère de toute crainte, y compris la crainte de la perte de moi-même, de la négation de moi-même. « Ce n'est plus moi qui vis, c'est le Christ qui vit en moi » (Ga 2,20). La crainte de la négation totale de soi-même est la preuve évidente que ce « soi-même » craintif n'est pas le véritable et authentique « tu ». Le tu repose confiant dans le moi.

Raymon Panikkar, *L'expérience de Dieu*,
Albin Michel, p. 67-68

L'entrée brutale dans un corps définitivement douloureux, l'immobilité, puis la « petite santé » qui, depuis tant d'années, serpente à travers et au bord de la souffrance, ce n'était pas une aventure prévisible. Et j'ai pensé à Abraham : il lui avait fallu tout perdre afin de tout recevoir ensuite dans une nouvelle lumière. Mon itinéraire fut quelque peu biblique aussi, avec, entre autres, son épreuve de désert et ses étapes de dévoilements. Je prenais conscience que mon déracinement était en fait une absence d'enracinement.

Maïti Girtanner, *Résistance et pardon*, Vie chrétienne, p. 18

Le retour au Canada : Julien est « condamné au repos »

Nous sommes en 1960. Au mois de juin, à la suite de l'événement qui m'a affecté en Angleterre, je reviens donc au Canada dans le but explicite de me reposer et de prendre une plus vive conscience de ce qui m'arrive. Je passe les mois d'été dans ma famille. Je me sens très pauvre ! En septembre, ayant été nommé au noviciat à Saint-Martin, un endroit que j'avais heureusement connu pendant une année, cinq ans auparavant, j'avoue que je me sens mieux. On m'a donné comme mission d'enseigner l'anglais aux novices et j'y ferai de mon mieux. Je vois le Christ qui enseignera par moi. Et comme objectif spirituel, je me propose de retourner à et dans l'intimité de la Trinité.

Et à mesure que les jours passent, je me plais beaucoup dans le climat spirituel de la maison et me sens très heureux d'être là. J'ai le temps et le loisir de reprendre contact avec mes racines spirituelles [1]. Il y a en moi un grand besoin de refaire ma spiritualité, laquelle s'est relativement sclérosée depuis le temps de mon ordination. Mon désir me paraît suffisamment clair : me laisser séduire par le Seigneur Jésus et retrouver le sens de la gloire du Père dans ma vie quotidienne. C'est ambitieux ! Les moyens sont là : l'eucharistie et mon devoir d'état, ce qu'on me demande de faire. Je dois surveiller mes difficultés du côté chasteté. Ma condition physique en est peut-être la cause ou très probablement l'occasion. Je m'ouvre en cela à mon accompagnateur dans une démarche d'ouverture qui m'apporte beaucoup de bien. Quant à mon devoir d'état, je crois bien que le Christ utilise mes pauvres moyens pour se donner aux novices.

Comme cela faisait partie de nos mœurs et coutumes, en décembre de cette même année, je m'exécute à la correspondance de règle [2] et j'écris la lettre suivante au P. Georges-Albert Mondor, l'un de nos assistants généraux, dans laquelle je dis ceci :

Cher père Mondor,

J'aurais bien aimé vous donner signe de vie avant aujourd'hui. Cependant, je ne pouvais pas, malgré toute la bonne volonté qui m'animait, puisque

---

1. Les documents sur cette période de septembre 1960 à septembre 1967 : 1) Journal personnel de Julien couvrant les récollections mensuelles et retraites annuelles. 2) Son autobiographie datée de 1979. 3) Le récit de sa mission en Afrique. 4) La correspondance avec ses supérieurs généraux et provinciaux : 18 lettres.
2. Lettre que chaque missionnaire Père Blanc devait envoyer une fois l'an à l'un des membres du conseil général pour décrire dans ses grandes lignes sa vie de missionnaire : évolution personnelle, travail, vie communautaire, difficultés, joies, peines, etc.

l'état de mes mains m'empêchait toute correspondance. Mais voilà, depuis environ un mois, un progrès assez manifeste se fait sentir, si bien que je puis assez facilement me servir de ma machine à écrire; quant à la plume, c'est possible mais ce n'est pas toujours très lisible. Dans cette capacité d'écrire qui est redevenue mienne, je vois une grande grâce du Seigneur, puisque cet art «insignifiant» exige tout de même une certaine habileté des doigts; après sept mois d'abstention, j'en ai réalisé toute l'importance. Il va sans dire que si j'étais dans l'incapacité de manœuvrer la plume ou la machine à écrire, une foule de choses également me demeuraient interdites. J'ai été même, pendant tout ce temps, à la merci d'un autre aux repas! Encore aujourd'hui, les choses dures à trancher doivent être soumises à des mains «étrangères». Ça n'a l'air de rien, mais c'est une magnifique cure d'humi-lité. Le Seigneur sait ce qu'il fait, j'en avais probablement besoin.

Depuis deux mois, ça va de mieux en mieux, si bien que je puis donner une somme normale de travail. Comme vous le savez, j'enseigne l'anglais, la liturgie et je suis en charge du travail manuel. Qui aurait dit cela en 54, lors de mon noviciat, que j'aurais succédé au père Tétreault. Cependant, je dois quand même y aller doucement, car je ne suis pas encore très fort. Mes mains sont encore «pleines d'électricité» (pins and needles)[3] selon la faculté londonienne. Il en sera ainsi toute ma vie. On m'avait dit aussi que je serais impotent une bonne partie de ma vie, sinon toute la vie, et sur ce, on s'est trompé. Notre-Dame de Lourdes n'a pas dit son dernier mot. Depuis mon voyage à Lourdes, la maladie s'est stabilisée et une involution constante semble s'affirmer depuis octobre dernier. J'espère pour le mieux!

J'ai un témoignage de reconnaissance à rendre à la communauté de Palace Court[4]: tous les confrères ont été magnifiques. Le père Tye, avec sa bonne humeur, venait quotidiennement faire sa visite à l'hopital, ainsi que tous les autres confrères. À mon retour à la maison, on a tout fait pour me soulager la tâche et les petits problèmes que soulevait ma réadaptation, car après tout je n'avais que trois doigts, d'ailleurs très gauches, et des jambes plutôt lâches : ça a été vraiment une re-éducation. Le Seigneur m'a fortement sou-tenu dans ces moments plutôt pénibles. Il m'a toujours gardé la joie, me rendant ainsi l'acceptation et l'offrande beaucoup plus facile.

---

3. Être sur des charbons.
4. Maison des Missionnaires d'Afrique, Pères Blancs, à Londres, où habitaient les étudiants fréquentant le Goldsmith College.

Quant à la vie ici au noviciat, tout va très bien. Les Pères sont magnifiques, on a fait tout pour m'aider. Je suis très heureux ici. C'est le temps de l'avent. Le thème de l'attente prend pour moi un « charme » plus profond dans l'espérance d'aller vivre et travailler « sous les palmiers » au Nyassa-Nord[5].

Filialement vôtre, Julien Papillon

Je profite de la retraite que je suis en mars 1961 pour porter mon regard sur le sens de ma vie d'homme chrétien. Je suis prêtre du Christ, instrument de son amour, une théophanie de Dieu, avec la responsabilité de « devenir saint comme notre Père céleste est saint », et appelé dans mon devoir d'état à trouver Dieu en toutes choses. Je prends l'habitude de remercier le Seigneur tous les matins de m'avoir conservé la vie, et tous les soirs de prendre conscience de la présence de la Trinité en moi et d'unir ainsi ma nuit aux prières, aux souffrances et aux joies de toute l'Église, pour que ma nuit soit elle-même un apostolat.

Dans les trois années qui vont suivre, soit de 1962 à septembre 1965, au moment où il partira pour l'Afrique, Julien est à la recherche d'une profonde identité spirituelle. Le noviciat des Pères Blancs à Saint-Martin, où il travaille à titre d'économe de la maison et de professeur d'anglais, où il commence à accompagner des novices en voie de discernement vocationnel, est devenu pour lui un climat de Nazareth, sorte de vie cachée où il recherche ses points de contacts avec Dieu. Des points forts se développent durant cette période. Il apprend à vivre avec un état de santé devenu forcément fragile. Le volontarisme des années de formation commence à se tempérer par la force des choses. Toujours à l'écoute de lui-même, il découvre aussi l'importance de l'écoute de la Parole de Dieu, et la fréquentation des Écritures deviendra la toute première source de sa croissance spirituelle. Cette période de « Nazareth » sera un temps de préparation directe à l'important ministère qui lui sera confié au retour de son séjour d'Afrique : celui d'accompagner, en concertation avec d'autres, les candidats désirant rejoindre la Société des Missionnaires d'Afrique. Dans le

---

5. Région de la province du Nord de l'actuel pays du Malawi. Cette région coïncidait et coïncide toujours géographiquement avec le diocèse de Mzuzu.

contexte de la mise à jour du nouveau visage de l'Église selon les données du concile de Vatican II, c'est l'ensemble de la formation sacerdotale et missionnaire qui est à l'affût de nouvelles approches pédagogiques qui devront être repensées et vécues sur des chantiers neufs.

Voici donc cinq années de « Nazareth » où Julien nous révèle ses points d'appui et ses points de croissance, dans son compagnonnage avec Jésus.

—◦—

À travers mes exercices spirituels, j'ai le sentiment de faire de mon mieux pour éloigner les distractions, mais je réalise aussi toute la pauvreté de mon amour pour le Christ. C'est à lui que je veux être uni dans mon corps, mon âme et mon cœur[6]. Le désir d'être un instrument fortement ancré et lié à lui ne me lâche pas. Mais il y a toujours toute une marge entre désir et réalité. C'est dû peut-être au fait que je ne suis pas très pratique. Je voudrais tant le connaître, de connaissance concrète. Le Christ toujours vivant aujourd'hui, toute ma personnalité devenant sienne dans le but d'être un saint et d'avoir une influence vraiment sacerdotale, ici dans le cadre du noviciat et de croître en conscience d'être missionnaire. Dans l'accomplissement de mon devoir d'état, je crois être tout à fait à ma place. Est-ce du formalisme? Je ne crois pas. Je devrais cependant m'ouvrir à la grâce du moment et de pratiquer un discernement des esprits dans mon travail d'aujourd'hui, ce qui me motive vraiment avant, pendant et après. Viens, Esprit de Dieu!

Dans ma retraite annuelle de 1962, sur les quatre heures de méditation, je découvre saint Ignace, la force de ses exercices et de leur psychologie. Cette découverte me conduit à une meilleure connaissance du

---

6. Expression qui se réfère à saint Paul, chapitre 5, verset 23 de la première épître aux Thessaloniciens. L'anthropologie tripartite de saint Paul s'oppose à la dichotomie grecque de l'âme et du corps. Il est étonnant de trouver cette expression dans les écrits de Julien à une époque où elle n'était pas très courante dans les écrits spirituels. Voir à cet effet Simone Pacot, *L'Évangélisation des profondeurs*, Cerf, Paris, 2000, p. 19. Et l'histoire plus détaillée de cette anthropologie, chez Henri de Lubac, *Théologie dans l'histoire, I. Lumière du Christ*, DDB, Paris, 1990.

Christ et de ses exigences, celles particulièrement de ma vocation de prêtre missionnaire.

Il me semble que la connaissance que j'avais précédemment du Christ passe de l'intellectuel au pratique. J'y refais mon élection avec cette tendance prononcée, durant cette retraite, à la pauvreté spirituelle et affective. Une pauvreté qui s'humilie et avec choix du mépris et des humiliations. Ça m'effraie ! Par amour pour le Christ pour ainsi m'identifier avec lui.

Cette pauvreté devra s'exprimer d'abord dans le fait de m'accepter comme je suis, avec mes misères pas tellement physiques, « ça va de soi », mais surtout dans le domaine de la chasteté. Dans la tentation, le Christ souffre avec moi, prolonge sa rédemption, son mystère pascal, en moi pour mes frères, les hommes de ma génération. Seigneur Jésus, donnez-moi la force d'y penser pratiquement lors de la tentation, dans mon ministère auprès des femmes. Cette pauvreté du Christ que je veux et choisis par amour pour lui et des âmes doit se concrétiser dans mes journées. Dans mes méditations au contact de l'Écriture, dans la Bible. Grande découverte de cette retraite : l'application des cinq sens[7]. Dans l'effort ensuite pour sortir de mon formalisme en travaillant avec et pour le Christ. M'aider de mon bréviaire, du chapelet. De pratiquer la disponibilité, la joie d'être au service du Christ. Que la volonté du Père devienne ma nourriture (Luc 2,49).

Dans la révision de ma méditation, je note une générosité persévérante et, dans l'action de grâce, je réitère mon désir de demeurer avec le Christ et de le prolonger pour les miens, les hommes. Ma vocation n'a de sens que si elle est orientée vers l'autre. En pratique, que ma prière, mon temps, ma personne, mon amour du Seigneur soient concrètement orientés vers mes frères. Ainsi pour être un missionnaire heureux et complet *là où je suis*.

---

7. Dans les méditations ignatiennes, dans le contexte des Exercices de saint Ignace, il s'agit de l'application des 5 sens sur des scènes évangéliques : voir, entendre, sentir, toucher, goûter ce qui se passe.

À la fin de cette année 1962-63, je ressens d'être tout à fait missionnaire ici au noviciat même si ce n'est pas toujours naturellement intéressant. J'aspire à la mission, sans illusion. En attendant : générosité tant que je serai ici ou ailleurs en métropole. Pendant mes 10 jours de vacances, j'ai eu un vrai bon repos et beaucoup de plaisir en famille et avec mes amis. À mon retour ici, même si ce passé me revient, je me mets dans l'esprit de prière et dans mon travail à l'économat.

L'année 1963-64 est commencée depuis quelque temps. Comme climat spirituel, il me semble que je suis bien extérieur et peu spirituel, mes journées sont toujours les mêmes : manque d'effort continu et précis. J'ai souvent des froids avec mon supérieur. Même s'ils sont habituellement contrôlés, je suis encore peu maître de mes réactions. Je suis un enfant gâté ! Il faut incarner davantage le Christ dans ma vie quotidienne par des résolutions pratiques : « chaque jour me rapprocher du Père ». Être plus *doux* dans mes rapports avec mes confrères, attention à mes réactions avec mon supérieur et avec certains de mes confrères. La douceur, c'est l'acceptation des faiblesses des autres. Voir le Christ dans mon frère, dans l'autre, dans mon travail et dans mon activité. Tout faire pour le Seigneur !

À certains bons moments, je me sens près du Seigneur dans un sentiment de profonde sécurité, de joie et de paix. Merci, Seigneur ! Il me semble que je ne pourrais pas vivre sans ce dialogue quotidien de la méditation. Mais je sens parfois un peu douloureusement ma faiblesse. Il me semble que je n'ai pas évolué. Seigneur, pardon ! Je ne devrais pas dire cela, c'est un manque d'humilité, d'acceptation de soi, de pauvreté spirituelle. Je vous la donne, mon Dieu, parce que je veux être doux et humble de cœur comme vous. Les mois précédents m'ont fait connaître davantage mon cœur : je suis un impatient devant les contrariétés de mon amour-propre. Cette connaissance plus approfondie de moi-même doit m'orienter davantage à la méditation de cette parole du Christ : « Apprenez de moi que je suis doux et humble de cœur. » Essayer de vivre davantage cette parole du Christ surtout avec mon supérieur : vivre cette pauvreté spirituelle et cette obéissance au Christ dans mon supérieur.

Oui, je me sens bien pauvre. Est-ce de la vraie pauvreté spirituelle ou de l'amour-propre blessé ? Je voudrais et veux que ce soit de la pauvreté spirituelle. Aidez-moi, Seigneur, dans mes intimités quotidiennes avec vous, à mieux vous ressembler. Il me semble souvent être très « fonctionnaire ». Aidez-moi à vous servir dans une fidélité quotidienne plus imprégnée de foi, d'espérance et de charité. Et voilà que ce matin j'ai eu, dans ma méditation, une réflexion tonifiante, surnaturellement parlant, bien entendu : il n'y a pas d'emballement sensible, mais du réel, un désir de progresser dans une intimité rayonnante avec le Christ. Et je commence à prier davantage pour mes jeunes confrères novices, surtout mes dirigés. Je voudrais avoir beaucoup de disponibilité aux autres et tout orienter vers le Père.

J'ai fait une visite au scolasticat à Eastview. Cette visite m'a fait du bien et a permis de préciser davantage mon don au Seigneur. L'Esprit comble toujours l'esprit docile ! Merci, mon Dieu, pour vos lumières et joies ! Je suis frappé par le don même de mes affections les plus légitimes et de tout donner au Seigneur avec un cœur ouvert et accueillant. Voilà donc l'orientation à prendre, dans la pauvreté spirituelle exprimée dans le don de mon cœur et de mes affections les plus légitimes. Tout donner au Père, c'est la façon qu'il me propose pour être image de son Fils, une image concrétisée dans le don de moi-même à mes confrères par le service, la présence chaleureuse, la spontanéité dans les relations, dans l'accueil à tous et de chacun dans le quotidien qui m'est offert.

Dans un moment ultérieur de récollection mensuelle, je note en moi la présence de ce désir sincère de la sainteté, mais je constate que je suis souvent très lâche devant tout ce qui dépasse le règlement. Je dois absolument mettre un frein aux excès de télévision. Ça me fait perdre mon temps. Je dois me livrer à l'étude théologique ou spirituelle le soir, au moins trois fois par semaine. J'aime le Seigneur, il faut que je prenne du temps pour le lui prouver. Je garde ma générosité à demeurer « face au Seigneur ». Le Seigneur m'appelle toujours plus près de lui et je le sers dans la foi par l'offrande de mes prières et de mes activités.

À ma récollection de février 1964, je me sens heureux avec ma prière du matin et je suis content de cet exercice : il y a fidélité soutenue et ouverture au Seigneur. Je suis passif-actif ! Je reçois en m'offrant activement. Le Seigneur est là, sans qu'il y ait cependant d'effusion sensible ! Je suis fidèle à mon orientation fondamentale vers le Père, dans le Christ Jésus ! Et depuis quelque temps, je puise directement dans la Bible et suis content de cette expérience. J'y apprends à mieux me préparer à parler à Dieu ou plutôt à écouter ! Le climat spirituel et de joie et de paix, une lumière de voir ainsi le Seigneur dans ma vie. Je suis plus convaincu aujourd'hui que c'est le Seigneur qui m'a d'abord aimé. Comme on est lent à découvrir cette sagesse, lent à comprendre les vérités du christianisme et à accueillir la conversion. L'orientation de mon cœur se vit dans la pauvreté spirituelle : être le Christ aujourd'hui avec ceux qui vivent cette même journée que moi.

En mars 1964, j'entre dans la retraite de 30 jours [8], essayant d'en suivre de près l'évolution spirituelle. Je suis fortement influencé par l'atmosphère qui se développe. Je remercie le Seigneur de m'avoir conduit ici « à sa manière ». Je suis témoin comme directeur spirituel du travail de l'Esprit dans le cœur des autres, surtout pendant cette expérience. Cela aide énormément ma vie spirituelle. C'est un aiguillon ! Aujourd'hui, c'est le dimanche de la Quasimodo [9]. Le Seigneur m'a donné une grâce à l'occasion de mon sermon : vivre le mystère pascal aujourd'hui, cette semaine : le Christ présent par sa Parole, par son eucharistie, au milieu de nous, son Peuple. Tout cela m'atteint aujourd'hui.

Je rends visite à mon directeur qui m'invite à abandonner toute recherche de vouloir solutionner « les problèmes », comme étant une

---

8. Ce sont les Exercices de saint Ignace de Loyola, répartis sur 4 semaines de différentes longueurs, comprenant environ 30 jours.

9. Dans le cadre de la liturgie, c'est le dimanche qui suit le dimanche de Pâques.

recherche de soi où il y a trop de logique. Accepter que le Seigneur passe, surtout prier, se plier à tous les conditionnements de la prière dans un esprit de pauvreté. Le Seigneur viendra quand il le désirera, et moi, être toujours prêt à sa visite, accueillant, ouvert. « Parle, Seigneur, parle quand tu voudras, ton serviteur écoute » (1 S 3,9). Et je vous offre mon élection [10]. Que je sois toujours votre instrument : toujours prêt à vous servir et toujours prêt à accepter ce que vous voulez de moi. Que je puisse voir toujours comme Abraham : « Me voici, Seigneur » (Gn 22). Que je sois votre « homme » ! Que je sois l'homme de mes frères, les hommes !

Nous entamons l'année 1964-65. Peut-être l'an prochain pourrais-je partir pour l'Afrique ? Récollection d'octobre 1964. Dans ma méditation quotidienne, je sens grandir l'intimité avec le Seigneur. Je suis présent avec tout mon cœur et un désir constant et accru de vraiment rencontrer le Christ, d'être davantage au Père. Je sens souvent mon incapacité, ma faiblesse, mais je reste positivement orienté vers le Seigneur, attendant de lui la réponse à ces questions qu'il dépose dans mon cœur. J'ai l'impression que je vois davantage Dieu dans ma vie et dans celle des autres. Mon climat spirituel est de paix et de joie, me sentant bienheureux de me donner au supérieur et de lui être utile, malgré un désir plus fort de « sortir » du noviciat pour l'Afrique, avec le ministère de donner le Christ aux gens. Je reste ici, totalement, parce que le Christ le veut. Je suis « son » homme, l'homme de Dieu, l'homme de mes frères dans le service, la joie et la disponibilité. Et je reprends ma bible que j'avais délaissée, pour pouvoir mieux rencontrer le Seigneur, une rencontre au contact de sa Parole. Seigneur, aidez-moi à vous rencontrer chaque matin. Et je me laisse baigner par le climat du texte en question. J'y mets toute ma générosité et je crois y rencontrer vraiment le Seigneur. On juge un arbre à ses fruits, et mes journées se ressentent de ces contacts quotidiens à la Parole de Dieu. Merci, Seigneur, de toutes ces attentions pour moi !

---

10. Décision importante ou choix de vie, fruit de prière et de réflexion dans le cadre des Exercices ignatiens, selon les règles proposées dans ces derniers sur le discernement spirituel.

En mars 1965, je sens dans ma méditation une grande facilité à entrer et rester en contact avec le Seigneur. J'ai l'impression d'un approfondissement de ma vocation dû certainement au fait que je « quitte » cette année ! Cette idée engendre chez moi une générosité accrue et soutenue qui s'alimente dans ma prière. D'où une certaine « aisance » et un « goût » à prier. D'autre part, j'ai dû passablement diminuer mes activités depuis trois bonnes semaines : la santé en est la cause ! Cela m'aide également à rejoindre le Seigneur d'une façon plus pratique. La patience a été agacée pendant cette période, mais j'ai quand même vécu en oblat ! Mon orientation ne change pas : vivre profondément ces derniers temps ici – conscient du Christ en moi, du Christ que je donne à l'autre.

Au printemps de l'année 1965, le provincial des Pères Blancs donnait de Julien l'appréciation suivante :

« Ce jeune père, ici au Canada depuis 5 ans, rend de très précieux services au noviciat. Il est très apprécié de ses confrères et des novices. Son enseignement est bon ; il est très clair ; il a un esprit ouvert. Comme professeur d'anglais, il fait très bien. Il est très bon directeur spirituel aussi. Ses confrères l'apprécient beaucoup pour sa charité, sa bonne humeur, sa gaieté.

« Le père Papillon a un très bon équilibre ; très bon jugement ; mais il est handicapé par sa santé ; il reste toujours un homme fragile. Cette fameuse maladie qu'il a eue en Angleterre, la sclérose en plaques, lui a enlevé une grande partie de ses forces, mais grâce à son énergie, à sa forte volonté, et aussi aux exercices qu'il fait régulièrement, il peut donner un très bon rendement. Il serait bon de lui donner l'expérience de la mission, ne serait-ce que lui faire passer une année ou deux ; ce père pourrait acquérir une expérience et revenir ici au Canada pour les maisons de formation. » (sg)
Louis-de-Gonzague Langevin, provincial.

Et le médecin de l'hôpital Maisonneuve de Montréal qui suivait le dossier médical de Julien écrit ceci en date du 28 juin 1965 :

« Le père Papillon pourrait, je crois, faire un travail utile, mais à condition de ne fournir presque aucun effort physique. Nous ne voyons pas d'objection à ce qu'il aille en mission dans un climat très doux, mais il faudrait accepter son invalidité partielle en lui ménageant au cours de la journée plusieurs périodes de sieste... »

En juillet 1965, c'est la retraite annuelle. Le suivi est ignatien. Depuis pratiquement le début, la pensée de vivre davantage en fils du Père revient constamment. Aussi, la pensée de me voir si peu « convaincu » de ma vocation. J'ai l'impression de vivre mon sacerdoce missionnaire de l'extérieur.

Seigneur, je suis sincère. Je vous aime, je veux être exclusivement à vous : corps, cœur et âme. Faites-moi vivre comme vous, en « fils ». Accordez-moi la grâce de cette conviction pratique, de cette conscience, que je marche vers le Père, que ce soit vous qui marchiez en moi, surtout aux moments difficiles.

Le départ pour l'Afrique : septembre 1965

En route, Julien s'arrête pour quelque temps en Ouganda, où il visite quelques confrères qu'il connaît bien, avant d'arriver au Malawi le 1er novembre. Voici donc le récit de son expérience africaine, datée du 25 novembre à Mzimba, l'une des paroisses du diocèse de Mzuzu, où il s'initie aux mœurs et coutumes ainsi qu'à l'apprentissage de la langue de cette partie du Malawi qui s'appelle le Citumbuka. Il passera 9 mois en Afrique. Le récit qui suit est le fruit de ses réflexions et de ses récollections mensuelles.

J'ai passé d'intéressantes vacances dans ces deux mois à la maison. Physiquement parlant, j'en avais un profond besoin. Il y a quand même cette fatigue continuelle qui « colle » toujours, aggravée dans les derniers temps de maux de dos très prononcés. Je quitte le pays, quand même pas trop mal.

Moralement parlant, je vais très bien. Le fait de sortir du noviciat et de vivre un peu plus longtemps chez moi en rencontrant parents et amis me fait un bien immense.

Ma prière, en général, est assez difficile, très différente du noviciat. J'essaie de tirer parti des situations. Il y a peu de prières « encadrées », mais j'ai l'impression de vivre dans un climat d'intimité avec le Seigneur.

Le climat général de toute façon est de grande joie et de paix par le fait d'être dans mon milieu naturel. Je découvre, à mon âge, des attaches profondes que je n'avais pas perçues. Je me sens pris d'un fort désir d'y rester, d'avoir une petite vie tranquille dans mon village. Cela est très marqué. Je me sens très faible et très humain sur ce point. Cependant, il y a un gros avantage, je suis plus près des gens et plus compréhensif, plus sensibilisé aux valeurs humaines, plus chaud. Mon départ pour les missions se trouve ainsi rendu plus difficile, parce que s'ajoute à mon problème de maladie une insécurité marquée.

Je suis content de mes vacances. J'ai l'impression que le Seigneur a passé par moi malgré, peut-être à cause de, qui sait? ma faiblesse. J'ai profondément senti que je ne vaux rien. Je suis faible, ma santé me rappelle tous les jours que je suis très pauvre. Cette pauvreté doit devenir une valeur évangélique. J'en souffre, parce que je manque d'humilité.

Les derniers temps des vacances ont été exténuants. Ils ont activé mon désir de partir. Encore là, il y avait combat face à l'insécurité de ce qui m'attendait. J'ai quitté les miens rapidement, le contexte s'y est prêté. J'ai quand même été « dur » avec maman. La distance me le fait mieux sentir : cet éloignement me fait sentir bien des choses. Je suis un missionnaire, mais si je me compare, je n'ai pas le droit. Face à tous mes confrères d'ici et de l'Afrique, je suis un pygmée.

Le voyage m'a permis de réaliser également ma pauvreté matérielle et spirituelle. J'ai quand même un sentiment dominant : l'action de grâces. Qu'est-ce que je vaux devant toute cette masse humaine? Qu'est-ce que je viens faire en Afrique?

Mes réactions, les premières en Afrique, en Ouganda, devant les situations de pauvreté missionnaire, sont la « frousse ». Quelle sorte de vie m'attend? Ma réaction est acceptation et offrande pour le salut de l'Afrique et sanctification des confrères. Je rends grâce aussi pour tout le travail qui a été fait. Derrière les briques, il y a tout le travail de générations de missionnaires, hérauts du Christ. Ce qui me touche ici, c'est le « journal quotidien » des vies humaines. Derrière tout ça, c'est la générosité, le sacrifice et l'action de grâces.

En Ouganda, je remarque certains conflits de générations. Certains jeunes pères sont durs pour les vieux, même devant eux. Il y a ici un manque de délicatesse. Ça peut s'expliquer, mais c'est un fait.

Il y a aussi l'apostolat des laïcs missionnaires, leur isolement, le manque d'union entre eux. Le père devrait discrètement servir d'agent de liaison, de loisir, de rencontre et d'apostolat chez eux. C'est délicat chez les filles, mais ce doit être fait. Les aider surtout.

L'isolement de certains jeunes missionnaires m'a frappé douloureusement. Dans un certain poste : un jeune fonctionne avec deux « vieux » qui bloquent tout. Ici encore, c'est le problème du conflit de générations. Ce jeune missionnaire est en danger d'aboutir dans les compensations : boisson, femme, enfant ? Perte de zèle, vocation ?

Cette semaine en Ouganda a été riche comme premier contact avec l'Afrique. Confrères magnifiques, réception chaleureuse, amis rencontrés. Action de grâces devant la force de « l'appel ». Il faut être fou du Christ ! Et puis j'arrive au Malawi, à Blantyre, la grande ville du Sud. La réception est dans une communauté de non-Pères Blancs, qui ne sont pas canadiens. L'atmosphère se réchauffe : on va veiller chez des Canadiens, un jeune couple catholique de l'Ontario. C'est remarquable de voir comment le contact se fait vite et devient rapidement chaud : une réaction psychologique de Blancs dans une mer « noire » où on trouve sécurité, fraternité et même diapason culturel.

Nous arrivons à Lilongwe, plus au nord, et c'est le premier contact avec les Pères Blancs au pays. Fons Heymans, mon confrère d'ordination et supérieur régional, est là. Je jase beaucoup avec lui. Le « problème central », c'est la surcharge de travail et un certain dégoût de ne pouvoir bien faire ce qu'il y a à faire, parce qu'il y a trop à faire ! Il y a accord sur le fait de faire moins, mais mieux ! Tout le monde n'est cependant pas d'accord. Il faut entrer, sinon d'autres entreront ! La mission est très dure, le climat est pénible, la région est pauvre et sous-développée.

Nous arrivons finalement à Mzuzu, dans la région du Nord. Nous passons quatre jours intéressants à Katoto, la résidence de l'évêque. Je passe par l'hôpital pour un premier examen médical. Une mission d'intérêt, mais toujours très surnaturelle! Que suis-je venu « foutre [11] » ici? Ça me revient souvent, dû, je crois, à plusieurs différents facteurs à base d'insécurité physiologique aussi psychologique. Tout s'enchaîne aussi devant les conditions matérielles. Suis-je rebuté? Peut-être! Peur? Éloignement? Pensée du village près du fleuve, j'y pense souvent, mon milieu, les miens, les amis, etc. Tout ça joue fortement. Suis-je vraiment détaché et donné à l'Afrique et missionnaire dans mon cœur et ma chair et héraut du Christ, comme tous ceux qui m'ont précédé? Ce que j'ai enseigné et prêché pendant cinq ans au noviciat et ailleurs, il me reste à en vivre maintenant. C'est dur! Ce sentiment demeure encore ici à *Mzimba,* une paroisse un peu plus au sud de Mzuzu, où j'entreprends une troisième semaine de langue. Cette dernière semaine est vraiment vue comme une dure épreuve et une nouvelle naissance à un monde nouveau. Je souffre aussi de l'isolement dans lequel nous sommes plongés. Les nouvelles : rien! L'adaptation me devient pénible. J'éprouve en plus des difficultés dans l'apprentissage de la langue, dû au fait que tout travail personnel se trouve diminué par une fatigue constante. Sommes-nous des fous? Vivre ici pourquoi? Une réponse : « Allez enseigner toutes les nations » malgré toutes ces – mes – pauvretés.

Nous sommes à quelques jours de Noël, après cinq semaines à « l'école » de la langue. La santé est toujours fortement endommagée. Quant aux réactions psychologiques, elles sont passablement les mêmes. Il y a toutefois un certain progrès. Commencerais-je à m'adapter? C'est possible, mais c'est lent. La langue demeure toujours le handicap. Je fais mon possible, ça reste pénible. Seigneur, je vous aime. Je dois vous le prouver par mon effort quotidien. « Ce n'est pas celui qui dit : ‹ Seigneur, Seigneur… › » (Mt 7,21).

Cette semaine, dû à l'écart sérieux d'un confrère en matière de chasteté, tout est bouleversé, remis en question. Aiguillonné, Dieu fait

---

11. C'est-à-dire faire, travailler, avec un sens légèrement péjoratif, ennuyant et peu sérieux.

vraiment sortir le bien du mal. Cette malheureuse révélation apporte des éléments de réflexions. Nous sommes tous de pauvres pécheurs. On découvre le mystère de la miséricorde de Dieu. Il ne faut pas éteindre la flamme qui vacille. La pauvreté spirituelle dans nos vies, alliée à une très grande ouverture, est capitale. Notre amour peut facilement se refroidir, tout comme celui qui est vécu dans le cadre de l'alliance matrimoniale. Ça fait choc! Comme la venue en mission conduit à la désinstallation et à la connaissance de soi! Tout est remis en question. Pourquoi? Alors que ça va faire si mal à la mission. Derrière le scandale, c'est tout le mystère de Dieu en rapport avec la liberté humaine qui éclate. On peut déceler un renouveau chez ceux qui « tiennent bon », donnant lieu à une réflexion et à un approfondissement de notre vocation et de ses exigences. C'est une alliance totale qui s'inscrit dans le quotidien ordinaire qui peut s'user s'il n'y a pas le « *vigilate et orare* » (Marc 14,38)[12]. Tout cela engendre l'humilité et la pauvreté, la reconnaissance du « sans moi vous ne pouvez rien faire » (Jean 15,5), du souci « de briller » et d'être ouvert. Il y a découverte aussi de notre solidarité : il y avait quelque chose, l'atmosphère était devenue pesante : l'abcès crevé amène dilatation, simplicité et joie. Et finalement, une reconnaissance que je – nous – suis dans la même ligne avec **mes** infidélités quotidiennes, mes compensations, peut-être moins brutales, mais plus subtiles, cachées, lancinantes et sournoises. Seigneur, rendez-moi clair et pur comme le cristal !

Aujourd'hui, c'est le quatrième dimanche de l'avent. Comme tous les dimanches jusqu'ici, tout est extrêmement calme. Je n'ai pas encore commencé à sortir. Je prends cette journée pour continuer à mettre à flot ma correspondance. Me voici rendu au point où j'aime écrire, incroyable mais vrai! La lettre devient vraiment une conversation, une sortie, une envolée au pays. La cause, je crois que l'isolement dans lequel je suis plongé compte beaucoup. Je sens que je suis loin. Je me sens passablement seul, du fait certainement, pour une grosse part, que je ne connaît pas la langue.

---

12. Expression tirée de Marc 14,38 : « Veillez et priez afin de ne pas tomber en tentation. »

La langue, elle est de première importance. Cependant, j'ai, en pratique, d'énormes difficultés à m'y mettre, la santé oui, mais aussi le dégoût d'être ainsi « poussé » par les circonstances. Psychologiquement, certaines journées, j'en ai « marre ». Il y a des avantages énormes à être avec un confrère qui travaille comme un « tracteur », mais aussi, pour moi qui ne peux en faire autant, je suis submergé. Beaucoup de difficultés à accepter cette situation « d'infériorité ». *It has sometimes a kind of depressive effect*[13]. « La mission n'est pas faite pour les malades » : une phrase d'un confrère du pays qui me revient souvent. Il y a du vrai et c'est dur ! Seigneur, aidez-moi à adhérer à votre volonté, à être pauvre, à ne plus me regarder, à vous suivre là où vous voulez me conduire.

C'est une vraie purification que cette venue en mission, une mise à jour de moi-même, une désinstallation, une entrée au désert, un dépouillement. Bref, une remise en question de mon alliance avec le Seigneur, de ma vocation de prêtre missionnaire Père Blanc. Je crains toute cette vie. J'aimerais tellement une « petite vie tranquille », sans histoire. « Seigneur, je ne sais pas parler. Seigneur, je suis trop jeune, je suis un enfant. » Ah ! Les prophètes ! « N'aie aucune frayeur, je suis avec toi... » (Jr 1,7).

L'insécurité : c'est une faiblesse majeure chez tout étranger dans un pays nouveau, c'est un fait vécu par tous les émigrants de nos pays, les déplacés. Cette insécurité est aussi ressentie même par le « déplacé volontaire ». C'est un déplacé mis dans un milieu tout à fait nouveau : climat, habitudes de vie, langue, couleur, nourriture, logement, monde animal. Tout bouleverse au début. Ce bouleversement dure plus ou moins longtemps, disent les livres et ceux qui l'ont déjà vécu, selon la capacité d'adaptation du sujet en question. Le déplacé est vraiment un *foreigner*[14] vis-à-vis de ce nouveau climat de vie. J'ai déjà vécu cette insécurité en Angleterre, ce stress d'adaptation. J'ai malheureusement été malade et donc mon expérience là-bas est tout à fait particulière.

---

13. Qui peut avoir à l'occasion un effet plutôt déprimant sur le moral.
14. Étranger.

Pourtant, j'y ai été heureux. Il y a eu des moments difficiles, mais en général, j'ai beaucoup aimé mon stage là-bas.

L'Afrique est tout autre, c'est un monde nouveau, on vit dans une atmosphère « passée ». Tout est extrêmement rustre. D'où l'insécurité accentuée qui rend l'adaptation plus pénible. Il y a aussi la question de santé qui joue un rôle très important dans la façon de réagir, parce qu'elle-même engendre déjà une insécurité physiologique, c'est clair, et une redondance psychologique.

L'insécurité est dure à assumer, facile à dire, difficile à réaliser. Cependant, il le faut absolument. Ce qui frappe au début, c'est la pauvreté, l'hygiène qui laisse beaucoup à désirer, l'isolement presque complet, le manque de moyens de communication et le peu de loisirs, sauf les parties de « bière », la danse dans les villages et les femmes !

Je mentionne leur pauvreté. C'est un dénuement pratiquement complet. La hutte classique est authentique et un fait pour encore 95 % de la population. Cette case comprend une porte, habituellement sans fenêtres, généralement en forme de rotonde ou rectangulaire, plutôt petite, un diamètre d'environ quinze pieds, et d'une seule pièce, aucun meuble. Tout se fait par terre pour manger, dormir, s'asseoir. Elle est faite en terre battue, plancher inclus, recouverte d'herbe. La « popote » se fait au centre, aucune cheminée. On mange le mets principal à base de farine de maïs accompagnée de haricots ou d'arachides cuits ou de viande, bœuf ou poulet, quand elle est disponible, en pigeant dans « le » plat familial. Aucun ustensile. La seule batterie de cuisine consiste dans quelques pots, toujours en terre, et la calebasse pour la bière ! Ils mangent habituellement une fois par jour, le soir : manger et coucher tous ensemble, le père et la mère dans un coin, le reste dans l'autre, se réchauffant dans un corps à corps, donnant lieu à une promiscuité prononcée qui engendre nécessairement des excitations sensuelles et sexuelles très précoces.

Comparés à eux, nous sommes très riches. Que devrions-nous faire pour l'apostolat ? Notre richesse est-elle un frein à la proclamation du Message ? D'après les ouï-dire : non. Ils n'accepteraient pas, semble-t-il, que nous vivions exactement comme eux. Nous sommes des « chefs », et il semble, d'après les connaisseurs en coutumes du pays, qu'il est normal que nous ayons un style différent et plus élevé qu'eux. C'est leur désir de sortir de leur dénuement et de vivre comme nous.

Leur pauvreté les conduit nécessairement à quémander. Ils n'ont rien, ils envient nos possessions. Vois comme ils nous regardent ! Nous sommes des attractions de la tête aux pieds, surtout dans les villages plus reculés.

S'il n'y a que cette vie, c'est une injustice. Dieu soit loué, il y a l'au-delà. Jusqu'à quel point le bon païen, dans sa misère, est conduit à cette pensée ? J'ai donné ma vie à quelqu'un que je ne connaissais pas. Je vois mes enthousiasmes du noviciat : « *Seigneur, je vous aime. Faites de moi ce que vous voudrez. Je veux être une humanité de surcroît. Placez-moi n'importe où, Seigneur, pourvu que je reste près de vous. Prenez tout mon cœur, ma sensibilité, ma chair, tout mon être ; tout ce que je suis, tout ce que je possède, santé, jeunesse, amour, souvenirs. Tout, Seigneur. Toutes les couches de mon être. Toutes mes activités et passivités. Vous m'avez tout donné, je vous rends tout. Prenez ma vie d'un coup ou à petit feu, par étapes. Ce que vous voulez, Seigneur, je le fais mien.* »

Aujourd'hui, après près de sept ans d'ordination, à 34 ans, en ce premier stage en mission, puis-je reprendre les mêmes paroles avec autant d'enthousiasme ?

Certainement ! J'ai donné ma vie à quelqu'un que je ne connaissais pas. Mon itinéraire spirituel, c'est celui des apôtres auprès du Maître qu'on découvre un peu chaque jour. De lourds qu'ils étaient, les apôtres sont devenus, au contact de Jésus, souples, diaphanes. Ils se sont opposés quelques fois aux projets du Maître. Pierre, par exemple : « Retire-toi, Satan » (Mt 16,22-23). Ils ont été lents à comprendre : « Comment, vous ne comprenez pas encore que le Fils de l'homme doit souffrir, mourir. » Ils ont craint : « Hommes de peu de foi, pourquoi craignez-vous ? » (Mt 14,31).

Cependant, le Maître les aimait : « C'est moi qui vous ai choisis et vous ai institués pour que vous alliez et portiez du fruit et un fruit qui demeure » (Jean 15,16). Ils aimaient aussi le Maître : « Seigneur, à qui irions-nous ? » (Jean 6,68). Après la venue de l'Esprit, Pierre pourra dire, exprimant l'attitude du groupe, devant ses persécuteurs : « Il vaut mieux obéir à Dieu qu'aux hommes » (Actes 5,29).

Alors, aujourd'hui, le 20 décembre 1965 au soir, que puis-je dire ? Je prends la phrase de Pierre : « Seigneur, à qui irais-je ? » sinon à vous. Et mon enthousiasme du début. J'ai l'impression qu'il s'est sublimé, il est moins « nature », moins de la « chair », mais je crois plus « de foi » et plus mûr. Les voies du Seigneur sont insondables, comme dit saint Paul. Ici, à Mzimba, je me découvre davantage. Qui suis-je, Seigneur, pour que vous m'aimiez tant ?

J'aborde ici la question de l'apostolat, au fil de mes réflexions. Ma conception, où mettre la priorité, quelle procédure suivre ?

D'abord, il ne doit pas être laissé à la discrétion du seul responsable local de la communauté et de la paroisse, sinon il y a danger d'une conception trop unilatérale. Le premier responsable ici, c'est l'évêque. Ensuite, le supérieur local, en accord avec les directives de l'évêque. Ensuite le dialogue avec les confrères affectés à la même communauté et à la même paroisse. Cette étroite collaboration est capitale et très importante. Une grande ouverture sur les projets de l'évêque et sur les difficultés qui sont spécifiques à telle ou telle mission. Il faut également tenir compte des capacités et des difficultés des confrères concernés.

La première exigence est d'abord de vivre soi-même le message évangélique au maximum par une profonde vie intérieure faite de charité fraternelle vécue intensément dans le contexte communautaire. C'est une condition préalable à tout témoignage authentique. Ici, pas d'illusion, de grâce ! S'il n'y a pas de charité vécue humainement en communauté, où allons-nous la vivre ? Qu'allons-nous communiquer ? Aussi, ne s'exposerait-on pas, tant soi-même que les autres confrères, aux pires compensations ?

Où se trouve maintenant la priorité dans l'apostolat? « Qui embrasse trop mal étreint », dit le vieux dicton. Quel est le plus important : essayer de faire le plus qu'on peut, tout si possible, au détriment de sa vie intérieure trop souvent et de la vie de communauté : ne jamais être là ensemble, même une fois la semaine? Ou bien moins faire, mais atteindre en profondeur ce qu'on fait, compte tenu des principes sacrés de notre vie d'intimité avec le Seigneur et d'une vie de communauté plus chaude et tout imprégnée de présence mutuelle.

Ici, c'est la conception même de l'apostolat qui est mise en jeu. Rappelons que la quantité de travail est écrasante, mais il faut arriver à demeurer objectif, faire un tri, savoir hiérarchiser. Faire moins sera peut-être troublant? Non, si on procède avec plus de réflexion. Moins de rapidité, plus d'objectivité, plus de préparation personnelle. Ce n'est pas une perte de temps que de s'asseoir et de réfléchir sur ses catéchismes à faire et sur les homélies à préparer. Il faudrait même consacrer un certain temps durant la semaine à une étude sérieuse, une reprise de ses bouquins de théologie, de lecture de livres sérieux de spiritualité et autres disciplines susceptibles de « professionnaliser » davantage son travail.

Cela manque chez la plupart, et malheureusement, on s'en vante! Un confrère qui ne fait pas cela s'expose à la répétition et au vide spirituel complet à long terme. Il peut être conduit au dégoût de sa vocation. De là aux compensations et aux transferts émotionnels, il n'y a qu'un pas.

Un confrère peut-il faire quelque chose de bon dans un tel état? Dieu est bon, il a pitié de nous, nous aide quand même, mais ne serait-ce pas de la témérité?

Dans certaines paroisses, les confrères sont en danger parce que la procédure n'est pas « hiérarchisée ». On se leurre dans la bonne foi, c'est vrai, sur la conception de l'apostolat. Qu'est-ce qui prime? Vingt-cinq sorties en succursales [15] plus ou moins bien faites, ou dix en

---

15. Dans les pays dits de mission, les paroisses ont habituellement une très grande étendue géographique. Dans le but de rejoindre tous les chrétiens et catéchumènes habitant loin, des « succursales » sont établies avec église de rassemblement communautaire. Un catéchiste

perfection, parce que le missionnaire est mieux préparé ? C'est évident. N'y aurait-il pas, à part cette fausse conception de l'apostolat, une compensation subtile dans une activité trop naturelle ? Serait-il plus facile de « bouger » que de réfléchir, prier et travailler dans un plus grand calme physiologique, psychologique et surnaturel. Nous sommes des serviteurs inutiles ? Y croit-on ?

L'Esprit est plus à l'aise, passe mieux par celui qui travaille avec Lui que l'autre qui y croit mais dont l'activité n'est pas bien préparée parce que trop « naturelle » et donc non soumise à l'emprise de l'Esprit. Ce sont de belles paroles, mais elles sont à méditer ! Sérieusement, il y va de notre bien en Afrique. Un bien en profondeur, *never mind*[16] les statistiques ! L'évêque ne serait-il qu'un « pousseux[17] » ? Il y va du salut des confrères et de l'Afrique.

Tout, ici, est provocateur de réflexion. L'extrême pauvreté, le dénuement le plus complet, est un fait quotidien et à sa porte. Il n'y a, je crois, aucune motivation humaine qui puisse faire tenir un missionnaire au pays ici. Il est vrai, on peut s'installer, arriver à s'y faire une petite vie bourgeoise ; on peut goûter, savourer la liberté et l'indépendance de vie beaucoup plus accentuée ici que chez soi au pays. Ça peut même devenir, chez certains, une motivation de rester, de revenir en mission. Ça joue jusqu'à un certain point.

Maintenant, il faut plus que cela. La grâce de la vocation missionnaire se touche du doigt ici. Il n'y a que ce constant appel du Christ pour nous garder ici et nous y faire travailler. Une des motivations trop naturelles ne résistant pas aux obstacles, c'est l'insouciance des

---

en est le chef. Une grande paroisse peut avoir quinze, seize succursales. Le catéchiste préside au rassemblement du dimanche avec lectures bibliques, commentaires et prières. Il enseigne le catéchisme aux catéchumènes (les non-baptisées désirant se joindre à l'Église) et veille à la marche de la communauté. Les pères de la mission centrale passent périodiquement une fois toutes les cinq ou six semaines dans les succursales pour y célébrer l'eucharistie et les autres sacrements, régler certains problèmes de pastorale, et voir avec le catéchiste la marche générale de la communauté.

16. N'en tiens pas compte, peu importe.
17. Qui incite à, qui demande toujours.

gens. Vivant et grandissant dans un climat et une culture à responsabilité clanique[18], la grande majorité des gens a peu le sens de la responsabilité personnelle. Celle-ci est réduite à son minimum. Ils sont soupçonneux. Ils ne connaissent pas le vol! Pour être, il faut prendre. Jamais ils ne remettront un objet trouvé. C'est un milieu étranger qui nous perd. Pour combien de temps?

Je mentionne plus haut le fait qu'on peut ici, malheureusement, bien s'installer. La température peut nous faire perdre les premiers frissons du début et nous conduire à des attitudes trop naturelles. Déjà, j'ai vu des confrères qui ont opté pour la vie facile, qui se compensent même au maximum. Si on fait la genèse de l'histoire, vécue dans notre milieu, du confrère qui a glissé dans un écart sérieux de chasteté, on découvrira des faiblesses « en chaînes », accompagnées certainement de fermeture sur soi. D'où l'importance capitale de la direction et de l'accompagnement. Il faut savoir les faciliter. À propos de ce dernier problème, j'ai constaté un manque grave de discrétion par certains. On peut se questionner sur la charité fraternelle vécue.

Nous sommes trois au poste[19], toujours à Mzimba. C'est le premier jour de l'an 1966. Il est trois heures de l'après-midi. Une journée extrêmement tranquille, pluvieuse et chaude! Aucun bruit, sauf les poules! Et le maudit coq! Une journée de réflexion sur l'année 1965. Je constate que ma vie au noviciat, mes cinq ans passés là-bas, sont devenus petit à petit des années « d'installation ». Même au noviciat, il y a possibilité de se faire une « p'tite vie » tranquille. Trop de sécurité peut-être, engendrée par la routine facile d'une vie quotidienne pas trop bousculée. Il y avait les « chocs » plus prononcés, de temps à autre, de ma maladie. Même là, rien pour me secouer trop trop. Je m'habituais même à ça. Seigneur, comme c'est facile pour nous de manquer de vigilance, de prier, oui, mais pas comme on devrait. Nous

18. L'individu ou la personne se sentant responsable et motivé par le respect des valeurs, des coutumes, des lois, des mœurs affectant l'ensemble du clan plutôt que par des valeur, mœurs ou lois relevant de sa seule conscience. C'est un peu l'attitude du « pas vu, pas pris ».
19. Autre manière de signifier la paroisse centrale où l'on vit.

sommes des enfants gâtés qui oublient trop souvent que nous sommes des « recevants [20] ». Il est si aisé alors de prendre une certaine allure de suffisant, d'indépendant, de faire sa vie tout seul.

Et voilà la mission ! Et je perds pied, j'ai peur. Je suis bouleversé. Je prends une conscience aiguë de ma faiblesse à tous les niveaux : physiologique, psychologique, surnaturelle. Tout est provocateur de réflexion ici : l'éloignement, l'insécurité, la pauvreté, la langue, les gens, les confrères, l'œuvre à faire. C'est une entrée au désert pour moi. Donc une possibilité de renouveler mon alliance, mes fiançailles avec le Seigneur : « C'est pourquoi je vais la séduire, la conduire au désert et parler à son cœur » (Osée 2,16).

Comment ai-je répondu à cette grâce du Seigneur, à cette venue en mission ? Comment me situerais-je devant ce fait déroutant ? Un début d'abord très pénible. La santé y joue un grand rôle en intensifiant le sentiment d'insécurité. Une vie spirituelle plus pauvre : j'ai l'impression d'une adhésion plus intense et plus personnelle à la volonté du Père, que je trouve parfois pénible. Quelques légères rouspétances : je me plains peut-être trop souvent à mon voisin immédiat. J'en ai pris conscience et essayé d'y remédier. Et puis, l'isolement, déjà connu, se présente ici sous un revêtement beaucoup plus dur. L'ignorance de la langue vient accentuer ce sentiment. Le fait aussi de n'être qu'à la langue pour encore quatre mois et plus est une perspective pénible. Et pourtant, il le faut : j'ai de la peine à m'y mettre à cause du manque de force physique chez moi, qui entraîne un certain dégoût psychologique contre lequel je dois lutter chaque jour. Ajouter à cela l'effet déprimant d'être à côté de quelqu'un qui travaille comme un démon. Et il y a encore les gens, les enfants, en général, qui me font peur. J'entends leur pauvreté, leurs difficultés de vie au niveau hygiène, l'insécurité.

Il y a évolution, je crois, dans le fait de l'adaptation : je me sens davantage chez moi au poste où je suis. Cependant, il me reste le coup

---

20. Ce qui fait vivre est toujours à recevoir.

à donner, à aller parmi les gens. Je commence lundi qui vient, le 3 janvier. Seigneur, aidez-moi à être généreux, à faire tout mon possible. Vous ne me demandez pas nécessairement de réussir, je laisse ça à votre sainte volonté, mais simplement d'être fidèle. La prière est certainement devenue quelque chose de ma vie. J'ai la conviction de venir vraiment au Seigneur avec une vie plus pauvre, toute centrée sur Lui, totalement dépendante. Ça ne se fait pas sans déchirement, sans séparation d'un climat qui était devenu un peu trop bourgeois. J'ai l'impression de sentir encore plus physiquement et psychologiquement le « tout laisser pour le Christ ». « Aussitôt, laissant là leurs filets, ils le suivirent » (Mt 4,20).

« Venez à ma suite, je vous ferai pêcheurs d'hommes » (Mt 4,19). Il n'y a qu'un Dieu qui puisse ainsi séduire le cœur de l'homme. Il n'y a rien à « foutre » ici en Afrique pour les Blancs riches. Elle n'a rien à nous donner, matériellement parlant. Pourtant je suis ici. Des générations de missionnaires s'y succèdent depuis le 20e siècle ? Le point de la vocation : l'appel. Dieu veut sauver les hommes par les hommes : « Allez, enseignez… » (Mc 16,15). « Seigneur, me voici, envoie-moi » (Is 6,8). J'y suis, Seigneur, viens au secours de ma faiblesse.

Cette première journée de l'année 1966 commence dans l'action de grâces, la réflexion, la prière, l'adhésion à la volonté du Père. Seigneur, je vous demande cette grâce : gardez-moi cette année, toujours, dans cette adhésion totale à vos bons vouloirs, toujours à la recherche de votre sainte volonté, pour mieux l'accomplir, à l'image du Christ.

Les événements nous parlent. Cette venue en Afrique est éloquente. Donnez-moi de savoir écouter, Seigneur. Déchiffrez vos appels dans ma nouvelle vie ici. Seigneur, une autre grâce : gardez-moi toujours à « fleur du cœur », mes débuts en Afrique, afin que je sois toujours un vrai pèlerin en marche vers le Père, un nomade qui jamais ne s'installe, toujours sur le go, à l'affût, veilleur, pour ainsi vivre le « Me voici » de ma consécration.

Mon orientation : « Soyez parfaits comme votre Père céleste est parfait » (Mt 5,48). « Si quelqu'un veut venir à ma suite, qu'il se

renonce lui-même, qu'il se charge de sa croix et qu'il me suive »
(Mt 16,24). « Le Fils de l'homme n'est pas venu pour être servi, mais
pour servir et donner sa vie en rançon pour une multitude » (Mt 20,28).
Voilà trois textes bibliques qui devraient me donner la ligne de
conduite à suivre. Seigneur, ce n'est pas facile, aidez-moi à vous
suivre, à me dépouiller, à n'être que vous, n'avoir de désirs que les
vôtres, n'avoir qu'un désir, le vôtre, la gloire du Père.

Tout cela se prouvera par mon application quotidienne à vivre vos
commandements : « Celui qui a mes commandements et qui les garde,
voilà celui qui m'aime » (Jn 14,21). « Si quelqu'un m'aime, il gardera
ma parole, et mon Père l'aimera, et nous viendrons à lui, et nous
ferons chez lui notre demeure » (Jn 14,23). Être comme le Père !
(Luc 6,36). « Quiconque a mis la main à la charrue et regarde en arrière
est impropre au Royaume de Dieu » (Lc 9,62). Seigneur, aujourd'hui
j'ai les mains à la charrue, en Afrique, demain ailleurs. Gardez-moi les
yeux toujours en avant. MARANATHA (Ap 22,20).

**Nous sommes rendus en février 1966, à Mzuzu, à la résidence de
l'évêque.** Finies les purifications de Mzimba, j'en commence une autre
série. Je débouche une autre caisse ! Après un mois de présence ici, j'ai
l'impression que ça se continue. La vie est certainement plus agréable
ici, mais la santé ne s'améliore pas. J'oserais dire : au contraire. Mes
visites à l'hôpital sont devenues un pèlerinage notoire. Chaque
semaine m'apporte sa nouvelle faiblesse. Quatre semaines, quatre
plaies d'Égypte. Le sinus : un visible connaisseur. Une insomnie prononcée. Des pieds d'athlète : je m'y connais. Et du sang qui passe dans
l'urine ! Ce dernier item est le dernier-né, c'est vraiment du nouveau.

Physiologiquement parlant, aucune amélioration, insomnie et faiblesse plus marquées. Ce dont je souffre le plus, c'est de ne pas être
capable de faire comme les autres confrères, et très souvent, d'être
obligé de ne rien faire. Psychologiquement, suis-je en meilleure position ? Je voudrais dire oui, c'est certainement plus vivable. Mais que
de fois je suis fatigué à en pleurer. J'essaie d'être généreux quand
même. Mais générosité n'est pas santé ! Seigneur, que c'est pesant à

certaines journées, vous le savez. Je ne vous cache rien. Vous voyez tout, je veux que vous voyiez tout ce qui passe dans mon cœur. Bien des fois, aujourd'hui entre autres, un dimanche, la nostalgie me serre le cœur. J'y revois mon heureuse et insouciante jeunesse. Je me vois ici. Seigneur, que vos desseins sont insondables. « Que votre volonté se fasse ! » Suis-je heureux et en paix, aujourd'hui, en février 1966 à Mzuzu ? Oui, malgré bien des déchirements.

Aujourd'hui, le 24 février, il y a rencontre des paroisses de la région du sud du diocèse. Monseigneur Jobidon nous donne une conférence sur l'esprit du concile de Vatican II, ainsi que de ses implications pastorales. C'est une rencontre vraiment fraternelle. Sont présents les pères suivants : Rodolphe Roy, Marc-Henri Dupuis, Henri Langlace, Michel Van de Winckele, Claude Poulin, Richard Dandenault, ainsi que les abbés Edmond Kamanga et Alex Cima.

Quant aux implications pastorales soulignées par Monseigneur, je me pose des questions : suis-je en état de concile ? Y a-t-il de ma part dialogue, ouverture, charité ? Suis-je témoin du Christ ? Un regard sur le mois passé et depuis le début de la nouvelle année me révèle une certaine évolution d'esprit, un plus grand calme psychologique, une plus grande aisance ici dans le diocèse.

Quant au climat spirituel, une paix croissante se fait place chez moi, surtout grâce à l'optique de Teilhard. Je construis le Royaume de Dieu dans le cœur des hommes par ma charité, ma pauvreté, mon inactivité matérielle, mes faiblesses de santé et ses conséquences humiliantes. Bref, je vis la volonté du Père, alors seulement je porte du fruit.

Mon travail à Mzuzu est plutôt un travail d'influence, qui doit demeurer caché, semblable au levain. Seigneur, comme orientation, en cette reprise en votre intimité, donnez-moi la volonté de travailler dans l'ombre, de me perfectionner pour les autres, d'enrichir le diocèse, le cœur de mes confrères missionnaires, les gens, par mon intimité avec vous, vous laissant travailler en moi, par moi.

Ainsi se termine le registre « Afrique » de Julien. Le 12 avril 1966, il revient au Canada, après bien des épreuves tant physiques, psychologiques que spirituelles. Il a passé moins de six mois au Malawi, là où il devait œuvrer pour la mission. Son récit révèle qu'il profite au maximum de son passage en terre africaine pour se faire une idée juste, variée et sans illusion sur la vie missionnaire, sur ses beautés, ses réussites, comme sur ses dangers et ses échecs. Il fait le point entre l'idéal qu'il s'était fixé durant ses années de formation et la réalité dure, parfois brutale, à laquelle il est concrètement confronté sur le terrain.

Cette expérience douloureuse lui sera hautement bénéfique pour le ministère qui lui incombera dans les dix-sept années à venir : la formation des futurs candidats qui se voudront eux aussi Pères Blancs, Missionnaires d'Afrique. Il saura guider et conseiller en connaissance de cause, percevant bien les attitudes spirituelles intérieures et les capacités d'adaptation requises pour y faire face au-delà de toute illusion.

Au printemps de 1966, le supérieur régional des Pères Blancs au Malawi, le père Alphonse Sormany, écrivait au Dr Raymond Robillard, de l'hôpital Maisonneuve de Montréal, lui demandant conseil sur la ligne à suivre dans le cas du p. Papillon. La réponse du médecin ne se fait pas attendre : *« Je suis favorable que le père Papillon revienne le plus tôt possible ; il ne faut pas l'exposer davantage ; il aura vu l'Afrique comme il le désirait. »*

Le 19 avril de la même année, Mgr Jean-Louis Jobidon, évêque de Mzuzu, adresse au père G.-A. Mondor, assistant général à Rome, la lettre suivante :

« Si vous étiez à Rome le mercredi de Pâques, vous auriez rencontré le cher père Papillon à l'aéroport lors de son voyage en route pour le Canada.

« Je regrette beaucoup le départ de ce cher confrère, mais c'était bien l'avis de tous, y compris le sien, qu'il valait mieux rentrer dans son pays sans tarder. Après un petit voyage que nous fîmes dans le Nord, où pourtant je l'avais ménagé le plus possible, la malaria (paludisme) l'avait pris et secoué de façon brutale. Le cher père nous avoua qu'il se sentait pire qu'à Londres en 1960. Après deux semaines d'hôpital où nos deux médecins, les sœurs Luke et Pauline, des Medical Missionnaries of Mary, firent de leur mieux pour l'aider, nous le ramenions ici chez moi pour y jouir de plus de tranquillité et de repos. Certains jours, il avait tellement mal à la tête qu'il craignait de la perdre.

« C'est alors que nous décidions ensemble de faire une neuvaine à la Sainte Vierge, Notre-Dame de Lourdes, en laquelle il avait bien confiance depuis

son pèlerinage de 1960, m'avoua-t-il. ‹Le miracle devait s'opérer même dans ma tête, car le plus petit moustique veut me la faire perdre, tellement j'ai peur, tellement j'en ai souffert.›

« Son moral héroïque édifia tout le monde. Bien qu'il fut peu de temps avec nous, ce confrère fit beaucoup de bien, car il avait gagné la sympathie de tous. »

———◆———

Le deuxième retour au Canada

Le 4 mai 1966, de retour à Saint-Martin d'où j'étais parti onze mois plus tôt, j'écris ceci au père Mondor :

J'ai vécu, souffert en des joies profondes à Mzuzu. Pourtant j'ai dû quitter, la larme à l'œil et dans des conditions physiologiques pénibles. Que les voies du Seigneur sont étranges et impénétrables, qui saurait les sonder ? Je reviens sur une défaite ? Aujourd'hui, je dis non. Mais je dois vous avouer que la pensée m'a torturé aux moments les plus pénibles où j'étais vraiment rendu au « point minimum ». Une petite poussée, bien petite, et je « traversais le Grand Passage » ! Ma malaria du mois de mars a donné le coup de pouce. Quel coup ! – aux « forces négatives » qui avaient déjà commencé leurs ravages « de mort ». La Révolution russe a eu son mois d'octobre ! Moi, j'ai eu mon mois de mars ! Je m'en souviendrai longtemps. Maintenant, « c'est de l'histoire ». J'ai présentement le luxe d'y réfléchir et Dieu extrait le « jus nutritif » pour mon action présente et de demain. J'ai eu un voyage de retour exténuant. Je croyais y passer à Johannesburg ! Grâce aux soins du médecin qui m'accompagnait, j'arrivais à Montréal sauf et... pas trop sain ! Quoique saint ! Une délégation pleine de délicatesse, le supérieur provincial en tête, m'attendait « avec chaleur ». Je pensais à la barbe d'Aaron[21] et je remerciais le Seigneur.

On me traite aux « petits oignons et filets mignons ». Les forces reviennent au galop. J'ai passé un électrocardiogramme la semaine dernière : cœur bon ; « bon cœur » comme disait l'autre.

Je fais donc ma cure au noviciat, comme en 1960 : on revient toujours à ses « anciennes amours » ! Un milieu qui m'est bien connu, un milieu que j'ai

---

21. Référence au psaume 133 (132) : « la vie fraternelle est comme une huile excellente sur la tête qui descend sur la barbe d'Aaron », qui imprègne tout l'être.

*aimé, des confrères charmants. Je ne peux que remonter la côte. J'avais
perdu 25 livres en Afrique. J'ai maintenant sept livres de plus à mon crédit.
C'est un signe d'expansion, il faut croire.*

*J'ai eu beaucoup de peine à quitter Monseigneur Jobidon, mon bon ami
Guido Bourgeois et tous les autres. Mais aujourd'hui, je sais jusque dans ma
chair que la mission en terre africaine est pour d'autres. Je n'ai plus d'illusion maintenant. Mon rôle, la Providence me l'a clairement signifié, est ici.
Ma mission sera peut-être celle de collaborateur à l'évolution d'âmes missionnaires ! Je remercie le Seigneur de m'avoir donné la consolation de
mettre les pieds en Afrique. C'est une expérience coûteuse mais positive.*

Filialement vôtre, Julien Papillon

Responsable du postulat à Lennoxville : septembre 1966

Et cette fois, on m'a nommé à Lennoxville, comme responsable des
postulants. À la récollection de septembre, je note que, depuis mon
retour d'Afrique, j'ai été presque toujours absent de la méditation du
matin pour raisons de santé. Donc d'avril à août. J'ai essayé de com-
penser. Je n'ai pas toujours réussi pour des raisons de fatigue, mais
quelques fois pour des raisons futiles, une certaine paresse peut-être.
Psychiquement, j'étais passablement désorienté, ce qui n'a pas aidé. Il
y a eu évolution en ce domaine dans mes derniers temps de repos au
noviciat. Malgré mon manque de résistance physique, j'ai quand même
gardé une orientation de générosité et de charité et c'est ce qui compte !

Mon devoir du jour est pour le plus souvent de vivre mon inactivité.
Ç'est très dur parfois, mais je crois que je l'accepte généreusement
depuis mon arrivée à Lennox. J'ai la conviction de remplir ma tâche à
l'exemple du Christ avec ses disciples. J'y mets tout mon cœur et mes
énergies, dans la joie et la paix face au travail que j'ai à faire ici. Aide-
moi, Seigneur, à tout assumer pour ta gloire et le salut de mes frères les
hommes, et d'être ton exemple, doux et humble, formant ses disciples,
vers le Père, ensemble. Je me sens vraiment instrument de l'Esprit.

Dans les semaines qui suivent, je sens grandir en moi une fidélité
joyeuse, en contact avec la Parole de Dieu. J'ai vraiment la conviction

que la Parole me travaille, qu'elle porte du fruit en moi, dans tout mon agir intérieur, spirituel, matériel. Ma méditation ne m'est pas difficile. Elle est une présence de tout mon être à la Parole. La préparation, la veille, est pour beaucoup. Je la fais avec les postulants. C'est une expérience enrichissante et je devrai m'en souvenir. La concélébration eucharistique avec les confères m'aide beaucoup dans l'ordre de la charité pratique. Elle m'est le signe. Seigneur, aide-moi à te découvrir davantage à travers ce signe. Le climat spirituel me permet de découvrir de plus en plus l'orientation providentielle sur moi : Lennoxville est vraiment la place où Dieu me veut présentement. Il y a un approfondissement joyeux de ma consécration sacerdotale et missionnaire comme l'homme de l'eucharistie et de la Parole. Je me dois de témoigner davantage et plus concrètement par cette Parole ma joie d'être au Christ, à son exemple formant ses apôtres.

Quant à la concélébration eucharistique, j'ai la sensation de mieux dire ma messe quand je préside. Pourquoi ? Il y a moins de fatigue d'abord, et peut-être parce que je ne suis pas encore pleinement sensibilisé à la valeur communautaire de la concélébration. Il y a aussi le fait des différentes façons de présider des autres, certains m'aident, d'autres moins ! Seigneur, convertissez-moi au sens communautaire authentique. Dans tout cela, je suis vraiment dans une paix plus qu'humaine. Le Seigneur me convertit chaque jour. Ma santé précaire ne vient qu'enrichir mon action de grâce. Je vise donc comme orientation une plus grande pauvreté dans l'événement présent pour y découvrir le visage du Christ, parallèlement à Jésus avec ses disciples. « Montrer le Père… » (Jn 14,9). « Apprenez de moi que je suis doux et humble de cœur » (Mt 11,29).

Au mois de décembre 1966, le supérieur provincial écrivait ceci à propos de Julien :

« Sa santé reste toujours un peu chancelante ; il faut qu'il se surveille énormément pour éviter les excès de fatigue. Le père Papillon a une vie spirituelle vraiment exemplaire ; c'est un type qui s'intéresse beaucoup à tout ce

qui concerne la vie spirituelle, la vie intérieure et il en vit. Il aime la recherche.

« Ses conférences aux frères postulants et aux autres, ainsi qu'aux Sœurs de Magog, sont très appréciées. Il est un très bon directeur spirituel. Son expérience d'Afrique lui a donné plus de maturité. Avant son départ, les frères le trouvaient très jeune ; ils l'avaient jugé extérieurement. C'est un type qui aime blaguer. Je suis content que les mêmes frères se rendent compte que ce jeune père est très mûr, tout en ayant une vie de communauté très gaie.

« Sa santé donc se maintient. J'espère qu'il pourra tenir le coup, parce qu'il est vraiment un homme de très grande valeur. »

Louis-de-Gonzague Langevin, provincial

—◆—

Depuis mon arrivée ici, je trouve le travail relativement facile, malgré ma santé toujours précaire. Au plan travail, je suis porté à faire toujours trop ! Le cœur est toujours porté à répondre à un appel, mais les résistances demeurent très limitées. Ça provoque parfois des « conflits humiliants ». C'est une partie de mon être qui est longue et non toujours facile à évangéliser.

L'année 1967 est commencée. Je suis beaucoup plus attentif à la préparation éloignée et prochaine de ma prière. Les résultats sont meilleurs, tout évangéliques, très simples, dans l'observance souple des règles d'Ignace[22]. Il n'y a que le Seigneur qui change les cœurs. Plus je l'enseigne, plus j'en suis convaincu. J'essaie de me faire le plus possible « auditeur de la Parole », disciple pour mieux connaître et aimer le Seigneur Jésus pour ainsi l'imiter. J'ai vraiment la conviction que c'est dans mon agir que j'évangélise le mieux. Je ressens beaucoup de paix et de joie. Le Seigneur est vraiment dans ma vie. Mon aliment se trouve dans les attitudes intérieures du Christ. Pour ce qui est de la concélébration eucharistique, je dois dire qu'elle me laisse quelquefois « mauvaise bouche » pour des raisons de liturgie pas toujours bien

---

22. Conseils pour prier donnés dans l'introduction de son livre sur les Exercices spirituels.

faites, par les autres naturellement! Je m'efforce de ne pas rester sur ces sentiments en pensant au Christ en nous.

En attendant, je travaille généreusement et je me suis forcé pour terminer la travail de préparation d'une retraite de huit jours. Je suis obligé de diminuer. Je trouve ça pénible. Seigneur, aide-moi à dire OUI à la volonté du Père. Le fait d'être « obligé » de parler de toi tous les jours me permet de mieux te découvrir. Merci pour cette année! Porter aux autres un Christ pauvre, un Christ aimable, un Christ vrai.

Ma retraite 67, personnelle, clôture mon année de directeur du postulat. J'ai essayé bien sincèrement, pendant toute l'année, de donner le Christ aux autres, de le faire grandir dans les postulants et « ailleurs ». Magog par exemple. J'ai vraiment aimé mon travail, je me suis senti comme jamais et ce, depuis que je suis prêtre, instrument du Christ pour donner l'amour du Père. Je dois continuer à vivre dans l'action de grâce et la joie et de la communiquer par mon style de vie, pleine d'espérance. À l'exemple de la Vierge de l'Annonciation : *« Elle gardait toutes ces choses dans son cœur et les méditait »* (Luc 2,19).

Ainsi se termine cette période 1960-1967 dans l'itinéraire de Julien Papillon. Un période choc s'il en est une. L'épreuve de la maladie à Londres en mars 1960 semble avoir eu un effet d'aveuglement, comme pour Paul après sa « rencontre de Damas ». Ses commandes de contrôle lui échappent. Pendant ces sept années, il se retrouve à Nazareth, et comme pour Paul, dans le désert d'Arabie suivant sa rencontre avec le Christ, Julien s'approfondira dans le même mystère. Une par une, il doit mettre ses armes par terre, se laisser conduire par l'événement et apprivoiser par sa maladie. Il fait ce qu'il peut, avec une disponibilité toujours circonstanciée, dans le cadre d'un noviciat où il n'avait nullement pensé s'y retrouver en septembre 1959, au moment où il partait pour ses études pédagogiques à Londres.

Un séjour en Afrique lui enlève les dernières illusions sur ses capacités. Elles sont lourdement hypothéquées et Julien ne s'attend plus à ce qu'elles soient prometteuses de « production missionnaire ». Il le sait et il le sentira de plus en plus. Il devra faire ménage avec la fatigue et la faiblesse, des compagnes qui ne le lâcheront plus. À long terme, il ne saura faire que de les offrir et laisser la Parole de Dieu s'en occuper.

Une étonnante fécondité se prépare. Ce qu'il avait pressenti de façon quelque peu prophétique dans ses derniers moments d'Afrique se vérifiera. À l'automne de 1967, il est nommé spécifiquement et officiellement à l'Année spirituelle à titre de collaborateur du premier responsable. «*Je construis le Royaume de Dieu dans le cœur des hommes par ma charité, ma pauvreté, mon inactivité matérielle, mes faiblesses de santé et ses conséquences humiliantes. Seigneur, comme ‹orientation›, en cette reprise de votre intimité, donnez-moi la volonté de travailler dans l'ombre, de me perfectionner pour les autres, d'enrichir le cœur de mes confrères missionnaires, les gens, par mon intimité avec vous, vous laissant travailler en moi, par moi.*»

Aux deux autres éléments de sa spiritualité, celui de l'esprit de foi et de l'offrande de soi, qui s'étaient instaurés durant ses périodes de formation, s'ajoutait ici un troisième élément, celui de la pauvreté spirituelle qui se développe à l'écoute de la Parole de Dieu et de l'amour reçu de son Seigneur. Les références à l'image quelque peu négative de lui-même le conduisant à se dévaloriser sont plutôt rares. Il perçoit l'importance de l'esprit des Béatitudes et s'en fait de plus en plus accueillant. Par le fait même, il retrouve presque inconsciemment une étonnante confiance en lui-même qui lui permet de laisser germer son charisme et ses talents propres, comme il le signale à la fin du présent récit.

La période 1960-1967 en rétrospective

Douze ans plus tard, dans mon autobiographie de 1979, je fais une relecture sommaire de ces sept années 60-67. Une nouvelle entrée au noviciat! D'abord «en repos» et comme collaborateur. Ici encore, j'ai tout à apprendre. J'y entre «comme je suis» et à ce moment, demi-paralysé, avec des confrères qui m'aideront beaucoup. On m'initie au travail de discernement: j'écoute, j'accueille et me livre à une abondante lecture. Je m'y aventure, puisque tu le veux, et j'y suis heureux malgré certains handicaps qui demeureront pour la vie.

Je reçois une responsabilité accrue à la mesure de mon évolution physique. Je maintiens la fidélité dans la prière et l'approfondissement de mon engagement missionnaire et de mon service. Je me sens *très* chez moi dans ce genre de travail. Lentement et sûrement, ma personnalité gagne en maturité. J'approfondis mon regard intérieur et, après quatre ans, je sens le besoin de « partir » pour la mission. Après quelque hésitation, je reçois le feu vert de partir pour l'Afrique. « L'Afrique n'est pas faite pour les malades », me dira plus tard un vétéran de la mission, le père Marc-Henri Dupuis. Depuis, je l'apprends péniblement.

Au début, mon état de santé se désintègre vite. J'apprends quand même l'admiration existentielle de tout ce qui s'y vit : l'héroïsme des missionnaires et les drames de la mission. Je souffre et me sens humilié de corps, d'esprit et de cœur. J'apprends à la Dame École : Guido sera toujours une source et un lien d'inspiration, de courage et de support. Merci, Seigneur, de cette fraternité père blanc. Elle m'a fait goûter la bonté et la compréhension. Les médecins de Mzuzu m'ont fait sentir la sainteté. L'Afrique a été dure pour moi, et peut-être lui ai-je été trop fermé ? Il y a encore des points d'interrogation qui conduiront à me poser des questions sur la dimension missionnaire de ma vocation. Pourquoi ne pas être prêtre diocésain ? Mais après réflexion, échange et regard sur l'histoire, je me réengage à fond dans ma vie père blanc. Et je sais maintenant que le Seigneur veut que je la vive « comme ça », en handicapé.

En 1966, à mon retour au Canada, j'ai vécu une année heureuse et « utile » à Lennoxville, dans la formation. Je me « sens chez moi ». Une année de prière et d'approfondissement et de « retrouvailles » avec moi-même. Je peux travailler davantage la spiritualité et, à la fin de cette année, je dirige trois retraites. Je vis une certaine « expérience » avec ses exigences d'engagement qui favoriseront le développement d'un certain charisme et me feront connaître comme conférencier et comme conseiller spirituel.

CHAPITRE 4

Les années 1967-1979

L'amitié se déploie sans objectifs précis. Elle fait tomber toute méfiance. Par l'expérience, on découvre que l'amitié est, sans l'ombre d'un doute, une valeur en soi. L'amitié, cependant, ne perdure que dans les âmes aimantes, celles qui, dépassant tout repli sur soi, cherchent la complémentarité des âmes sœurs. L'amitié est humilité, parce qu'elle reconnaît l'autre comme aussi vital que la respiration. Une conviction l'anime : les mains qui cherchent à se joindre et les esprits qui vont à la rencontre les uns des autres sont essentiels à l'existence, la mise en commun est une condition à toute compréhension en profondeur et à toute action sans tache.

Georges Khodr, *Et si je disais les chemins de l'enfance*
« L'amitié est le lieu qui mène à Dieu », Cerf, Paris, 1997, p. 58

◆━◆━◆

En septembre 1967, Julien déménage de Lennoxville, où il était responsable des candidats postulants frères, à Saint-Martin, près de Montréal. C'est là qu'avait lieu la formation des candidats désireux de s'engager dans la Société des Missionnaires d'Afrique, Pères Blancs. Rappelons que cette année dite du noviciat s'appelait désormais l'Année spirituelle.

◆━◆━◆

Septembre 1967, je prends la route de Saint-Martin où se tiendra l'Année spirituelle[1]. Je travaille en compagnie des pères Raynald Pelletier et Jean-Marie Tardif. C'est un temps de recommencement et de réadaptation lente, mais j'y entre avec tout mon cœur. Pendant mes vacances, j'ai délaissé passablement la méditation, mais j'y ai quand même compensé par un effort au niveau du cœur à rester dans un climat d'amour du Seigneur dans la vie concrète. De retour dans le contexte des Pères Blancs, c'est plus facile.

---

1. Documents rattachés à cette période : 1) Les comptes rendus des récollections mensuelles et retraites annuelles des années 1967-1971. 2) Son autobiographie, rédigée en 1979, relative aux années 1967-79. 3) Lettres et cartes à sa mère entre 1970 et 1974, période durant laquelle il travaille en Angleterre. 4) Un agenda quotidien de son programme d'activités entre septembre 1975 et décembre 1978. 5) Son journal quotidien qu'il débutera le 1er janvier 1979 et auquel il sera fidèle jusqu'au 31 décembre 1999. 6) Notes relatives à une session sur l'affectivité (février 1979) dans le cadre des sessions PRH. 7) Compte rendu de sa prière et de son vécu en rapport aux Exercices dans la vie courante, pratiqués dès le début de cette année 1979 et annotés dans son autobiographie. 8) Vingt articles parus dans le magazine *Mission* sous le titre « Parole et Vie » entre 1976 et 1979, signés de Julien.

Après un mois, je regarde ce qu'il en est de mon devoir d'état. J'ai fait mon travail avec générosité. Je ressens quelquefois dans mon cœur des sentiments de jalousie, c'est plus explicite vis-à-vis de l'un ou l'autre confrère. Je réagis en demandant au Seigneur la pauvreté du cœur. Mon climat spirituel est bon et vécu dans la joie à l'idée de servir le Christ au noviciat. Je maintiens l'orientation de pauvreté spirituelle en m'acceptant limité et par le service amoureux du Christ dans les autres.

Dans les mois qui suivent, j'utilise l'Écriture et particulièrement certains chapitres de l'évangile de Matthieu. C'est le genre de prière qui semble le mieux me réussir, celui du dialogue simple et amoureux. Je porte une attention particulière à la préparation. Quant à mon devoir d'état, le temps me situe vraiment comme conseiller spirituel et je pense avoir été généreux et joyeux dans l'accomplissement de ce travail difficile mais très consolant. Je voudrais tant concrétiser ce désir d'être « en service ». Je suis très « provoqué » par le souci de témoigner d'une figure sympathique du Christ, sans édulcorer le message. Je ressens beaucoup de joie et de paix en me voyant l'instrument du Seigneur. J'avoue avoir été contristé quelquefois par cette fille qui ne me lâche pas ! Par ailleurs, j'ai des désirs visuels pratiques : le cinéma, et il m'arrive fréquemment de perdre du temps, surtout le soir, à la télé. Encore ici, retour à mon orientation, être pauvre dans mon cœur, en référence à Mathieu 5,3 : « *Heureux les pauvres de cœurs* », et être comme Jean-Baptiste une voix ! Je me vois vraiment comme témoin du Christ au milieu des novices. Ne pas me laisser emprisonner dans mon amour propre : être pauvre comme le Christ.

À la retraite annuelle en juin 1968, tous ces points me reviennent. D'abord ma prière : veiller avec une attention plus cordiale à la préparation de la méditation, en y mettant un souci davantage apostolique concernant l'Afrique, les musulmans, les pécheurs et les confrères. Je dois veiller à grandir dans une pauvreté plus affective, sortir du moi sensible et ne pas me laisser enfermer dans ma susceptibilité. Que la béatitude de Matthieu 5,3 devienne une réalité ! Que mon cœur demeure libre et « en perpétuel service » par la prière, la délicatesse, le désir de faire plaisir. Que je sache me réjouir de la joie des autres, de leur succès ! Que je sache partager leurs joies et leurs difficultés ! Que je sache les respecter tels qu'ils sont pour mieux les aimer ! Puissé-je finalement favoriser l'expansion de l'Évangile là où je suis par un témoignage joyeux, vécu, respectueux, en favorisant l'échange, la joie et l'épanouissement par la révision de vie et la vie d'équipe ! **Je suis responsable de l'Évangile**. « **Je t'ai choisi pour le service de l'Évangile pour les autres.** »

Pour l'année 1968-69, nous déménageons à Québec[2], le père Raynald Pelletier et moi, dans quelque chose de nouveau : le Centre de formation missionnaire, où nous travaillons en concertation avec les pères Jean-Louis Martin[3] et Barron, des Missions Étrangères. Expérience enrichissante et originale. Je me sens encore gauche et timide dans ma différence. Par contre, je sens aussi une grande facilité

---

2. Le personnel de l'Année spirituelle (noviciat) déménagera 10 fois durant les 16 années où Julien sera affecté à ce ministère d'accompagnateur et de coresponsable dans ce cadre de formation Ces années sont réparties comme suit :
   – 1967-68 : Canada, Saint-Martin de Laval, avec Raynald Pelletier et J.-Marie Tardif.
   – 1968-69 : Québec, avec Raynald Pelletier et deux prêtres des Missions Étrangères.
   – 1969-70 : Washington, DC, avec Raynald Pelletier, Roger Labonté et le p. Hartman.
   – 1970-71 : Dorking, Broome Hall, Angleterre, avec Mike Targett et Roger Labonté.
   – 1971-72 : Southport, Birkdale, Angleterre, avec les mêmes confrères.
   – 1972-73 : Fribourg, Suisse, avec Albert Nyssens, Michel Lepage, José Sotillo.
   – 1973-74 : Southport, Birkdale, avec Mike Targett.
   – 1974-75 : Mours, France, avec Mike Targett et Michel Lepage.
   – 1975-76 : Eastview (Ottawa), Canada, avec Mike Targett et Alexandre You.
   – 1976-77 : Vanier (Ottawa), Annexe de l'école Belcourt, avec Alexandre You.
   – 1977-78 : Vanier avec Alexandre You.
   – 1978-79 : Vanier avec Alexandre You et Richard Dandenault.
   – 1979-80 : Fribourg, Suisse, avec Alexandre You et Gotthard Rosner.
   – 1980-81 : Fribourg, avec Gotthard Rosner.
   – 1981-82 : Fribourg, avec Gotthard Rosner et Richard Dandenault.
   – 1982-83 : Fribourg, deux groupes : Gotthard Rosner et Patrick Fitzgerald pour le groupe anglophone ; Julien et Richard Dandenault pour le groupe francophone.
3. Le père Jean-Louis Martin, des Prêtres des Missions Étrangères, est devenu par la suite évêque de Pucalpa au Pérou.

avec les étudiants et une bonne capacité d'évolution dans ce domaine. Je garde une sobre distance avec ma famille et mes amis par souci d'être présent à mon lieu de vie et de travail.

Après une certaine négligence depuis ma retraite annuelle, ma vie de prière, ici au Centre, s'améliore et y est de plus en plus engagée. Je me mets à la liturgie du jour : *Prions en Église*. Messe et action de grâce. Je suis conscient du geste posé et je demeure dans cette attention : je veux toujours mieux vivre la mémoire du Seigneur qui passe, et qui veut passer par moi. Cette conscience engendre chez moi une responsabilité actuelle et qualitative, celle de vivre à plein mon adaptation et de la faciliter aux jeunes. Comme orientation pratique, j'ai senti le besoin de favoriser la communication en développant mon attention au Christ en moi et dans les événements. Dans cette ligne, le souci de pauvreté m'habite toujours.

———

En juin 1969, le conseil général des Missionnaires d'Afrique prend la décision de créer un unique Centre de formation spirituelle à Washington, D.C. Tous les candidats désireux de devenir missionnaires d'Afrique y seront envoyés. Ce sera un Centre international. Les pères responsables seront les suivants : Raynald Pelletier, Julien Papillon, Roger Labonté et Josef Hartman.

———

Washington, D.C., septembre 1969. Raynald et moi y entrons de « reculons » ! Tel que je le note dix ans plus tard, c'est une année exigeante et pénible ! Le groupe est-il prêt à vivre l'expérience spirituelle proposée ? Nous passons au travers, mais quelle purification ! Mon confrère en a plein son « capot » ! Pour ma part, certaines personnes entrent de plus en plus dans ma vie et je perçois que mon besoin affectif y prend de plus en plus de place. La vie exigeante du groupe viendra l'intensifier. C'est ici que commence l'itinéraire avec mon confrère Roger, qui me fait connaître les charismatiques[4].

---

4. Le renouveau charismatique catholique naît au début de 1967, à l'Université Duquesne de Pittsburg. Pour comprendre la portée de l'expérience charismatique que l'Église catholique est en train de vivre, il faut remonter aux origines de ce renouveau, à sa naissance,

À mesure que cette année progresse, j'essaie de me libérer en vue d'une réelle rencontre avec Dieu. Je suis préoccupé de moi-même. Je considère la volonté de Dieu telle qu'elle se présente ici. Je ressens plus de réceptivité, malgré certaines résistances intérieures, tout comme une certaine paix et joie malgré certains nuages occasionnés par ma sensibilité. Ma prière s'oriente vers une plus grande union au Christ pour être comme sa présence dans ce milieu. L'effort pour mieux comprendre la situation de chaque candidat et y être plus attentif m'aide beaucoup à me garder dans la vérité.

Une année de purification s'il en est une. J'essaie de me laisser interroger par le milieu : de laisser les autres parler, de les écouter, de ne pas les juger trop rapidement en posant trop d'exigences. Tout cela vient du désir de les voir de plus en plus responsables d'eux-mêmes. Mais peut-être y a-t-il au fond de moi-même un manque de sécurité ?

Comment me laisser purifier de mes sentiments personnels et revenir, demeurer dans la mentalité du Christ ? Cette année est sans doute une grande invitation pour entrer dans une réelle et profonde pauvreté du cœur. Savoir en appeler à des attitudes plus humbles de respect et de « savoir attendre », développer un esprit de service sans trop attirer l'attention sur moi. C'est cela, être le Christ.

La désinstallation, c'est la grande leçon de cette année dans la capitale du capitalisme. Nous sommes contestés par le milieu et ses différences d'âge, de culture, de langue, d'éducation, de nationalités. Contestés aussi par le manque de réceptivité, la suffisance, l'indiscrétion et les critiques. Alors, j'y vois un appel du Seigneur à une plus grande pauvreté : l'adaptation tout en évitant les faux compromis. En conséquence, un besoin de prière très senti et la confiance à favoriser au maximum.

---

liée au pentecôtisme. Il faut repérer les points communs, mais aussi les profondes divergences qui distinguent le « renouveau » du pentecôtisme proprement dit. (Voir *Dictionnaire de la vie spirituelle,* art. Charismatiques, p. 117-129.)

Je constate une faiblesse dangereuse chez le groupe : les confidences réciproques, et une certaine « méfiance » des orientations données en direction. Il faut les aider à comprendre le conseil spirituel, qui est un charisme. Qui exige une discrétion souple mais quand même… respectueuse. J'oriente la direction spirituelle vers une lecture de l'Écriture et d'autres livres inspirants. Je favorise cependant l'Écriture pendant le carême et la « pénitence » dirigée vers la construction de la communauté. La pédagogie du conseil spirituel, c'est l'approfondissement de la conversion à partir du sujet bien concret dans le respect du temps. C'est apprendre à bien se connaître dans un climat de confiance mutuelle et d'amitié, en laissant pénétrer l'Évangile dans une vie de prière sérieuse et d'engagement fraternel.

Dans cette désappropriation de soi, Dieu nous appelle à la libération et à nous adapter aux signes des temps. Je remarque très intensément l'importance de l'amitié : c'est le premier temps de la mission. L'exigence des jeunes sur ce point demande de notre part une adaptation à ce besoin. C'est une pierre d'attente de l'Évangile. Il faut savoir reconnaître ce besoin, le respecter, se faire connaître comme homme et y prendre du temps, et surtout ne pas précipiter notre désir de s'y voir engager. La Parole est au deuxième temps. Dans ce climat, il se fait un apprentissage où les étudiants se sentent lentement apprivoisés et s'ouvrent à la Parole.

En révision de vie en mars 1970, je découvre toute une spiritualité de l'événement. Il faut apprendre à le déchiffrer pour chercher à y répondre. L'événement est un appel de Dieu, une rencontre, un lieu d'amour, un « sacrement ». C'est la vieille technique à l'œuvre : voir, juger, agir à partir d'un fait où nous sommes concernés. Le fait, c'est notre situation présente et notre action et réaction vis-à-vis de nous-mêmes, du groupe, entre nous.

Pour vivre une telle révision de vie, il faut l'avoir « préparée » par le temps de l'amitié. Vivre le conditionnement psychologique du groupe, ce qui demande délicatesse, attention, simplicité, compréhension mutuelle, acceptation de notre réalité et un désir évangélique « à mort ». Merci, Seigneur, pour l'événement constituant cette révision de vie, c'est un « sacrement ». *Alleluia! Oui, merci, Seigneur, pour le « Washington event*[5]*»* !

Dans la retraite annuelle vécue à la fin de cette année à Washington, je note les points suivants qui se sont imposés dans mon expérience.

La patience avec les différentes personnalités que je suis appelé à accompagner vers une maturité de plus en plus affirmée, à travers une présence chaleureuse à tous.

L'écoute : savoir être proche avec moins de mots! Surveiller mon amour-propre; je suis parfois très sensible à cause de cela. Être humble, pauvre, mettre les autres à l'aise en leur donnant toute l'importance.

Je suis responsable de la Parole de Dieu et du sacrement du moment présent selon 1 Co 9,22.

Accepter ma réalité : être en paix et à l'aise avec ce que je suis. Je me réfère ici à Jean 15, la vigne, et à Galates 5,22-25 : les fruits de l'Esprit, pour être capable de m'adapter à la réalité présente. En conséquence, je dois bien accepter d'être amicalement présent à tous et de les écouter, avec le sentiment très fort que l'Esprit fait son œuvre dans chacun d'eux. C'est « l'affaire du Christ » finalement (Mt 24). Être responsable dans la paix !

Une grande pauvreté m'est demandée dans ce fait bien particulier d'avoir à changer d'adresse si souvent. C'est un signe que je dois bien interpréter d'abord dans le détachement de moi. Je suis tellement centré sur moi-même ! Savoir attendre avec sympathie et laisser l'autre s'exprimer. Humilité avec moi-même sans laisser de place à la tristesse. Pauvreté sur moi-même, pour ne pas attirer l'attention sur moi. Convertir mes pauvretés matérielles en pauvreté évangélique. En union avec la Vierge Marie, savoir «conserver ces choses dans mon

---

5. L'ensemble de l'expérience vécue dans le cadre de l'Année spirituelle à Washington durant l'année 1969-70.

cœur et les méditer » (Luc 2,19), dans la ligne du *Stabat Mater*[6]. Et, finalement, l'esprit des béatitudes avec le Christ : « Abba, Père », selon le climat de Galates 5,24-26. En route !

* * *

Le « *Washington event* » semble avoir été déterminant dans l'expérience humaine et spirituelle de Julien. Il semble avoir été fortement secoué dans sa sensibilité et son affectivité face aux défis du groupe d'étudiants faisant partie de l'Année spirituelle de cette année-là. Défis provenant de la psychologie du groupe. Celui-ci avait-il la mentalité et la maturité humaine nécessaires pour s'engager dans l'expérience spirituelle qui était proposée ? La même question se posait également au niveau de chaque individu. Les responsables de la formation avaient également pour leur part leur propre vision de la formation à promouvoir selon les exigences de la vocation sacerdotale et missionnaire et du charisme propre aux Pères Blancs d'Afrique. Finalement, les consignes nouvelles fraîchement élaborées par le concile Vatican II en matière de théologie et de spiritualité et la masse imposante de matière « missiologique » issue du chapitre de 1967 des Pères Blancs ne facilitaient pas les choses. Qui pouvait s'assurer avoir en main la pédagogie de formation ecclésiale et missionnaire adaptée à tous ces défis ?

Deux choses se dégagent du témoignage de Julien. D'une part, il se mettra très attentivement à l'écoute de ses propres réactions émotives et affectives tout comme des mouvements de l'Esprit qu'il perçoit dans sa prière et l'écoute de la Parole, selon les exigences et l'évolution du milieu. Plus que jamais, une spiritualité de l'Incarnation, de plus en plus loin des injonctions perfectionnistes qui l'habitent toujours, deviendra sa ligne de croissance et de maturation. Il mettra en place pour son propre compte une pédagogie de l'accompagnement et du discernement relevant de cette expérience même. Au fil des années qui suivent, cette pédagogie s'étoffera par la lecture et la réflexion. Elle ne sera pas pour autant une chose apprise dans les livres. Il se « fiera » de plus en plus à son « sentir spirituel » et à sa propre sensibilité de plus en plus affinée au contact de l'Évangile. D'autre part, le fait d'avoir aussi des contacts plus fréquents avec des personnes extérieures dans différents lieux de rencontre et de prière l'amènera à s'interroger plus profondément

---

6. Séquence de 20 strophes de 3 vers attribuée à Jacopone da Todi (1230-1306), franciscain. Elle reflète la douleur de Marie au pied de la Croix. Elle a été source d'inspiration pour près de 500 compositeurs, en particulier Pergolèse et Palestrina.

sur sa propre affectivité par le moyen de nouvelles amitiés qui s'introduiront dans sa vie. Ces dernières se multiplieront dans les cinq prochaines années qu'il vivra en Europe. Quelle place donner à l'affectivité dans sa croissance spirituelle ? Comment offrir sa propre sensibilité au travail de l'évangile ?

Nous suivons maintenant Julien de Washington, D.C., en Europe, où il passera ces cinq années de septembre 1970 à juin 1975 : trois en Angleterre, une à Fribourg en Suisse, et l'autre à Mours en France. Cela l'oblige à un déménagement à la fin de chaque année, selon qu'il s'agit de groupes anglophones ou francophones. La sclérose en plaques mine toujours et implacablement la santé de Julien qui poursuit sa vie de « nomade » avec toutes ses exigences.

Broome Hall[7]: Dorking, Angleterre, 1970-71

Le 23 septembre 70

Chère maman,

Le « Juif errant » ! qui vous revient, cette fois-ci avec une nouvelle adresse… on commence à s'y installer tranquillement. Je vous avoue que notre nouveau site est fort différent de celui que nous avions sur le chemin Sainte-Foy[8]. Nous sommes ici plongés en pleine campagne anglaise. C'est la brousse, pour employer une expression père blanc qui signifie que nous sommes très retirés. Nous ne serons certainement pas dérangés par le bruit des voitures, étant situés à une distance respectable d'une tranquille route de campagne. Le changement, quant au site, est donc très significatif d'une situation toute nouvelle pour les étudiants. Il est donc normal qu'ils ressentent un certain désarroi : on se sent un peu perdu à première vue. Comme disait l'autre : la campagne promet d'être belle longtemps !

La maison est âgée : 200 à 300 ans… un style moyenâgeux, très jolie, avec des commodités quand même des années 50. C'est bien, mais très éloigné de nos schémas architecturaux. Conséquemment, les jeunes Canadiens sont

---

7. Maison de formation (ancien château ?) légèrement en dehors de la ville de Dorking, en Angleterre, qui a servi de lieu d'accueil des étudiants novices de langue anglophone de la Société des Missionnaires d'Afrique, Pères Blancs.
8. À Québec, adresse de la Procure des Pères Blancs et résidence de ceux qui sont originaires de cette région.

frappés par la différence... la comprennent et l'assument dans leur ligne vocationelle missionnaire qui invite continuellement à l'adaptation à de nouvelles situations, culture et langue. Il y a vraiment ici une initiation concrète à la vie missionnaire père blanc. Je dis père blanc parce qu'on se trouve à être fortement en contexte international : nous sommes de neuf nationalités, essayant de nous comprendre en anglais. C'est un vrai tour de force. Il faut quand même que le Christ soit quelqu'un de vivant pour réussir à vivre ce style original, et dans la belle-mère patrie [9] en plus. Nous allons commencer la retraite au début d'octobre. Je vous la recommande afin que tous nous puissions vivre une année d'authentique fraternité évangélique.

L'adaptation se fait facilement au climat, à la nourriture et à la langue inclusivement. Il y a une chose à laquelle je prends un peu plus de temps à m'habituer, c'est le lieu. Nous sommes, comme je vous disais déjà, « très retirés »... un peu trop à mon goût. Il y a donc une différence assez notable d'avec les endroits où j'ai séjourné antérieurement. Je considère ça comme une bonne retraite, ça ne peut que faire du bien.

Cependant, malgré tout ça et bien d'autres petites choses, nos étudiants avancent et progressent dans la joie fraternelle. Je vous avoue qu'on touche du doigt la présence de Dieu. Un tel contexte ne présente pas suffisamment d'attrait pour la nature pour s'expliquer par lui-même. Encore une « preuve », à travers cet événement humain, que le Christ travaille encore fortement en ce bas monde. Des jeunes cœurs canadiens, allemands, espagnols, français, irlandais, maltais, africains, etc. De tels événements nourrissent la prière et font croître l'espérance. Ça va bien, et les deux pères qui travaillent avec moi sont formidables. On constitue une équipe très unie et les étudiants sont sympathiques et coopératifs.

Affectueusement, Julien

Et c'est maintenant l'hiver : il est long, et il n'y a pas de soleil. Je suis fatigué, mais non abattu. Je garde le rythme du travail normal et la bonne humeur. J'ai beaucoup à faire du côté « counselling » : le discernement fait son travail. Je prie pour une plus grande pauvreté, incluant la patience pour être présent comme le Christ à tous. Celui-ci meurt en moi – pour eux – pour qu'ils apprennent à mourir pour les autres, pour l'Église. Je suis une invitation pour eux. Cette année m'aide à grandir et à mûrir comme l'homme du Christ, le missionnaire

---

9. La Grande-Bretagne, Angleterre, belle-mère patrie du Canada.

dédié à la Parole. Que Dieu bénisse mes frères, et tous ceux que j'aime dans le monde.

On se prépare pour un autre déménagement à la fin de juin… pour le Nord de Liverpool, ville de Southport, un lieu nommé Birkdale.

À l'été 71, je rentre au Canada pour voir maman et la famille. Je dois rencontrer aussi et « préparer » un autre groupe d'étudiants canadiens, sorte de pré-noviciat à la Procure de Québec, comme j'avais fait l'été précédent. Cet été comme le précédent fut aussi vécu dans la rencontre avec les amis.

1971-72 : Septembre à Birkdale. J'adresse un mot de remerciement à maman :

Chère maman,

Avec toute la famille je vous suis très présent pour simplement vous dire merci pour tout ce que vous avez fait et continuez de faire pour nous tous. Et merci pour ce que vous êtes. Vous demeurez pour nous tous une inspiration à être totalement et chaleureusement présent à l'aujourd'hui tel qu'il est dans sa réalité. Merci pour cette vivante leçon de courage et de foi en l'Amour, de fidélité à la parole donnée. Je vous consacre cette journée. Shalom, Love.

Julien

Mes deux confrères s'investissent à plein dans le charismatique. Des ami(e)s nous visitent. Pour ma part, je visite l'Université de Lancaster : beaucoup de rencontres et d'échanges avec des étudiants. L'année sera riche en amitiés. Nous avons des eucharisties célébrées dans un contexte d'intense prière et d'amour. Je sens beaucoup la présence de trois personnes où je vais à Lancaster chaque mois. Par elles, j'ai plusieurs contacts et je développe des amitiés qui marqueront mes années à venir. Malgré ces contacts nombreux à l'extérieur, je suis présent aux novices. Merci, Seigneur, pour cet équilibre !

En juin 72, un nouveau préparatif de déménagement, pour le continent cette fois ! Fribourg sera le prochain poste. Mike prendra une année sabbatique à Ottawa. Roger reprendra la route de l'Ouganda. On m'offre un voyage au Canada pour les vacances d'été de 72.

J'accepte volontiers. Maman est de plus en plus malade. Je passerai l'été avec elle, la famille et les amis. L'été est plein de rencontres d'amitié et d'affection. *Deo gratias!*

Fin août, je suis en direction de Fribourg. Un groupe de 21 étudiants, fort sympas, et les Irlandais! Tous en « recherche ». Un mois chargé mais riche à tout point de vue, et j'apprends vite à bien « fonctionner » avec Albert et Michel[10]. Début ici d'une grande amitié. J'apprends à connaître la mère de ce dernier et l'une de ses grandes amies. Merci, Seigneur, pour tant de délicatesse : les longs échanges intimes, affectueux et corrects nous marquent beaucoup et sont un point marquant dans notre cheminement humano-spirituel.

Après Pâques, c'est le stage de travail social à Lyon. Ce sera aussi un fait marquant de l'année pour la solidarité entre nous à tous les niveaux. Nous y avons vécu des eucharisties exceptionnelles lors de plusieurs visites à Taizé[11]. Je suis toujours plus sensible à tout l'humain : homme et femme. Cette année est riche en expériences de toutes sortes. Les rencontres de l'homme et de la femme m'impressionnent beaucoup et j'en reste « chaleureusement » imprégné et « enrichi ». Tout est vécu « intensément ». *Deo gratias!* Lyon est une ville souriante pour moi à cause des hommes et femmes rencontrés et aimés, et elle est aussi fortement liée à la généreuse et paternelle hospitalité de nos confrères Pères Blancs à Sainte-Foy-les-Lyon et « associée » à nos premières visites de Taizé.

À la fin de l'année 72-73, c'est un nouvel appel à faire mes bagages qui m'est fait, pour retourner à Birkdale. Je prends la route dans notre Renault[12], avec Thomas Hillas comme valeureux compagnon de ce voyage formidable et mémorable!

---

10. Deux confrères, Albert Nyssens et Michel Lepage, responsables de l'Année spirituelle à Fribourg, Suisse, avec Julien.

11. À Saône-et-Loire, France, communauté chrétienne fondée en 1940 par des protestants suisses autour du pasteur Roger Schutz. Œcuménique, devenue interconfessionnelle en 1969, elle accueille des jeunes du monde entier et les rassemble en des « conciles » périodiques sur tous les continents.

12. La plus petite voiture Renault, une marque française.

À l'été 73, je sens que maman perd du terrain. J'irai donc au Canada pour l'été. Avant de partir, je me « réinstalle » à Birkdale et j'y passe quelques jours au contact de nos amis et voisins. Je reçois la visite d'une voisine rencontrée l'année précédente et dont je suis devenu le conseiller et l'ami. C'est le dernier été avec maman à Neuville. J'y arrive à la mi-juillet après une généreuse et chaleureuse semaine à Londres avec des amis. Il fait une chaleur torride à Montréal. Je m'y repose quelques jours pour ensuite me diriger vers Neuville. Maman est très fragile, mais toujours autonome et digne et elle le restera jusqu'à la fin. À part quelques rencontres et visites, j'essaie d'être très présent à la maison. J'y célèbre l'eucharistie avec maman dans la cuisine. Nous prions bien ensemble et nous causons plus chaleureusement de la famille et du futur. Vers la troisième semaine d'août, le départ se fait sentir de part et d'autre. Ce sera très exigeant pour les deux : je me souviens du dernier après-midi et de « l'arrachement » vers 16 h. Je voyage seul jusque chez ma sœur à Cap-de-la-Madeleine. Je me sens vraiment « poigné [13] ». On savait et on sentait que c'était la dernière fois qu'on se voyait ici-bas. Seigneur, merci pour la force et le courage que tu nous as donnés ce jour-là. Donne-lui la joie d'être en totalité avec toi aujourd'hui et d'être réunis tous ensemble pour l'éternité. Amen. Je pense à Romains, chapitre 8 [14]. *MARANATHA!* À Neuville, elle se couchera avec papa, près du fleuve [15]! Et à mon tour « en son temps ». *Fiat!*

———◆———

Le 18 octobre 1973, il adresse la lettre suivante à sa mère :

———◆———

Chère maman,

Le groupe est exceptionnel et très agréable de compagnie. J'en remercie le Seigneur. Nous vivons et travaillons dans une atmosphère très détendue,

---

13. Ému.
14. Chapitre de la fameuse lettre de saint Paul aux Romains, qui est devenue une source très inspirante et importante dans la spiritualité de Julien.
15. Le Saint-Laurent, près duquel la paroisse de Neuville avait son cimetière.

joyeuse et en même temps fort sérieuse. Un tel climat nous donne une idée de la maturité de ces jeunes d'âge mais sages de cœur. J'en suis fort heureux. Le travail ne manque pas, nous ne sommes que deux animateurs depuis le départ de Roger[16] pour l'Ouganda, mais habitués de vivre et de travailler ensemble, Mike et moi, nous partageons facilement et joyeusement le boulot. La santé tient bon, je me sens mieux qu'au mois de septembre où j'étais trop fatigué. J'ai encore la mauvaise habitude de me coucher tard. Les journées sont trop courtes.

⊷⊷

Une autre lettre suit un mois plus tard, le 14 novembre 1973 :

⊷⊷

Chère maman,

Cordial merci pour votre bonne lettre que j'ai reçue le jour même des élections au Québec. Je vous remercie et papa, il m'entend sûrement et je vous écris d'abord et avant tout pour vous exprimer, et à papa par vous, ma joie d'être ce que je suis et de vivre en pleine liberté de cœur et d'esprit et d'aimer « à mort » ceux et celles que je rencontre sur la route de la vie, d'être passionné pour la vie et l'Amour et la joie et la liberté et la beauté, l'homme-femme, la nature. C'est Lui, l'Amour et l'explication de tout.

Je vous dis mon action de grâce avec tout ce que je suis aujourd'hui, plus jeune que jamais, en communion avec tout le clan et les ami(e)s. Merci pour tout ce que vous êtes d'inspiration et de courage et d'engagement fidèle et d'espérance et d'Amour. Vous êtes « sacrement » de sa présence. Je termine par une parole de femme transmise dans le secret de l'intimité amoureuse et je sais que vous me comprenez…: « Tu sais, elle est l'autre monde, la femme qui t'a porté dans son ventre. »

Merci de me garder toujours dans votre cœur et dans votre prière. Je vous offre ma journée et l'eucharistie du 24[17]. Bonne fête, dans l'espérance que la santé est bonne. Amitiés à la famille. Shalom, Love.

Julien

Et un mois plus tard, ma solitude d'ici se trouve alimentée par le « départ » de maman (17 déc. 73). Vingt-quatre heures après le téléphone d'Henri (frère), j'étais à Québec et à Neuville. Plusieurs

---

16. Le père Roger Labonté, confrère Père Blanc.
17. Anniversaire de sa mère, le 24 novembre.

confrères Pères Blancs viennent concélébrer. L'eucharistie est empreinte de foi, de sérénité et de calme. Le fait d'avoir vu le visage de maman « reflétant » le repos, à mon arrivée au salon deux jours avant, m'a réconforté et « confirmé » qu'elle est dans la plénitude. Je passe Noël à la maison, le premier depuis six ans et je mets de l'ordre aux affaires de maman, son testament inclusivement. Le tout se déroule bien. On promet de se rassembler une fois l'an pour une eucharistie en mémoire reconnaissante. Au début de janvier 74, je retourne à Birkdale, très fatigué. Il y a un amoncellement de courrier de sympathie pour maman venant d'Afrique, d'Amérique et d'Europe. Plusieurs m'invitent à aller me reposer ici et là, je refuse et j'entre à plein dans le programme quotidien jusqu'au temps du stage de service social après Pâques. Je suis « brûlé » ! Et je recommence à avoir de « généreux » problèmes de santé avec la MS (sclérose en plaques), l'épuisement et le trouble aux reins. Ça va durer jusqu'à la fin de l'année !

—◆—

Le 2 février 1974, Julien écrit à son frère Henri et à sa belle-sœur Émilia la lettre suivante :

—◆—

J'ai beaucoup de boulot, le temps passe trop vite, c'est peut-être un bon signe. De toute façon, il semblerait que nos jours sont comptés et que mon séjour au Royaume-Uni prendrait fin en juillet. Je viens de recevoir une invitation de mes grands patrons à Rome d'aller travailler en France, à Mours, au nord de Paris, à partir de septembre. Avec Mike Targett, je serai responsable de l'Année spirituelle internationale, mais cette fois en français. J'ai dit oui à la proposition. Je suis heureux de retourner au vin, de beaucoup préférable au thé.

Julien

C'est la fin de cette année 73-74 en Grande Bretagne. J'offre « ça » – humiliation « s [18] » ! – au Seigneur. Et la demande d'un re-déménagement dans tout ce contexte se fera plus difficile, mais j'accepte quand même de reprendre la route, que je ressens comme une étape

---

18. C'est-à-dire la fatigue accumulée à la fin de l'année scolaire et l'impact de la maladie.

précieuse dans la désappropriation affective – de certaines personnes. Le Seigneur m'invite à prendre distance. Je le sens et j'y entre positivement. Je fais encore mes caisses ! Mes « adieux » au Nord : Lancaster, Birkdale, Liverpool.

Cette fois, je pars pour la France, à Mours. Mais à l'été, je viens à mes frais passer quelques semaines de repos au pays. Je descends à Toronto, épuisé. Le climat est torride et, avec ma fatigue, je suis vraiment dans l'épuisement total ! Et « ça paraît » et j'aime pas ça ! *Kyrie eleison* [19]! L'été se passe dans le repos total en famille et avec les amis. Je me rétablis suffisamment pour reprendre la route à la fin d'août. Au début de septembre, j'entre à Paris.

74-75 : Mours avec Mike Targett et Michel Lepage qui s'est ajouté à notre équipe de responsables. Ils sont 18 étudiants dans une maison « en rénovation ». Le lieu est exceptionnel, à la porte de Paris. Une année qui devient très sympathique, facile et inspirante. Ma santé restera « encore » le lieu des purifications ! Mes amitiés avec Michel, sa mère et quelques amies s'approfondissent. Merci, Seigneur ! Ces amies apporteront chaleur et joie à une température pluvieuse de septembre à janvier. Ensemble, selon les mêmes exigences, nous cherchons à signifier notre démarche. La prière, cette année, restera fidèle et généreuse, alimentée par une liturgie « vigoureuse ». Il y encore des « trous affectifs » que l'une ou l'autre visite mettront en évidence. Je suis très fatigué au deuxième semestre avec une forte « crise » de reins. Je passe deux semaines de repos et séjourne à l'hôpital. Le centre de Mours nous permet de mieux connaître la Province française des Pères Blancs. C'est de haute qualité, et je vis de grandes amitiés pères blancs.

Si le passage à Washington (69-70) et les défis du milieu ont permis à Julien de mettre au point sa pédagogie d'accompagnement face aux étudiants en quête d'identité vocationnelle et missionnaire, les cinq années en Europe lui ont permis de prendre profondément conscience de son potentiel affectif à

---

19. Formule grecque de pénitence du début de la messe : « Seigneur, prends pitié. »

travers les amitiés qui prennent place dans sa vie. Don de Dieu parmi les autres, celui-ci devient pour lui un lieu tout à fait privilégié d'une évangé-lisation et d'une conversion profonde. C'est avec tout son être qu'il veut apprendre à aimer, dans la vérité et la fidélité à lui-même comme à toutes les personnes qui l'habitent et à celles qu'il rencontrera sur sa route, dans un discernement rigoureux face aux exigences authentiques de l'amour. Le combat avec lui-même se poursuit. Il devient de plus en plus vigilant, « écoutant » les battements de son cœur et accueillant chaque jour une Parole de Dieu qui projette la lumière désirée sur l'événement. Au meilleur de sa conscience, il fait sienne la loi de l'Incarnation : « Le Verbe se fait chair... » (Jean 1,14).

De septembre 1975 à septembre 1979, le lieu de l'Année spirituelle s'est déplacé au Canada, à Vanier, près d'Ottawa [20].

Je me retrouve donc au Canada, dans l'un des bâtiments de l'ancien scolasticat, là où j'avais fait mes études de théologie vingt-cinq ans plus tôt, pour un autre départ pour l'Année spirituelle. C'est une nouvelle nomination, dans la même ligne mais « ailleurs ». Je fais quelques visites à des amis de France et d'Angleterre. Je sens ça un peu comme une dernière visite, avec ses répercussions émotionnelles. Mes eucharisties sont chaleureusement vécues et priées. Il y a approfon-dissement de liens avec une famille en particulier. Merci, Seigneur, pour tout le vécu en Grande-Bretagne. Depuis 59, que d'événements : papa parti en novembre 59 et maman, en décembre 73 !

J'arrive fatigué mais heureux de venir travailler au pays pour deux ans, dit-on ! Les vacances passent rapidement et intensément : les ren-contres avec les amis ne manquent pas avec échanges et enrichisse-ments remplis de reconnaissance et d'affection. L'important, c'est la rose [21]!... tout en n'oubliant pas « l'Auteur », en référence recon-

---

20. Les quatre années se passent de septembre 75 à septembre 79 à Eastview et à Vanier, près d'Ottawa. Eastview, durant la première année 75-76, dans le cadre de l'ancien scolasticat dont l'ouverture remontait à 1938, et qui a été le lieu de la formation théo-logique de quelques centaines de Pères Blancs d'Afrique. Vanier, autre partie d'Ottawa, dans une annexe de l'école Belcourt, en 1976-79.
21. Chanson de Gilbert Bécaud.

naissante et amoureuse avec Lui. Je reviens souvent sur ce point dans la prière et le dialogue avec les amis et je « m'étonne » de sa patience et de sa miséricorde pour tous mes oublis, légèretés et erreurs de parcours. Cette année sera agrémentée de la présence d'un couple bien connu et de leurs enfants, demeurant dans le voisinage. Notre amitié s'approfondit et ces derniers prennent toujours plus de « poids » dans mon cœur : ils sont la chair des parents et ça me touche beaucoup. Plusieurs fins de semaine se passeront chez eux, à leur nouvelle maison.

Dans les écrits que nous possédons, Julien commence en ce mois de septembre 1975 à utiliser un agenda quotidien où sont notés les thèmes du programme de formation à suivre, les activités courantes, les eucharisties à célébrer, les anniversaires à fêter, les personnes à rencontrer. Sauf pour l'une ou l'autre exception, il y a peu de commentaires percutants sur les événements qu'il vit. Ceux-ci seront davantage explorés dans l'autobiographie qu'il rédigera quatre ans plus tard.

Le groupe d'étudiants est peu nombreux : neuf en tout, fort sympathiques, engagés et ouverts. Je travaille avec Alexandre et Mike[22], qui sera très engagé à l'extérieur. L'hiver sera long et dur. Après quelques années au loin, ça demande du courage d'y entrer de nouveau ! Ma prière va demeurer dans la ligne des années précédentes. Je suis un peu, pas mal, parcimonieux sur le temps à donner : il y a progrès à faire ici. Une amie de Grande-Bretagne, installée depuis l'an dernier à Toronto, me téléphone régulièrement. Elle s'ennuie par moments.

Durant le courant de cette même année, nous avons la visite de notre supérieur général, le p. Jean-Marie Vasseur. Son style est direct et vigoureux. Plusieurs s'en rappelleront ! J'ai avec lui un très long échange, bon et intime. Il est question qu'on change de maison, en demeurant toujours dans Vanier. Le scolasticat est exproprié par les autorités de la ville. On doit quitter la place pour la fin juin de cette

---

22. Alexandre You, confrère qui sera assassiné quelques années plus tard en Ouganda, et Mike Targett.

année 76. J'ai la visite d'une grande amie qui restera quelques jours avec nous. Elle m'aide à « re-paqueter mes petits[23] ».

À la fin de cette année, je me pose les questions suivantes sur l'ensemble de ces 10 mois. La maturité : qu'est-ce qu'on veut dire par là ? Qui réellement profite de cette Année spirituelle ? Le fait d'avoir fait une ou deux années de préparation dans nos centres de premier cycle[24] n'en garantit pas la qualité ! Comment faire avec un groupe dans lequel se révèle une variance assez grande de maturité ? La méthode utilisée est surtout axée sur des étudiants qui ont davantage d'expérience. La vocation est enracinée dans le Christ avec une formation professionnelle pour vivre vraiment une expérience avec lui. Le programme proposé doit provoquer les candidats à grandir dans la foi et la prière. La méthode active, avec travail pastoral, est le meilleur chemin pour aider un jeune à grandir en maturité et dans le Christ. L'expérience du désert est appréciée s'ils sont suffisamment ouverts à leur dimension intérieure.

Durant les mois de vacances qui suivent, Alex et moi nous rendons en Belgique, où se tiendra une session sur la formation. Celle-ci se révèle très intéressante et enrichissante. Pour ma part, j'étais responsable d'une journée avec une conférence à donner sur « vocation et engagement ». La réaction à celle-ci est très positive. De retour au pays, je retrouve une amie de longue date. Le reste de l'été sera marquant et engageant quant à un certain style de notre relation. Je rencontre aussi un certain nombre d'amis de Québec, le « groupe » fidèle. Je fais une visite chez mon ami médecin et son épouse. Cette visite se clôturera avec un test médical. En bref, je conclus sur un été qui s'est montré généreux et audacieux au plan des rencontres, et je m'en remets dans l'action de grâce à la bonté et à la pitié du Seigneur Jésus.

L'année 76-77 s'ouvre à Vanier-Ottawa avec Alexandre et un groupe de quinze étudiants, très vivants et sympathiques. Cette année

---

23. Expression signifiant « refaire mes bagages ».
24. Premier temps de formation des candidats Pères Blancs et qui constitue l'étape préparatoire à l'Année spirituelle.

évoluera bien et calmement, malgré la « vitalité » du groupe. Des étudiants pleinement engagés qui m'apportent beaucoup, et je leur donnerai « tout » en retour. J'en ai treize en accompagnement ! C'est tout un boulot ! « L'apostolat du siège » autant qu'il m'en est demandé, c'est-à-dire « au maximum » ! Par ailleurs, je réfléchis beaucoup sur l'été précédent et mes relations d'amitié. L'une en particulier m'invite à rechercher, dans la prière, plus de vérité. Et cette prière commence à concrétiser le désir qui me travaille depuis longtemps de donner plus de temps, tôt le matin, à Jésus. J'entre dans cette heure de prière prolongée, selon Marc 1,35 : « *Au matin, à la nuit encore, Jésus se leva, sortit et s'en alla dans un lieu désert ; là il priait* », une prière toujours très inspirée par la liturgie à laquelle je suis fidèle quant à la préparation éloignée et immédiate. La présence me semble relativement facile, centrée sur l'offrande et la méditation.

J'hérite du ministère de Mike parti pour le Ghana et je vais au Saint-Patrick's Home[25] tous les lundis, où je reçois en même temps plusieurs des Sœurs de la Charité, les « Grey Nuns », responsables du Foyer, anciennes dirigées de Mike. Je continue mes visites chez ce couple ami dont je parle plus haut. En décembre, l'un des enfants est baptisé dans notre chapelle. Magnifique et priante liturgie !

En janvier 77, nous avons la visite du p. Victor Messian, l'un des assistants du supérieur général. L'impact de ce dernier est très positif sur nous tous. Et on me demande si je veux bien continuer de travailler à l'Année spirituelle, laquelle sera encore sûrement au Canada en septembre. J'accepte volontiers. Ainsi l'année s'écoulera heureusement et très rapidement, même si je termine l'année très fatigué, ayant peu de temps pour me reposer. J'accepte en effet de prêcher la retraite des Sœurs Blanches[26] à Québec : une semaine intense de prière, d'amitié partagée, de silence, d'échange et d'écoute. Je sens beaucoup

---

25. Foyer pour personnes âgées administré par les Sœurs de la Charité d'Ottawa (les « Grey Nuns »).
26. C'est-à-dire les Sœurs missionnaires de Notre-Dame d'Afrique, fondées également par le cardinal Charles Lavigerie en 1869, en lien étroit avec mère Marie Salomé.

la fatigue, surtout les trois premiers jours. Quant à l'amitié, grâce à Dieu, j'essaie de remettre « ça » en perspective et en hiérarchie. L'été va montrer que ce n'est pas aussi simple qu'on le souhaiterait. Et durant la même période de temps, on assistera au départ final du père de ma belle-sœur, M. Garneau. J'y suis présent avec tout ce que je suis : eucharistie et homélie. M. Garneau, c'était l'homme de la terre qui savait accueillir pour produire son fruit.

———◄═►———

Dans l'agenda couvrant la période de septembre 1976 à juin 1977, on y trouve de tout, beaucoup d'anecdotes relatives à des rendez-vous, des événements, des rencontres, des réflexions occasionnelles, des adresses, des numéros de téléphone, l'horaire et les activités en cours, des thèmes à traiter, des anniversaires à célébrer, le travail pastoral programmé. Julien et le p. Alexandre You sont responsables de la formation. En janvier 1977, une session sur l'islam est donnée par le P. André Ferré. Au niveau de sa réflexion, un article paru dans le magazine *Mission* en date du 1ᵉʳ janvier 1977 et signé de son nom lève le voile sur ce qui l'habite.

———◄═►———

Appel à la révolution du cœur

Fraîcheur d'une nouvelle année, devant ce nouveau-né, il est permis de rêver! De réveiller les sources en nous, là où on rejoint l'énergie créatrice de Dieu, de prier celui qu'on appelle, en Jésus, notre Père.

Confiance devant 1977 : « Ne vous inquiétez pas du lendemain : demain s'inquiétera de lui-même. À chaque jour suffit sa peine » (Mathieu 6,34).

Est-il possible de recommencer à neuf? Peut-on oublier l'histoire et l'épreuve de souffrance d'hier? Nous est-il demandé d'oublier? Est-ce possible, souhaitable? L'expérience du passé, un trésor ou un fardeau?

Il y a au fond de nous-mêmes un appel passionné pour un re-nouveau, pour la nouvelle création, la reconstruction, la fraîcheur du premier matin : « Il les créa homme et femme, à son image, pour être féconds, pour dominer la terre, la rendre habitable, aimable, fraternelle pour tous » (Genèse).

Oui, construire une humanité nouvelle. Dieu est chez l'homme, chez nous, pour ça. N'oublions pas Noël : « Et le Verbe s'est fait chair, et il a habité parmi nous et nous avons vu sa gloire » (Jean 1,14). « C'est lui qui est notre paix. De ce qui est divisé, il a fait une unité. Dans sa chair, il a détruit le mur de séparation : la haine » (Éphésiens 2,14).

Mission possible ! Rêverie réalisable !

Conditionnement suggéré :

Croire en la vie. La recevoir chaque matin.

Cultiver l'accueil, le silence, l'écoute. L'Amen !

Penser avec son cœur. Aimer l'homme !

Désirer la rencontre avec l'autre. L'Autre.

Accepter les différences.

Féconder ce qui nous unit.

S'autocritiquer quotidiennement à la lumière des béatitudes.

Le temps 1977-78 de l'Année spirituelle commence. C'est la troisième au Canada. Je suis toujours avec Alexandre et un tout petit et sympathique groupe d'étudiants. Comme pour les années précédentes, l'entrée se fait lentement et progressivement – un prêtre espagnol fait partie de ce groupe. Le « pape[27] » et tous entrent généreusement et « sans problème », sauf pour quelques-uns qui ont des problèmes de communication avec la figure de la maison qui représente l'autorité. Problème de sensibilité. Je fais de mon mieux pour relativiser les tensions et normaliser l'ambiance.

En décembre 77, nous faisons les mises au point sur l'accompagnement des étudiants : points positifs signifiant leur évolution intérieure, assumant et intégrant les thèmes proposés selon la pédagogie de l'Année spirituelle. Sont signalés également les lourdeurs, les obstacles, les points d'interrogation, les invitations à prendre pour les dépasser.

Ce que Dieu te demande, ce qu'il attend de toi, ce n'est pas que tu sois irréprochable et parfait aux yeux des hommes comme à tes propres yeux, mais seulement que tu aimes et que tu engendres l'amour à travers ta parole et tes gestes.

D'une façon générale, le groupe évolue bien et « normalement » ! Je vis en communion vivante, dynamique et amicale avec ce couple ami que je visite tous les mois. Ma prière s'accentue quant au temps,

---

27. Titre humoristique par lequel Julien se désignait parfois lui-même.

avec fidélité à « l'heure », tôt le matin, aidé par le contexte et la présence de l'un ou l'autre à la chapelle, source d'inspiration et de soutien. L'offrande de moi-même est toujours fortement actualisée et inspire ma liturgie quotidienne. J'expérimente que la conversion est « donnée » ! Qu'on ne peut l'opérer à force du poignet, qu'on la reçoit ! Facile à dire, mais exigeant dans la praxis. Et cette conversion, c'est ici dans ma réalité quotidienne « touchant » les humbles choses de la vie, dans la qualité de ma présence à tous et à chacun en me laissant imprégner par l'Évangile dans tout mon être, ma sensibilité particulièrement.

Je me sens de plus en plus habité par certaines présences d'ami(e)s re-offert(e)es à Dieu qui me les donne et que je reprends dans la prière et l'intercession avec demande de conversion. Dans nos échanges, c'est d'un « nous » qu'il s'agit et je le sens de plus en plus. Les vacances de Noël et l'été 78 me redisent la distance entre l'idéal et la praxis. Je ressens comme jamais dans tout cela le besoin de conversion, les « appels » à la *métanoia* [28] et les « exigences » du monde en et chez moi.

Au printemps 78, les choses se gâtent légèrement dû en grande partie au fait suivant : le conseil général, avec une dizaine d'autres confrères, m'invite à participer à la rédaction d'un projet des Constitutions [29]. Après hésitation, je m'y lance à plein et termine en mars, épuisé. Si bien que je dois tout lâcher et il en sera ainsi jusqu'en août. J'en sors humilié, en révolte « contre » Dieu et agressif « contre » moi-même. Avec le temps, je dépose les armes et j'accepte l'état de choses comme il est. Je me laisse pacifier et j'offre tout en méditation et dans la patience « comme et quand il voudra » !

---

28. Terme grec utilisé dans le Nouveau Testament désignant « repentir » ou « conversion », changement de conduite.

29. Articles de statut canonique approuvés par le Saint-Siège, décrivant la vocation, les fonctions de gouvernement des Pères Blancs et la portée de la mission qui leur est confiée à l'intérieur de l'Église, en Afrique et au Proche-Orient.

Le 21 février, c'est le premier signal d'une fatigue et d'un étourdissement qui seront souvent signalés dans les semaines qui suivent, et jusqu'à la fin de cette année spirituelle. À cette date, il note : « Après quelques retouches aux Constitutions, sections Communauté et Supérieurs, je passe avec beaucoup d'hésitation au travail sur l'article à pondre pour le magazine de mai-juin, qui est intitulé : ‹Je me souviens›! Je passe l'avant-midi sur le sujet. Je suis fatigué et à 12 h 00, je n'ai qu'un brouillon trop historique. Je recommence péniblement après une sieste difficile! Suis trop fatigué... ça ne va pas! Il est 16 h 30, j'ai envie de lâcher! » Un mois plus tard, le 6 mars 1978, il devra prendre un repos supplémentaire au lac Vert, résidence de repos des Missionnaires d'Afrique. À cette dernière date, il note au retour d'une marche : « Jambes très fatiguées et coucher... L'écriture m'est difficile, la main droite ‹nerveuse›, difficile à contrôler et fatigue très vite. » Le 15 mars, conversation avec le provincial sur sa santé et la question de demander un remplaçant pour l'année qui suivra.

Le 5 avril 1978 : « Très fatigué ce matin. Il est 9 h. Je suis seul et me sens très faible et pauvre. Voudrais écrire une autre lettre, mais ça ne va pas. Conséquence : Repos! Je n'ai pas le choix. »

Le 10 avril : passage du père Yves Gaudreault, assistant du supérieur général : discussion sur le besoin de trouver un remplaçant ou de trouver un troisième partenaire pour le personnel de l'Année spirituelle. Le nom de Richard Dandenault, alors en année sabbatique, est avancé. Celui-ci accepte pour une année, retardant ainsi son départ en Afrique.

En juin 78, je note humblement : *« End of another Blessed Year! Thanks be to God*[30]*... »*

Heureusement, l'été me sera très bénéfique au plan récupération et réhabilitation. Je manque malheureusement la rencontre à Dublin[31], mais accepte de me reposer et ne faire que cela, c'est-à-dire faire toute la vérité sur ma vie de relations.

30. La fin d'une autre année remplie de bénédictions.
31. Capitale de l'Irlande, où avait lieu une autre session pédagogique destinée aux Pères Blancs engagés dans les cadres de la formation.

L'été 78 sera tout consacré à ça. C'est dans un contexte de rencontres plus fréquentes avec des ami(e)s que je sens encore plus profondément l'appel au radicalisme et à l'impact existentiel du OUI au Seigneur... d'un OUI incarné. Je n'avais quand même pas besoin de « preuves » et suis acculé à l'évidence. Heureusement, l'échange est généreux à ce propos avec qui de droit, confesseurs et amis. Les fruits de conversations avec certains de ces derniers seront sources de lumière, de référence et d'appel à entrer dans la mission que le Seigneur nous offre toujours si patiemment, selon le texte si inspirant de Jean 15,13-17. Être expérience de SA miséricorde pour en avoir été si généreusement bénéficiaire. Oh! oui, merci, Seigneur, pour ce que TU ES: un Dieu de bonté, de tendresse et de miséricorde.

———————

Dans l'agenda noté au long de cette période de septembre 1975 à la fin de l'année 1978, on peut relever les conclusions suivantes :

- L'importance des moments de sa journée, notés et précisés, presque à chaque heure en rapport avec l'événement vécu, qu'il soit programmé ou non.
- La présence et l'attention aux personnes. Les anniversaires sont soigneusement notés en rouge en tête des dates. L'écoute et le respect portés aux personnes avec lesquelles il a rendez-vous, individuellement, en groupes ou en communautés.
- L'attention à ses propres réactions : sentiments ou émotions ressenties sur le plan humain, respect, admiration ou recherche de soi. L'écoute de sa propre sensibilité en toute occasion lui est particulièrement importante, et de tout son potentiel affectif dont il perçoit de plus en plus les ambiguïtés.
- Le tout porté dans la prière et confié à la Trinité. C'est le sens présumé de sa signature trinitaire rencontrée à la fin de ses pages et, très souvent, de ses paragraphes. Il s'agit d'une croix surmontée de trois petites étoiles. Symbole qui semble imprégner toute sa spiritualité.
- L'importance des eucharisties, qui sont notées à l'heure précise comme si c'était, chaque jour, le sommet de la journée.
- Notons finalement la qualité qu'il veut mettre dans l'accompagnement des personnes qui s'adressent à lui. On sent le souci et le respect qu'il porte à leur histoire. Il sait évaluer sans juger et sans condamner, conscient de ses propres réactions parfois antipathiques, mais soucieux

par-dessus tout de faire grandir les autres selon leur potentiel propre et de leur faire prendre conscience de leur vocation personnelle tant sur le plan humain et chrétien que sur celui de la mission qui pourrait leur être confiée. Son motif d'accompagnement se situe d'abord sur le plan de l'être, celui de faire exister l'autre, sans manipulation.

—•◦•—

Nous sommes entrés dans la quatrième et dernière année à Vanier, celle de 1978-79, depuis un bon moment, avec un groupe de quatorze étudiants. Le premier semestre est déjà passé. Il a eu ses exigences, tant au niveau travail qu'au niveau du climat pédagogique, où des difficultés se sont rencontrées pour différentes raisons de personnalités. La première session PRH[32] sur la connaissance de soi, bien préparée, a été très bénéfique et a désamorcé bien des bombes et émotions chez certains.

Depuis le 1er janvier de cette année 1979, je note au jour le jour ce que je vis. En première page de ce journal, j'ai voulu me mettre devant les yeux la maxime suivante : « *Habite ta situation et tu trouveras Dieu. Dieu n'est jamais ailleurs* », si je ne veux pas échapper à mon être et à mon histoire.

—•◦•—

En février 1979, Julien profite d'une longue session sur l'affectivité et les relations affectives pour faire le point sur cette dimension délicate de lui-même. On y sent toute l'éclosion, pour ne pas dire l'enfantement douloureux, d'un type de témoignage évangélique et missionnaire dont il se veut le

---

32. « Personnalité et Relations Humaines » : Une série de sessions lancées par l'abbé André Rochais au lendemain du concile Vatican II, destinées en priorité à aider les religieux et religieuses par une pédagogie de questionnement sur les dimensions de la personne humaine et à retrouver leur identité humaine, religieuse et spirituelle. Dans les remises en question multiples qui ont suivi le renouveau théologique et spirituel du concile, c'est tout l'être humain dans sa triple réalité physique, psychologique et spirituelle qui pouvait profiter de méthodes aptes à faire la vérité à tous les niveaux de la vie. Les sessions PRH, dans leurs limites, proposaient l'une des heureuses approches qui ont apporté une contribution qualitative à cet effet.

porteur et l'interprète : celui de la tendresse et de la miséricorde de Dieu. Et comme il le dit lui-même, il entend « y mettre le paquet[33] ».

———◆———

Je suis entré dans cette quatrième année à Vanier reposé mais quand même fragile plus que jamais, et même si l'été a été bon, je suis handicapé et il faudrait que je m'en souvienne ! J'ai bien de la difficulté à canaliser mon potentiel et mes limites ! Cette « générosité » de ma nature et de l'éducation reçue à cet égard n'est quand même pas si simple à « orienter » ! Cet été 78 me le redit en termes de chair et d'os ! Ce n'est pourtant pas « l'échange » sur ce qui s'est passé qui a manqué ! La lucidité ne semble pas manquer, alors ? Les moyens à prendre sont donnés et il faut se situer dans une attitude de recevoir et de vouloir la *métanoia* et de s'y engager concrètement, en démasquant les subterfuges pour ne pas être dupe ! N'y aurait-il pas captation d'une part et gourmandise d'autre part ? La session PRH sur l'affectivité qu'on vient de terminer semble m'ouvrir une piste très sérieuse de recherche, de réflexion, de prière et de lieu d'échange, à communiquer à qui de droit !

Mon affectivité

Dieu me veut comme je suis : affectueux et vulnérable, faible, tendre et sensible, en offrande mais aussi orienté et éduqué dans le Christ. Ça ne peut pas aller sans croix en référence trinitaire dans l'approfondissement de mon/notre mystère personnel.

Je reviens donc sur ce temps prolongé en février 79 que nous passons à réfléchir sur notre propre affectivité. Une première question que nous nous posons est la suivante : quelles sont mes appréhensions et mes attentes face à l'amour, la tendresse et l'amitié ? Question vitale s'il en est une ! Dans l'ensemble de votre vie, qu'est-ce qui vous a guidé et motivé face à ces grandes réalités ?

---

33. S'engager entièrement et sans réserves.

Je ne sens aucune appréhension. J'ai la profonde certitude que, par l'expérience et toute mon histoire, l'influence familiale en particulier, il y a en moi un donné naturel et généreux en ce domaine qui s'approfondit toujours. Il y a chez moi aisance dans la relation amoureuse et je m'y sens au naturel. La tendresse fait partie de mon univers et je sens en moi l'appel de le « dire » par tout mon être, lui-même « vulnérable » à la tendresse et à la fidélité à ce qu'est l'ouverture à Dieu. Que celui-ci soit Amour et Bonté et Tendresse et Miséricorde : cela ne fait-il pas partie de moi-même comme chrétien et missionnaire ? C'est une Parole de Dieu qui a son parallèle en Jésus-Christ. À mon donné naturel, j'ajoute l'influence familiale.

Dans ce questionnement sur ma propre affectivité, après un long cheminement, je me sens à « l'aise » avec encore certaines questions dans l'ordre surtout de baliser toute cette richesse qui quelquefois « déborde » de son lit ! Comme pour notre grand fleuve.

Avec un certain nombre de personnes, mon affectivité est mise à l'œuvre et à l'épreuve. Dans les sentiments éprouvés, il y a grande affection envers elles, où je me sens vibrer dans tout mon être, étant à la fois à l'aise et en communion intime et réciproque. Il y a ouverture totale en tout parce qu'il y a profond respect et transparence mutuelle. Ici, l'histoire et le temps sont très importants pour moi. Par respect, j'entends ici ce mystère intime et personnel propre à chacun qui ne doit jamais être capté ou violé par l'un et par l'autre. Pour moi, c'est quelque chose de capital et une source vigoureuse de maturation intime. C'est le « lieu », l'identité unique de l'un et de l'autre, qui n'appartient qu'à moi et qu'à l'autre, qu'à l'Auteur, c'est-à-dire ce lien de la relation ontologique avec Dieu, Créateur et Père en Jésus-Christ.

Pour parler affection, j'ai besoin d'histoire et de temps et d'affinité et d'un contexte d'échange au niveau de l'être. Le « senti » ici est important dans l'évaluation de ce type de relation. Besoin aussi de sentir la discrétion et le respect. Je suis rébarbatif à la captation et au capitalisme affectif. Il ne faut pas que ça sente le factice, l'utilité, la « diplomatie », le cocktail.

Ma liste n'est pas exhaustive! J'y ai inscrit mes amis. Le temps et l'histoire, la fidélité et l'amour, la tendresse indéfectible et «réciproque» confirment mon expérience relationnelle et me dit en parole faite chair qu'il y a amour, amitié et communion dans la tendresse réciproque vécue à plein! Pour moi et nous, c'est le signe dans le temps de l'éternité de l'Amour qui est Dieu Créateur et Père et Amour voulant que nous marchions ensemble.

Pour moi, l'amitié est toujours enracinée dans l'histoire et «éprouvée» par le temps. Elle se différencie de l'ami fonctionnel, le copain de travail. Le sensible joue un rôle déterminant que je qualifierais d'affinité d'être et de sentir les choses et de se recevoir mutuellement. La vibration est réciproque et en profondeur. L'échange avec sa dominante affective, mais aussi avec sa dimension spirituelle et son rapport à Jésus-Christ, l'Absolu. La présence mutuelle se vit indépendamment de la distance, du temps et de l'âge. Il y a accueil et partage de notre intériorité.

Sous l'angle du «besoin» d'aimer et d'être aimé, l'entraide mutuelle et «le marcher» ensemble, je pense que toutes mes amitiés sont fondamentales en «répondant» à ce besoin. Je vois cela sous l'angle de guérison, de croissance et de mon devenir pour mon bien à moi, dans une libération progressive de toute dépendance. Du même souffle, pour vérifier cette liberté en marche, j'ajoute que je vis ouvert à l'un ou l'autre témoin que je puise particulièrement chez des amis et des amies, pour éviter toute illusion.

Je considère toutes mes relations «en croissance», particulièrement avec mes ami(e)s intimes et «en libération» avec certain(e)s mais pour ce qui regarde certains attraits affectifs, en train de devenir toujours plus transparents.

Y a-t-il chez moi une capacité d'aimer gratuitement, sans rien attendre en retour? Quelle en serait la genèse? À ce niveau, il y a plusieurs jalons préparatoires bien ancrés dans l'histoire, notamment le climat familial et l'impact «religieux» de la mère, son dévouement et le contexte de l'école primaire, les invitations diverses aux dons, aux services, à la vocation. Dieu a intensément travaillé très tôt chez moi dans toutes ces instances et par ma nature sensible, vulnérable et généreuse. Déjà dans ma prière, tout jeune, je suis porté à prier pour m'offrir davantage. Envers les petits copains, je suis fidèle, généreux, franc et honnête à la parole donnée, prêt à me « sacrifier ». Tout cela se voit en progrès à l'adolescence, où je suis tourné surtout vers le groupe et ses besoins. Avec mon amie de cœur à l'époque, il y a transparence noble et canalisée sans être guindée ! Ici, la foi sera lumière et guide et « mon mystère » déclenchera « l'offrande totale » vers le service missionnaire des Pères Blancs, en se purifiant malgré des erreurs de parcours. Je me suis senti en libération qualitative avec fruits dans ma vie et dans mon être dans mon aujourd'hui actuel. Mon corps a été sur-nourri et sur-protégé du côté maternel et tout autant entouré de présences féminines généreuses en tendresse et attention de la part de mes sœurs. Je ne me souviens pas non plus d'avoir senti un manque du côté paternel, même si le père était absent dans l'éducation active. Il était un homme de son temps.

Quel bilan tirer sur ces premiers points ? Je me sens affectivement « en libération » progressive particulièrement en ce début de 79 dans ce que je vois et dans l'échange sérieux sur ce qui s'est passé comme marquant une étape capitale dans mon cheminement vers l'Autre et l'autre, féminin plus particulièrement ! Je sais comme jamais que ma sensibilité est toujours très chaude et facilement « en éveil » et qu'elle a ses exigences. Que je sois également facilement « ému » devant une femme, et certaines femmes qui me sont « plus près » par l'histoire. Que je puisse être aussi très sensuel dans un contexte affectueux, oui, je suis « nature » ! Et là comme ailleurs, je cherche et j'aime la transparence et l'ouverture et la vulnérabilité mutuelle devant Toi, Seigneur, comme devant l'autre. Que je sois, par certains côtés de ma personnalité, naïf et « frais » et « sans défense, faible », je le sais !

Je demeure reconnaissant pour toutes ces personnes qui me sont données par le Seigneur. Je les vois toujours comme telles, et les reçois de Lui, même si dans l'histoire il y a eu des imprudences, des audaces et des sûretés qui me rappellent qu'un minimum de « prudence » peut nous aider à sublimer notre partage et à favoriser une meilleure canalisation de l'expression.

Il y a appel à être plus éveillé à l'autre, à ce qu'elle vit et ressent, à aider sa démarche, et sur la route de la libération, à savoir s'entraider, se soutenir mutuellement, se pardonner et prier l'un pour l'autre. « *Je suis très sensible et affectueux à ta Parole, Seigneur, et à l'autre et à ces personnes que tu mets sur ma route, à celles qui sont compagnes plus intimes depuis plusieurs années. Comme je suis heureux d'être ‹ça›! Merci pour tout cet amour et affection et tendresse qui comblent tout mon être et ma vie aujourd'hui. Je te le dois, Seigneur, et te remets entre les mains toutes ces personnes bien-aimées. Elles sont tiennes, quelle grâce de nous faire marcher vers Toi ensemble sur une même route, quels que soient l'âge, la distance et le temps. Oui, béni sois-tu, Seigneur, pour ce qui nous attend, chez Toi, là-haut!* »

Dans les derniers moments de ces réflexions sur tout ce qui touche notre affectivité et notre vie affective, nous abordons la question de « l'appropriation ». Dans la révision des personnes « en contact » avec moi, intimes ou non, je pense vivre avec eux comme les « recevant toujours », tout comme je reçois l'aujourd'hui de ma vie et m'y offre. La relation est quelque chose de sacré à l'instar de la lettre que je reçois et devant laquelle j'ai besoin de temps, de discrétion et de silence intérieur. C'est une attitude générale envers tous au même niveau que ceux et celles que je rencontre dans la relation d'aide. Avec certaines femmes, je sentirai l'attrait affectif et s'il y a ce « déclic mutuel », que je ne forcerai pas, il y aura ici affection dans le rapport, lequel, selon l'histoire, peut très bien se développer en profondeur. Une certaine ascèse sera toujours de mise.

J'ai connu avec une amie cette expérience exigeante de la désappropriation, après avoir vécu fortement et chaleureusement la relation. Voilà qu'un jour cette personne « se retire » et me demande dans une lettre de « comprendre » ce geste. J'ai été fort secoué, il faut dire. J'ai regardé et analysé l'histoire, soupçonnant qu'elle avait été

« inspirée » par une autre personne. J'ai offert ma souffrance, et « compris » qu'il pouvait en être ainsi. En fait, c'était bien. J'ai respecté, je continue de respecter et d'aimer cette personne qui, aujourd'hui, m'aime d'une manière nouvelle. *Deo gratias!*

Une dernière et importante question avant de conclure ces réflexions : où sentez-vous devoir porter votre attention pour améliorer le fonctionnement de vos relations ? Avoir une meilleure connaissance de ce que je suis et de l'impact du milieu humain d'où je suis sorti, avec mon potentiel qui s'est développé et aussi « fixé » ici et là. Je vois mieux l'ampleur de ma sensibilité, de ses ramifications dans tout ce que je vis, de son importance dans la relation, et de mon tempérament de « lion » avec son histoire d'enfance gâtée, mais aussi de marche vers une libération de plus en plus progressive.

Aujourd'hui, chargé plus ou moins de l'histoire, je me sais et me sens accueillant à l'autre, un peu lent pour raison de « secondarité », qui m'a fait souffrir à certains moments mais qui a eu aussi ses richesses appréciées. Je suis porté à être pleinement ouvert, même peut-être avec une certaine naïveté, plus avec les femmes ? Je suis facilement « aimable » et spontané et, s'il y a la moindre affinité sentie, je serai très vulnérable, affectueux et « en échange » facile. Je fais confiance à l'autre et lui donne facilement « avantage » et même « supériorité ». Je sentirai beaucoup les fluides, plus ou moins dans la vie quotidienne et à certains jours, à en être momentanément influencé. Je fais cependant vite le rétablissement grâce à l'Évangile. Je reste vulnérable à être reconnu, apprécié et aimé, tout en appréciant fortement la discrétion dans tout ça. Une considération discrète et affectueuse m'est une nourriture : j'y suis très sensible, et pourtant je pourrai vivre sans cette nourriture s'il y a, grâce à la relation vécue avec plusieurs autres personnes qui m'habitent, la signification évangélique d'une éventuelle purification de ce type déjà rencontré.

Je suis davantage confirmé comme étant un « grand sensible » à la considération discrète, à l'amitié et à l'affection, à l'ouverture mutuelle et à l'accueil, au climat réciproque de confiance et à la tendresse. Ma prière est un peu « comme ça : offrande et vulnérabilité ». Me voici devant toi (Hé 10,5-10), Seigneur, affectueux.

Que j'aie besoin de « cultiver » toujours plus mon amour du Seigneur, de qualifier ma présence et croître en vulnérabilité à l'Esprit pour croître dans cette libération dans mes affections humaines et mes modes d'expression avec certaines personnes, que je sois faible vis-à-vis de moi-même et de certaines amies dans des « libertés » qui ne sont pas nécessairement « la liberté » : je pense voir clair et « l'apprécier ». Mais je sens ma fragilité dans ce domaine et mon histoire me le dit « généreusement ». Cette décision de faire de 79 une année tournante est sûrement un signe de l'Esprit et une exigence à y mettre le « paquet ». *Je crois, Seigneur, que tu me veux tout entier, sans compromis. Inspiremoi l'engagement et les attitudes pratiques à vivre avec toutes ces personnes que tu mets sur ma route, et que ta tendresse soit mon critère de base pour « l'exprimer » comme tu me veux la vivre.*

Je sens que je dois entrer toujours plus dans le don de tout mon être au Seigneur, en transparence et en respect avec l'autre. Que je sois « en recherche » dans toute cette articulation selon ce que l'histoire a fait de moi : tendre et affectueux, sensible et vulnérable, accueillant et « naïf », faible et expressif, recevant, « aimable » et attentif à la beauté. J'agis et je réagis en conséquence. L'expérience me dit que c'est le fruit de l'Esprit, mais que l'expression doit être constamment re-canalisée.

Que Dieu demeure activement l'auteur du don qu'est l'amitié et source d'action de grâce et mon climat habituel. Que je vive à plein toute expérience humaine et bien sûr intensément la relation ! Il y a ici encore bien du discernement à faire ! À travers voyages, éloignement et nomadisme, savoir écouter à fond mes relations, éveillé à l'essentiel et vivant à plein l'instant présent, solidement ancré dans mes « racines » historiques et mon appartenance à la communauté eschatologique[34].

---

34. Du point de vue chrétien, l'eschatologie, « c'est la révélation intégrale de Dieu qui s'est effectuée en Jésus, l'apparition de Dieu dans le monde qui constitue l'événement décisif qui imprime à l'histoire son orientation définitive et ce que l'homme espère soit à la fin de l'histoire, soit à la fin de sa vie mortelle » (*Dictionnaire de théologie fondamentale,*

Dans ce processus de libération progressive, il y a des lieux privilégiés où la croissance sent le besoin de s'exprimer avec plus de vigueur : vigilance évangélique sur ma sensibilité en me laissant pénétrer toujours plus de la Parole de Jésus, particulièrement dans mes relations de la vie quotidienne pour bien situer les « frustrations » et les intégrer dans la globalité de la réalité de la personne et de l'événement. Être aussi tout à la fois alerte à l'autre dans ce qui le caractérise pour lui permettre de se dire dans son originalité, d'être et ainsi de créer un conditionnement de croissance là où je suis invité à être, à vivre, à aimer, à servir et à enfanter la tendresse du Père.

Il y a ici une canalisation plus vraie de mon « style » d'expression avec mes amies, acceptant les lenteurs du cheminement. Je dois refaire aussi la vérité avec certaines personnes, la « mort » à certains niveaux « d'être avec » pour vraiment trouver la vérité de Dieu dans cette relation qu'il a permise.

Au long de ces routes individuelles, tout un message est à déchiffrer avec chacune des personnes dans l'échange et l'accueil de l'histoire telle qu'elle est comme de la « création », de l'histoire à venir pour vraiment vivre ce que je reconnais volontiers, à savoir que Dieu est le Donateur généreux de tous ces amis et amies qu'il m'a permis de rencontrer d'une façon privilégiée tant pour sa plus grande gloire et notre salut en Jésus-Christ que pour notre « épanouissement » d'homme et de femme dans le respect de nos mystères personnels.

Je conclus ces journées importantes de mise en ordre de cet univers complexe que constitue mon affectivité. C'est ainsi qu'on peut ouvrir les voies du discernement avec une plus grande capacité d'attention, d'écoute, d'accueil, d'offrande de soi et de service. C'est une manière pour être fécondé par l'amour de Dieu selon Jean 15,9-17 : l'agapè

---

art. « eschatologie »). La communauté eschatologique, c'est cette communauté d'hommes et de femmes qui, dans la foi, attendent impatiemment le retour glorieux du Christ dans son règne final. C'est le sens de la dernière parole de l'Apocalypse : « Marana Tha ! Viens, Seigneur Jésus ! » (Ap 22,20). Littéralement, « communauté eschatologique » signifie « communauté des derniers temps ».

transformant philo et eros [35]. Que de textes inspirants dans cette ligne : 1re épître de Jean 2,20 et Jean 14,26 et 16,23 et Romains 3,23 et tout le chapitre 8. La capacité de se mettre en harmonie avec son être, avec soi-même, n'est pas en soi le salut, mais peut m'y disposer pour me rendre un meilleur instrument de l'Évangile et rendre la figure de l'Église plus aimable et plus humaine. Jésus, c'est le Visage du Père. Alors…

En terminant ces journées de réflexion, je résume les étapes-charnières de mon histoire. Intéressant et exigeant ! J'y décèle l'appel à la conversion dans tout mon être et la relation affective qui est une relation à l'échelle quotidienne. Je vois comme jamais l'importance et l'impact de ma sensibilité sur ma vision et sur ma réaction dans mes contacts « ordinaires ». C'était perçu jadis et je suis toujours arrivé à me laisser guider par l'Esprit, et non pas par mes *feelings*. Mais connaissant mieux ce « moi-je », je serai davantage *magis* [36], ouvert à l'Esprit de Jésus : « *Parle, Seigneur, ton serviteur écoute* [37]. » Tous les étudiants ont été marqués par ces journées particulières de réflexion intense et en ont bénéficié. C'est une nourriture à assimiler avec le temps.

Julien a parlé ailleurs, en d'autres termes, de ces étapes-charnières dans sa vie. Nous retrouvons ici une petite synthèse qu'il fait comme pour se relancer en avant dans son histoire humaine et spirituelle et pour être plus « écoutant », au jour le jour face aux appels de l'Esprit. Deux autres grands moments de vérité suivront durant cette année 1979 : la mise au point de son expérience spirituelle à l'occasion des deux premières étapes des

---

35. Trois dimensions relatives à cette réalité complexe qu'est l'amour dans ses manifestations spirituelle, psychologique et physique.

36. Terme utilisé dans la spiritualité ignatienne pouvant signifier « davantage » ou « plus ». Il ne s'agit pas ici de faire « plus » en termes comparatif avec celui qui ferait « moins », mais plutôt, dans la ligne des exigences de l'amour, comme on le verrait dans l'expérience de deux amoureux. Il ne s'agit pas alors de « faire davantage de choses », mais d'entrer « davantage » dans la mentalité de Jésus, sa « manière » de vivre et d'aimer.

37. Réponse du jeune Samuel invité à répondre à l'appel du Seigneur entendu pendant qu'il séjourne à Silo dans la maison d'Éli. C'est la première révélation qui va consacrer Samuel comme prophète. *Cf.* Premier livre de Samuel 3,1-10.

Exercices spirituels dans la vie courante[38] vécues dans le contexte de son travail à Ottawa en mars, et la retraite de 10 jours qu'il fera pendant l'été à Wépion en Belgique, accompagné par le père Jean-Claude Guy, jésuite.

⸻ ◆ ⸻

Voici donc ces étapes-charnières de ma vie :

1. L'enfance et l'adolescence : je suis initié rapidement à la présence de Dieu par maman et le contexte sociologique, présence invitante à ma relation personnelle avec le visage d'un Dieu bon et miséricordieux. Je suis également initié aux exigences morales transmises par le milieu à couleur janséniste[39]. Je découvre la dureté et la compétition pénible à l'école, et les petits compagnons.

2. L'invitation à être « quelqu'un » se fait sentir tôt et s'exprimera surtout dans certains secteurs académiques. Je vis aussi une lente et exigeante découverte de la solitude, la responsabilité de son être et l'engagement dans un contexte où les aides sont presque inexistantes. Cela demeure mon interprétation et j'apprends péniblement les exigences des choix et petit à petit du « choix » qui canalise l'énergie de son être dans une perspective donnée. C'est l'apprentissage de la « rupture » : projet de carrière, de

---

38. À l'encontre du temps proposé d'environ un mois pour faire les Exercices d'Ignace de Loyola, les mêmes exercices peuvent s'étaler sur une période très variable selon le temps dont disposent les personnes qui s'y engagent, compte tenu de leurs obligations de travail et de vie et pouvant se permettre chaque jour une période suffisamment prolongée de prière et d'examen du vécu. L'objectif reste le même : s'inspirer de la pédagogie ignatienne en vue d'une vie spirituelle mieux ordonnée.

39. Courant austère du catholicisme issu de l'*Augustinius* du hollandais Jansénius, introduit en France en 1640 et condamné par le pape en 1653. Cette doctrine a été farouchement combattue par les jésuites. Elle privilégiait l'initiative divine face à la liberté humaine, alors que les jésuites accordaient un plus grand pouvoir à celle-ci. L'esprit janséniste a cependant marqué la littérature et son pessimisme a imprégné le classicisme. Les chefs-d'œuvre de l'époque, fouillant la faiblesse des êtres, dénonçant la vanité et l'illusion du libre-arbitre, peignant les petitesses et l'insignifiance de l'homme, doivent beaucoup à la doctrine du jansénisme, développée surtout à l'abbaye de Port-Royal (Dictionnaire Larousse et Encycl.).

mariage, de famille à fonder, mais aussi rupture avec mon milieu pour « l'aventure » fortement sentie depuis longtemps de façon confuse et qui ne cessera de me travailler et « faire mal » très souvent. Je sens une forte paix et une joie intérieure le jour où je dépose les armes et entre dans les perspectives proposées. J'accepte de « perdre ma vie » et d'entreprendre un cheminement attirant d'une part et dont j'ai peur d'autre part. Mais le OUI engendre paix et joie profonde. C'est ça !

3. C'est la confirmation de toutes ces rencontres antérieures. Le Dieu de Jésus-Christ est un Dieu très personnel qui nous a faits pour lui et « tout » doit être vu et évalué dans cette perspective : j'entre chez les Pères Blancs.

4. Étapes de la formation, intense et généreuse et du discernement. Je découvre le visage du Père, mon péché et mes limites.

Les autres étapes ne sont que rapidement évoquées :

---

5. Étudiant-prêtre à l'Université de Londres en éducation. Frappé par la MS, la sclérose en plaques. Retour au Canada et convalescence. Sentiment d'inutilité. Reprise de vie et travail : je me questionne sur le style vocationnel. En Afrique avec ses risques et appréhensions : c'est un enfantement douloureux. Autre retour au Canada après huit mois. C'est de nouveau la convalescence avec ses questions exigeantes. Cinq années en Europe : reprise de vie et de travail. Retour au Canada en 1975 : approfondissement de la spiritualité de l'exode et du départ selon Genèse 12,1 [40]. Autre chute de sclérose l'an dernier, 1978.

---

40. « Spiritualité de l'exode et du départ » qui s'inspire de l'exemple d'Abraham (Gn 12,1) qui laisse son milieu, à l'invitation de Dieu pour se mettre en route vers un pays qu'il ne connaît pas, et sur l'expérience du peuple de Dieu qui laisse un pays d'esclavage vers un pays de liberté (Livre de l'Exode). En termes de spiritualité, cela signifie « sortir de soi », abandonner ses sécurités pour obéir aux injonctions de la foi.

J'apprends davantage à vivre le moment présent à la lumière du livre de la Genèse, chapitres 12 et 15. C'est le moment des grandes rencontres d'amitié avec hommes et femmes qui marquent mon existence, en marche avec certaines personnes particulièrement privilégiées.

Mon quotidien devient une découverte existentielle dans l'approfondissement constant de ce que veut dire la fidélité de Dieu, éprouvée dans mon histoire, une fidélité qui me questionne douloureusement certains jours... et nuits[41].

❧

Vient donc, en ce mois de mars 1979, le moment inspiré des Exercices de saint Ignace de Loyola dans la vie courante.

❧

Nous sommes en mars 1979 et nous avons commencé à faire la première étape des Exercices dans la vie courante, celle dite du Fondement. Plus on avance, plus on entre dans nos vies et histoires « saintes ». Nous échangeons entre nous et avons beaucoup de points communs, comme celui de l'abandon à Dieu, l'offrande de soi totalement, tout vulnérables que nous sommes. Pour ma part, je désire être au Seigneur. Je me sens attiré par la figure de Pierre, dans la lumière et la paix, et j'entre comme « je suis » dans la mission qui m'est confiée ici, aujourd'hui. Voici donc le compte rendu de cette première étape, le « fondement ».

Au préalable, on nous demande de situer le texte biblique qui nous parle le plus aujourd'hui, le contexte de vie où ce texte s'est révélé percutant et finalement, quels ont été les fruits produits. Dans un deuxième temps, nous sommes invités à revivre cette expérience dans la prière. Je réponds à cette demande, sans nécessairement respecter l'ordre à suivre.

---

41. Voir en annexe le témoignage particulièrement percutant du p. Roger Labonté, un ami intime de Julien, qui l'a connu de près à Washington, D.C., et en Angleterre entre 1970 et 1974.

Par le truchement d'un événement exigeant, inattendu et sûrement pas voulu, le coup de pompe en mars de l'an dernier. Je peux suivre à travers ce vécu tout un itinéraire qui s'imprégnera de foi « avec le temps » : encore, Seigneur ! Profondément touché dans mes bases et « dérangé » dans mes plans et provoqué à me re-situer ! Humilié dans mon corps et cœur, je réagis fortement et ne veux pas lâcher. J'adresse à Dieu une prière forte et vigoureuse et plaintive, lentement je me calme avec le temps, deux, trois semaines en l'occurrence, et je rentre dans le mystère en déposant les armes. J'accepte et j'offre ma pauvreté et je débouche sur la médiation : je rentre dans la patiente gestation de mon être et « malade » comme je suis.

C'est très pauvre et ça demeure exigeant; je me sens dans un tunnel : on s'y sait dedans et on ne sait jamais quand et comment on en sort. Mais ça prend de la signification avec et dans le temps. Il y a alors une émergence de la foi, et plus qu'une émergence, c'est une vitalité et un « rajeunissement » par des voies que je sens comme les siennes, m'invitant à y entrer.

Les textes bibliques qui me viennent sont les suivants : Romains 8,18-19 : « *J'estime en effet que les souffrances du temps présent sont sans proportion avec la gloire qui doit être révélée en nous.* » C'est un enfantement, un thème qui m'est cher et fait partie essentiellement de ma vision et me nourrit. Beaucoup d'effets : j'enfante et ça rejoint le texte de Genèse 1,27-28 : « *Homme et femme, il les créa* », une parole qui m'alimente généreusement : nous sommes image de Dieu, homme et femme, féconds, et la fécondité passe, en « exode », par l'enfantement. Oui, ça me « travaille » !

Il y a aussi le texte de Genèse 12,4 : « *Abram partit comme le lui avait dit Yahwé... et il me montra une terre nouvelle.* » C'est le « encore, Seigneur » ! Repartir vers des horizons « inconnus »... j'embarque et je pars, comme il m'est dit par l'événement.

Marc 3,13-14 : « *Il appelle ceux qu'il voulait, pour qu'ils soient avec lui.* » Vivre dans une mentalité de fils dans le Fils, et ici la médiation joue un rôle important et me remet à fleur de cœur le *« Hostia cum Xsto ad gloriam Patris »* sous l'emprise de l'Esprit [42].

Et je gémis souvent le *« Marana Tha »*, *« Viens, Seigneur Jésus »*, selon Apocalypse 22,20. Mes insomnies en témoignent.

Des fruits sont nés de cette rencontre entre l'événement et la Parole. C'est d'abord l'ouverture à l'intériorité, la purification de l'artificiel et la relativisation de tout ce qui relève de l'agir et du faire pour creuser et laisser germer l'être. Voilà qui m'a permis de développer la patience et me faire approfondir que la vie est un enfantement et qu'on est fait pour être fécond à plein ! Et je me découvre encore « adaptable », solidaire, compréhensif et très fragile. Cela me fait sentir que tout passe et que je passe. Je dois vivre en totalité l'aujourd'hui de ma vie !

Comment exprimer mon « Credo », alors ? Je sens et confesse que le monde et le cosmos, tout ce qui est et a vie et mouvement, vient de Dieu, est issu de lui et y retourne. Que l'homme est fait à son image et ressemblance. Il est prêtre de la création par vocation et appelé à exprimer son Créateur, Maître et Père dans toute son existence, particulièrement par le dialogue, la communion, la tendresse et la compassion, par la fécondité à tous les niveaux de son être et la maîtrise, c'est-à-dire la canalisation de son potentiel dans cet univers remis entre ses mains pour louer son Créateur et le partager avec ses frères. Ce qui précède ici est un premier jet. Il fait vraiment partie de mes fibres et de mon histoire, je sens ça !

Je sais aussi d'expérience mon « inaptitude » à vivre « ce grand rêve » à cause de mes limites et je confesse mon besoin d'être sauvé : je le sens en moi et autour de moi et l'histoire me le dit brutalement. Encore hier soir, j'expérimentais ma pauvreté avec un frère, un vieux copain de travail et de vie, qui montre ma vulnérabilité. Il faut qu'il y ait vigilance ! Le regard, l'écoute et l'approche toute de « chair » conséquemment ouverte à la compétition, au défi et au rapport de force font

---

42. Voir note 15, chapitre 2.

voir le besoin de rédemption et la nécessité d'être guéri. Et ainsi le désir de la prière et l'accueil à mon Créateur, Sauveur et Père en Jésus.

Comme et avec Jésus qui trouve toute sa consistance et sa solidité en son Père et qui ne dépend que de lui – « *Ma nourriture, c'est de faire la volonté de mon Père* » (Jean 4,34) –, je sens en moi grandir cet appel du Père à être tout à lui en et avec Jésus. Ces appels sentis il y a longtemps et exprimés dans mon histoire par ce « *Hostia cum Christo ad gloriam Patris* sous l'emprise de l'Esprit d'Amour » reviennent rajeunis et purifiés par l'expérience. « *Seigneur, fais-moi toujours entendre aujourd'hui – toujours plus – mieux – la voix du Père qui me dit, qu'il te dit en moi : ‹ Tu es mon fils bien-aimé, en toi je mets toute ma joie. › »*

Au terme de cette étape, nous avons une rencontre communautaire. Nous nous inspirons du discours de Jésus en Jean, chapitre 8, le récit de la femme adultère et l'accusation de « l'autre ». L'accent se porte sur notre communauté. Il y a un certain désarroi chez certains jeunes qui semblent rester sur une image idéale de la communauté et qu'ils n'ont pas trouvée. Le bouc émissaire, c'est la communauté idéale et notre style, nos contradictions, nos limites et nos interprétations. Tout cela nous renvoie chacun à sa conversion personnelle et son accueil de l'autre : sa langue, son style, son mystère : c'est cela, la communauté apostolique.

———◆———

En juin 1979, Julien fait, pour son compte propre, l'évaluation de cette année difficile dans ce centre de formation où il travaille depuis quatre ans. Vers la fin de juillet, après des vacances de trois semaines chez lui, il repart en direction de Fribourg, Suisse, où il continuera son travail de formateur pendant encore quatre ans. Avant de s'y rendre, cependant, il s'arrête en Belgique, à Wépion, où tous les Pères Blancs nommés dans différents centres de formation sont invités à faire une pause. Il s'agit d'un mois d'approfondissement de la spiritualité ignatienne sous la direction de trois éminents pères jésuites, spécialistes en la matière. Le présent chapitre se termine sur cette page d'évaluation de Julien à Vanier et sur le compte rendu de son mois à Wépion au contact de celui qui l'accompagne, le père Jean-Claude Guy, s.j.

———◆———

Cette dernière année à Vanier a été source de fruits généreux et virils pour moi. Elle m'a permis d'accroître mon aptitude à vivre et à travailler dans la différence et la complémentarité. Ma capacité d'écoute en a été élargie. Il me semble aussi avoir grandi en termes d'attente patiente, plus tolérante et plus respectueuse du style de l'autre, dans le réalisme de notre situation en tout ce qu'elle comporte comme exigences et comme responsabilités. Quant à l'expérience de la souffrance physique, je crois que ma vision s'est approfondie, comme un accouchement qui aura lieu en son temps. J'ai la confirmation existentielle du travail de l'Esprit chez nous. C'est lui qui fait la vérité, c'est lui qui nous donne les uns aux autres de susciter la communauté apostolique comme don de Dieu. Le temps de l'Année spirituelle dure neuf mois : tout ce qu'il faut pour une naissance et pour donner le signal de partir : « *Va, et proclame la Bonne Nouvelle.* »

Et d'autre part, cette dernière année à Vanier m'a été très difficile. C'est la rupture qui est encore en vue, encore cette compagne inséparable de mon itinéraire, qui colle à ma vie de NOMADE, qui réémerge de nouveau et qui s'exprime à plein. Et puis les événements suivent leur cours. Vacances en famille et départ pour le mois ignatien en Belgique avec un groupe de confrères engagés dans la formation au niveau national et international. Voilà, le Seigneur m'offre « l'événement libérateur » provoquant rupture et enfantement, lieu de conversion et une pâque vers une vie de louange, d'action de grâce et de service selon le texte de Romains 12,1. « Deviens ce que tu es, Julien, *Hostia cum Christo, ad gloriam Patris, in Spiritu Sancto.* » Je reprends mon journal quotidien, avec la conscience très vive que je reçois une grâce privilégiée, mais quel prix à payer ! Merci, Seigneur, de me donner la lucidité de bien voir et de sentir que tu es « vraiment là », dans l'événement qui est appel à re-partir. Ce n'est pas une fuite, mais une libération !

L'accueil à Bruxelles est généreux et fraternel. Nous prenons quelques jours pour nous apprivoiser, et puis c'est l'entrée à plein dans les « Exercices » à Wépion avec des maîtres spirituels, les fils spirituels du père Ignace. Le père Jean-Claude Guy est mon accompagnateur. Les premiers jours sont costauds : tout veut se déchirer en moi. J'apprends à me taire ! À patienter et à faire silence, à me laisser purifier. *« Seigneur, me voici, je n'appartiens qu'à toi. »*

Aucune personne humaine ne peut mettre la main sur moi. Aucune. Et de mon côté, je me dois de respecter en totalité le cœur, le corps et la liberté de l'autre, de ceux et celles que tu m'as donnés d'aimer tout fraternellement. *Mea maxima culpa*[43] *! Kyrie eleison !* *« Personne ne t'a condamnée ? Personne, Seigneur »*, répondit-elle. *« Moi, non plus, lui dit Jésus, je ne te condamne pas. Va, désormais, ne pèche plus »* (Jn 8,11).

Comme toile de fond, je fais un « retour » fréquent sur mon histoire pour en faire la lecture et la relecture de ce qui m'a souvent secoué, bouleversé et inspiré, et qui, avec le temps, m'a permis de construire une prière et une expérience faites d'action de grâce pour ce Dieu qui était « déjà » là, et je ne le savais pas !

J'ai toujours été bouleversé, à partir de mes années de jeunesse, par cette question à trois dimensions : qui suis-je ? Quelle est mon origine et ma destinée ? Que se passe-t-il entre les deux ? Et la question toujours percutante de Jésus : *« Que sert à l'homme de gagner l'univers ? »* (Mt 16,24-26).

❦

Du 1er au 12 août, Julien fait une retraite accompagnée[44]. Il fait quatre heures de prière par jour avec révision et examen de ses mouvements intérieurs. Tout est noté soigneusement dans son journal. L'itinéraire suivi est celui que

---

43. Formule latine signifiant « c'est ma très grande faute » dans le rite pénitentiel de la messe.
44. Un temps de réflexion et de prière, habituellement en silence, durant laquelle la personne retraitée se fait accompagner chaque jour par un directeur ou accompagnateur. Celui-ci lui donne la nourriture « appropriée » en termes de textes scripturaires et de conseils, selon les besoins et les désirs particuliers de l'exercitant. Ce type de retraite se différencie de la « retraite prêchée » où un « prédicateur » donne une matière – nourriture pour la prière et des conseils généraux applicables à tout un groupe de participants.

présentent, en condensé, les Grands Exercices de trente jours[45], selon la pédagogie ignatienne. Le compte rendu de cette retraite est très long. Nous n'en
reproduisons ici que les grandes lignes.

———✦———

Au cœur de cette retraite, je me laisse regarder par Jésus. Je sens,
en regardant ce que j'ai reçu, plusieurs amitiés d'hommes et de
femmes, de l'action de grâce et beaucoup de joie. Mais aussi, la préoccupation de « retenir » le don, la captation subtile et la séduction,
l'importance dans le cœur de l'autre. Y a-t-il prostitution du don ?
Dois-je laisser tomber le « don », certaines amitiés, en vue d'une purification ? Cette richesse relationnelle, don de Dieu, c'est une évidence,
est langage de Dieu et veut le devenir davantage. Il doit être
« valorisé » par la prière, contact personnel et quotidien avec Jésus et
que cette « plante » qui donne de belles fleurs pour tout le monde ne
soit pas simplement bien nourrie en terreau d'eau et de soleil, mais
aussi située là où il n'y a pas de courant d'air, un certain environnement « respectueux » de cette plante généreuse et délicate. Prudence
s'impose ! Purification, oui, en valorisant ce don et en créant les
conditions voulues de croissance et d'épanouissement.

Je fais le point avec mon accompagnateur. Nos échanges quotidiens ont été de grande importance. Ils sont reliés à l'expérience des
Pères du désert, c'est-à-dire celle de se révéler à un autre pour une plus
grande objectivation de soi-même. C'est un geste de désappropriation,
surtout quand on n'a rien d'extraordinaire à vivre, pour connaître les
voies de l'Esprit et pour démasquer l'esprit mauvais. Grande importance pour le discernement, pour trouver le goût et l'intensité de vivre.
Et cette vie je l'ai reçue, je dois m'en souvenir, avec le but de la transmettre. Il en va de ma fécondité et de ma responsabilité et je dois
apprendre tous les jours à la recevoir. On se laisse dans la reconnaissance mutuelle.

---

45. Ce sont les mêmes exercices qui, habituellement, requièrent une trentaine de jours, et qui
sont condensés dans leur donnée essentielle à huit, dix ou douze jours.

Ma dernière prière est une prière d'offrande et pleine de gratitude. Je ressens une grande joie intérieure, le goût spirituel pour moi d'être là devant mon Seigneur, Créateur et Père. Pour la première fois, ressenti aussi gratuitement, le désir de mourir et de voir Dieu. La Vierge Marie et saint Joseph font partie de ma prière et sont l'objet de ma demande pour qu'ils demeurent mes intercesseurs auprès de Jésus, pour qu'il me garde vigoureusement présent à Lui et Lui à moi aujourd'hui. Et me revient ici mon mot du scolasticat : « *Hostia cum Christo ad gloriam Patris* sous l'emprise de l'Esprit. » Je termine l'heure dans l'allégresse spirituelle, l'action de grâce, l'offrande de ma vie, le désir et la demande, par l'intercession de Marie, de voir, sentir, expérimenter Jésus comme « Mon Seigneur », comme l'air, comme Celui en qui tout est récapitulé, orienté et trouve son sens : « Jésus, mon Seigneur, aujourd'hui ! » et y travailler en instance missionnaire (Mt 28,18-20) particulièrement en ces jours qui sont « les derniers » (Hé 1,2). Nous terminons par une eucharistie, non de clôture, mais de recueillement et d'ouverture au monde.

Les jours qui suivent, du 13 au 20 août, sont consacrés à l'évaluation de la retraite et à la poursuite de la session ignatienne. Quelques points forts sont fortement soulignés, notamment l'histoire et l'expérience personnelle de chacun, quel style d'approche spirituelle utiliser. Également aussi, la place éminente de l'accompagnement pour un discernement selon l'Esprit. Et finalement, la pratique incontournable de la prière quotidienne, de l'écoute de la Parole et de l'examen pour être en perpétuel contact avec soi-même, son histoire, pour y déceler la route à suivre en présence de Dieu.

La période entre le 21 août et le 13 septembre, date d'arrivée de Julien à Fribourg pour le début de l'Année spirituelle 1979-80, est un temps de détente et de visites. Durant ces jours, Julien nous livre quelques réflexions sur sa maladie, toutes mêlées à sa prière, qu'il ne livre accompagnées d'humour qu'à son journal et à son Dieu. Dans un article du magazine *Mission* écrit quelques mois plus tard, il traduit ce qu'il a vécu durant ces derniers mois : « Fécondité de la rencontre ». Nous terminons ce chapitre sur ces derniers écrits.

Je remarque de fortes difficultés à écrire d'une façon prolongée. J'ai actuellement le bras sclérosé et ça paraît ! Quelqu'un m'aide à faire et à transporter mes bagages. C'est pour moi une occasion unique et heureuse parce que, avec mes jambes, la marche et les bagages à porter me sont rendus très pénibles. Petite sortie le soir, j'ai fait le tour de la propriété et j'ai beaucoup de difficultés à revenir, je suis comme un gars saoul : on me regarde : quel type… encore un !

Ma prière ce matin se prolonge dans la ligne de la liturgie du jour et de l'Évangile. « *Et tout homme qui aura quitté à cause de moi maison, frère, sœur…* » Seigneur me voici pour toi, ici, en exode et sur les routes, en grande paix dans l'approfondissement de mon mystère personnel que je suis seul à vivre. C'est une évidence pour tous, mais qui est costaude à réaliser. Ma prière devient l'offrande à Jésus-Christ de ma vie de solitude et d'exil pour toi, Seigneur, dans la paix. Je suis « touché » par cette présence amoureuse des confrères, des hommes et des mystères donnés à ta mission. Merci, Seigneur ! Oui, tu es vivant ! Nous sommes des marginaux à cause de Jésus. C'est notre prière et notre relation chaude avec Christ vivant et vigueur de notre existence, celle de vieillir, mûrir et mourir sa vie pour vivre sa mort.

Fécondité de la rencontre

L'homme est fondamentalement réseau relationnel :
Il est fait pour se dire, se livrer, communier.
Si le sein accepte de se laisser déchirer
pour livrer passage au fruit mûri dans l'intimité,
ça ne peut être que par ce dynamisme de l'image
et de la ressemblance que nous sommes (Gn 1,27).
Heureux qui le comprend et le reconnaît.
Nous venons du fond des âges et nous marchons
vers des terres inconnues et toutes neuves (Ap 21–22).
Car, nomades, nous le sommes, comme nos pères (Hé 11).
L'important n'est pas là où on habite,
ce qu'on fait, mais la manière d'être.
Fatalement, ma façon « d'être-avec » va me réfléchir :
conscience, cœur, corps… tout ce que je suis.
Nos rencontres nous font exister,

nous renvoient à nous-mêmes, sont nourritures intérieures.
Ainsi, du mieux-être personnel,
j'engendre le plus-être chez les autres.
Dans cette perspective,
la rencontre humaine devient fécondité mutuelle.
Par la culture de nos vraies origines,
nous accédons au rapport de communion.
C'est un long cheminement, c'est le travail d'une vie.
Le visage du Père n'attend qu'une occasion,
cette fissure du cœur,
pour se révéler à travers l'enfant que je suis.
Parole de Jésus, le Bien-Aimé : il invite à être parfait
comme le Père est parfait (Mt 5,45.48),
lui qui fait lever le soleil et tomber la pluie sur tous.
Et maintenant, à nous, disciples de Jésus,
de dire Dieu, de transmettre cette Bonne Nouvelle.
Spontanément, nous nous en sentons incapables, indignes.
Bien sûr, nous le sommes tous.
Mais voilà le cœur de la question :
accepter de se laisser toucher en profondeur,
de se laisser bouleverser, de perdre ses pseudo-sécurités.
Touchés au cœur, laissons-nous ensuite engager sur cette
voie de libération. La parole, le comportement,
la présence de l'autre nous révéleront le visage du Père.
Forts de cette expérience filiale croissante,
nous considérerons progressivement l'autre
comme un frère, une sœur.
Voilà le test de la vérité de notre démarche relationnelle.
« Ainsi, tout ce que vous voulez que les hommes
fassent pour vous, faites-le vous-mêmes pour eux :
c'est la Loi et les prophètes » (Mt 6,2).

Avec sa mère vers 1937

Avec son frère Henri – 1952

La prise d'habit, août 1954

Le père Julien Papillon, M-Afr.,
le jour de son ordination, le 31 janvier 1959

A LA DOUCE MEMOIRE DE

Ernest Papillon

Epoux de
ALBERTINE GODIN

———

décédé à Donnacona
le 15 novembre 1959,
à l'âge de 65 ans, 8 mois.

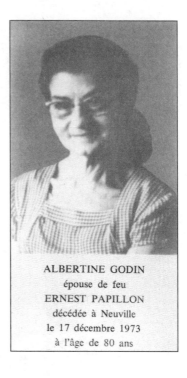

ALBERTINE GODIN
épouse de feu
ERNEST PAPILLON
décédée à Neuville
le 17 décembre 1973
à l'âge de 80 ans

Vers 1975

Vers 1976 – Eucharistie avec un groupe

*1980 : avec le p. Alexandre You, assassiné
quelques années plus tard en Ouganda*

Fribourg – juin 1983

Fribourg 1983 : Julien avec Patrick Fitzgerald, Gotthard Rosner et Richard Dandenault

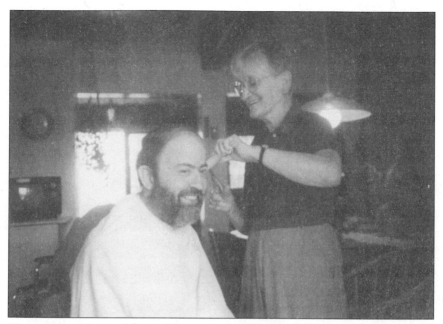

Vers 1985 – Avec sa sœur Monique, coiffeuse à ses heures

Vers 1987 – assidu à la prière du bréviaire...

Vers 1995 avec Mme Marguerite Miller-Gosselin,
au Pavillon Cardinal Vachon

Mai 2002 – quelques semaines avant sa mort
devant son Prions en Église *– les mains inertes,*
on devait lui tourner les pages.

CHAPITRE 5

Les années 1979-1983

Pour lui, l'Évangile était comme une épée qui tranche dans le vif. Il aima l'Évangile, dans sa violence et dans sa douceur, mais surtout pour la bonté qu'il suscite chez ceux qu'il fait renaître sous tous les cieux. Il se familiarisa avec la parole évangélique en compagnie de proches amis, dans une quête commune ; jour après jour, elle se laissait approcher par eux, les séduisait, les réprimandait, ou encore mêlait reproches et encouragements. Ils apprirent ainsi à la reconnaître dans ses cris et chuchotements ; ils retrouvaient la douceur de son visage familier dans toute beauté et dans la chaleur de toute vraie rencontre.

Georges Khodr, *Et si je disais les chemins de l'enfance,* « Devenir un Évangile vivant », Cerf, Paris, 1997, p. 68

Chacun de nous est limité, insuffisant et provisoire. La tentative d'être et de devenir soi implique l'immense modestie de n'être que soi, sans jamais renoncer à cette part unique du mystère de Dieu dont chacun est, de manière inoubliable, le dépositaire singulier.

Bernard Feillet, *Un arbre dans la mer,* DDB, Paris, 2002, p. 141

Préalables

Nous parcourons ici l'itinéraire de Julien Papillon durant ses quatre dernières années de ministère actif dans le contexte de l'Année spirituelle, où se présentent un certain nombre de jeunes désireux de s'engager dans la Société des Missionnaires d'Afrique (Pères Blancs), soit comme prêtres, soit comme frères. Comme pour les années précédentes, Julien fait partie d'une équipe de responsables qui se partagent les différents secteurs de la formation. Chacun d'eux fait aussi fonction de « gourou » ou d'accompagnateur spirituel pour l'un ou l'autre qui l'auront choisi. Dans son journal, tout est noté : le contexte, le quotidien, le vécu, le senti. Rien n'échappe à son attention et à sa conscience.

Rappelons ici les éléments du programme de formation, qui sont les mêmes dans leurs grandes lignes pour chacune de ces années. Les thèmes proposés à la réflexion et à la prière : vocation, mission, prière, fondement de l'expérience spirituelle, le problème du mal et de la souffrance, la suite de Jésus et l'entrée dans son expérience pascale. À travers ces éléments, le discernement personnel de chacun. Au début de l'année, il y a présentation personnelle de chacun avec son histoire personnelle. Quelle communauté formons-nous ? Il est important de bien nous connaître. Les rapports des conseils du personnel (les pères Alexandre You, Gotthard Rosner et Julien Papillon) sont également notés et enregistrés selon les responsabilités propres à chacun. Finalement, dans un contexte plus large : celui-ci de la Suisse, dans le canton de Fribourg, aux côtés d'une autre communauté de Pères Blancs suisses qui vivent dans la même maison. Julien connaît bien ce contexte pour y avoir vécu auparavant.

Est également noté et commenté tout ce qui affecte sa sensibilité et sa réflexion, tout comme ce qui fait écho à sa vie et à son histoire à titre de souvenirs, d'impressions profondes de plaisir et de joie, de chagrin et de blessures et qui influence ses choix et son orientation. Les événements quotidiens sont codés et qualifiés selon les réactions viscérales qu'il ressent à l'intérieur de ces événements : les repas, les rencontres, les lettres reçues, les imprévus, les mini-voyages, le ministère extérieur, les difficultés de contexte, les relations faciles et les moins faciles. Tout est conscientisé en rapport avec sa sensibilité. Celle-ci devient pour lui et de façon régulière le lieu premier et privilégié de sa propre évangélisation.

Le programme de l'Année spirituelle comprend également une période de stage social d'environ six semaines qui suit la semaine sainte. Il se fait dans différents centres de France ou de Grande-Bretagne, selon qu'il s'agit de groupe francophone ou anglophone. Ce sont habituellement les Communautés d'Emmaüs de l'abbé Pierre, le Centre du secours catholique, les Communautés de l'Arche de Jean Vanier en France, et the St.Joseph's Hospital, the Simon's Community, et the Communities de l'Arche en Grande-Bretagne. Cette longue période de service actif (quatre ans) demandera beaucoup d'énergie de la part de Julien pour faire face aux activités en cours. Sa maladie s'accroît et affecte beaucoup son moral. Les mentions de faiblesse, de fatigue extrême devenues pratiquement quotidienne, de maux de jambes, de bras, de ventre, sont fréquents.

Malgré tout, on y retrouve une grande générosité pour être à la hauteur de son ministère de formateur et d'accompagnateur. Son effort d'attention et de présence à chacun et chacune est constant. Sa prière, notée chaque jour, reflète son état intérieur d'offrande, son abandon à la miséricorde et à la tendresse de Dieu. Sa supplication pour être libéré de ses sentiments de péché devient insistante, tout comme ses besoins de purification. Son désir d'être pris en charge par le Père, pour que celui-ci le donne et le confie à son Fils Jésus par la puissance amoureuse de son Esprit, est l'objet d'une constante demande.

Voici donc, à l'approche de Noël 1979, une petite anecdote qui illustre bien son état d'âme.

Le courrier avec parents et amis est relativement intense en cette fin d'année 1979, et je suis réticent devant le coût des cartes de Noël en fonction de la poste suisse. Il m'en coûte 1,50 FS (1,08 $) par carte-lettre. Je décide que OUI pour deux raisons. Il s'agit d'une lettre due dans la bonne partie des cas et d'un message à livrer à tous et à chacun. Ça me coûtera 100 dollars, mais je pense que la motivation justifie la dépense et l'effort ! Et le temps investi. C'est un ministère que je peux faire, alors que tellement d'autres me sont fermés. Donc, Jésus, je veux le faire pour toi, sachant que dans tout ça, il y a aussi « certaines impuretés » qui s'y glisseront, liées à des richesses affectives. Purifie-m'en ! Je passe l'après-midi dans le courrier et je suis très fatigué, mais encore une fois, c'est un ministère que j'évalue hautement et je le fais gratuitement et amoureusement.

———◆———

Pour la période de septembre à décembre 1979, nous reproduisons ici quelques points forts évoqués par Julien et ayant trait à sa santé, sa prière, son contexte de vie. Tout d'abord :

1. Son état de santé

———◆———

Le dîner a été sympathique. Mais après, mes jambes sont très faibles et je monte me coucher. Je me sens mal et j'ai d'intenses douleurs aux jambes et au ventre. Cela m'arrive souvent. Ai-je une grippe en vue ? Au lever de la sieste, je passe une bonne partie de l'après-midi à faire du courrier à m'en rendre la main presque ankylosée[1]: un autre signe de la croissance des limites ! Et la marche ce soir avec mon confrère Alex se fait désormais avec mes béquilles. C'est plus prudent ! Et il fallait que je casse la glace[2] et que je fasse une première, et voilà, c'est fait ! Je reste en union avec toutes ces personnes qui ont besoin de Toi, Jésus.

---

1. Disparition complète ou partielle des mouvements d'une articulation, due à une maladie ou à un traumatisme articulaire (Dict.).
2. Faire cesser la contrainte, la gêne du premier contact (Dict.).

Autre matin : j'ai passé une bonne nuit, mais qui n'enlève pas ce malaise aux jambes et aux bras qui crée une sensation d'intense fatigue et de lourdeur pénible à soulever. Ça revient dans ma prière : je m'offre et je prie en m'aidant de l'Évangile du jour : « Seigneur Jésus, prends pitié de moi et amène du confort aujourd'hui à toutes les personnes qui souffrent, en particulier celles qui n'ont pas l'espérance de s'en sortir. Oui, Seigneur, prends pitié de nous. »

Je me sens fatigué et de plus en plus « inadapté » face à mes limites physiques. C'est un sentiment d'inutilité totale et c'est cette marginalisation qui me questionne sur tous les angles. Il faut laisser parler Jésus dans tout ça et faire confiance. C'est le comment qui n'est pas si clair dans la praxis. Foi et confiance en Jésus ! La croix ! Acceptation et offrande : je vis Jésus dans ma chair par et avec la passion de l'homme. Est-ce vrai ? Jésus, augmente ma foi ! Et ma prière se centre sur le Nom de Jésus et d'Abba !

Nous sommes à la fin de novembre. Je marche ce soir, aidé de mes béquilles. Après une demi-heure de marche, je suis exténué et très faible. Mes jambes sont finies et je sens un poids au cœur. On en parle : je réalise une baisse très marquée et graduelle ces derniers jours. Un message ici : ne pas m'entêter et entrer dans ce nouveau couloir dans la foi et avec courage et il me faudra en parler sérieusement à Noël pour un éventuel changement. Comme je voudrais faire un an et « terminer » avec l'année francophone. Seigneur Jésus, aide-moi à y voir plus clair et à accepter avec toi la volonté du Père. À vrai dire, je sens la sclérose d'une façon très pénible et je réalise intensément qu'avec mes limites je ne suis plus « exportable ». Elle fait son travail. Et Dieu ne semble pas très coopératif ! C'est une impression. J'ai souvent des malaises, je me sens terriblement lourd, et je sens qu'il me serait bon de me dégager de ce style de vie à l'Année spirituelle. Je devrais demander au bon moment, mais quand et pour faire quoi ? Dieu y pourvoira, aie confiance, vieux Pap !

———⋅+⋅———

2. Réflexions à la suite de *sa prière du jour* : Julien nous livre ici le combat de sa prière : son intention d'être tout entier au service de Dieu et des autres d'un côté, et les replis incessants sur lui-même qu'il sent en tout lieu et en toute circonstance et dont il voudrait tant être libéré. Les citations, bien que sporadiques, sont révélatrices d'une certaine angoisse. Combat de la prière, combat aussi de la foi qui éclaire et qui prend de plus en plus de place dans sa vie. Combat de Jacob avec un mystérieux personnage qui se révèle être plus fort que lui. Blessé à la hanche, handicapé dans sa marche, Jacob lui demande de lui révéler son nom et de le bénir (Gn 32,25-33).

———⋅+⋅———

Dans la ligne de ma retraite en août dernier, mes pensées sont d'offrande et j'essaie d'être homme de prière et d'intercession. Je suis heureux d'être là, avec Marie, au pied de la croix.

J'ai passé une bonne nuit et ma prière ce matin se passe à notre nouvel oratoire, où je me retrouve avec d'autres. Ma prière est fortement centrée sur moi avec sentiments de repli sur moi-même. Je ne me sens pas très heureux avec ça. J'essaie de réagir, un certain calme revient. Seigneur, prends pitié de moi. Ce n'est pas en me comparant que je vais retrouver l'harmonie et la joie intérieure, mais en entrant dans l'aujourd'hui de ma vie, comme je suis ici, en « service » de présence. Seigneur, tu choisis ce qu'il y a de plus faible. Donne-moi la grâce de m'accepter comme je suis. Je me remets entre les mains du Père et de Jésus. Amen !

Les sentiments de repli sur moi-même reviennent. J'en suis tiraillé. Il fait très froid, avec une pluie généreuse et une humidité pénétrante. Je passe une heure, seul, dans notre oratoire. Je prie Jésus dans mes frères pour orienter mon être et mon activité vers Dieu. Je récite la prière des laudes[3], une prière d'Église. Ici, au moins, je te suis agréable.

Prière calme et simple qui passe bien vite et je sens une rupture dans un douloureux cheminement vers l'autonomie personnelle où l'on rencontre le seul absolu qui soit, le Père des cieux. La famille n'est pas

---

3. Une des heures du bréviaire, celle qui est dite comme prière du matin.

inconditionnelle et n'est pas le but exclusif de ma vie. « Qui est mon frère, ma sœur, ma mère ? Celui ou celle qui écoute la Parole et la met en pratique. »

Je suis très préoccupé par mon moi ! Mon moi en activité, sur la volonté de Dieu. Et si c'était d'être, être aujourd'hui, dans le contexte de maintenant ? Comme un « flash », je sens que je dois apprendre à être comme je suis devant le Seigneur, sans me comparer, même si ce n'est pas facile. La paix me revient lentement. Seigneur, je suis ici pour ta gloire et pour la mission. Prends pitié de moi !

Ma prière se fait tôt ce matin, dans l'offrande pacifiée de la journée. Me revient cependant encore cette pensée que je n'ai pas répondu adéquatement aux appels de Dieu dans ma vie, que je n'ai rien fait pour les pauvres et petits. Mais l'important, c'est aujourd'hui, dans ma faiblesse et mes limites, avec et en Jésus, pour la mission, dans mes frères, en communion avec ceux et celles qui proclament ton nom.

J'ai fait le ménage dans ma chambre ! Et j'ai passé une bonne heure en prière, toute centrée sur l'admiration de cette femme pour Jésus : « *Heureuse la femme qui t'a porté et allaité !* » et l'étonnante réponse que celui-ci lui fait : « *Heureux plutôt qui écoutent la parole de Dieu et qui l'observent !* » (Luc 11,27-28). Écouter et faire la Parole, c'est Toi, Jésus ! Prière un peu difficile ! Je demande par Marie d'écouter Jésus dans ma réalité ici : attentif à la communauté.

La pensée me renvient dans la nuit de n'être qu'à Dieu et centré sur lui. Et je sens le poids de mes péchés, le retour sur moi, récupération constante et reconnaissance par l'entourage. C'est le péché en moi et j'offre ma prière quand même : le désir et la grâce de me recevoir du Père comme Jésus maintenant et de recevoir ma libération en Lui.

Il fait très gris et humide. La nuit a été bonne, mais toujours trop courte ! Au réveil, je me mets en présence de Jésus : un acte de foi et d'admiration devant Jésus qui vit son mystère : le baptême à recevoir et en même temps libre, accueillant et tout centré sur le Père. Et moi ? Jésus, je souffre de mon impuissance, de mes limites et j'ai tellement fonctionné avec un autre que moi ! Une image ? Un surmoi ? Ou compétition ? En comparaison avec l'autre ? Et souvent « paralysé » ! Jésus-Sauveur, libère-moi et fais-moi missionnaire dans mon actualité d'aujourd'hui !

Prière toute centrée sur la première lecture : Abba ! (Rm 8,15). Offrande pour me recevoir du Père : être fils en Jésus. Prière calme : je reprends le cri « Abba » que je répète calmement en et avec Jésus. Je sens qu'il ne peut pas me laisser dominer par l'esprit de crainte, l'état normal pour quiconque croit que la bienveillance divine dépend de son propre effort. Il s'agit simplement de vivre de relations filiales qui, elles, chassent la peur. La première dimension de cette existence de la vie dans l'Esprit est celle de fils de Dieu.

Présence de Dieu et en prière, centré sur moi ! J'en prends conscience et souffre de cet égoïsme et de cette pauvreté. Je supplie Jésus, par Marie, de me tirer à lui, de me faire entrer dans son univers. Je fais une prière simple du Nom de Jésus pour me décentrer. Je sens intensément pour un moment que c'est lui qui fait le travail et non moi : je le veux, et me sens confus, l'histoire revient : « Si tu es là, donne-m'en la ‹ preuve ›. » Je suis si pauvre et pourtant gâté par Dieu. Je cherche la connaissance de la vie, de la gratuité, de l'amour, être pour toi, mon Dieu, ta présence vivifiante.

Je reçois une cassette que me dédient des amis sur des souvenirs de chants et de paroles des années vécues à Ottawa. C'est très délicat de leur part, un autre signe-événement que le Seigneur me donne de ce que je suis pour tant d'autres : « important » dans leur vie. Seigneur, merci ! Dans ma pauvreté, tu te sers de moi pour mettre la paix !

Réveil en présence de Dieu et j'intensifie cette attitude d'accueil pendant une heure. La prière m'est quand même difficile : je suis sujet au sommeil et je ressens des difficultés au niveau de ma sensibilité. Mais je me remets à Jésus et répète toujours ABBA dans l'expression de ce désir de n'être qu'au Seigneur et de n'être qu'à lui. J'ai toujours des difficultés à accepter ma pauvreté, partagé que je suis entre la foi en Jésus libérateur et la sensibilité qui tire de son côté. Je prie la Vierge de me garder en Jésus aujourd'hui. J'ai l'impression d'avoir perdu passablement de « potentiel ». Suis-je hors du coup ? En progression vers ? C'est une situation psychosomatique purifiante ! Je la remets dans la prière, pour « trouver » ma consistance en Jésus. Ce que j'ai du chemin à faire !

L'eucharistie était priante et calme cet après-midi. Je me sens très fatigué et influencé par ma lecture de ce matin et la situation dramatique de l'homme, et envahi par une sorte de nostalgie d'être en exil ! Exil du Québec et famille. Oui, peut-être aussi d'entrer à la maison chez toi, chez « nous », mon Dieu. J'essaie d'écrire, mais je ne me sens pas très bien, isolé, marginal et « retiré » ! Bref, des *feelings* purifiants ! Je ne me sens simplement pas dans le coup ! Je reste seul en essayant de me laisser pénétrer par le Nom de Jésus, répété et répété. Jésus, c'est ma consistance.

La vigilance consiste à déceler cette présence de Dieu dans l'événement. Aujourd'hui ! Dans ma réalité. Je me réveille à 5 h en présence du Seigneur, qui se continue dans la prière avec une certaine langueur : je me « réfugie » dans le Nom de Jésus pour me décentrer constamment. C'est la grâce à demander à chaque matin et à chaque jour que tu me donnes, Seigneur.

Je suis réveillé ce matin dans la paix avec l'hymne au cœur : *Let all that is within me cry Jesus*[4], intensément et en Jésus. Je fais cette offrande pacifiée et joyeuse d'être aimé du Seigneur. Une méditation-contemplation qui passe rapidement et me laisse dans une joie profonde qui irradie et me permet un comportement ouvert à cette très belle journée et accueillant aux frères dans un partage agréable au déjeuner et aux petits travaux de service ensuite.

Réveil tôt ! Prière difficile et « concentration » liée aux impératifs de la chair, dans laquelle je me sens très fatigué et tout courbaturé. En plus, une température dégueulasse[5] ! Froid et pluvieux ! Je m'offre de

---

4. Refrain d'un chant religieux du répertoire liturgique : « Que tout ce qui m'habite chante Jésus » (traduction libre).
5. Dégoûtante.

nouveau et répète le nom de Jésus. « Seigneur, apprends-moi à rester ouvert à tes appels. »

Je commence l'eucharistie fatigué, me sentant très pénible pendant toute la célébration avec des sensations de pauvreté totale dans mon corps. Je suis épuisé. « Seigneur Jésus, prends ma vie, je t'ai souvent exprimé cela non d'une manière indésirable, mais prends-moi si tu le veux, pour la gloire du Père. » Mon après-midi se passe dans le travail malgré une température dégueulasse et une santé très affaiblie : c'est le courrier des fêtes qui bouffe temps et énergie et, avec le peu que j'ai, ça fait costaud. Attention pour ne pas faire porter le fardeau aux autres. Ça me conduit à un certain isolement « tout ça ». Je dois me surveiller au souper pour rester ouvert et accueillant.

« L'ouverture aux autres dépend toujours de la joyeuse communion personnelle avec Dieu, détendue et équilibrée. Ma prière se continue dans l'offrande et l'action de grâce, particulièrement pour la présence du Seigneur qui est là, constante, pacifiante, joyeuse et « inspirante » (lettre d'une amie) ». Que tu es bon, Seigneur, oui, prends ma vie quand et comme tu le veux pour ton service. Je suis en train de découvrir existentiellement un sillon impressionnant au niveau de mon être, et ses horizons qui s'ouvrent font éclater le temps et l'espace, « contemporain » que je suis de toute cette « nuée » de croyants témoins « incorporés » en Jésus.

◆―◆―◆

3. Un troisième point à relever dans le quotidien de Julien est *son travail principal :* celui de l'accompagnement des étudiants qui cheminent avec lui sur le chemin de leur identité vocationnelle, à l'écoute de l'Esprit. Ce travail, comme on l'a vu, il l'appelle : « l'apostolat du siège ». Il fait figure de témoin de l'Église dans cette recherche difficile qu'est le discernement spirituel.

◆―◆―◆

J'ai, aujourd'hui, avec l'un des étudiants, un partage très amical. Ensemble nous abordons la place du discernement dans sa prière d'abord, dont il ressent de plus en plus l'impact important dans sa vie.

Il s'éveille à la lecture et à l'interprétation de ce qu'il vit dans sa prière. Il y est plus stable, grâce à l'oraison quotidienne. Il reconnaît la place du Donateur et s'ouvre à l'action de grâce. Il perçoit aussi des mouvements comme invitations à faire de « grandes choses ». Il parle aussi de la présence de l'Esprit en lui selon les fruits donnés dans l'épître aux Galates (5,22). Il est entré dans la connaissance et dans l'acceptation de son mystère personnel. Il reconnaît l'importance du temps, de la patience avec lui-même, de la lente maturation de son être au contact de la vie simple et ordinaire. *Deo gratias! « Aujourd'hui, le salut est entré dans cette maison »* (Luc 19,9). Dans le dialogue, on doit toujours revenir à un entretien entre deux êtres libres ou, comme on l'a dit, entre une « confiance » et une « conscience ».

———◆———

Julien souhaite, dès la fin de cette année 1979, retourner au Canada avec une mission moins exigeante pour « ses moyens », comme il le dit. Il reste cependant à Fribourg jusqu'au mois d'août 1983, pour trois autres années. Son journal témoigne toujours de la mission qu'il doit assurer pour rester « fidèle » à son mandat d'accompagnateur et à lui-même. La référence constante qu'il fait à sa prière, à l'écho de sa santé, des événements du jour et de son vécu quotidien révèle tout à la fois l'intensité et la constance du combat qui ne le lâche pas et qu'il ne veut pas lâcher et du travail de l'évangélisation qui se meut au fond de sa vie et de son cœur.

Les prochaines pages nous livrent une chronique de l'interaction de ces trois constantes dans l'aujourd'hui de la vie de Julien. Sa prière devient à la fois demande, supplication, action de grâces, louange, selon l'impact des événements et de l'évolution de son histoire et de sa maladie.

———◆———

1980

« La fidélité s'enracine dans l'engagement au baptême et se renouvelle chaque jour dans l'amour fraternel qui nous fait demeurer dans la lumière. » J'inscris cette phrase du p. Jean Laplace, s.j., en première page de mon journal 1980, pour la laisser vivre et pénétrer en moi. « Seigneur, que cette première journée de la nouvelle année – donnée par Toi – te soit totalement consacrée. En s'offrant dans sa fraîcheur et sa naïveté, que ce tout vierge 80 soit vécu avec, pour et en toi, Seigneur Jésus, pour la plus grande gloire du Père, sous l'emprise docile de ton Esprit et comme Toi, Vierge Marie. Je préside l'eucharistie du jour et j'interviens en montrant que la liturgie est une école « d'objectivité ». Il importe d'apprendre à bien la recevoir dans la pauvreté, la patience et comme lieu de cheminement dans notre découverte du Christ.

Au long des jours, je vis une fatigue intensifiée par une faiblesse généralisée. « Je suis très fatigué, mais j'accepte généreusement pour toi, Seigneur. » Passage de Roger [6], avec lequel j'ai un échange intense. Merci, Seigneur, de cette amitié qui traverse les années en se qualifiant. Merci pour toutes ces années de compagnonnage que tu nous donnes pour mieux te connaître, pour t'aimer davantage et ainsi te livrer toute cette vie donnée à ton service. Nous nous disons généreusement ce que nous avons vécu ces dernières années dans un climat d'ouverture, d'écoute, d'échange fraternel et de respect mutuel. Nous sommes dans la reconnaissance pour une vie vécue existentiellement en présence de la Trinité, nous sentant toujours plus « poignés » par la Parole, dans la joie de nous savoir sur la même route, accompagnés par de nombreux témoins de son Amour et sacrements de sa présence. Nous sommes responsables de la Parole et hommes de la Parole.

Je suis sujet à des sentiments nostalgiques qui me reviennent parfois sans trop me gêner. Ils me permettent de renouveler l'offrande de ma vie ici au service de la mission. Cette prière d'offrande quotidienne est parfois aride et j'essaie de voir ce qui se passe. J'aimerais que ce soit « mieux », mais l'important, c'est de me laisser aimer par le Père : être simplement là ! Je sens des résistances à cette pauvreté et celles-ci me signalent un besoin de purification ou une présence de « peurs » ou un souci trop accentué de « faire ma prière ». Merci, Père, de ce message qui me pénètre difficilement. Mais je veux apprendre de Toi et je recours à la Vierge pour être avec Jésus aujourd'hui en service. Je

---

6. Le père Roger Labonté, Missionnaire d'Afrique travaillant en Ouganda.

reprends la prière du cœur avec le désir d'entrer dans les sentiments de Jésus qui souffre de la dureté du cœur des pharisiens (évangile du jour), de notre et de ma propre dureté. Je demande la grâce d'accepter cette vulnérabilité. C'est la croix que Jésus veut toujours porter en moi. Ce soir (25 janvier 1980), je suis très courbaturé avec une faiblesse généralisée, accentuée aux jambes. Je vis cela en solidarité avec la passion de l'homme, en lien avec Jésus et le bon Georges[7] à l'hôpital depuis quelques jours.

J'entrevois ma vie toujours plus pour la gloire de mon Créateur et Sauveur en lien avec la solitude de l'homme aujourd'hui. Je sens aussi une certaine « peur » d'y entrer davantage et ce que cela demande comme renouveau, mort à soi et transformation, particulièrement au plan affectif. Prière très accueillante et simple, peu de paroles : les mains ouvertes pour être cette bonne terre qu'est Jésus. Je suis distrait par moment, je me sens attiré par les « bonnes vieilles nourritures terrestres » ! Mais je reviens en me disant simplement : tu vois ce que je vaux : terriblement faible et vulnérable sur tous les angles ! Je garde les mains ouvertes.

Le 31 janvier, c'est le jour anniversaire de mon ordination : gratitude et remerciement pour avoir été choisi par toi, Seigneur Jésus, et, malgré mes péchés et mon ingratitude, tu m'as gardé dans ta fidélité et me fais toujours découvrir davantage la vie, l'amour et la grandeur de ta Création et le mystère de l'homme. Oui, merci, Père éternel, mon Créateur, Maître et Sauveur, de m'avoir choisi à être et que cette existence d'homme se passe grâce à toi et à ta miséricorde dans le service de ta gloire et de ton dessein d'amour en, par et avec Jésus, comme son prêtre et missionnaire aimé, toujours conduit et imprégné de ton Esprit Saint ! *Deo gratias !*

Ce matin, nous avons une eucharistie avec homélie partagée. Il y a une bonne participation dans laquelle chacun se montre intéressé et intéressant en se laissant questionner et pénétrer par la Parole de

---

7. Le père Georges Renault, Suisse, Missionnaire d'Afrique.

l'autre. Le partage se révèle profond et personnalisé par la majorité. L'un cependant donne l'impression du jeune contestataire qui veut se débarrasser de la tradition.

Guide-moi, Seigneur, dans ma prière. Oui, guide-moi. J'apprends à mourir, à vivre ma mort! La pensée de Danielle[8], atteinte de cancer, et sa présente situation me revient souvent. Amen! Seigneur, merci de me permettre de vivre ma vie d'homme en ta présence. Garde-moi toujours en toi et que je sois toujours mieux incarné dans la douceur de vivre. Et je demande la grâce d'être toujours et d'entrer toujours davantage dans la connaissance de Jésus. Que ce temps du carême soit une période d'écoute, de sensibilité, d'attention et de vulnérabilité à ta Parole et que « tout soit organisé » en conséquence, en ascèse d'attention et d'intériorité!

J'ai la visite d'un étudiant qui vit une amitié forte. Il s'approfondit dans sa vocation missionnaire, la prière a chez lui la première place et bien sûr l'expérience et ce que vit « l'amie » actuellement, avec les tentations d'être « là-bas » et les hésitations qui s'ensuivent. Petit à petit, il s'enfonce dans la foi, dans l'acceptation du mystère et de l'appel unique de chacun. C'est « costaud » à vivre et exige du courage : celui de la foi en Jésus Christ ressuscité qui vit son mystère pascal à travers et en nous, en et par moi. Une paix profonde l'enivre malgré ces invitations du « bon sens » à être physiquement là-bas. Il y a une bonne amitié entre nous et nous sentons l'importance que nous avons l'un pour l'autre et la valeur sacramentelle de toute rencontre (Mt 25,31-45). Merci, Seigneur, de nous être rencontrés : il faut vivre aux frontières de notre être et du plus profond de nous-mêmes pour proclamer ainsi que la mort fait partie de la vie, qu'elle en est une étape vitale pour entrer définitivement chez toi, chez nous (Jean 14,1-4).

Cet après-midi, j'écris à d'autres, et ça me renvoie à moi-même et à mon expérience présente : comment je vis en « marginalité ». Cela rejoint quelque chose qui a toujours été lié à mon évolution

---

8. Responsable de l'une des deux communautés de l'Arche à Ottawa (l'Arche : fondée par Jean Vanier).

historique, laquelle prend ses racines dans mon enfance, « au magasin ». Cette évolution s'est sûrement accentuée dans ma vie de père blanc, dans mon ministère à l'Année spirituelle et la santé fragile qui n'explique pas tout mais qui « entre bien » dans ce que je suis. Ce soir, je peux poser la question : est-ce que j'en souffre ? Ce soir, non. Mais j'en ai souffert et si la chose s'intègre, c'est sûrement par grâce. Et je sens une plus grande liberté en moi, vis-à-vis de moi et des autres et une plus grande centration sur Jésus-Christ. Merci, mon Dieu !

Dans la prière, il me vient de « douter » sur la « vérité » de mon don au Seigneur et j'en ressens toute l'impureté quant aux motivations qui ont leurs racines dans mon histoire. Mais je me replonge dans la miséricorde du Père qui crée et qui sauve. Si je suis ici aujourd'hui, c'est à cause de Toi, Seigneur. Merci, Seigneur ! Je sens l'appel à devenir davantage un être de prière pour Toi, Seigneur. Ne sommes-nous pas appelés à être « ambassadeurs de la réconciliation » ? J'en demeure à cette spontanéité à recevoir et à offrir mes nouvelles journées comme dons de l'Esprit, de Jésus et du Père. Cela est particulièrement apprécié.

Ma prière, en offrande, est imprégnée par la Parole de Jésus. Il me suffit d'être là et faire taire toutes ces voix en moi qui tirent à gauche et à droite. J'ai besoin de me laisser enseigner et d'apprendre à donner ma vie dans mon contexte de vie très ordinaire, en solidarité avec ceux et celles qui luttent, souffrent et meurent. Tous, nous sommes à enfanter ce monde nouveau en trans-ressuscités. Je passe une bonne heure tout orientée vers Jésus mon Sauveur en demande de pardon et je le regarde pour être imprégné de Lui, Jésus. Ma pauvreté me gêne : comme je suis encore tourné vers moi, Seigneur, après tant d'années. Ma vision perfectionniste en prend un autre coup.

Je me réveille en union avec Jésus et orienté vers l'action de grâces, la gratitude pour cette journée tout spéciale : l'histoire me revient. Je me vois de retour à Neuville, tout jeune, et je te remercie, Seigneur, pour cette entrée dans le monde en ce lieu. Ma prière se nourrit des souvenirs, en intercession et gratitude pour toutes ces personnes, parents et amis, qui m'ont aidé à être, à découvrir ton visage, à saisir ton appel et à apprendre à y répondre. Je remarque que ces souvenirs me reviennent souvent avec le sentiment que je touche ici ma pauvreté et mes limites. Quel chemin depuis le couvent de Neuville ! Le responsable : Jésus-Christ !

Oui, tu es un Dieu miséricordieux, et que la grâce de le proclamer pendant toute mon existence me soit toujours présente et crée en moi l'amour comme tu le veux ! En ce vendredi saint, contemplant Jésus en croix, je demeure avec Marie, près de Jésus, en prière avec la passion du monde ! Merci, Seigneur Jésus, de ton amour du Père, des hommes, de moi et de la puissance de ta Résurrection.

En ce samedi saint 1980, je sens certaines pauvretés, certaines zones de ma sensibilité et un grand besoin d'évangélisation pour être plus libre pour le service comme l'a vécu Jésus, lui qui veut continuer en moi son « tout à tous [9] », cet impossible à l'homme que je suis mais toujours médiatisé par et dans l'Évangile.

Dans la semaine qui suit la semaine sainte, les étudiants sont partis pour le stage social, les uns à Lourdes au service des pèlerins, les autres dans les environs de Paris, dans les communautés Emmaüs de l'abbé Pierre. D'autres enfin travaillent au Centre du secours catholique, à Paris également. Les membres de l'équipe d'animation font la visite des groupes d'étudiants pour partager leur expérience, célébrer l'eucharistie et échanger sur le sens qu'ils donnent à ce temps où la « praxis » dans des milieux difficiles leur permet de vérifier leur tonus humain et spirituel.

Aujourd'hui, je me retrouve à Lourdes. Je pense beaucoup à Notre-Dame d'Afrique [10], en parallèle à Notre-Dame de Lourdes. Des

---

9. Expression de saint Paul : 1 Co 9,22.
10. Fêtée le 30 avril, patronne de la basilique Notre-Dame d'Afrique. C'est l'évêque d'Alger, Mgr Pavy, qui fit commencer la construction de cette basilique en 1858 mais c'est Mgr Lavigerie qui la consacra en 1872. Pour une histoire complète, voir : www.cercle-algerianiste.asso.fr/contenu/coutumes310.htm.

invocations me reviennent en lien avec les Sœurs Blanches, les confrères Pères Blancs, la famille, les amis et amies. Seigneur Jésus, merci de me donner la vie et de me la faire vivre comme ça, sentant que tu m'appelles toujours à plus de gratitude et de joie dans ton mystère de résurrection, en intercession pour tous les miens dans le besoin. À 14 h, je suis à la grotte [11] pour y passer l'après-midi. Il fait heureusement très beau. J'y demeure dans une prière prolongée avec tous les gens présents, au milieu de la procession des malades. Je vais baiser, tout en larmes, le roc en adossement de la grotte de la Vierge. Un brancardier m'invite à m'asseoir. Je suis très ému. Vierge Marie, merci d'être ici et de revivre toutes ces années, habité par tous ces visages bien-aimés. Garde-les en Jésus !

C'est le 1er mai. Mauvaise nouvelle ! J'ai recommencé à saigner de fond, après une année presque jour pour jour de trêve et du traitement délicat de l'an dernier. Où en est la cause ? Les épices, la fatigue et les maux de ventre prolongés ? De toute façon, c'est là encore ce matin dans une prise de conscience pénible que je suis très délicat. Et pourtant, les voyages, le voyage, ne sont pas terminés. Seigneur, aide-moi à vivre ce que tu me proposes par les événements. Et nous passons à Bayonne, chez les Sœurs Blanches, maison du cardinal [12]. Nous faisons un arrêt à l'Église et au cimetière Saint-Étienne, où la maman du cardinal, Louise Laure, est inhumée. Nous nous agenouillons en prière, nous adressant particulièrement à la Vierge miraculeuse, vénérée depuis la Révolution, devant laquelle le jeune Lavigerie s'est sûrement agenouillé. Nous passons à la place Lavigerie, près du pont du Saint-Esprit, où se dresse une imposante statue du cardinal, érigée par la ville de Bayonne en mémoire de son illustre fils.

Et nous sommes à Paris. Le pape est présent avec les jeunes au Parc des Princes. Ce soir, il a passé trois heures extraordinaires dans une

---

11. Lieu d'origine des apparitions de la Vierge à Bernadette Soubirous.
12. Bayonne, chez les Sœurs Blanches où se trouve la maison de naissance du cardinal Charles Lavigerie, fondateur des Sœurs Blanches (Sœurs Missionnaires de Notre-Dame d'Afrique) et des Pères Blancs.

audience de joie, de dialogue, de communicabilité réciproque, touchante et d'intériorité profonde. C'est une expérience peu commune de Jésus aujourd'hui chez nous. Merci, Seigneur, pour Jean-Paul, pour sa transparence, sa disponibilité, et pour son échange respectueux, attentif et chaleureux. Il répond aux questions en se compromettant personnellement. Il parle de sa foi au Christ vivant, de sa foi en l'homme comme responsable les uns des autres et de sa dignité. Soirée émouvante : quel message ! Oui, Jésus, tu es bien vivant. Merci !

Dans l'une des journées qui suivent, un étudiant vient faire l'évaluation de son stage social. Rencontre très amicale et fraternelle. Nous touchons à l'ensemble des événements de l'année. Nous nous étendons sur la question de la vie communautaire. Il y a des hésitations et des progrès. Ceux-ci sont lents mais réels ; je suis heureux de sentir chez lui, avec prière à l'appui, la détermination lucide et généreuse de croître « en intérêt » et en attention incarnée pour la vie de communauté. Le stage l'a fait progresser mais non sans exigence, et notre visite fut une « provocation » inspirante. Un point vital qui montre bien qu'il a le potentiel. Je lui dis et il en est très encouragé, tout souriant. Je préside l'eucharistie qui suit sur le thème de la foi et de la vitalité missionnaire. Les lectures s'y prêtent. C'est l'histoire d'Élie et de la veuve de Sarepta et, dans l'Évangile de Mathieu, le sel et la lumière[13]. Merci, Seigneur, de ton Esprit qui me brûle le cœur et les lèvres dans la foi d'être donneur de vie et de lumière. Telle est notre vocation baptismale et prophétique !

—◆—

Entre le 1er juillet et le 12 septembre 1980, Julien demeure en Europe. Durant cette période, il rencontre amis et confrères dans les communautés pères plancs où il séjourne. On note deux aspects qui reviennent constamment dans son journal quotidien :

1. Il se met dans la peau des autres, il cherche à voir ce qu'ils vivent, ce qu'ils cherchent. Une constante attention pour être à leur écoute. De

---

13. Au premier livre des Rois 17,9-24 et Matthieu 5,13-16.

celle-ci, il fera l'objet de sa prière pour en bien situer les besoins et pour en faire son intercession.

2. Il évalue le contenu des conversations et des rencontres en notant ses propres réactions, ses besoins de purification et de croissance dans un cadre de compagnonnage avec Jésus, Marie, Joseph : le tout orienté vers le Père et par la puissance de son Esprit. La signature trinitaire sur le signe de la croix revient constamment. Une spiritualité d'alliance, d'écoute de la Parole, des autres et des événements dans ce qu'il vit au quotidien de sa vie. Les exemples où se mêlent prière et accueil des situations sont nombreux.

———•-•-•———

Jésus proclame les béatitudes : « Là où est ton trésor, là est ton cœur. » Jésus qui vient nous chercher sur notre propre terrain, sur nos propres recherches de bonheur. Laissons-nous chercher et oui, *Marana Tha*! Prière sereine et heureuse d'être là et de « creuser » ma recherche. L'important, c'est de m'enfoncer à la sueur de mon amour, Seigneur, pour apprendre à mieux vivre que par et pour Toi. Supplication pour les miens de par le monde et pour les violents. Oui, Seigneur, viens et prends pitié. Viens en nous, les missionnaires, pour faire reculer le Malin. Libère notre monde de la violence et viens le remplir de la douceur et de la tendresse du Père.

Rencontre avec une amie. Il y a entre nous un échange généreux et révélateur où s'approfondit notre connaissance mutuelle et où elle me demande de l'éduquer à la vigilance et à la prière. Elle fait une lecture de son vécu depuis la précédente visite, et elle touche la profondeur de la prière : être simplement devant Jésus, se laisser regarder et aimer avec tendresse. Pour cela, il faut s'exposer, et cela débouche sur la vie affective où que l'on soit, en mission[14] et ici, dans le but à la fois de se nourrir et d'interpréter son comportement qui peut être provocateur.

Ma prière : il y a parfois des hésitations causées à certains moments par mes pensées « non converties » ! Vis-à-vis de Dieu, ce sont des pensées de non-confiance ou d'insécurité et de peur. Je suis

---

14. C'est-à-dire en Afrique où cette personne travaille.

encore sur la route du progrès pour une foi plus profonde dans le Père. Jésus, aide-moi à entrer de plus en plus dans TA foi au Père. « Ma volonté, c'est de faire la volonté de mon Père. »

——•◆•——

L'année spirituelle 1980-81 est commencée. Le journal de Julien est fidèle et témoigne de sa prière, de son combat, de ses besoins de libération et de purification. Une prière incarnée dans les événements de son quotidien : celui de son travail d'accompagnateur, celui de sa santé qui se détériore implacablement ; le tout vécu en offrande de lui-même et en intercession pour les personnes qui l'habitent et pour le monde livré à la violence. Les expressions de violence impressionnent toujours Julien. Il perçoit la sienne propre, dans son cœur, sa sensibilité, ses jugements, ses paroles parfois. Il ne s'en excuse pas au détriment des autres. Il expose son besoin permanent d'évangélisation et de croissance dans la tendresse et dans l'amour. Cette partie se poursuit dans la ligne de l'année 1979-1980 et sera passablement abrégée.

——•◆•——

Au début de cette année, chacun de nous se présente. Je commence par la prière, le chant du Notre-Père et je m'engage à dire mon histoire partagée en étapes charnières titrées. Mes ruptures affectives et mes problèmes de santé. Je me sens à l'aise et j'essaie d'éviter l'aspect « dramatique » pour montrer le travail de Dieu.

Nous sommes au début d'octobre. Je présente le thème de la vocation. C'est la fête de sainte Thérèse de l'Enfant-Jésus, une passionnée de la gloire de Dieu et du salut des hommes. Les textes bibliques utilisés me pénètrent : Jn 6,44 et Mt 11,25-27, et m'ouvrent à une plus grande vulnérabilité à la pénétration de la Parole en moi. La première rencontre est consacrée à la théologie biblique de la vocation par un exposé systématique inspiré de ma conférence sur la vocation que j'ai donnée à la rencontre des formateurs à Thy-le-Château, en Belgique. Ça va très bien et l'auditoire est actif et tout accueil. Oui, Seigneur, accorde à beaucoup la joie de te connaître.

Récollection dans ce premier trimestre : merci, Seigneur, pour ton Esprit d'Amour et de Feu qui brûle mon cœur. Tu t'es dit chaleureusement ce matin. Tu es passé par mes tripes ! Merci pour moi et pour mes jeunes frères de te manifester ainsi, plein de feu et de joie et de paix et de vérité prophétique. Je sens une très grande ouverture chez mes jeunes frères.

Dans le même temps, ce soir après les informations à la télé, je monte chez moi, je suis très fatigué. Je sens des tentations de découragement et envie d'en finir : je suis fatigué d'être fatigué ! Ça passe. Seigneur Jésus, qu'est-ce que j'ai à me plaindre ? Alors que mes frères et sœurs attendent ma prière. « *Voici que je viens pour faire ta volonté* » (Hé 10,5-10). Merci, Seigneur, de cette journée et de ta présence !

Le 3 décembre : l'eucharistie est tout orientée sur le bon et grand saint François Xavier, le grand ami du père Ignace. Un homme passionné pour la figure de Jésus et pour le message qu'il rencontre dans l'expérience et le visage de son ami ! « *Que sert à l'homme de gagner l'univers, s'il perd sa vie ?* » (Mt 16,26). Une phrase-choc pour Xavier qui bouleverse sa vie et le conduit à la conversion et au don total de lui-même à la mission.

Et l'année 1981 est lancée. C'est l'année des handicapés ! Des problèmes de santé me reviennent. Matin de janvier, j'ai encore des maux de ventre, et je pense au cancer des intestins. C'est comme ça depuis quelque temps dans ce monde d'enfantement. Cancer ou non, là n'est pas la question, mais comment vivre ça ? En solidarité avec les souffrants à travers le monde, j'apprends à me taire et à gémir pour la venue finale de Jésus. J'apprends à m'enfoncer dans Col 1,24 : « *Je complète dans ma chair ce qui manque aux souffrances du Christ* », *Marana Tha !* En ce dimanche, je vis en offrande une expérience de lourdeur et de fatigue. Après le petit déjeuner, je demeure seul au réfectoire avec ma grande faiblesse et je peux à peine marcher. Je réussis quand même à nettoyer tout sans me plaindre en offrande et solidarité. À la chapelle ensuite, je me sens foutu ! Me voici, Seigneur, comme je suis ! Et il me revient à l'esprit la conversation du déjeuner où j'ai manqué de discrétion et de charité en rapport à la liturgie de deux étudiants de l'an dernier. Dans ma prière, je fais l'expérience de mon péché et je détecte toute la subtilité du cœur dans ses mouvements de récupération et de démonstration de « puissance ». Telle est la situation de l'homme et de moi après tant d'années dans une situation idéale pour vivre l'Évangile. Et voilà, je me retrouve dans une manifestation de la « dureté » du cœur humain. Le salut, on le reçoit, on ne le fait pas !

Fête de l'Épiphanie. J'ai passé une très mauvaise nuit, avec un sommeil lent à venir, par étapes et préoccupé par l'homélie à donner à l'eucharistie de ce jour. J'aurais voulu être « libre » et n'avoir plus rien à faire, ça lâche pas ! En même temps, j'ai des sentiments de « satisfaction » de pouvoir porter la Parole aujourd'hui, « jour de lumière et de manifestation de sa gloire » et moi, j'ai été choisi pour la dire. Sentiments ambivalents d'attrait et de peur ! Je ne suis pas un phénomène : ce qui se passe chez moi se vit aussi chez l'autre, quand c'est son tour ! Voilà qui me met sur une route de grande compréhension. Merci, Seigneur ! Ce soir, après les informations à la télé, je monte chez moi et je prépare la liturgie et mon oraison de demain. Il est 21 h. Je suis très fatigué, épuisé avec maux de jambes, de dos et de ventre. Malgré tout, je suis en communion avec les miens et avec les souffrants particulièrement. Merci, Seigneur, pour me faire vivre en et avec Toi.

Rencontre avec une amie et échange sur la vie affective. Elle se pose certaines questions. L'important, c'est d'être tout centré sur le Donateur et s'y soumettre chaque jour avec l'ouverture à un témoin, compagnon de route. Nous terminons avec le sacrement de réconciliation qui donne la grâce de tout transformer : de faire mal au bienfait. Merci, Seigneur, pour ta présence dans nos vies.

Dans la semaine qui suit Pâques, c'est de nouveau le départ vers les centres où les étudiants font leur stage social : Lourdes, Lyon, Paris. Départ de Fribourg en direction du Valais[15] et de la France des Alpes.

---

15. Un des 26 cantons suisses, à la frontière de la France et de l'Italie.

Nous partons en direction de Chamonix avec une température du tonnerre. Le paysage est grandiose et extraordinaire. Nous passons par le col du Forclaz et contemplons le mont Blanc, l'Aiguille du Midi, le mont Maudit et toute la chaîne. C'est super !

Je passe dans différentes communautés de confrères Pères Blancs. À un endroit, je sens des « agacements » dans ma sensibilité. Un tel a une voix forte qui commande à la prière du matin. Et cette sensation se continue au réfectoire en faisant le travail des tables. Ses attitudes et réactions de « chef » m'énervent. Mais c'est intéressant pour connaître le fond de son être. Chrétiennement parlant, j'ai encore du chemin à faire, j'ai encore une « preuve » que la conversion se fait dans la sensibilité et s'y évolue ! Ce type de tempérament me « travaille » : il me faut demeurer ouvert et accueillant dans la vie ordinaire.

Au petit déjeuner le lendemain, l'un réagit vivement et émotionnellement. Aujourd'hui, la raison est peut-être le fait que j'ai simplement dit : « Il manque du beurre. » Sa réaction est vive et sur le fait que tout doit être « là ». « Je m'en irai dans une paroisse où je serai tranquille », etc. Je découvre son extrême sensibilité quand il est responsable du réfectoire : il s'énerve facilement et interprète tout. C'est bon à savoir. Ça m'invite à plus de délicatesse et de service. Et, *nota bene* [16], c'est encore un signe patent du long cheminement de la grâce dans nos vies. La sensibilité est vraiment « le lieu » où la sainteté a le plus de peine à « pousser ». Oui, le dialogue est émotionnel et l'homme est émotion. Jésus, prends pitié de moi !

Lever difficile : mon corps pèse lourdement. J'ai des sensations de découragement, à tout lâcher et à m'offrir. Nous partons, tous les deux, en direction d'Ars. Une partie de la journée est consacrée à la prière par l'intercession du saint Curé d'Ars pour nous, nos confrères, et tous les prêtres du monde, en particulier ceux qui sont « seuls ». Nous avons une eucharistie avec le groupe de Lyon. Nous sommes invités à partager notre foi par l'écoute de la Parole et de son impact

---

16. Prêtez attention, notez bien.

sur nous maintenant. Il faut savoir créer les conditions pour une écoute mutuelle et un service, surtout dans les petites rencontres sur la route, là où nous sommes maintenant. Bonne rencontre ! Quant à ma sensibilité, elle demeure toujours un peu agacée vis-à-vis de certaines réactions de l'un de nous que j'ai tendance à interpréter. J'ai cependant « l'expérience » et je m'oriente vers le respect de son style.

Nous passons au centre des Jésuites à Fourvières. Rencontre avec le p. Jean Dravet, s.j., le maître des novices, un homme très sympa qui nous reçoit avec générosité et courtoisie. Il nous décrit un peu les étapes de leur programme de formation, fort intéressant et parallèle au nôtre, mais avec l'avantage d'un cadre inter-institut dans des rencontres régulières entre novices et responsables des différentes communautés masculines et féminines. Nous échangeons jusqu'à 10 h 30. Je fais des salutations aux pères Odilon de Varine et Jean-Claude Guy qui sont là et que nous avons connus lors de la retraite à Wépion, en Belgique, en août 1979. Je continue sur cette visite et « regarde » mes émotions face au programme et aux multiples feuilles qu'il nous distribue. Je suis très intéressé par l'éventualité d'une telle expérience et de vivre dans un tel contexte. D'autre part, je sens une sorte « d'exigence » qui dévoile chez moi peut-être une peur d'être exposé à livrer ma faiblesse, à ne pas « contrôler » la situation. Une fois de plus, je prends conscience et expérimente ma fragilité : où est l'absolu de Dieu dans tout ça ? Oui, la chair est très faible. Ma prière et ma réflexion se portent sur ma situation d'homme : qu'est-ce que la vie ? On ne change pas avec les années. Si on ne qualifie pas son expérience par une profonde écoute de la réalité, une prise de distance de soi et le sens du relatif toujours à cultiver, c'est l'enlisement et la fossilisation ! École d'humilité !

Aux informations du soir, c'est l'investiture du président Mitterrand. Beaucoup de réactions négatives, fortes et déplaisantes de la part de certains d'entre nous. Je suis fort affecté de tout ça. Peut-être suis-je un socialiste qui s'ignore ? En tout cas, cette réaction me chagrine

parce qu'il y a refus du changement, de la différence et de la démo-
cratie. Ce soir, j'ai peine à écrire et à marcher, blessé au cœur.

Nous partons en direction de Nantes, en faisant route par
Rochefort et La Rochelle. Je suis bien fatigué et nous arrivons chez les
Pères Blancs juste pour souper. Nous sommes reçus par les pères
Joseph Corbineau avec le grand sourire, Jean Cormy et le frère
François. Il y a beaucoup de joie à recevoir et on se met immédiatement
à table pour un bon souper pris avec beaucoup de joie fraternelle. Les
pères Cormy et Corbineau sont de formidables bons vieux amis.

Le lendemain, je trouve la matinée difficile. J'ai des maux de ventre
et je suis fatigué d'être sur la route ! C'est froid et humide ! J'ai probablement la nostalgie du Saint-Laurent et ses connotations affectives [17] !
Et sûrement un désir de me promener en ville et d'être libre, et je ne
puis ni marcher ni bouger d'ici ! Que ta volonté soit faite !

Et le 1er juin, il est grand temps que je termine ces tournées pastorales ! Je suis foutu ! Je me sens très fatigué, pauvre, sans énergie et j'ai
besoin de me l'écrire pour « l'exorciser ». Hier soir et ce matin, j'ai fait
ma prière au lit avec supplication et approfondissement de mon
regard sur moi, l'homme et sa destinée, Jésus-Christ.

Le 7 juin, c'est une nuit reposante, longue de presque 10 heures au
lit, « accompagnée » d'un certain sommeil ! Je sens douleur et pesan-
teur prononcées aux jambes, aux épaules et aux bras, en besoin d'un
long repos. Le lever est difficile, la prière bien pauvre et limitée. Au
petit déjeuner arrivent plusieurs. Un tel se lance dans la politique avec
la violence verbale qui le caractérise. J'essaie de faire dévier la conversation, sans y réussir. Je suis affecté par cette attitude qui montre chez
lui des zones en besoin d'évolution. À surveiller pour sa vie communautaire : ses tendances à la rationalisation, à l'autojustification
« politique » et son manque de nuances. Une phrase de Mgr Philippe
me revient : « Il faut apprendre à payer le prix de l'unité ! » Et ce prix,

---

17. Neuville, village où Julien a grandi, se trouve sur les bords du fleuve Saint-Laurent.

c'est Jésus et le « suis-moi » dans le don total, « en portant ce trésor dans des vases d'argile » (2 Co 4,7).

Nous avons un conseil et nous faisons une appréciation de la semaine qui se termine par un échange communautaire sur le stage. Je remarque particulièrement la qualité de l'évaluation de R. et de A. : la profondeur de la lecture et la richesse qu'ils en ont tirée. On ressent le côté un peu cynique de la présentation de V. : une résultante de beaucoup de souffrance et le côté moralisateur de P. Étrange, ce jeune homme ! Pauvreté de l'intervention de S. et de M. Les autres ont émergé par leur qualité. On passe à l'intervention terminale de G. : une fiche très positive et on le recommande à l'attention des supérieurs pour une possible présence dans la formation dans le futur. F. fait une très bonne évaluation personnelle qui touche la frontière de l'émotion « canalisée » pour pleurer. Il ne peut terminer son témoignage solidement présenté et intéressant. Il flanche sur la question de la reconnaissance, le fait d'avoir été fêté, de le reconnaître et de se sentir « aimé ». Oui, comme nous sommes vulnérables et en besoin des autres !

Au petit déjeuner, on me demande comment j'ai dormi et je réponds : une très mauvaise nuit, et malade jusqu'à 3 h. Je sens immédiatement que j'ai lancé une mauvaise gêne ! J'apprends à tout relativiser et surtout à me dé-centrer : le danger du malade, du marginalisé ! Je cause avec les amis et me replace un peu. Et il est 9 h : tous sont là, souriants. Je me sens « inutile et gêné », et ça me porte à interpréter. Seigneur, prends pitié !

C'est le 24 juin. C'est la fin de l'Année spirituelle. J'ai eu une bonne nuit, même si mon état d'hier soir était déplorable. C'est un miracle que je puisse encore marcher et être autonome. « Quand on est malade, de quoi est-on capable ? » Et j'ai encore de l'appétit, c'est un bon signe ! Nous passons à l'eucharistie : « Merci, Seigneur, de m'avoir permis de faire mon boulot jusqu'à la fin. » Après je refais mes bagages.

J'ai livré au magazine *Mission* la réflexion qui s'est élaborée en moi tout au long de cette année 1980-1981. Je vous la livre ici.

Provocante incarnation

Il existe des signes impressionnants par tout ce qu'ils évoquent. Mère Teresa de Calcutta et tous ceux et celles qui marchent dans ce sillon ne laissent personne indifférent. Ils nous disent que le Christ est toujours un Dieu de bonté, de tendresse et de miséricorde, incarné en Jésus-Christ et toujours exprimé dans un visage d'homme et de femme.

Cette année encore se présentaient 15 jeunes gens s'offrant à entrer dans une expérience toujours un peu surprenante à notre époque. SIGNE PROVOCATEUR de réflexion et d'énergie intérieure. Qui est à l'origine d'un tel rassemblement? Quinze jeunes gens de douze nationalités entrent au noviciat des Pères Blancs! Il faut l'faire!

Pour s'entraider dans l'interprétation de ce signe-événement-d'aujourd'hui, prolongeons notre pensée et laissons-la se « convertir » en recherche priante soutenue par ce qui suit, qui nous permet, aussi, d'entendre la voix qui les travaille, voix qui les a particulièrement touchés cette année. Ils sont entrés pour « ça ». Le noviciat des Pères Blancs offre aux jeunes gens qui s'y présentent une première période de formation à la prière prolongée et d'initiation à la vie ensemble, au service gratuit, à la disponibilité généreuse et qualitative pour le service de la mission. Cette vie ensemble est nécessairement révélatrice parce que décapante, purifiante. Elle dévoile ce qu'on a au fond du ventre (Luc 2,35).

Parce que nous nous sommes mis, depuis maintenant neuf mois, à l'école de Jésus et avons appris ensemble à fixer nos yeux sur lui (Hé 12,2), le MAÎTRE. Petit à petit, bien des revirements, transformations, ont commencé à s'opérer en nous. C'est un début! Il faut bien que ça commence « sérieusement » quelque part! Et ainsi vérifier et faire un tri dans toutes ces « voix intérieures », apprendre avec d'autres à authentifier la vérité de l'APPEL à la vie missionnaire.

Douze nationalités! Vraiment, un groupe typiquement PB, international et interracial, qui doit devenir une communauté : un lieu de partage, de communion, de vie. Une cellule d'Église où s'incarne LE commandement de Jésus (Jean 13,34-35). Ça s'apprend et se cultive. L'année spirituelle représente une étape capitale à ce propos parce qu'elle me dit, en termes de chair et de sang, si mes pensées, mes désirs, mes projets correspondent à cette exigeante mais combien exaltante réalité d'une vie consacrée pleinement au SERVICE de l'ÉVANGILE dans une société exclusivement missionnaire. La vie de communauté, dans une telle perspective, « devient un témoignage vivant que les préjugés de race, de classe, de nation, de culture peuvent être dépassés pour le Royaume de Dieu» (Jean-Paul II, audience aux Pères Blancs, le 15.12.80).

Le «Viens et suis-moi» de Jésus a des implications existentielles insoupçonnées au départ. L'année spirituelle se veut un lieu privilégié de RENCONTRES AVEC DIEU*, avec soi-même, avec les autres. Un lieu qui pose question et étonne, provoque, choque, ne laisse sûrement pas indifférent. Qui, encore une fois, peut rassembler ainsi 15 jeunes gens de 12 pays différents, représentant 4 continents? Oui, il y a un* VISAGE *au-delà de cet événement «provocant»!*

Les signes ne manquent pas dans nos vies. Que celui-ci nous aide à découvrir ceux qui tissent notre existence quotidienne pour ainsi discerner le VISAGE *de ce même Jésus et également entendre sa voix pour la laisser nous interpeller. Lui, il vient toujours chez vous, chez moi, chez nous par l'humilité du* SIGNE*, de l'*ÉVÉNEMENT*, du «*SACREMENT*» de la rencontre, de l'amitié, du visage de l'autre.*

Julien Papillon, 1981

Le 26 juin 1981, c'est la soirée d'adieux en présence des Sœurs Blanches et d'autres femmes. Soirée caractérisée par la joie, la spontanéité et l'aisance des rapports entre nous, fils et filles de Lavigerie, et avec nos amies de l'extérieur, toutes des femmes. Elles sont entrées à plein dans le jeu par la simplicité de leur présence et leur gracieuse féminité qui ont donné charisme et tendresse à notre célébration fraternelle. Je suis entouré toute la veillée sans le rechercher. C'est très agréable, je sens que la femme complète l'homme, et je sens aussi que les jeunes sont plus à l'aise que nos aînés dans ce contexte mixte et intéressant à regarder. On «dévoile» ici : l'homme est plus «intéressé». Je remarque aussi l'attrait de la femme vers l'homme qui la «sécurise».

Au mois de juillet 1981, Julien fait sa retraite annuelle dans une communauté PB à Veyras, dans le Valais, en Suisse. Voici quelques paroles venant de sa prière et de son cœur.

Du fond de ma prière se dégage une phrase comme toile de fond : « Comment l'homme se comprendrait-il hors de Celui qui est l'image du Père ? » C'est la référence biblique de Genèse 1-2 et d'Éphésiens 1. Je sens beaucoup de consolation, de sérénité et la profonde joie d'être aimé du Père et d'être donné à Jésus comme ami et compagnon. « Viens, Jésus, prolonger ta Vie en moi, dans les miens, dans mes confrères, les Sœurs Blanches et les hommes !

J'ai les jambes très faibles. Je fais une visite finale chez le médecin. Sang, urine, cœur, pression, ça va ! Mais épuisement total ! *Repos, me dit le médecin, sommeil, et ne rien faire !* » Je suis un peu dépressif de me sentir « encore » si épuisé. Dans la soirée, je vais voir un confrère pour ma confession de retraite et pour exprimer ma reconnaissance à Toi, mon Dieu, et mon état de pécheur. Le confrère m'encourage et m'aide à voir mon état présent pour témoigner de l'amour de Dieu en fidélité de Jésus et en instrument de grâce pour les jeunes. Je sors fortifié et encouragé par le sacrement et la bonté fraternelle rencontrée chez ce confrère.

Je passe en prière un temps privilégié où j'essaie d'être conséquent avec les lumières reçues antérieurement dans ce nouveau regard sur le ministère que le Seigneur me fait vivre depuis tant d'années : lui préparer des compagnons. Il est « normal » que je sois pour eux ton visage, Jésus, et un passionné du désir du Père à leur faire passer. Je dois les porter dans ma chair, ma souffrance, ma prière pour qu'en moi, Jésus, mon Sauveur et Seigneur, tu leur deviennes chaudement vivant, présent, Maître et compagnon de vie. Merci pour cette Lumière, cette grâce, cet encouragement et pour la joie d'être encore aimé malgré tant d'infidélités de ma part. Mais tu connais ma faiblesse ! Garde un œil sur moi !

Prière sur les Béatitudes, la manière de Jésus. Je prie calmement la Vierge par le chapelet. C'est la prière des pauvres. Demeure dans l'esprit du pauvre qui attend tout de Dieu et prie « d'être reçu » par lui et d'y demeurer. Une prière pour rester éveillé et en alerte afin de ne pas être dupe des récupérations de toutes sortes : prestige, puissance, renommée et richesses affectives. Vierge Marie, garde mon cœur pur, semblable au tien. Apprends-moi à tout donner à Jésus, mon Sauveur, Seigneur, Maître et Compagnon de route.

J'écris une lettre soignée, pleine d'histoire et de tendresse, à Évelyne[18] pour ses 50 ans, le 18 juillet prochain! Seigneur, bénis-la! Merci pour tout le vécu ensemble jusqu'à maintenant. Je me souviens! Après la sieste, je sens beaucoup de maux aux jambes et aux bras. Je les vis à la manière de Jésus : c'est la mission pour moi, ici et maintenant, comme je suis! Merci, mon Dieu!

Je contemple l'expérience pascale de Jésus. On m'a prescrit des médicaments pour lesquels je développe une forte allergie. J'ai le visage, les jambes, la poitrine rouges comme une «tomate». De toute façon, pas de panique, tout passe et je me suis endormi avec le thème de demain : Jésus est vainqueur de la mort, pourquoi avoir peur? Dans ma prière, je suis consolé et marqué par Jésus souffrant mais glorieux. Je suis choisi, donné par le Père à Jésus livrant sa vie, sa mort au Père et faisant éclater la puissance de l'Esprit dans son corps mortel, dans le mien. *Deo gratias!* Grande joie intérieure de prolonger ma prière.

J'en arrive à la conclusion de cette retraite. Je me sens très motivé par la dernière prière : la «contemplation de l'Amour[19]», avec le texte de l'évangile du jour en Mt 11,25-27 : «*Je te loue, Père, Seigneur du ciel et de la terre, d'avoir caché cela aux sages et aux intelligents et de l'avoir révélé aux tout-petits.*» Je suis en offrande, en action de grâce et en accueil de ce que je suis et comme je le suis maintenant dans le désir de trouver mon Dieu «en toutes choses». Merci de tout ce chemin parcouru, particulièrement durant ces derniers jours, et des fruits que je sens monter en moi. Je passe un temps d'oraison, pacifié, serein et heureux d'être, avec une certaine «nostalgie» que l'humanité ne soit pas plus éveillée à son Créateur et Sauveur. Colloque[20]

---

18. Voir chapitre 1, note 22.
19. Dernière méditation des Exercices de saint Ignace, servant de conclusion à l'ensemble des Exercices.
20. Entretien intime entre deux personnes. Dans le contexte de la méditation, le colloque résume, affectivement, les points médités.

intense : *Marana Tha !* « Utilise-moi, Jésus, pour accélérer ton retour ! Viens, Seigneur Jésus ! »

———◆———

Durant l'été 1981, Julien se prépare à affronter l'Année spirituelle 1981-1982, qui sera formée de deux groupes sous le même toit avec le même personnel. Un groupe anglophone avec dix-huit candidats et un groupe francophone avec cinq candidats. Un responsable pour les deux groupes, le p. Gotthard Rosner, avec deux collaborateurs : les pères Julien Papillon et Richard Dandenault. Ce sera une année difficile. Il faut pour ces derniers à peu près combiner tout dans les deux langues. Et la santé de Julien ne s'améliore pas. La sclérose fait lentement et implacablement son travail de détérioration.

Durant le même été, il fait la marche missionnaire [21] organisée par les Sœurs Blanches et les Pères Blancs d'Europe avec deux points de relais, à Taizé et au Carmel de Mazille, et retour par le sud de la France. C'est un événement où Julien rencontrera des jeunes, ce qui donnera lieu à de nouvelles amitiés. Cette marche dure 7 jours, du 6 au 13 août.

———◆———

Nous sommes partis de Fribourg le 5 août en direction de Taizé et de Mazille, pour la Route missionnaire. La chaleur est écrasante. J'y rencontre 250 jeunes, sympathiques et fatigués, mais joyeux et qui se regardent avec « attente et désir de se rencontrer ». Les jours qui suivent sont très chargés. Je note peu de choses sur le moment. Le 9 août, c'est notre dernière matinée à Mazille. Je me lève à 7 h et prends ma première douche depuis mon départ ! C'est très apprécié ! Merci pour ma sœur l'eau, Seigneur. La nuit m'a été reposante et je m'étonne de ma résistance. Je suis arrivé péniblement et je sens maintenant une poussée de vie nouvelle. J'ai risqué et le Seigneur m'a comblé. Le 13, j'écris après avoir passé plus d'une semaine à ne pas écrire ma journée à cause des circonstances « nomadiques » et du désir de faire rupture avec l'habituel. Je reprendrai calmement l'évaluation de Mazille et de Taizé dans les jours qui viennent. Pour le moment, je renouvelle ma foi

---

21. Nom donné à un type de pèlerinage à connotation missionnaire, organisé par les Pères Blancs/Sœur Blanches d'Europe dans le but de mobiliser les jeunes intéressés à la cause missionnaire.

en Christ et dans l'eucharistie pour recevoir mon être au-delà de la mort. Et je remarque que Jésus me devient un maître et compagnon « tout intime » et continuel. Quelle grâce, Jésus, tu me fais !

⟡

C'est le retour à Fribourg. C'est à ce moment-là, fin août 1981, que Julien reçoit deux lettres, l'une signée de Danièle Jobin, responsable du Foyer Agapè, à Ottawa, et l'autre de Jeannot Hualde, qui avait été étudiant à l'Année spirituelle durant l'année 1977-78 à Vanier. Jeannot avait fait les six semaines de stage social prévu à la fin de cette année au Foyer Agapè. Une bonne amitié s'était développée entre Danièle et Jeannot, et Julien avait été témoin de cette amitié. En 1981, Jeannot est ordonné prêtre missionnaire d'Afrique aux Aldudes, au pays basque, côté français, et Danièle s'y était rendue pour la cérémonie. Ces deux lettres, relativement courtes, datent de cette période. Et depuis, Danièle est décédée d'un cancer et Jeannot est mort à la suite d'un accident de voiture au Mali, en Afrique occidentale.

⟡

Cher Julien, Inutile de te dire que j'ai profondément pensé à toi durant ces jours de merveilles et de prières. « Julien », oui, je l'ai totalement donné à Jésus. Prie pour moi, car il me faut continuer ma route... Je pense à toi et je t'aime beaucoup, Danièle.

Bonjour Julien : « C'est bien comme on dit chez nous : C'est fait. » Inutile de te dire comme je suis heureux ! Merci mon « petit » Pap pour tout ce que tu as été pour moi. Tu as été pour moi un ami, tu l'es toujours et tu le resteras. Merci pour tout. Prie pour moi, je prie pour toi. (Hier, j'ai beaucoup pensé à toi.) Je t'embrasse bien fort, ton ami Jeannot.

Et la vie continue. La température est encore très belle ce matin, et c'est plein d'oiseaux qui font leur prière. Je travaille au réfectoire jusqu'à 10 h. J'en sors et j'ai peine à marcher. Je reste bien uni au Seigneur Jésus : « Viens vivre en moi ton mystère pascal, Seigneur Jésus, pour mes frères et sœurs, et que je sois une humanité de surcroît pour toi aujourd'hui. » Et plus tard dans la même journée, une amie Sœur Blanche vient causer pour la dernière fois à Fribourg. Nous avons un échange bien généreux dans l'action de grâce et remercions le Seigneur de ces deux années « ensemble » où nous nous sommes découverts en profondeur et entraidés sur la route, apprenant à nous recevoir comme dons gratuits de Dieu. Oui, merci, Dieu Père, pour l'amour, la tendresse et la miséricorde que tu nous as montrées l'un par l'autre. On se laisse dans l'espérance et l'assurance d'un au revoir quand il le voudra et là où il le désirera pour nous. *Deo gratias!*

Et je détruis toute une quantité de lettres reçues : c'est la vie du nomade pour Jésus, à savoir délier les liens régulièrement. Merci, Seigneur Jésus, pour cette liberté du cœur dans laquelle tu me fais grandir.

L'une des participantes de la Route missionnaire vient me voir. Donne-moi, Seigneur, d'être pour elle ton visage et qu'elle puisse repartir avec ta lumière et ton amour. Elle se sent particulièrement touchée par ce qui touche «l'humanité» et au message qu'elle découvre. Elle a une grande soif d'absolu et je lui suggère de découvrir son style de recherche. Merci, Seigneur, pour cette rencontre gratuite. Et je suis dans l'action de grâce pour tous ces hommes et ces femmes que tu mets sur ma route, Seigneur. Puissions-nous demeurer vulnérables et profondément attachés à toi jusqu'à notre départ final vécu dans l'espérance de nous retrouver en Toi !

⊸━◆━⊶

Le 5 septembre 1981 commence l'Année spirituelle avec l'accueil du groupe anglophone. Une dizaine de jours plus tard, arriveront les candidats du groupe francophone. Cette année se terminera pour les deux groupes à la fin de juin 1982. Les pages qui suivent révèlent simplement quelques réflexions percutantes, triées chronologiquement au fil des jours et que Julien note dans son journal.

En lutte constante avec lui-même, avec les remous de son «histoire» et d'une image qui ne lui plaît pas toujours, Julien nous livre son combat intime avec la parole de l'Évangile. Les défis se révèlent parfois excessifs et démesurés. Il se rend bien compte que le meilleur de lui-même au service et dans l'amour gratuit de l'autre ne lui sera possible que dans le compagnonnage de Jésus qui lui prête amoureusement et miséricordieusement mainforte. Quelle joie que de s'y livrer. Avec la conscience d'une affectivité récalcitrante cherchant de prime abord ses satisfactions et ses intérêts, c'est encore l'émergence et l'éclosion de la tendresse qui apparaissent dans ces pages inédites.

———◆———

Échange avec un confrère sur notre itinéraire et sur notre présente situation. Nous sentons la joie et l'exigence du cheminement vécu, la libération et la solitude féconde, les retrouvailles du rôle du corps comme langage. Merci, Seigneur, de cet échange généreux et amical.

Ma prière est influencée par mon corps fatigué, comme je suis, et ça me paraît bien pauvre. Je préside l'eucharistie à défaut de « volontaire », et mon introduction est un peu « pénible » et j'ai peine à sortir ! Elle est peut-être trop longue. Le reste se passe « à l'aise ». Je me demande si c'est la présence de Dieu qui prime dans mon émotivité ou ma présence aux hommes avec l'image d'un sur-moi qui « contrôle la situation » ? Bonne question ! Il y a des deux, sans doute. Il est intéressant de le savoir et de le conscientiser pour laisser émerger l'essentiel : c'est un long cheminement, et l'important, c'est de ne pas lâcher, et de prier et d'accueillir l'Esprit qui travaille en moi. Jésus, viens en et chez moi.

Ma prière est pauvre comme je suis, c'est-à-dire en train de sentir tranquillement qui je suis, invité à une grande lucidité au dépouillement de cœur et d'esprit pour laisser Jésus vivre sa passion et sa résurrection en moi. Tout est question de foi : *It is very tough*[22] ! Je dois me prendre en totalité pour me retrouver en Jésus, donner à l'autre la priorité, être éveillé et prêt à saisir l'offre, toujours là pour mourir au moi vaniteux, orgueilleux, en recherche de puissance. En ces derniers temps, j'ai eu des possibilités d'effacement au profit de la simple vérité et j'ai raté ces occasions *d'être vrai* pour m'attirer les « profits » d'un travail fait par un autre. C'est là la puissance et ses tentacules, de « dominer » par mes suggestions, piquant les idées de l'autre. Seigneur, prends pitié de moi et merci de cette invitation discrète d'être à toi : « *À moi de diminuer, à Toi de grandir* » (Jean 3,30).

---

22. C'est très dur.

Gotthard revient de chez les Sœurs qui lui auraient dit : « Que le père Papillon ne prêche pas trop long demain. » J'ai compris le message. Ces religieuses enseignent et doivent être prêtes pour leur travail après le petit déjeuner. Je l'ai aussi senti ! Je suis sensible à ce genre de choses. Il y a cependant une vérité à capter et à accepter : « N'essaie pas, Julien, de te justifier, prends le message et travaille dessus ! »

Le groupe part en montagne avec Gotthard. Il préside une eucharistie priante et bien dirigée. Il est fort, ce Gotthard ! Ça me prend du temps à me libérer du moi toujours empêtré de ce retour sur mon image, impeccable à entretenir ! Seigneur Jésus, libère-moi de ces gênes intérieures. Rends-moi transparent ! Et j'ai les intestins dans le sang depuis plusieurs jours avec maux de ventre qui sont fatigants, inquiétants et m'enlèvent beaucoup de liberté corporelle et de possibilité de présence aux autres. Seigneur, prends pitié !

Par ma situation de pécheur, ma petitesse, ma superficialité, mes réactions frivoles et émotionnelles du passé et d'aujourd'hui, je m'accroche à la miséricorde de Dieu exprimée en Jésus dans sa parole d'Évangile. Jésus, mon maître et compagnon de vie ! Merci de m'aimer, de m'accepter et d'accepter d'être aimé comme je suis, pécheur, imparfait, limité et pauvre en tous les domaines, capté par mon « moi historique ». Frustré ? Au lieu de demeurer dans cet état « escargot », m'ouvrir au salut en me laissant aimer et regarder en vérité. Je n'ai pas le droit de perdre tant d'énergie dans ce narcissisme. Mourir à moi, renaître en Jésus, voilà la direction à suivre dans la praxis du quotidien renouvelé. Esprit de Jésus et du Père, viens ! Je célèbre le sacrement de réconciliation et jase avec un confrère sur les mouvements intérieurs et leurs répercussions au niveau de la foi et de la sensibilité. Je vis une joie profonde de sentir que, malgré mes limites, mes frivolités passées et présentes, ta grâce, Seigneur, est plus forte ! Jésus, ne me lâche pas. Action de grâces et joie intérieure.

Prière à Thérèse de Lisieux de me garder à Jésus et d'intercéder pour tous ces visages qui me viennent au cœur et à l'esprit ce matin. Une amie vient partager son vécu, et l'échange progresse lentement, en profondeur, de l'extérieur à l'intérieur. Je l'introduis à mon cheminement. Elle écoute et se livre, timidement encore, mais nous sommes sur la voie de vivre cette rencontre comme un « événement », un lieu de la présence de Dieu qui interpelle et invite à nous enfoncer dans son amour, à son service, et ce, en s'accompagnant sur la route. Un échange sous l'inspiration de l'Esprit. Être fils et fille dans le Fils : je me sens « poigné » par cette dimension filiale de l'existence humaine. C'est quelque chose à découvrir et à expérimenter par tout son être, et c'est très bien. Merci, Seigneur !

En donnant une instruction au groupe anglophone sur le sens de la pénitence et du sacrement de réconciliation, je ne me sens pas aussi à l'aise qu'avec le groupe francophone. C'est sûrement bon pour l'humilité et j'ai beaucoup à apprendre ici, et si je ne me sens pas très à l'aise, il faut peut-être penser à me « retirer ». Cette lourdeur viendrait-elle d'une sensation de *self-pity*[23]? J'ai la tentation de tout accaparer : honneurs, motifs, gloire. C'est très révélateur tout ça ! Je supplie le salut de Jésus-Christ pour en être libéré. Je suis bien complexé, Seigneur. Mon amie m'a bien dit que j'avais maintenant deux compagnons qui prendraient de plus en plus de place, leur place. Au lieu de me refermer, vivre « l'événement » en « entrant » dans ce nouvel itinéraire de détachement et d'itinéraire parallèle à celui de Jésus.

Je fais une sieste prolongée, et le lever est difficile à cause des maux de jambes et « partout ailleurs ». J'ai peine à marcher, mais il le faut, « faut pas lâcher, vieux Pap ! » Je marche péniblement, il fait beau, mais je suis trop faible pour sortir. J'écrirai donc ! Après les nouvelles à la télé, je sens un retour sur moi alors qu'un étudiant me demande de rencontrer un autre responsable. Je me sens en même temps « rejeté » et porté à ces sensations, sans fondement. Comme je suis fragile ! Et en même temps, en préparant ma liturgie, je sens fortement ta présence, Seigneur de paix et de joie, en solidarité avec la mission en marche. Oui, c'est dans la « faiblesse » que celle-ci se vit (2 Co 12,9). Merci, Seigneur, tu travailles toujours en moi pour me purifier !

---

23. Sentiments indus d'apitoiement ou de repli sur soi.

Je me suis réveillé très tôt ce matin après une bonne nuit de sommeil. J'ai des pensées des puissances du mal en moi, toujours les mêmes, liées à cette nature humaine connue et expérimentée depuis mon âge tendre. J'ai les mêmes réactions, ce sont les « puissances de domination » à ma manière! Elles sont liées à des pensées « dépressives »! Ma réaction, c'est que le salut est donné, donc accepter que je ne contrôle pas la situation, même après des années à l'Année spirituelle! Éviter de plaquer des schémas de perfection sur les autres, accepter et assumer mes pauvretés. Le salut vient de Jésus-Christ! C'est l'unique issue. Ma prière va dans cette ligne : Vierge Marie, apprends-nous le Christ, à lui dire OUI! Je prie cette pauvre condition qui est mienne en union avec les souffrants d'aujourd'hui. Viens, Seigneur Jésus!

Accompagnement d'un étudiant : rencontre très intéressante, enrichissante et révélatrice. Il est entré dans une vie « style sobriété » vis-à-vis de l'étude, de la prise au sérieux du temps et son emploi, et de l'écoute de la radio. Cela lui révèle tout un monde intérieur qui lui est difficile à affronter pour l'instant, mais qui lui est symptomatique. Il perçoit la dépendance qu'il s'est créée vis-à-vis des « gadgets » et je l'ai invité à entrer seul chez lui et chez Dieu. Ce n'est pas évident : l'ascèse pour le moment est exigeante, mais, c'est mon sentiment, elle portera de bons fruits au plan liberté intérieure, capacité d'écoute et de choix dans les multiples options qui s'offrent à lui, en plus de lui donner une grande aptitude au discernement. Il mentionne aussi qu'il perçoit chez lui une peur de vieillir seul. Chose intéressante à reprendre. Je lui parle du charisme et du mystère de chaque individu, livré à la solitude et invité à la solidarité. Je l'encourage sur cette route « costaude » à suivre.

En révision, je remarque que cet entretien, lié à d'autres rencontres avec une amie en particulier, me conscientise sur deux points : que je ne suis pas d'abord « facilement » présence de Jésus et que je ne le vois pas immédiatement, comme ça, dans l'autre. C'est une grâce à demander constamment! Ensuite, il y a le souci de « paraître » : ai-je été à la hauteur? Comportement? Deux questions qui reviennent constamment dans mes révisions et qui donnent lieu à une supplication constante pour « être ta présence », Seigneur Jésus. Cela montre bien mon peu de liberté intérieure et ma passion de Dieu, mais que d'impureté dans tout ça. Oui, viens, Seigneur Jésus !

C'est le 25 décembre. « Le Verbe s'est fait Fils de l'homme, pour habituer l'homme à recevoir Dieu, et habituer Dieu à habiter en l'homme » : comme cela paraissait bon au père Irénée de Lyon. C'est un admirable échange, comme le chante la liturgie. Prière de louanges en profonde paix ! J'ai le profond sentiment d'être aimé de Dieu avec la joie de proclamer la Parole du salut en solidarité avec tous les croyants, hommes et femmes, et particulièrement en communion avec nos frères et sœurs chrétiens. C'est une force incroyable. Nous sommes en train, grâce à l'événement polarisé, d'être conscientisés comme jamais de notre force. C'est nous, chrétiens, qui avons la clef de l'Histoire : Jésus-Christ, Seigneur. Merci, Seigneur, d'être ici !

À la même époque de l'automne 1981, Julien écrit une lettre au supérieur général et aux membres de son conseil pour décrire son état général, ses capacités réduites au niveau de son travail et sa disponibilité pour un travail « ailleurs » ou pour demeurer sur place dans le même ministère selon qu'eux le jugeront opportun.

Je suppose que les semaines à venir verront la question du noviciat se poser quant aux lieux éventuels, question de staff, etc. Faisant partie du décor depuis 14 ans consécutifs, j'ai pensé partager avec vous quelques pensées intimes sur ma longue présence dans ce contexte ministériel bien particulier.

Évidemment, une expérience prolongée expose au risque connu et « expérimenté » de richesses, voire même de capitalisme spirituel, qui se met en branle avec chaque nouvelle année. Mais le Seigneur se charge des éventuelles purifications, et ça ne manque pas habituellement.

Sécurisé par l'habitude, qui pourtant est soumise à l'exigence de la désinstallation avec chaque nouveau groupe, je me pose la question, à mesure que je vieillis dans ce service, sur mon aptitude à reprendre la route (Gn 12,1). Crainte de quitter ce lieu privilégié ? Peur de l'inconnu ? Sûrement d'une part, et d'autre part, appel à partir pour l'ailleurs et disponibilité à cet ailleurs. C'est l'unique raison de cette lettre.

Disponibilité à partir et vous rendre la chose plus facile si vous croyez le temps arrivé pour moi de laisser ce ministère bien particulier à d'autres plus jeunes.

Ma santé demeure toujours une hypothèque majeure, et ma disponibilité aux possibles autres services s'en trouve évidemment réduite. Me serait-il possible de vivre en Afrique et d'y travailler? La réponse est probablement à chercher dans, le « conditionnement climatique » au sens plénier du terme.

Je sais aussi que je suis généreux de nature... et je dois éviter de « rêver en couleurs ». Mes deux confrères de poste ici sont sûrement bien placés pour apporter un peu de lumière sur la question...

Au niveau de l'évolution personnelle, me serait-il bon de quitter l'Année spirituelle? Ici aussi, il m'est difficile de répondre. Je dirais simplement qu'il me paraît normal de travailler longtemps au même endroit et particulièrement en formation. Je me sens toujours gêné quand on se plaint de son poste, etc. Je pense à la masse de bonnes gens qui eux n'ont tout simplement pas le choix, et moi, qui suis-je pour me plaindre? Alors, j'entre plus profondément dans ma situation et j'essaie de mieux l'assumer au rythme des jours qui viennent et qui sont donnés pour être sûrement vécus à plein. Je fais silence et je travaille comme je suis AUJOURD'HUI.

Je remarque aussi une diminution lente et progressive de ma santé. La sclérose fait bien son travail. Et l'âge contribue également à « l'usure des pièces ». Je suis maintenant entré dans mon premier demi-siècle depuis août dernier : ce n'est pas encore une exploit, mais il faut quand même le faire. Quelques détails sur cet état de santé : 1) les jambes : de plus en plus pauvres. Je ne marche qu'avec béquilles et je ne dépasse même plus le temps d'un chapelet. 2) Les mains : très diminuées, incapables maintenant d'écrire deux heures de suite. 3) Je suis obligé de suivre une très grande régularité de vie, avec périodes de repos prolongé, sinon je ne résiste pas et ne peux plus travailler. 4) Fragilité toujours plus prononcée. Très délicat et peu de résistance. 5) Capacité de travail encore étonnante à condition de respecter le point 3.

Je terminerai en disant bien simplement que je n'ai jamais eu dans le passé et encore moins aujourd'hui les « moyens » de m'imposer et je n'en ai pas l'intention explicite. Mais connaissant toujours mieux l'extraordinaire subtilité du cœur humain et sachant qu'on peut tout récupérer quand sa peau est en jeu, j'ai quand même osé écrire ces quelques pensées bien personnelles pour démasquer ces éventuelles « finesses » du cœur, vous laissant aussi tout simplement entrevoir le désir d'un cœur en marche vers ces lieux de totale

transparence, et, en attendant, je sais que l'obéissance a été, est, et sera tou-
jours le vrai milieu ici-bas de la rencontre avec Celui qui dirige nos destinées
par des médiums humains dont vous êtes pour moi et pour toute la Société [24]
les présents responsables et lieutenants. Je vous redis donc mon désir de
servir la mission là où vous pensez qu'il sera possible et le plus utile. Évidem-
ment, et le ton de la lettre le suggère, je pense, je demeure ouvert à la possi-
bilité de continuer encore à l'Année spirituelle si vous le jugez à propos.

Que Dieu vous bénisse et féconde votre service d'Église dans notre « Petite
Société », et que son Esprit soit votre guide, votre lumière, votre soutien et
votre consolation dans vos lourdes responsabilités.

Fraternellement vôtre, Julien

———◆———

Une première réponse à cette lettre est venue, signée Michael L. Fitzgerald,
assistant général. C'est un accusé de réception, signalant entre autres points
celui-ci : « *Nous avons noté avec plaisir ta ‹ capacité encore étonnante de*
travail › et que tu as la sagesse de ‹ suivre une très grande régularité de vie,
avec période de repos prolongé ›. Ce n'est pas évidemment une question de
vie ou de mort, mais de ta disponibilité de rester à l'année spirituelle ou de
partir. Un merci très sincère de nous avoir fait part de cette disponibilité. »
La question définitive de l'orientation future de Julien viendra du supérieur
général lui-même au début de l'année 1983.

À partir de janvier 1982, Julien poursuit son travail dans le même milieu
pour une année et demie encore. Comme il l'a mentionné dans sa lettre, sa
maladie l'affecte beaucoup et les mentions de faiblesse, de fatigue extrême
devenue pratiquement quotidienne, de maux de jambes, de bras, de ventre,
sont fréquemment rencontrées.

Malgré tout : une grande générosité pour être à la hauteur de son ministère
de formateur et d'accompagnateur. Son effort d'attention et de présence est
constant. Sa prière, enregistrée chaque jour, reflète son état intérieur
d'offrande, son abandon à la miséricorde et à la tendresse de Dieu, sa supplication pour ses sentiments de péché, ses besoins de purification, son désir
d'être pris en charge par le Père, pour que celui-ci le donne, le confie à son
Fils Jésus par la puissance amoureuse de son Esprit.

Les événements quotidiens sont soigneusement notés et qualifiés selon les
réactions viscérales qu'il ressent : les repas, les rencontres, les lettres reçues,

---

24. C'est-à-dire la Société des Missionnaires d'Afrique.

les imprévus, les mini-voyages, le ministère extérieur, les difficultés de contexte, les relations faciles et les moins faciles.

En prélude à ce journal de 1982, on trouve ceci :

———◆———

L'éducation : le but du projet éducatif inspiré par l'Évangile est de libérer les jeunes pour les rendre capables de faire des choix personnels : l'inverse du conditionnement ! Il ne peut y avoir instruction sans éducation, et ni les contenus ni les méthodes ne sont innocents. Il n'y a pas d'éducation sans valeurs sous-jacentes. Il y a quatre valeurs pour que l'école soit qualifiée de catholique, quatre valeurs inspirées par l'Évangile. Les trois premières sont des attitudes profondément humaines que les chrétiens peuvent partager avec d'autres courants de pensée : le respect de l'autre, la créativité et la solidarité. Et la quatrième, l'intériorité, qui conduit les jeunes à prendre conscience d'eux-mêmes à la lumière d'une démarche inspirée par l'Évangile. « L'Évangile n'est pas neutre et Dieu n'est pas conservateur » (Card. Marty, mai 68).

Père Abraham, là où tu es fort, c'est dans la mise en route, la marche sans boussole, toujours prêt à partir et à repartir, sans savoir où tu vas (Hé 11,8). Apprends-moi à repartir encore, à aller jusqu'au bout et dans le noir, après avoir fermé les portes de l'avenir et celles du passé (d'après Robert Etchegaray).

Je suis en route vers une communauté de religieuses. À la sacristie, l'une d'elles, après un bonjour-sourire, me demande de ne pas prêcher trop longuement ! Bien volontiers, mais je le ressens et ça me « travaille » pendant la prière préparatoire. Je comprends cependant et j'entre en dialogue intérieur, c'est toute l'histoire qui remonte : « le rejet » des petits copains. C'est bien d'en prendre conscience au tout début de l'année comme ça. Il s'agit de l'humilité, de la vérité, de l'éducation de mon être, de la compréhension de l'histoire et de la sensibilité des autres. Merci, Seigneur, pour la parole de cette religieuse. J'y mettrai tout mon cœur et voilà ! Comme toi, Jésus. Apprendre l'homme et vivre dans l'événement en le laissant faire son travail d'épuration.

Nous ne sommes pas impeccables et constamment en marche. Homélie de deux minutes ! Tout juste à leur souhait : une bonne journée. Le lendemain, je célèbre la louange du Seigneur avec elles, même si je ne suis pas très « éveillé » ! Et toujours dans ma sensibilité, cette parole d'hier qui influence en temps et investissement l'homélie : j'essaie de me dégager de cette sensibilité froissée pour être libre et pour laisser passer ta parole, Seigneur, simplement et brièvement.

Nuit appréciée et lever retardé jusqu'à 7 h 30 ! Où allons-nous ? Et je sens mes infirmités croissantes et envahissantes, surtout après un *party* [25] comme hier soir où j'ai pourtant été « sage ». Je ne peux plus me permettre trop d'à-côtés, et pourtant je ne puis faire autrement, c'est la vie ! Alors il faut vivre ces situations le plus sobrement possible et payer la note le lendemain ! Seigneur, prends pitié de ma pauvreté, qui me solidarise avec mes frères et sœurs humains souffrants aujourd'hui ! Alors, qui suis-je pour me plaindre ?

Rencontre avec un étudiant : un échange qui débute loin de notre sujet ! Il parle beaucoup et je le laisse aller tout en guettant l'occasion pour revenir « ici ». L'occasion s'offre par le truchement d'une sensibilité vulnérable et j'ouvre sur ce point à l'occasion d'un événement qui l'a blessé en arrivant au petit déjeuner. Boutade qu'il a avalée, mais il a été blessé. À partir de ça, on touche toute la question de la sensibilité et de la conversion : un long cheminement à faire et ne pas se scandaliser des sursauts de la sensibilité, elle fait son travail ! À nous d'apprendre à agir et à réagir selon les Béatitudes ! Très bon échange et, pour une première fois, on touche une question essentielle et personnelle. Merci, Seigneur !

Le secrétaire à la formation est parmi nous. En séance de conseil, on reprend les points touchant à la prochaine année spirituelle. J'écoute et je parle, surtout après les autres et c'est normal, étant maintenant celui qui doit apprendre à se retirer « par la porte d'en arrière ». Il est juste et bien que ce soit les deux autres du personnel qui sont désormais les consultés !

---

25. Soirée de rencontre non organisée où la joie et le plaisir dominent.

Lever avec « fortes pensées » à tendances de retour sur moi et de « peurs » quand je vois ma vie ! Il faut aller à l'encontre de « ça ». C'est le temps de s'y mettre ! Je sens et j'interprète ces « visites intérieures » comme un travail du Père pour une plus grande désappropriation du moi et pour laisser la place à Jésus : c'est l'unique voie et l'unique solution de ce combat. Un article lu hier soir sur le sujet suivant : « 50 ans, un bel âge quand même » me revient. Il faut se reconnaître mortel, passer du paraître à l'être, entrer dans la Sagesse, vivre de tendresse et le dire par tout son être. Merci, Seigneur, pour vivre, c'est dans ce contexte de jeunes entouré de tant de personnes aimées que tu m'as données.

Rencontre avec une amie. Nous sommes heureux de nous retrouver et d'échanger. Petit à petit, nous entrons dans le cœur du sujet : l'affectivité et l'évolution historique de sa féminité. Un événement capital toujours à resituer dans sa globalité « historique ». Sa réponse me fait expérimenter « l'homme-femme » comme « êtres historiques », en croissance constante à tous les niveaux psycho-somatico-mystique. Merci, Seigneur, pour cet échange et pour cette relecture d'événement dans l'absolu chez elle et chez moi. Nous sommes tous devenus « Jésus-Christ » !

Je vais voir un confrère pour préparer une sortie. J'y vois une collection luxueuse de la bibliothèque donnée par un autre confrère. Une pensée de retour sur moi me rentre au cœur : et moi, il ne m'a rien donné, et pourtant, j'ai beaucoup fait ! Et voilà le cœur mis à jour. Je refuse cette dialectique pécheresse et j'entre dans la direction des béatitudes : Heureux les oubliés. Je travaille pour le bon Dieu ! Je suis ici pour le Seigneur. Merci, Seigneur, de ma pauvreté.

Prière et supplication en solidarité avec les souffrants : communion dans ma chair, parce que ça ne va pas au niveau santé du corps. *Kyrie eleison !* Il fait très beau, je sens une grande faiblesse générale et j'ai peine à marcher. Seigneur, que dois-je faire ? Demander ma démission ? Continuer jusqu'à ce que tu me le dises « autrement » ? Jésus, tu sais ! Garde-moi en toi, fils dans le Fils en solidarité avec mes frères et sœurs aujourd'hui.

Avec une amie nous avons un long et enrichissant échange. Nous faisons la lecture de l'histoire face à l'événement qui lui est proposé de vivre : une intervention chirurgicale. Seigneur, aide-là à rentrer dans ton vouloir et merci de notre rencontre, encore un signe de ta délicatesse. Un peu plus tard, elle relève une conversation où j'ai manqué de désintéressement. Ça me montre à quel point je suis encore centré et préoccupé par mon moi. Merci, Seigneur, pour son courage, son amour et sa fidélité. En réflexion ultérieure, j'y puise toute une nourriture qui m'invite à grandir en gratuité, en charité, à penser et à sentir l'autre davantage, à voir notre relation comme don de Dieu, et peut-être nous sommes-nous trop regardés comme propriétaires. Seigneur, prends pitié. Nous en sentons la douleur dans le silence et la prière. Une rupture se dessine. Seigneur, donne-nous cette ouverture de notre être à Toi seul. Puissions-nous nous entraider sur la route qui conduit vers Toi et puisses-tu être pour nous lumière, chaleur et inspiration. Action de grâce pour ces échanges, vécus dans le dialogue fraternel et pacifiés avec les exigences de la rupture. On se parle en vérité, en référence au Père, le Donneur de notre histoire nous permettant une relecture amoureuse : tant de pages écrites ensemble. Nous nous laissons pacifiés et forts l'un l'autre, sûrs l'un de l'autre pour la route qui s'ouvre devant nous. Merci, Seigneur, de cette rencontre, de l'amour et de la foi authentique que tu mets en nous.

En partage avec les deux groupes, anglophone et francophone, je peux dire que cette année 1981-82 a donné lieu à un approfondissement de ma foi et à une plus grande connaissance de l'humain en moi et dans les autres. J'ai touché du doigt ma fragilité et mon besoin de salut. J'ai appris à relativiser les choses, à aimer la différence, à faire mienne la pédagogie de la croissance dans la patience : il faut beaucoup de temps pour faire l'homme, pour construire son expérience et pour susciter sa qualité d'être. Ensemble, nous sommes remis par Lui pour la mission vécue dans le style Pères Blancs. C'est une année de grâce, d'approfondissement, de connaissance du visage du Père et d'appel à être miséricorde et tendresse comme Lui.

Je passe la plus grande partie de l'été chez moi, à Neuville. Au début de septembre, avant de repartir pour Fribourg, j'ai une vue superbe sur la mer haute du grand fleuve avec une cinquantaine d'outardes, de petits canards noirs et de goélands par centaines. Merci, Seigneur, pour cette merveilleuse cathédrale ou je célèbre une dernière fois l'eucharistie avant le départ. Encore une rupture, et telle est la vie. Téléphone aux parentes et amies pour leur redire un dernier mot d'amour et « bye », Neuville, une fois de plus. Je quitte Émilia, ma belle-sœur, et mon frère le cœur gros. Je ne peux parler. Je me sens très ému. On se laisse rapidement. Merci, Seigneur, pour cet été béni et choyé que je résume en ces trois dimensions : bonté, tendresse et miséricorde, ce à quoi tu nous appelles, Seigneur.

Le 7 septembre 1982 : une nuit sur l'avion pour arriver à Zurich à 10 h. Bonne traversée et échange généreux avec mon confrère de travail : un partage qui nous enrichit mutuellement et nous donne courage pour continuer la route. *Deo gratias!* Après une eucharistie célébrée ensemble, nous sommes heureux de recommencer et de recevoir le don de Dieu, l'amitié qui nous unit. Je sens plus de confirmation dans ce que je suis et vis. Oui, Seigneur, donne-moi foi, force et courage pour recommencer. Début de la réadaptation à la vie européenne.

Dernière année à Fribourg et Année spirituelle 1982-1983 ; il y avait deux groupes d'étudiants : l'un francophone avec huit étudiants, et l'autre anglophone avec douze. Les responsables de ce dernier groupe étaient Gotthard Rosner et Patrick Fitzgerald. Les responsables de l'autre étaient Julien Papillon et Richard Dandenault.

L'année est lancée. Je termine ma présentation sur une vision à partager et une perspective sur la « rupture » à vivre pour être davantage en communion avec Jésus-Christ, ouvrier du Père. La mission signifie service et disponibilité. Amen !

Sieste qui me montre encore ma fragilité. Faut pas lâcher, Pap, malgré le sentiment d'impuissance et d'inutilité qui me travaille depuis deux jours. J'ai des maux de jambes et je sens beaucoup de fatigue. J'ai des douleurs partout. Je ne puis vraiment me reposer. Malade, ma foi est perturbée. Que de pauvreté ! J'ai la main presque paralysée. Je pense aux souffrants, et parfois je voudrais mourir, mais je n'ai pas le « droit » de penser ainsi ! J'offre cela pour l'Ouganda et pour des amis qui sont là. Et je m'offre au Père en parallèle à Jésus.

Fête de saint Nicolas de Flüe[26]. L'eucharistie est célébrée avec intensité, dévotion et joie de faire mémoire de Nicolas en lien avec notre vocation et en parallèle avec sa « folie » pour le Christ, le seul qui peut « expliquer » tout ça. Merci, Seigneur, pour ta chaude inspiration.

Les journées se suivent et ne se ressemblent pas ! La prière ce matin est comblée de joie et d'action de grâce avec un fréquent retour sur une phrase venue de l'Esprit, exprimée à l'homélie hier : « Ma liberté intérieure est proportionnelle à ma capacité de recevoir. » Merci, Seigneur, pour la joie que tu mets en moi ce matin.

Il est 15 h. Je recommence à écrire un peu jusqu'à 16 h, et je prends conscience que si l'écriture m'est enlevée, ce me sera très dur. Ça m'est tout un moyen de communication, le seul qui me reste, avec lequel je peux voyager à travers le monde et rencontrer mes amis. Toujours la sclérose. Que ta volonté soit fête/faite Seigneur !

Il est 10 h : j'ai peine à monter ici. L'événement porte son message : Seigneur, que me dis-tu par et à travers cette « pauvreté croissante » ? Au dîner, je suis bien discret et la fatigue semble me dominer. Je suis quand même présent, même si je suis moins « peppé[27] » ! Vers 15 h 15, Richard vient causer du cours de demain. Il me dit que je n'ai pas l'air en forme, ce qui me permet de lui dire mon intérieur. Je suis content de savoir que ça peut « paraître ». À moi d'être attentif et délicat et uni à Jésus en plus.

---

26. Saint patron de la Suisse. Historique : voir site www.abbaye-saint-benoit.ch/saints/nicolas/nicolas.htm#_Toc15956264.
27. C'est-à-dire enthousiasmé.

Je suis réveillé à 3 h avec chaleur et angoisse. Ma pensée se tourne vers Jésus, Marie, Joseph et le Père. Je pense à l'exode final et je prie pour un départ pacifié, « en témoin » du monde de la Résurrection. Tout est grâce ! Lever à 5 h, motivé et fatigué mais encore « là » ! Ma prière est confiante et je ne comprends pas trop. « Entre tes mains, Seigneur, augmente ma foi ! » Mon confrère préside l'eucharistie avec homélie sur la foi et la fidélité de Dieu. Il faut s'y appliquer, il ne lâche pas. Merci, Seigneur.

Il est 10 h : il pleut et la température est froide. Je fais un travail de recherche et de préparation sur le thème de la première semaine des Exercices sur le mal. Après une heure, j'ai peine à écrire. Je suis vraiment pauvre, je dois rentrer dans ma peau et vivre mon mystère avec foi et joie. Le lendemain, je fais mon exposé sur le problème du mal. J'y mets tout mon cœur, les gars écoutent. La matière est costaude. L'un semble trouver cela fatigant. Je continue avec mon cœur, la matière est très exigeante. Je pense qu'il nous serait intéressant d'arrêter pour « sonder » la capacité d'absorption ! On continue, j'y mets tout mon cœur et je remarque que je « souffre » depuis toujours de ces « impressions ». Les sentir, c'est bien, mais aussi les utiliser comme des lieux d'approfondissement de ma foi en Jésus Christ et de purification pour ma « croissance ». Mon roc, c'est le Seigneur.

Le lendemain, c'est le courrier de Noël, mais ça ne va pas à cause de la pauvreté de mes mains. Après une heure, ma main et mon bras droits sont presque totalement paralysés. *Kyrie eleison ! Marana Tha !* Tout ça creuse en moi le désir de la parousie [28] !

Les Fêtes passent. Dans la semaine qui suit Noël, c'est la révision de 82 avec mon confrère de travail. En l'écoutant, je vois aussi mon déroulement à travers la formule mystique R3 [29]. Il suit la méthode ignatienne, je suis plutôt une méthode empirique, existentielle. Le but est le même : regard sur le travail de l'Esprit en soi et par soi, et c'est

---

28. Terme signifiant la fin des temps en lien avec le retour glorieux du Christ.
29. Le r-cube : relation à Dieu, à l'autre et à soi : base d'un mouvement charismatique et catéchétique des années 70 au Québec.

ce qui importe. Seigneur, je te rends grâce de nous garder ainsi vulnérables à ton Esprit et ici en service d'Église. Nous terminons notre dernière demi-heure en célébrant ta miséricorde, Père. *Deo gratias!* Merci, Seigneur, pour ton amour créateur!

Année 1983 : 1ᵉʳ janvier-22 août

Cette dernière période à Fribourg est marquée par une prière intense, notée chaque jour, et une souffrance de plus en plus lourde à porter : maux de ventre, de bras, de jambes, fatigue excessive. Cette souffrance est aussi notée presque quotidiennement, tant dans les faits que dans les efforts qu'il fait pour ne pas en être excessivement conditionné dans son travail.

On note aussi une attention toujours renouvelée à son ministère premier, le ministère de la formation : conférences, mini-retraites, thèmes de spiritualité à élaborer et surtout une présence toujours très particulière aux accompagnements dont il est responsable.

Finalement, Julien vit des amitiés très profondes, masculines et féminines : des dons de Dieu qui contribuent à son « évangélisation personnelle comme à son humanisation ». C'est l'apprentissage de l'amour et l'éclosion de la tendresse : deux réalités qui contiennent pour lui tout le secret de la vie. Bien ancrés dans son être, ces dons-amitiés sont source de « service », celui de refléter aux autres leurs propres richesses tout comme il reçoit lui-même des autres. Service mutuel : c'est la vitalité de l'Église dans ses cellules qu'il faut étendre au monde entier. C'est la mission.

Deviens ce que tu es!

Père, j'ai essayé d'être un homme, et je suis ton enfant.

Il faut prendre conscience de ce qui existe, y prêter une attention indéfectible et nous laisser éduquer par le réel. La plus vaste des réalités, c'est le mystère, et de tous ces mystères, le plus important, c'est Dieu lui-même et sa manifestation dans le Christ, par la force de son Esprit.

Shalom and Love [30]

Au lever, je suis bien motivé, mon cœur est tourné vers le Père : quelle grâce! Ma prière se fixe sur Jésus, l'Époux apportant joie et

---

30. Expression très utilisée par Julien comme signature de ses lettres : Paix et Amour.

nouveauté. Deviens, Pap, ce que tu es, fils et fraternel, aujourd'hui. Je pense à deux dirigés : je pense et « supplie » pour eux : *Kyrie eleison !* Aide-moi, Seigneur, à les introduire dans ton projet pour et sur eux. Viens, Esprit de Lumière.

Petit déjeuner : arrive seul à la table pendant quelques minutes et je sens ma sensibilité en activité devant le regard des autres ! Et mon « importance » ! Intéressante et éclairante, cette insécurité foncière qui est bien présente et qui a ses racines dans mon histoire. C'est très révélateur d'un fait : on ne change pas !

Rencontre avec le secrétaire à la formation et avec Robert Gay, le supérieur général, avec la dernière décision sur le déménagement de l'année spirituelle en Zambie pour les anglophones. Deux heures d'échange. J'écoute beaucoup et parle très peu. Je suis très fatigué et me sens un peu à part ! Ma fatigue et ma pauvreté commencent à me faire signe à un ailleurs, surtout pour les longues sessions : j'expérimente que ça me tue ! J'en suis incapable. L'important est de vivre cette pauvreté. Après, mon confrère de travail me parle d'un échange qu'il a eu avec le supérieur général sur mon futur : partir de l'année spirituelle avant que je sois trop malade pour un ministère au pays ? L'an prochain sera propice à un approfondissement de cette perspective. *Deo gratias* pour aujourd'hui.

Robert Gay nous adresse un message d'espérance : le besoin d'hommes libres, disponibles et aptes au service dépouillé. Des « nomades » tout comme dans la ligne de Genèse 12,1 et de 1 Co 9. Il procède par exemples concrets des demandes d'aujourd'hui dans le charisme du cardinal Lavigerie : « La charité nous presse » (2 Co 5,14).

Aujourd'hui, c'est mon 24e anniversaire d'ordination. Présence, offrande et action de grâce qui s'accentue à l'oraison et à l'eucharistie. Mon corps me fait mal, mais je demeure présent et en action de grâce : toutes ces 24 années me reviennent. Je suis étonné et émerveillé d'être ici, l'amour du Père est plus fort que mes péchés. Merci, Père, pour ton amour, ta miséricorde et d'être ici ! À 16 h 30, je retourne chez moi pour lire lentement une longue et chaleureuse lettre d'une amie qui arrive toujours à point : le jour de mon ordination, et elle est la seule qui se souvient. Seigneur, comble-la de ton amour, de ta joie et de ta lumière.

Lever à 5 h 30 avec une sensation réelle de grande pauvreté en général et aux jambes en particulier. Dans ma prière, je suis encore impressionné par la violence des hommes et notre pauvreté à entrer dans notre condition humaine. Ma pauvreté me fait expérimenter que le problème est au cœur de chacun. Jésus, tu es le seul qui change ce cœur de pierre en cœur de chair. *Marana Tha !* Aujourd'hui : sortir de ma solitude pour accueillir l'autre dans la différence et l'aimer. Au petit déjeuner, ma sensibilité s'est mise en marche devant les différences « éprouvantes » pour elle : c'est là le problème ! C'est-à-dire évangéliser le cœur. Le reste suivra.

J'ai encore mal au ventre et ça me garde en relation explicite avec Jésus. La présence au repas d'un confrère de passage, très sympathique, décontracté, nous est très bien fraternelle. Mon mal de ventre me garde plus attentif aux faiblesses des autres et pour leur être bon et compréhensif. La présence de ce confrère nous « rafraîchit », son style décontracté et son amour délicat rajeunissent mon repas et m'aident à sortir de moi. Merci, Seigneur, pour sa présence-service !

Courrier ce matin : lettre du supérieur général avec une nomination « plus vite » que prévue. Je suis nommé à la Province canadienne pour cet été 1983, à la disposition du provincial. Je la relis trois fois et j'en suis très ému. Ma première réaction, c'est que je trouve ça rapide. Je m'y attendais l'an prochain. Cependant, j'y vois vite un appel à la croissance dans cette direction et à vivre Genèse 12,1 comme le Seigneur me le propose. C'est inattendu mais bien réel et sûrement de lui, bien composé et signé par Bob, le supérieur général. Me voici, Seigneur. Amen !

Le lendemain, cette nomination me revient avec attitude d'accueil et de confiance progressive. Si tu m'appelles là sans savoir trop où ? Ça ressemble à grand-papa Abraham : je suis donc en bonne compagnie ! Mon oraison va dans cette direction : je suis pacifié et en offrande. Seule la croix conduit à la vie. Père, je sais que tu m'aimes.

Alors pourquoi avoir peur ou m'énerver? Et à 13 h 45, je suis au lit et je suis crevé! Je reconnais que ma nomination pour un retour au Canada après cette année spirituelle est providentielle. C'est costaud, mais c'est une mort « nécessaire » !

Le lendemain : j'ai été réveillé plusieurs fois avec des pensées sur ma nomination. La situation au Québec me travaille, surtout : l'état chaotique et l'anarchie qui y règnent me font mal au cœur et au ventre. Pourquoi? Ma prière se poursuit, « comme ça », les mains ouvertes. *Kyrie eleison!* Je me sens terriblement pauvre! Mon confrère de travail passe chez moi. Nous nous connaissons depuis 15 ans. Je lui fais lire ma lettre de nomination! Il est touché, ému, très fraternel, et même affectueux dans son soutien et sa prière... après 15 ans! « *I understand what it means, good Old Pap, in the line of Gn 12,1* [31]. »

⸻

Lettre de Robert Gay à Julien Papillon, le 27 février 1983 (extraits) :

Il n'y a rien d'absolu dans les motifs qui m'ont convaincu de prendre cette décision. En soi, tu pourrais fort bien continuer ton travail au noviciat comme tu le fais actuellement. Mais si je pense à ton avenir, et considère en toute objectivité l'état de ta santé, je me dis qu'il n'y a pas de raison pour te retenir au noviciat et qu'il y en a de très valables pour offrir ta présence et ton service à la Province canadienne. Je pense plus prudent de faire le retour maintenant, c'est-à-dire à la fin du noviciat actuel. Tu es encore en forme, tu es encore autonome, malgré toutes les limites physiques avec lesquelles tu dois compter.

Tu peux laisser le travail à l'équipe nouvelle; et de plus, tu peux offrir à la Province canadienne un service très précieux dans le domaine de l'animation spirituelle et missionnaire, en dialogue avec l'équipe provinciale. De ce pied-à-terre, à Québec ou à Montréal, tu pourras rendre d'excellents services tant aux confrères qui cherchent souvent un conseiller spirituel compétent et très abordable qu'aux jeunes qui viennent chercher quelque ressourcement spirituel dans nos maisons.

---

31. « Je comprends ce que cela veut dire, mon vieux Pap, dans la ligne de Gn 12,1 » : le départ ailleurs à l'instar d'Abraham.

Ce que je veux éviter, comme je te le disais peut-être trop discrètement, c'est qu'en te retenant trop longtemps au noviciat tu arrives au Canada trop limité pour reprendre tous ces contacts.

Je sais que pour toi ce sera une décision pas facile à assumer. Mais je suis persuadé que ce sera pour le plus grand bien de ce que nous voulons tous accomplir : que son Nom, sa Bonne Nouvelle se répandent dans le monde et plus particulièrement dans le monde africain.

L'année présente est loin d'être finie, aussi je te souhaite bon courage et bonne santé pour la mener à terme avec toute la patience et le zèle habituels. Mon vieux Pap, ma prière t'accompagne et je compte sur la tienne. Bien fraternellement,

Robert M. Gay, supérieur général

Réponse de Julien à cette lettre, le 8 mars 1983 (extraits) :

Depuis le jour de la réception de ta lettre, j'ai eu le temps de réfléchir, de prier et de laisser descendre en moi les « différents mouvements » pour entrer dans ta parole pour en saisir la Parole et entrer dans l'invitation qu'Il me propose.

J'avoue que j'ai été « impressionné » à la première lecture, et « ému » même à la deuxième. Mais assez rapidement montaient en moi les réflexes de grand-papa Abraham, qui m'a toujours impressionné dans son aptitude à partir, à prendre la route... même s'il ne savait pas toujours où ça le conduirait.

Je m'attendais, comme tu le soulignes, à recevoir l'an prochain cette invitation, mais les raisons que tu mentionnes sont très compréhensibles et correspondent à une réalité mystérieuse qui m'habite et prend de plus en plus de terrain en moi. Je suis « encore » autonome, mais que de fragilité et de pauvreté dans tout ça. Je ne me demande pas pourquoi il en est ainsi, car je sais dans ma chair que ce type de questions n'a pas d'avenir ! C'est tout simplement « épuisant », mais j'apprends humblement, c'est-à-dire pauvrement, à vivre-avec et à garder vivace le lien quotidien avec les souffrants et les missionnaires – missionnant ! et l'Église et les pèlerins que nous sommes tous. Costaud, oui, un chemin qu'on ne choisit pas, mais qu'on « apprend à choisir » si on s'y trouve plongé par l'événement.

Bref, merci pour ta lettre compréhensive et fraternelle et amicale. Merci également pour les possibilités exprimées dans ta lettre que pourrait m'offrir la Province canadienne. Comme tu dis, ça reste à voir avec le provincial,

Denis-Paul Hamelin, et son conseil. Je me sais de plus en plus limité et je sais que je ne pourrai pas « faire » grand-chose, mais je demeure confiant et ouvert aux propositions et échanges pour éventuellement découvrir ensemble « un lieu » adapté à un handicapé... mais au cœur « toujours en amour » !

Fraternellement et en communion en Celui qui signifie notre existence et qui nous fait marcher sur la même route.

Julien

Extraits de la lettre écrite quelques semaines plus tard aux membres du conseil provincial de la Province canadienne :

Je vous remercie pour vos bonnes lettres fraternelles et de bienvenue dans la « Belle Province ». Je pars en paix – non sans déchirement. 15 années à l'Année spirituelle et plusieurs d'elles en Europe, « travaillent » quand même un cœur ! Mais mes pauvretés envahissantes et mes fragilités « multiformes » m'indiquent « sans équivoque » un « ailleurs ». Je ne pourrai peut-être pas faire grand-chose, mais je sais être encore présent ! Et comme vous le dites sur vos lettres respectives, « on verra », quand je serai sur place, les possibilités ministérielles et les (le) lieux de résidence. Je reste encore apte au nomadisme ! J'arriverai le 22 août prochain.

Communion, Julien

C'est la fête de saint Joseph. Je préside l'eucharistie, tout orientée sur Jésus, Joseph, Marie : couple unique. Marie, mère de Jésus, Joseph, l'homme de Marie, les deux choisis par Dieu pour recevoir le Verbe, pour lui enseigner la Parole et le devenir de l'homme, pour l'initier aux langages humains. C'est extraordinaire ! À l'appel correspond le potentiel, et Jésus, en regardant Joseph, regarde le visage du Père. Merci, Seigneur, de commencer la journée avec Ta Parole et de la dire à mes frères. Je ressens beaucoup de joie dans mon cœur ce matin à cause de Joseph et Marie. « Jésus, à mon tour d'être comme Marie et Joseph un bon pédagogue pour faire découvrir le visage du Père ! »

❖

En mai 1983, commence le stage social des étudiants dans différentes communautés d'Emmaüs de l'abbé Pierre, situées pour la plupart autour de Paris. Les voyages multiples suscités par les visites aux groupes seront très éprouvants pour ses capacités physiques et épuisants pour ses énergies. Malgré tout, il tient à remplir ces « exigences de sa mission ».

———◆———

Le 8 mai, nous partons pour Chartres. Je suis déjà malade avant de partir. J'ai la bile en « pagaille ». En route, ça semble vouloir se stabiliser. Nous avons rendez-vous à la cathédrale pour 11 h. Tous sont là. J'y suis par amour et par solidarité. Nous faisons une visite rapide et nous célébrons l'eucharistie dans la crypte. Un pique-nique est prévu dans le jardin de la cathédrale. Il fait froid avec un peu de soleil. L'ambiance est fraternelle. Je ne mange pas, sauf une pomme qui « reviendra » ! Photos de groupe et bonne atmosphère. Je deviens de plus en plus mal. Richard me regarde et ça suffit ! On s'embarque pour retourner vers Paris. Je suis très malade et c'est le vomissement. À l'arrivée à la maison, toutes les « écluses » s'ouvrent. Je n'ai même pas le temps de me rendre à l'endroit « approprié » et c'est l'humiliation totale devant les trois compagnons qui m'ont accompagné et qui font le nettoyage qui s'impose comme pour un bébé ! Mon Dieu, prends pitié de moi. Je me repose, je suis tout crampé ! Peine à bouger et paralysé. Deux confrères reviennent le soir, m'apportent une bonne infusion : ça me calme. Grâce de Dieu comme Jésus pauvre ! J'écris cette page, péniblement, à 21 h.

Le lendemain, 9 mai, mon confrère de travail m'offre à faire ma valise et nous partons. Je ne me sens pas très fort. J'ai la nostalgie du pays et d'un repos « chez moi ». Seigneur, prends pitié de ma faiblesse. Je parle peu et je pense que la décision de mes supérieurs est à point et à temps ! Je suis vraiment bon pour le garage et qu'il est grand temps que je rentre à la maison ! J'ai hâte de retourner à Fribourg et au pays. Pourquoi faire ? On verra : ça va donner à ma vie possiblement plus de confort et un entourage plus familier qui vont aider à vivre mes pauvretés croissantes ! L'important sera de vivre « ça » avec le Seigneur Jésus.

Nous sommes de retour à Fribourg. Premier matin : je suis très malade. Je prie ma fragilité et les « questions » me reviennent. Je suis impressionné par ceux qui sont en bonne santé! Le groupe anglophone revient du stage, la nuit, sur le train. Ils font le service du réfectoire après le petit déjeuner; encore là, leur santé « m'impressionne » : pas d'envie, mais plutôt de l'admiration. Nous célébrons l'eucharistie à 11 h, avec foi, dévotion et offrande de ma pauvreté qui me « marginalise » toujours plus. Seigneur, garde-moi ouvert à toi. Au café, je ne me sens pas très à l'aise. Gêné? Ma pauvreté me rend vulnérable, je vois les autres qui ont ci et ça, et moi, rien. Oui, « gêné » dans une pauvreté difficile à porter. Parasite? À 17 h : j'écris un peu, mais la main fatigue vite. Il est temps que je m'en aille! Mon confrère de travail vient me demander comment ça va? Je prends un bon repas et je mange avec appétit. La vie revient. Merci, Seigneur, pour ton amour, vie et mort. Rien ne pourra me séparer de Toi. Que cette expérience touche tous les secteurs de ma vie et les zones de mon être!

Au petit déjeuner du lendemain, on sent la joie et la fraternité. Il est bon de sentir celles-ci après le stage qui engendre toujours de bons fruits. Et nous procédons à un échange sur ce dernier. C'est un test d'aptitude en humanité. C'est la première compétence : celle d'être « homme ». Rien qui sente le cléricalisme et les privilèges. C'est l'adaptabilité, la capacité à l'inculturation, l'aptitude à entrer dans le temps et dans le silence, respectueusement, dans la découverte du « corps père blanc : tout cela en accueillant l'entourage et ses réactions avec le jugement approprié.

C'est un événement historique. Nous avons une photo-souvenir de nous tous en gandouras[32], lesquelles nous sont arrivées il y a quelques jours. Une grande journée! C'est le retour aux sources, et il est très sympa de voir les réactions des gars! Quelle évolution vers une relativisation des tabous des années 60-70!

Et ce soir, je suis seul. Seigneur, je t'aime, donne-moi la joie et la grâce de voir ton visage et de le laisser passer à travers ma chair et tout mon être. Merci, Seigneur, pour aujourd'hui!

---

32. L'habit traditionnel des Pères Blancs, originaire de l'Afrique du Nord. Voir chapitre 2, note 2.

Nous sommes près de terminer l'Année spirituelle. Ce matin, un étudiant vient faire le point sur son stage : ce qu'il a expérimenté et appris. Tout au long de l'année, il a découvert la prière tirée de l'Écriture et reliée à la liturgie du jour au contact de frères au service de l'Évangile. Il découvre maintenant les bonnes leçons du stage : la solidarité, le besoin de faire la vérité chez soi, d'accepter d'être toujours en « apprentissage », en recherche avec humilité et accueil, la nécessité de se laisser enseigner par l'événement. C'est une visite qui lui fait du bien et lui redonne confiance. *Deo gratias!* Je marche et descends péniblement vers la classe de chant. Je tiens à y aller par solidarité jusqu'à la fin.

Hier soir, j'ai été assailli par des pensées chaleureuses. Le sommeil a été lent à venir. La nature fait son travail. Je ne m'énerve pas outre mesure. Ce « plan nature » est-il signe de mon « paganisme » ? J'ai encore beaucoup de terrain non évangélisé ou ne suis-je pas « opportuniste » ? À ma prière le matin, je suis lent à démarrer. Ma présence est « brute » et j'essaie de l'humaniser bien doucement. Jésus est le Médiateur : il faut « tout être » et faire en et avec Lui. Dans la soirée, nous avons le repas chez les Sœurs Blanches avec eucharistie. Je les remercie à la fin au nom de nous tous. Nous vivons une fraternelle et bien sympathique rencontre. Merci, Seigneur, de nous avoir donné les SB. Je reviens très fatigué, mais heureux!

Début juillet, nous faisons l'évaluation de l'année. Je résume mon chant du cygne en une demi-heure. Je montre l'évolution du groupe : le passage de l'anonymat à l'amour par les crises de croissance vécues dans le temps et dans l'apprentissage de la réconciliation. C'est la base de la communauté chrétienne. *Deo gratias!* Merci, Seigneur, de me garder à ton service. Fais découvrir cette grâce et cette joie à nos jeunes. Dans l'après-midi, j'entreprends un long travail : vider mon bureau, ranger et trier pour terminer une caisse de documents. Je trouve des lettres « impressionnantes » à la relecture et je décide de tout brûler. C'est cela la RUPTURE. Je me souviens de mon motto de jeunesse : «*Hostia cum Christo ad gloriam Patris* sous l'emprise de l'Esprit. » C'est le temps de le vivre à plein aujourd'hui.

Les 10 et 11 juillet, nous avons une petite récollection finale toute centrée sur la première épître de saint Jean. Je reçois la parole de mon confrère de travail avec attention et comme nourriture pour ma prière que je sens prendre une direction nouvelle. Je *sens* Jésus comme mon Sauveur et Seigneur dans la joie et l'action de grâce. Cette épître est synthèse de toute la vie spirituelle : la vérité des œuvres dans l'amour, la paix et le discernement. Nous retournons à Fribourg. Je suis crevé.

Le lendemain, j'ai une rencontre avec une amie de longue date : heureux de nous revoir et on jase de notre vie. C'est un partage plus qu'ordinaire dans la confiance totale et la vulnérabilité mutuelle qui s'ouvre sur un échange qui touche les racines de notre être, de son mystère et de sa vocation. Quelle grâce de se sentir à 40 ans «chez soi» dans cette voie, et de pouvoir s'enfoncer dans la prière, le silence et le retour aux sources. Merci, Seigneur, pour elle !

Et c'est la journée du départ. Les francophones sont les premiers à partir : l'enfantement est rendu à son terme final. L'un retourne définitivement chez lui, c'est le mystère de chacun ! C'est l'eucharistie avec les autres, vécue dans la bonté, la tendresse et la miséricorde du Père. Puisse notre humanité être une révélation de ton Visage. Au petit déjeuner, je suis très ému, et nous le sommes tous. Oui, la définition vraie de l'homme, c'est l'amour. Seigneur, merci de cette reconnaissance de paix et de joie que tu mets dans mon cœur. Rencontre avec l'amie vue hier : merci pour ta présence si chaleureusement expérimentée en elle. Je me questionne sur ma pureté d'intention et ma transparence dans mes relations avec les amies. Les fruits me disent que je suis dans la vraie direction (*cf.* Ga 5,22-26). Après la sieste, je passe une bonne heure avec elle : un très bon partage à partir de sa prière.

L'amie d'hier arrive pour un autre moment chargé de présence, d'échange et d'amour. Oui, merci pour tout ce vécu ensemble et pour cet amour vécu en toi et qui vient de toi. Seigneur, je t'offre cette amie : tu me l'as donnée et tu la reprends, qu'elle soit plus amoureuse à ton service et moi aussi grâce à notre amitié et au sacrifice de la rupture pour davantage entrer dans son mystère : libre pour le Royaume et pour le dire à d'autres. Oui, merci, Seigneur, pour tant d'amour, pour les années d'histoire écrites ensemble et pour cette dernière semaine qui nous a permis de nous dire ton nom, de vivre aux sources, de te remercier ensemble, de nous aimer en toi et de nous recevoir de toi.

À la fin de juillet 1983, Julien, en compagnie de son confrère de travail, de la sœur de ce dernier et d'une amie personnelle, passe trois semaines à Tassy, dans le sud de la France, au domaine des Pères Blancs, pour un repos bien mérité. Le 15 août, c'est le retour à Fribourg avec une halte d'une semaine à Veyras, dans une autre maison père blanc, dans le Valais. Le 22 août, il laisse la Suisse pour retourner définitivement au Canada.

Il y a beaucoup de joie à être ensemble. Ces amitiés sont dons de Dieu manifestant à notre égard son amour et sa tendresse. Nous profitons tous d'un bon repos et de rafraîchissement après ces mois de présence à l'Année spirituelle et de difficultés de santé. Mon amie et moi en profitons pour jaser généreusement sur nos histoires respectives et sur notre évolution historique. Nous sommes DONS les uns pour les autres et heureux de reconnaître ensemble le Créateur dans la nature et dans l'amour mutuel. Il y a une très grande communion entre nous. Apprends-nous, Père, à retourner tous ces événements de rencontre vers toi, le Donateur, et à nous aider à rester fidèles à nos mystères respectifs. Après une semaine, mon amie doit retourner chez elle pour son travail. Autre rupture que je vis les mains ouvertes devant le Père qui fait le don de son amour pour croître en liberté et pour vivre la mission qui nous est propre.

Le 9 août, la sœur de mon confrère de travail fête son 50ᵉ anniversaire de naissance. Après une eucharistie généreuse en partage, nous allons célébrer au resto le *Relais du Lac*. La veille, la cousine de mon confrère est venue nous rejoindre. Une bonne et généreuse journée toute d'attention à notre jubilaire. Merci, Seigneur, pour ce jour donné !

Quelques jours plus tard, nous repartons en direction de Veyras et de Fribourg. Mon amie vient nous rejoindre pour les derniers jours. À Veyras, nous célébrons une dernière eucharistie et un souper au *Grand Frey*. Une veillée qui sera marquée par la tendresse, le respect, la douceur et l'action de grâce.

Le 22 août, départ Suisse-Canada, Swissair, vol SR 234. Au lever, présence et offrande de cette dernière journée en Suisse. Nous célébrons une eucharistie chargée d'amour, de force et d'inspiration. J'appartiens à la mer : mon bateau est prêt à partir. « Voici que je viens pour faire ta Volonté. » Et c'est la rupture encore, dur de se quitter et nous te consacrons, Seigneur, ce don d'amour qui vient de toi et qui y retourne en joie et action de grâce, chargé des promesses de la Vie éternelle.

Après notre petit déjeuner, ce sont les salutations à la communauté des Pères Blancs, nos bons amis, les frères Rochus, Joseph et Fidèle, et nous sommes partis. Je demeure bien présent pendant la montée à Zürich, à l'aéroport. La cousine de mon confrère est la première à partir. Une première déchirure pour ce dernier. Sa sœur monte avec moi. Nous voyageons ensemble. Et puis, c'est la rupture pour moi et pour mon amie. C'est très dur. Je quitte la Suisse, un travail familier, vers quelque chose que je ne connais pas encore. Je ne peux m'empêcher de pleurer. La présence de la sœur de mon confrère m'aide beaucoup. Et puis nous arrivons à Montréal. Des amis nous accueillent. Nous avons le souper à la maison provinciale des Pères Blancs. Cette première nuit est « mouvementée ». Mon corps est ici, mon cœur est encore en Suisse. Je prie sur l'ensemble de cet événement-exode en remettant tout entre tes mains, Père.

Au lendemain, dès mon lever, je fais l'offrande de ma vie désormais dans une toute nouvelle réalité. Ma sensibilité est perturbée. J'écris cette page avant la fin de l'année, le samedi 31 décembre. Incroyable mais vrai ! Je me souviens peu du reste de la journée, sinon qu'elle est passée dans une mentalité accrochée à tout ce que je viens de laisser, particulièrement habité par certains visages. Je rencontre les confrères qui me reçoivent bien fraternellement, heureux de nous revoir et de me savoir de retour dans la Province. C'est bien! Il me reste à me laisser apprivoiser de nouveau, à « réapprendre la langue ». À rentrer dans la sensibilité du Père Blanc qui revient dépaysé et qui devra s'habituer au fait existentiel que je ne suis plus « exportable ». C'est un long cheminement en perspective : « *It's a long way to Québec*[33] ! » Et que ferai-je ? Je rencontre le père provincial. Il me suggère Québec en perspective : « On a pensé que tu serais un élément important pour la communauté et pour les personnes de l'extérieur. » C'est très bien ! « Me voici, Seigneur. » Merci pour cette première journée. Prends pitié de moi !

❖

Cela marque la fin de cette grande étape de la vie de Julien. C'est la fin de son ministère actif dans le cadre de la formation initiale de la Société des Missionnaires d'Afrique, l'Année spirituelle ou noviciat. De plus en plus lourdement hypothéqué par sa maladie, Julien s'engage désormais à vivre un ministère de disponibilité, s'offrant, à la mesure de ses moyens, à donner des retraites, des récollections occasionnelles, et à accompagner toute personne voulant vivre une expérience spirituelle. La présence active à sa famille, à ses ami(e)s et à ses confrères, inspirée par sa foi et vécue dans l'amour fraternel, constitue dans cette dernière partie de sa vie une dimension majeure de son témoignage missionnaire.

❖

---

33. Reprise sur les airs de la chanson bien connue *It's a long way to Tipperary* (comté d'Irlande), chantée par des militaires et reprise dans des films de guerre, signifiant que c'est une longue marche pour aller où on veut aller, mais en même temps, « vous êtes arrivés ».

— Troisième partie —

Les dernières années (1983-2002)

CHAPITRE 6

Les années 1983-1990

La sainteté est d'abord une grande passion. Rien ne lui est plus étranger que la petite comptabilité de ceux qui cherchent à sauver leur vie, à assurer leur salut en observant des lois, des rites ou des règles. Elle n'a rien en commun avec le conformisme et la triste vertu des gardiens de l'orthodoxie religieuse et morale. Combien de saints a-t-on rendus méconnaissables en faisant de leur vie des modèles de piété, de vertu ou de régularité!... Or, il y a une folie dans la sainteté, la folie de l'amour, la folie même de la Croix, qui se moque des calculs et de la sagesse des hommes. Sans cette passion de Dieu, sans cette passion pour Dieu, les saints sont incompréhensibles.

Jean-Jacques Pérennès, *Pierre Claverie, un Algérien par alliance*,
Paris, Cerf, 2000, « Le combat de la vie », p. 338,

Je ne pense pas que les blessures reçues dans l'Église ne puissent jamais se cicatriser. Pourtant, c'est dans l'Église que nous recevons l'Évangile vivant; nous ne pouvons bien le lire qu'en compagnie de tous les saints qui l'ont médité et aimé. « Où irons-nous? Toi seul, tu as les paroles de la vie éternelle. » Nous n'avons donc pas d'autre choix que de rester membres de l'Église des pécheurs; notre croix consiste à accepter les autres comme ils sont. Nous demeurerons dans l'Église parce que c'est là seulement que se trouvent le corps et le sang de notre Seigneur et Maître. Sans eux, il n'y a aucune vie en nous. Nous devons rester dans l'Église, à la fois pétris de froment et d'ivraie, car nous sommes dans l'attente d'un miracle qui nous transformerait, ainsi que tous nos frères. Nous apprendrons en buvant à la coupe du salut ce qu'aucun livre ne nous dévoilera jamais. Nous perdrons nos rêves et garderons nos blessures. Les blessures provoquées par les clous plantés par des membres de l'Église de Dieu sont souvent très salutaires.

Mgr Georges Khodr, *Et si je disais les chemins de l'enfance*,
Paris, Cerf, 1997, « La plupart des chrétiens ne sont pas nés », p. 78-79

Préambule

Dans la deuxième partie de l'année 1983, une troisième crise se présente dans la vie de Julien. Il est revenu dans son pays. Après la crise vocationnelle de ses années de jeunesse, 1953-54, où il casse son rêve d'avenir pour s'engager dans la vocation sacerdotale et missionnaire, après sa deuxième crise, en mars 1960, où la première attaque de la sclérose en plaques l'oblige à repenser son itinéraire missionnaire dans un espace de repos, voilà qu'après avoir quitté Fribourg et un ministère dûment mandaté et précis dans ses objectifs il revient sur sa « terre originelle », où il s'était heurté aux premières grandes questions de l'existence une trentaine d'années plus tôt, et cette fois, il est passablement démuni. Il se trouve maintenant devant un avenir « incertain », aux lignes floues et imprécises. On lui demande d'être « simplement disponible » pour l'animation spirituelle de la communauté dans laquelle il vit et pour l'accompagnement spirituel de toute personne qui se présentera. Pour lui, c'est une crise. Son tempérament de « perfectionniste » ne l'a pas quitté. Rien n'est structuré. Il aura à trouver les lignes de son propre ministère et de sa mission. Que Dieu lui demande-t-il ? Comment se rendra-t-il attentif au souffle de l'Esprit pour une mission dont il veut se faire le docile instrument ?

Son journal témoigne sans ordre de ce qu'il vit, ce qu'il pense, ce qu'il sent. Les événements qui se présentent sont soigneusement notés, et les relations qui habitent sa vie sont chaleureusement relevées. La prière, l'oraison du matin, l'eucharistie, la réception régulière du sacrement de réconciliation, la vigilance sur l'orientation de son cœur, l'ouverture aux appels de la vie sont autant de lieux de discernement pour se situer devant un Dieu Père, Fils et Esprit, dans le désir intense de faire partie prenante de cette famille unique et éternelle. Dans son état de grandissante pauvreté physique, le cri qui revient constamment et qui signe pages et paragraphes est bien celui de *Marana Tha*, « Oh oui, viens, Seigneur Jésus », accompagné du *Kyrie eleison*. Un cri qui imbibe profondément sa conscience et qui imprègne douloureusement sa sensibilité.

Apparaissent ainsi au quotidien de son journal la recension de sa vie de prière, la célébration de l'eucharistie et, périodiquement, la réception du sacrement de la réconciliation. C'est un terrain sacré sur lequel, comme Moïse, il enlève ses sandales (Exode 3) et se présente les mains ouvertes à la manière de Samuel : « Parle, Seigneur, ton serviteur écoute » (1 S 3,10). Source intense de lumière sur son expérience humaine qui le porte à l'action de grâce et à la gratitude pour le « don de la foi ».

Viennent ensuite les événements de toutes catégories qui touchent et affectent son corps et dont il essaie de décoder les messages dans leurs répercussions psychologiques et spirituelles. Il y a son état de santé, les faits bruts et irréfléchis dans leur caractère fortuit au niveau de son corps, il y a l'entourage, la vie économique, politique et religieuse, les repas qui, pour lui, sont de très grande importance pour vivre la fraternité au concret de la vie, la vie communautaire père blanc, la vie familiale, les rencontres avec les personnes de passage, confrères et ami(e)s dont il assure l'accompagnement. Il y a le travail au quotidien en chambre à travers lectures et correspondance, le ministère occasionnel qu'il assure : récollections et retraites. Par-dessus tout, il cultive religieusement ses amitiés, qui sont pour lui un lieu très privilégié de rencontre de Dieu. À cet effet, il faut citer ici un passage de Mgr Georges Khodr qui pourrait être bien signé par lui-même :

La sexualité devient une voie de la connaissance humaine, indispensable pour accueillir la connaissance divine qui nous vient du Saint-Esprit.

Il n'est pas nécessaire pour accéder à cette connaissance que l'homme épouse une femme ; il suffit qu'il ait rencontré une femme sur le plan existentiel où chacun devient une partie de l'autre. Il est donc essentiel que l'homme fasse l'expérience d'un face-à-face en profondeur avec une ou plusieurs femmes. La familiarité d'un homme avec d'autres femmes que sa mère ou ses sœurs est essentielle pour compléter l'image féminine en lui. Sa personnalité n'atteindra, en effet, sa pleine maturité que si elle s'appuie sur une féminité qu'il peut imaginer et pressentir dans la constitution même de sa virilité.

Seule l'expérience d'un grand amour, quelles qu'en soient la durée ou les expressions, peut faire atteindre un tel degré de profondeur.

Il est important de comprendre que rien, dans l'existence, ne peut remplacer cette compréhension mutuelle par l'intelligence du cœur entre l'homme et la femme, sauf, bien sûr, les expériences rares et sublimes de rencontre avec Dieu. Situées en dehors du champ de la science, sans pour autant être niées par aucune de ses lois, ces expériences peuvent influencer la destinée de toute existence. Celui qui a sondé leur mystère est maître de tout et nul ne saurait le dominer. À ce niveau, si l'on peut dire, la grâce libère de l'emprise de la nature.

Georges Khodr, *Et si je disais les chemins de l'enfance, ibidem*
« Le corps entre la fournaise et le Royaume », p. 114-115

La vie de Julien s'exprime dans une mission, la mission qu'il accueille comme venant d'abord de son être, en lien intime avec un Dieu aimant qui lui souffle par son Esprit le mode de présence au monde dans les manifestations de son corps, « comme s'il voyait l'invisible ». Ce qu'il vit et ce qui lui arrive dans le concret de chaque jour est toujours un lieu d'écoute et de « décodage du divin ».

Nous sommes le 24 août 1983, au lendemain de son arrivée à Montréal. Julien a définitivement tourné la page de son expérience à Fribourg et en Europe. Il se retrouve dans son milieu natal.

—◆—

Je me réveille en Amérique du Nord vers 2 h, et jusqu'à 4 h mes pensées et ma prière sont orientées vers mes amies de là-bas. Je ne me sens pas très bien. Je me sens « oppressé » par l'insécurité et je ne suis pas encore en paix avec la perspective entrevue avec le père provincial. Celui-ci, le p. Denis-Paul Hamelin, m'a proposé de demeurer dans la communauté de Québec avec un nouveau type de ministère qui me semble relativement vague pour le moment. Mais « ça se tasse » tranquillement. Je m'endors et ça m'aide à y entrer ! Je me lève à 7 h 30 et je fais l'offrande de moi-même. Je suis encore « magané » et pas trop « peppé[1] » ! Je prends le petit déjeuner avec quelques confrères et c'est sympa. Je m'éveille tranquillement. À 9 h, nous avons l'eucharistie : Dieu est présent même si mon corps est « rébarbatif ». Je « recommence » à prier et « facilement » ! À 10 h, j'ai une deuxième rencontre avec le provincial et avec son assistant, le p. Raynald Pelletier : je suis bien calme et j'entre dans ma nouvelle réalité, dans votre parole pour y découvrir la Parole. Ils sont bien bons pour moi. Je serai donc à Québec comme disponible à l'animation interne et externe, les récollections et counselling. C'est ok. Je suis en paix et « content » d'être fixé, tout en étant ouvert aux possibilités de changement. Pour le moment, je vis cet événement comme venant de Toi, Père. Je suis libre pour commencer en octobre, quand je serai « prêt ».

Je me mets en route pour Québec, plus précisément à Neuville, au chalet de mon frère Henri et de ma belle-sœur Émilia[2]. J'ai eu à Montréal un accueil fraternel de la part des confrères, et Maurice

---

1. « Magané » : une expression québécoise pour signifier fatigue et manque de vitalité. « Peppé » : une expression tirée de l'anglais signifiant « être plein de vie et d'entrain ».
2. Ajoutons ici à la note 2 du premier chapitre que Julien avait trois demi-sœurs : du premier mariage de son père Ernest est née Simone ; du premier mariage de sa mère Albertine Godin sont nées Germaine et Monique. D'une troisième alliance entre Ernest Papillon et Albertine Godin sont nés Henri et Julien lui-même. De Simone Papillon et de Hervé Mirault, un enfant est né, Robert. De Germaine Barbeau et d'Émile Hamel, six enfants : Denis, Gilles, Thérèse, Nicole, Pauline, Yolande. De Monique Barbeau et de Neuville Larue, trois enfants : Robert, Hélène et René. Finalement de son frère Henri et de son épouse, Émilia Garneau, quatre enfants : Andrée, Josée, Lucie, et Jean.

Dufour s'est occupé de mes bagages avec beaucoup de zèle et d'amour. Au chalet maintenant, c'est très calme, et après quelques jours, je suis pacifié et content de ces premiers jours avec les miens qui m'ont reçu avec amour et générosité. Eux aussi ont mûri leur relation et leur individualité propre. Que Dieu en soit remercié ! Dans ce climat familial, je note que je prends trop de « gin ». C'est une bonne leçon et je remarque que l'alcool accentue la sclérose : la mâchoire, les bras et les jambes sont « bousillés ». Attention !

Je vis toujours la « rupture ». Mes pensées sont souvent tournées vers l'Europe. « L'important, c'est la relation avec toi, Seigneur. » Les visages de mes amies sont toujours vivants et présents. Je fais un peu l'expérience d'une mise au monde et, au milieu des miens, c'est une démarche vers l'essentiel qui nous oblige à rencontrer le mystère de nos itinéraires respectifs. « Puis-je trouver force et courage en toi, Seigneur Jésus. » Je suis renvoyé à ma propre situation, je touche à ma finitude et une certaine peur. « Seigneur Jésus, prends pitié de moi ! »

Début de septembre, je me rends à Ottawa. Je suis dans une grande paix et joie intérieure. Je visite un couple, ami de longue date. Beaucoup d'amour nous unit. Merci, Seigneur, pour cette bonne journée remplie de partage et d'amitié. Le lendemain, je fais une visite à Danielle Jobin[3], atteinte d'un cancer. J'ai l'impression d'une grande malade très souffrante, bien consciente de sa pauvreté qu'elle assume courageusement. On célèbre l'eucharistie avec intensité et grande paix. *Deo gratias !* On se laisse dans les pleurs, l'espérance et la communion de pensées et de cœur. « Seigneur, demeure amoureusement avec elle. Merci de me garder relié à Toi. J'ai essayé de laisser passer ta bonté, ta tendresse et ta miséricorde. »

---

3. Responsable de la Communauté de l'Arche « l'Agapè », à Ottawa. Fondateur de ces communautés : Jean Vanier. Cette communauté de l'Agapè était l'un des lieux où les étudiants pères blancs faisaient six semaines de stage durant leur noviciat. Danièle est décédée de cancer au début des années 1980. Elle était liée d'amitié avec l'un des étudiants de l'époque, Jeannot Hualde, lequel est mort accidentellement au Mali quelques années après son ordination.

———◆———

Milieu de septembre : c'est maintenant fait, Julien est plongé dans sa nouvelle réalité : à Québec même, dans sa nouvelle communauté, en discernement de son futur ministère. L'épreuve est toujours rude quand on fait le
passage de l'intention à la réalité. L'intention d'entrer dans ce nouveau paysage était là et offerte dès le premier jour du retour, le 24 août 1983. C'est
maintenant le passage, la *« pascha »,* comme il dit, où la sensibilité joue le
plus grand rôle.

———◆———

C'est le 13 septembre 1983. Merci, Seigneur, pour les personnes
rencontrées et aimées sur la route ! Je fais un téléphone à une amie de
Suisse. Désir d'être avec et réalité d'ici : une invitation à cheminer
dans la foi et dans le respect de nos mystères personnels. Je célèbre
l'eucharistie avec un confrère avec qui j'ai une particulière amitié dans
un partage généreux et une grande simplicité. C'est une action de
grâce pour tant d'histoire ensemble. Je me mets en route pour Québec.
Et à 19 h 30, je suis seul chez moi au 180, chemin Sainte-Foy, dans
l'ancienne chambre du fr. Léonide, handicapé pendant 30 ans. Drôle
d'impression d'être de retour à Québec. C'est un retour aux sources et
une « mise à la retraite feutrée » ! Pourtant, j'ai été très choyé jusqu'à
maintenant avec mon handicap. Le Seigneur me prépare une mission
« dans ma province », après 20 ans de vadrouille dans cinq provinces
de Pères Blancs en Europe et une région en Afrique. On verra ! Je suis
sûr que le Seigneur a longtemps préparé le terrain, les connaissances
et les amitiés.

Le lendemain, lever à 6 h 15, alors que j'aurais dormi encore ! Mais
je veux être avec la communauté pour la célébration qui me fait entrer
déjà vers une perspective de pauvreté. Quel changement ! Mes pensées
ce matin sont des pensées de mort, de grande pauvreté et d'isolement
devant l'inconnu et ce futur ministère. Pour l'instant, c'est l'attente, la
patience et la prière : beaucoup d'humilité me sera demandée !

Et déjà au petit déjeuner, je suis seul au départ et dépendant pour étoffer mon propre cabaret[4], ce qui m'est déjà pénible. À la table, je donne la main à un confrère qui ne me regarde même pas. Seigneur, garde-moi accueillant! Petit déjeuner où j'écoute beaucoup et où je regarde : je suis à l'école! Je fais et ferai un « noviciat », un apprentissage : Arrête, regarde et écoute! Ma parole est à l'épreuve. Ce « nouveau monde » est changement et défi, un lieu de rencontre avec le Seigneur, donc un lieu de vérité. Il suscite en moi une certaine « angoisse », une certaine peur. Mais tu me veux là, alors à moi d'apprendre à lire et à déchiffrer le message : j'y apporte toute ma contribution. Mes résistances sont des messages à bien capter et à intégrer à mon nouvel univers pour le vivre aujourd'hui.

◆━◆━◆

Une semaine plus tard, Julien passe une semaine au chalet chez son frère Henri.

◆━◆━◆

Mes pensées et ma prière se bousculent, accompagnées d'une grande faiblesse et une grande pauvreté dans mon corps, ce qui engendre en moi un appel, lié à l'EXODE final[5], à Jésus : « Viens, Seigneur, je m'offre comme je suis maintenant, tout plein de pauvreté, et je sais que tu m'aimes comme ça pour me l'avoir dit par tellement d'événements. L'important, c'est de ne pas lâcher et d'entrer dans mon mystère plein de confiance en toi, Père, dans ton Fils Jésus. Seigneur, merci pour cette journée en relation informelle avec toi et au contact de la vie tout ordinaire. »

Petit déjeuner bien sympathique avec mon frère Henri et avec ma belle-sœur Émilia. On jase bien fraternellement et amicalement. Merci, Seigneur, pour mon frère et pour son épouse, pour sa vie familiale, pour ses enfants. Et je suis face au fleuve. C'est la marée haute. J'ai de temps en temps des hésitations à l'intérieur, j'épouse les

---

4. Expression québécoise pour signifier le plateau sur lequel on transporte les ustensiles et le repas.

5. Expression souvent utilisée par Julien pour signifier son départ définitif vers le Père.

interrogations de mon milieu ambiant, les échanges des vacances : encore hier soir, sur l'au-delà ? L'important, c'est de dire humblement et simplement mes sentiments profonds. Et toujours face au fleuve, source d'inspiration par son rythme lent et naturel, je suis en prière et réflexion : « Merci, Seigneur, pour tout ce contexte familial d'aisance matérielle et spirituelle qui m'aide à me re-intégrer au pays. » Ma prière devient louange et action de grâce.

Je célèbre l'eucharistie avec foi et conscience de ce que je suis : un serviteur de Jésus, un ami, un porteur et un signe de la tendresse du Père et du travail discret de l'Esprit. La soirée se passe en veillée calme et remplie de bons échanges. Cette vie au chalet me fait sentir la brièveté de la vie et l'envie d'être ailleurs qui nous poigne souvent, les humains, et qui montre que la vie est d'être *là* où l'on est planté et transplanté !

------◆------

Le retour à la communauté semble toujours être le lieu d'un combat d'insertion et d'adaptation. La transition entre les milieux antérieurs de vie et ce nouveau milieu de la communauté de Québec lui est difficile.

------◆------

Je reviens à la procure : quel changement et quel défi ! Je replace ça dans une perspective de prière et ça devient un lieu de rencontre avec le Seigneur, un lieu de vérité. Tu me veux là, alors à moi d'apprendre à lire et à déchiffrer ton message, à y apporter toute ma contribution. Merci, Seigneur, pour ce nouveau départ et ton visage qui s'offre à moi, souriant et invitant à avancer, dans la confiance et l'accueil, vers tout ce qui viendra. Je fais beaucoup de correspondance. Mon cœur est ici et ailleurs. L'amitié m'est précieuse : un don plus qu'ordinaire qui nous vient de toi, Seigneur.

Et ce matin, je sens que le combat est toujours difficile. Maux de jambes prononcés et grande faiblesse. Pensées lourdes inspirées par un corps grevé d'hypothèques, et je sens l'indifférence de l'un ou de l'autre. À l'eucharistie que je préside, je prie la situation sans me culpabiliser. C'est très important. Mais aussi j'ai la sensation d'être loin. De retour à ma chambre, je me sens prisonnier et mal à l'aise. Est-ce l'angoisse ? Est-ce le cœur ? Est-ce la sclérose ? Bref, je me sens très pauvre et fragile, terriblement en besoin. Je voudrais voir la nature, des horizons illimités. Étrange, tout ça ! Je revois ma chambre en Suisse et sa vue sur le jardin et j'en appelle spontanément à Jésus-Sauveur : une prière de fin « d'itinéraire » un peu désespéré ; et je me resitue dans la patience et l'acceptation de ma situation de « privilégié » pour m'unir aux souffrants, aux agonisants et aux torturés de la terre, en communion avec eux, en priant leur situation. Je ne comprends pas, mais c'est comme ça : entrer dans ma réalité, prier pour notre monde et vivre ma situation dans la foi au Christ Jésus : « *Marana Tha !* » L'évangile du jour m'inspire : « Le grain qui meurt et qui porte du fruit » (Jn 12,24). C'est la loi de la vie. Et je suis fils bien-aimé du Père. Alors ?

Et le combat se continue, comme tiré par en haut et tiré par en bas en même temps. Dans l'eucharistie de cette autre journée, je me sens bien présent, mais aussi rempli de distractions en rapport avec la pauvreté de ma présence ici et son « insignifiance » au plan du « faire », et une certaine nostalgie me monte encore avec sensation de regret d'un passé « bien organisé » et signifiant par lui-même. Je ne me laisse pas emprisonner par ce genre de pensées et je les mets dans l'eucharistie. L'important est d'être fidèle à l'appel inscrit dans cette nouvelle étape de ma vie et bien en correspondance avec l'Évangile du « grain qui meurt » : un signe des temps à déchiffrer, à lire et à interpréter. C'est un appel, oui, à la prière, à la conversion et au service.

Une certaine crainte m'habite vis-à-vis de la volonté du Père qui vient sûrement de mon cœur avec sa suggestion de « faire » ! Faire quelque chose. Elle crée en moi un certain malaise qui s'accentue au repas devant tout le monde « qui a son job » et moi qui suis *jobless*[6], dû à mes pauvretés et peut-être dois-je ajouter à cela mon peu d'initiative ? Une tristesse qui s'infiltre en moi suscitée par ce sentiment « d'inutilité » en relation avec le regard des autres. Je suis encore loin

---

6. Sans travail clair et définitif, sorte de « chômage ».

de la liberté intérieure « prêchée ». Tout cela est très lié à ma situation actuelle : fragilité, solitude et marginalisation. Je ne « contrôle rien ou presque rien ». Voilà, probablement, que ce dernier élément détient la clef de l'interprétation à donner dans le vécu actuel : abandon au Père dans une relation filiale parallèle à Jésus. C'est la grâce à demander au Père avec sa toute-puissance en attente filiale pour progressivement éliminer tout énervement. « Mon Père, je remets mon souffle entre tes mains : il vient de Toi : qu'il Te revienne en gloire. »

———

Nous sommes au début de novembre. C'est la fête de tous les saints et la commémoraison de tous les fidèles défunts. Deux célébrations qui trouvent beaucoup d'écho chez Julien : la présence de Jésus à sa communauté, la cellule d'Église dans laquelle il vit, la grande Église, les liens avec les siens, vivants et morts, le partage du vécu, l'acceptation des personnes dans ce qu'elles sont, pécheurs et pécheresses, la solidarité effective et affective dans la marche vers le Royaume.

———

Le sommeil vers minuit en ce premier jour de novembre 1983. Lever à cinq heures avec l'offrande de tout mon être. Je ressens une très grande pauvreté dans mon corps et j'ai peine à marcher. Me voici, Seigneur, comme je suis, comme ton fils en Jésus, en communion avec toute l'Église et tous les saints. C'est notre fête aujourd'hui ! Notre prière de laudes et l'eucharistie sont célébrées avec amour et solidarité. Claude nous parle des saints Pères Blancs et aussi des saintes femmes. Et c'est joyeusement repris au déjeuner. Merci, Seigneur, pour le don d'être ici et vivant et d'une vie attentive et ouverte à ta présence. Tu me rends responsable de mes frères et sœurs humains.

À 9 h, je me mets en route avec la voiture de Laurent : une vraie charrue et quelle joie de pouvoir conduire de nouveau par cette très belle journée. *Deo gratias!* J'arrive chez une amie à 10 h : nous nous mettons en eucharistie (la deuxième) dès le début par un long partage sur nos pauvretés : notre réalité et sa peur, « dégoût », dans tout ça : s'accepter et se recevoir du Père « comme ça » et les yeux fixés sur

Jésus. Et nous entrons dans l'eucharistie en prolongeant ce partage en communion avec nos frères et sœurs, les saints, un signe précieux nous montrant que le Père prend soin de nous. Voilà notre Église. Et maintenant, en nous mettant face à face dans la prière, la confiance et la tendresse exprimée. Et nous passons au dîner calmement pris ensemble où le partage se continue. Elle a pleuré quelques fois pendant la célébration et elle me dit que ça lui arrive souvent face à la solitude et à l'incompréhension rencontrée dans son milieu.

Le lendemain, commémoraison de tous les fidèles défunts. Prière de présence et d'offrande. Le nom de Jésus est en moi, relié à mon exode final et ce type de pensée me revient souvent : c'est à notre tour, à notre génération de payer son tribut à la terre en y retournant ! Vivre ma mort par anticipation et je me familiarise avec elle. C'est l'entrée dans la nuit avec Jésus. Dieu est Père, bonté et miséricorde.

Durant cette même période, en plus d'être affecté par les effets de la sclérose, Julien doit composer aussi avec des « problèmes de vie intérieure », comme il les appelle. Maux de ventre, inflammation de la vessie, élimination difficile, il faut les appeler par leur nom. À cet effet, la présence du Dr Yvan Auger, avec qui il est lié par une amitié de longue date, lui est précieuse.

Ce matin, je me suis levé trois fois avec le « même problème » et le bon Yvan arrive à 6 h 15 avec promptitude. Ça le caractérise bien… le service ! Merci, Père, pour sa présence pendant ma vie et de notre rencontre historique il y a 20 ans. Nous jasons pendant un bon bout de temps et il part avec les spécimens demandés qu'il fera analyser au laboratoire. Ma prière et mon eucharistie sont influencées par cette rencontre sympathique, amicale et professionnelle. Et le lendemain, je reçois un téléphone d'Yvan, de son bureau à l'hôpital. Mon rapport médical est bon. Nous en profitons pour un échange profond et ouvert sur notre vécu. Merci, Seigneur, pour cette amitié. Dans notre communauté, je profite aussi de l'anniversaire de notre frère Jean-Claude Bédard pour lui souhaiter mes meilleurs vœux de santé, de joie et de paix et pour le remercier des services qu'il me rend avec efficacité et fidélité.

Et cette année 1983 se termine par une soirée où toute la communauté est présente dans un climat sympathique et fraternel. Notre responsable, le p. Laurent Côté, fait les liens entre nous. Homme tout simple, joyeux et de commerce facile, il sait allier humour et amour. Merci, Seigneur, d'être ici, pour ta gloire et pour le bien de la communauté !

Au début de l'année 84, dans une lettre adressée à Richard Dandenault, à Fribourg, il résume sa nouvelle situation :

Je vous demeure en communion sans nostalgie aucune ! Mais avec gratitude et dans l'action de grâce pour tout le vécu pendant ces années.

L'important, c'est la rose. Et l'AUJOURD'HUI ! Tout le vécu depuis mon retour au pays m'a remis en pleine lumière cette aptitude fondamentale du « routier » : l'adaptabilité ! Confirmé jusque dans la pauvreté de ma chair de ces tendances profondes qui travaillent tout mon être depuis la conscience d'être : Gn 12,1, c'est l'appel à partir et l'aptitude à décoller ! Heureux comme jamais de sentir dans tout mon être que, pour employer une symbolique, j'appartiens à la mer ! J'ai été éprouvé à ce niveau de mon être très souvent dans ma vie, et profondément ces derniers mois pour apprendre à m'enfoncer dans le mystère ! Je suis plus handicapé que j'ai voulu et veux l'admettre. Un rien dans le « faire » me fatigue pour la journée ou des jours. Je ne veux pas encore démissionner. Souvent des pensées de mort m'envahissent. C'est costaud ! Je prie qu'il me garde l'usage de mes mains – les utiliser pour le ministère de la présence sacramentaire. Je cultive beaucoup l'écoute et l'accueil et la communication discrète et le respect de ces vétérans de la Parole que sont mes confrères d'ici : je les découvre, ce sont des perles fines. Je les aime. Je commence à me sentir chez moi et ne pense pas à être « ailleurs ». La mémoire demeure fidèle, mais le passé est « passé à l'histoire » !

Aujourd'hui, bienheureux d'avoir vécu cette période-étape et d'être ici et d'être comme je suis, étonné, « émerveillé », en action de grâce « pour être » et pour vivre ma vie d'homme dans la connaissance de Jésus-Christ. Deo gratias ! Comme je t'écrivais antérieurement, je « sortais » des « grandes purifications » vers la mi-fin novembre pour entrer dans une phase de paix, de sérénité et de lumière. Rien d'extraordinaire au sens « d'exubérance mystique » ! Mais plutôt de quiétude intérieure et de consistance en Jésus vivant en moi et cette « tension » vers le Père, « habité » par l'Esprit. Évidemment, je me sens « encore » – à certains moments de certaines journées – « inutile » mais sachant que la comparaison empoisonne son homme, je ne me laisse pas poigner et j'apprends toujours à reconnaître le Malin par sa « queue », comme disait notre père Ignace ! Je « fais » encore toujours peu, mais je me sens vivre en communion avec les frères et sœurs à travers le monde, particulièrement « notre monde » ! Je vis les pauvretés et les fragilités, « air connu » qui t'est familier, et qui ne semblent pas vouloir lâcher ! L'extérieur paraît toujours relativement bien, ce n'est pas la mine qui est malade, mais le porte-mine ! Mais quelle pauvreté : jambes, bras, mains et ventre. La tête fonctionne encore ! Signe de pauvreté qui montre un arrêt-stop pendant plusieurs heures pour reprendre, et « encore chanceux » dans la même journée ! Certaines fois, je ne peux reprendre l'exercice que le lendemain : apprentissage à la patience !

Tu sais tout ça, je ne m'étendrai pas sur le sujet ! Et pour te synthétiser ce bulletin de santé : je suis un peu à la merci de tout, en attente ! Je ne « contrôle » rien ou presque ! Tu vois, une sacrée belle initiation aux « étapes ultimes » ! Et j'ai bien la conscience de ne pas me tromper, Il m'initie depuis longtemps par des événements de toutes sortes et je ne m'en plains pas, parce que dans tout ça, il m'introduit à des « lectures » pour adultes seulement ! Et les signes d'être sur la vraie voie sont généreusement présents... que je résumerai dans le texte classique et « populaire » en ces temps de discernement : Ga 5,22-26. Matériellement parlant, je n'ai jamais été aussi gâté : j'ai l'ancienne chambre du fr. Léonide Michaud – maintenant à Lennox – avec salle de bain et toilette et tout le kit pour un handicapé. Très adéquat pour la douche et le bain, et l'eau chaude, mon cher ! Le téléphone sur le bureau ! Le père Paul-Émile Labadie, notre économe local, avait préparé tout ça avant mon arrivée. « Oui, il est bon et doux pour des frères de vivre ensemble » (Ps 133,1). Je te laisse, j'ai la main comme du « rubber ». Salutations à tous,

Julien

Durant les trois années qui vont suivre, de 1984 à 1986, Julien s'incarne toujours davantage dans son milieu et approfondit le mystère de son être. Il est encore capable de certaines activités à l'extérieur, comme de donner des récollections, accompagner des retraites, se rendre présent à sa parenté, visiter des ami(e)s, écrire lentement et fidèlement. L'impact de la maladie cependant se fait de plus en plus lourd. Au milieu de l'année 1986, il doit accepter le fait que seul le fauteuil roulant lui permet de se déplacer. Dans la même période, il doit renoncer à conduire la voiture. Et chaque jour, la douleur et la souffrance affectent péniblement ses membres en hypothéquant davantage sa sensibilité et sa conscience morale.

Au début de chaque année, son journal témoigne de quelques phrases-chocs qui inspirent ses motivations au moment où il reprend son « bâton de pèlerin » :

« Le Verbe est sorti du silence. La grâce de la foi est de le savoir » (saint Jean de la Croix).

« Emmanuel, c'est Jésus le Christ, une histoire arrivée à Dieu et arrivée à l'homme : une cohérence qui relie peu à peu toutes choses » (auteur ?).

« Il est préférable de rester silencieux et d'être, que de parler et de n'être pas » (Ignace d'Antioche).

« Les itinéraires des hommes peuvent différer, mais leur but est le même. Ce qui fait la grandeur de l'homme, c'est sa facilité à s'adapter à toute situation dans laquelle il est appelé à vivre » (Julien Papillon).

« L'icône de notre temps est le mystère de la rencontre humaine. C'est elle qui permet d'entrer dans l'étreinte de Dieu jusqu'à ce que tout l'être s'ouvre à la tendresse et à la beauté » (une religieuse).

———✦———

Le responsable de la maison me demande d'animer la récollection du mois. J'en profite pour lui partager mon vécu de ces dernières semaines et ma sensibilité sur le thème de cette récollection qui porterait sur Jésus : « Qu'est-ce qui fait le Christ différent ? » Cela me permettrait d'apporter un souffle biblique aux homélies. Je m'explique : « être et faire ». Je commence à bien percevoir la différence, à la lumière de la réalité qui est mienne depuis mon retour de Suisse. Merci, Père, pour cet événement-signe.

Lever ce matin avec des maux de jambes prononcés, surtout la gauche : je suis gauchiste comme toujours ! Je suis envahi par des pensées généreuses autour de la parole du prophète : « Oui, j'ai du prix aux yeux du Seigneur » (Is 43), et j'accueille un « flash fort et consolant » relié au baptême de Jésus : « Tu es mon Fils bien-aimé, en Toi je mets toute ma joie. » C'est le cœur de la proclamation de la parole de ce matin, et j'entends y demeurer cette semaine. Elle révolutionne le cœur, l'agir, le comportement et l'être. Je suis fils et serviteur ! J'entre dans le mystère de Jésus qui vit en et par moi. Rappelle-toi, Julien, « *Hostia cum Xsto !* » Cet amour de jeunesse qui dure et s'enfonce dans la foi de l'ordinaire de chaque jour : *Kyrie eleison*. Merci, Seigneur, de me faire vivre mon existence d'homme ainsi « orienté » du matin au soir vers Toi, l'ESSENTIEL. C'est une responsabilité personnelle et collective. Après le petit déjeuner, j'accompagne le bon Pélo (p. Jean-Louis Péloquin) jusqu'à la fin ! Il me raconte son ministère d'hier : il est vraiment un agent de liaison et présence de la bonté du Père auprès de ses bonnes gens, les coordinatrices[7]. Ce soir, il y a une intéressante rencontre avec Mgr Louis-de-Gonzague Langevin, évêque de Saint-Hyacinte. Le bon et brillant Gonzague ! Causerie très éclairante sur plusieurs questions d'actualité québécoises : l'Église perd de son pouvoir politique et commence à s'enfoncer plus qualitativement dans le peuple, bien qu'elle devienne une minorité. C'est une diaspora[8] agissante !

Et le lendemain, j'ai encore un mal de ventre carabiné. Ça recommence, ou plutôt ça ne lâche pas ! Des pauvretés qui me gardent « éveillé » ! Je sens cet après-midi des « poussées à la déprime » : je ne fais rien et ne vaux rien ! La santé, c'est « kaputt » ! Bref, tout un défi ! Ça ne marche plus, c'est ma tête de Breton que me fait encore fonctionner. On ne lâche pas, vieux Pap ! Ça marche « de travers » ! Seigneur, je t'offre tout mon être et mon corps : « Faire sa volonté » (Hé 10,10). Aide-moi à lire ta Parole dans l'événement.

Dans la soirée, je reçois un long téléphone d'une amie demeurant loin au Canada. Mes pensées et mon cœur sont touchés par la chaleur

---

7. Personnes amies des Pères Blancs qui veillaient à les faire connaître et à assurer la diffusion du magazine *Mission*, publication des Pères Blancs du Canada.

8. « Ensemble des membres d'un peuple dispersés à travers le monde mais restant en relation » (dict. *Petit Larousse*, 2003). Par extension, le mot est ici appliqué à des membres d'Église qui font un travail d'évangélisation sans référence explicite à l'institution.

de l'amitié. Merci, Seigneur, pour ce don extraordinaire que tu me donnes de pouvoir ainsi communier avec tout mon être, dans la chaleur et la réciprocité. Je suis en grand besoin de sommeil : mon corps est très fatigué. J'en viens à désirer l'exode final tant je suis parfois « accablé » par la souffrance et la lassitude. La mort est une étape à vivre dans la perspective chrétienne. *No sweet*[9]. Et j'ai rêvé qu'on me donnait une « chaise roulante ». Rêve étrange et interprétation ? Préoccupation, présage symbolique ou réalité à venir ? Reprise dans la foi et la supplication à Jésus : « Prends pitié de moi, et viens vivre en moi ton mystère pascal. »

Je suis invité à aller donner une récollection aux jeunes en formation à Lennoxville. Ce matin du départ, je me sens très pauvre et faible, des envies de mourir ! Mais la vie est plus forte, et je prépare ma valise et mes petites choses pour partir, encore partir ! Avec le p. Roger Audet, nous partons. Ma prière, ce matin, était très bien ancrée dans mon actualité : mes pauvretés offertes en communion avec le ministère à vivre à Lennox, pour l'Église, pour la gloire du Père et pour cette intention : donner aux jeunes la grâce de te connaître et la joie de te servir.

Au début de la récollection, le message passe bien : j'y mets tout mon cœur. Au petit déjeuner, plusieurs me remercient pour la parole donnée. Les plus âgés me transmettent leur joie et leur approbation généreuse. À bien noter : je suis au service de la réconciliation. Ma vie est un service commandé non par la sympathie qu'il peut susciter ou le succès, mais essentiellement par l'appréciation de la foi. Jésus, le Seigneur, reviendra et je veux être mémoire de lui jusqu'à ce qu'il vienne. Et le lendemain encore, ils écoutent avidement. Merci, Seigneur, pour ton Esprit, ton inspiration et pour la facilité que tu me donnes à communiquer ta Parole. Quelle grâce ! *Deo gratias !* À l'eucharistie, j'invite le célébrant à prier aux intentions de notre confrère Henri Guy[10], homme de solitude qui est mort seul.

---

9. Qui n'est pas du sucre à avaler.
10. Confrère Père Blanc, de la même promotion que Julien, qui était engagé dans l'armée canadienne comme aumônier militaire.

Le jour suivant, je préside l'eucharistie qui est plutôt « individua-liste » et centrée sur moi. Oui, Seigneur, prends pitié ! Ma sensibilité est touchée, vulnérable et toujours la même, c'est-à-dire délicate et toujours sujette à chavirer ! *Nota bene :* on ne change pas : pareil au berceau, pareil au tombeau ! Je voudrais tellement que la bonté et l'amour règnent partout.

Je suis revenu à Québec avec la grippe que j'appelle « l'écœu-rante » ! Alliée à une température super humide, elle me casse littéra-lement le corps en multiples lieux d'appel à l'aide. J'ai grand-peine à marcher. La plainte de Job me vient à l'esprit : « Je ne connaissais que par ouï-dire, mais maintenant mes yeux t'ont vu. Aussi, je me rétracte et m'afflige sur la poussière et sur la cendre. » J'apprends le métier. L'évangile de ce matin : Jean 6,44 : « Personne ne peut venir à Moi si le Père qui m'a envoyé ne l'attire, et moi, je le ressusciterai au dernier jour, » m'habite profondément. Oui, donné à Jésus par le Père pour apprendre sous l'emprise de l'Esprit à dire avec tout mon être : ABBA. Durant la matinée, j'ai une rencontre avec un confrère encore bien mêlé et en recherche : je l'invite discrètement à se méfier de la ten-tation sous l'apparence du bien, c'est la plus subtile. Il ne semble pas la connaître ! Seigneur, donne-lui ton Esprit !

——•◆•——

Durant cette même année 1984, Julien a célébré son 25ᵉ anniversaire d'ordi-nation sacerdotale. À cette occasion, il nous livre le cœur de sa foi, son credo bien existentiel avec les réflexions suivantes.

——•◆•——

Un jubilé, ce n'est pas le lieu de se « péter les bretelles[11] » ! Partir, c'est le propre des hommes de références, anticonformistes, où il y a rencontre joyeuse et reconnaissante d'être sur la même route. La marche dure depuis longtemps, pour les uns 50, pour les autres 25. Bref, il faut le faire ! Et c'est tout un événement aujourd'hui que de célébrer ce jubilé : un signe prophétique où, sans me prendre pour un

---

11. Se vanter, se mettre en avant, se rendre populaire.

autre, j'associe ici toute fidélité d'hommes et de femmes célibataires, mariés et religieux, prêtres et missionnaires, et nous, Pères Blancs, missionnaires.

Une espèce « bizarre » et de plus en plus rare ! À plein dans le sillage de grand-papa Abraham (Gn 12,1) – parti un jour sur la route de l'Afrique à cause de Jésus-Christ, pour annoncer Jésus-Christ, pour dire l'amour de Dieu pour l'homme, pour être obéissant à l'appel, pour continuer la mission de Jésus, pour annoncer la Parole, le projet de Dieu sur l'humanité, la fraternité universelle avec comme pierre angulaire Jésus-Christ. Lui seul peut briser l'égoïsme de l'homme et libérer nos cœurs pour être apte à l'accueil de l'autre dans sa différence.

Aujourd'hui, c'est l'étape-charnière qui permet un regard sur l'histoire et sur l'expérience qui reconnaît que Dieu était là, qu'il ne lâche jamais et même si moi j'ai été infidèle, lui, il est toujours fidèle à lui-même. Son amour pour moi est inséré dans la chair de Jésus selon Jean 3,16.

Aujourd'hui, c'est la célébration de la fidélité de Dieu pour nos jubilaires, et pour chacun(e) d'entre nous, la fidélité de relation à l'autre personne, sans contrat ni structure. Notre fidélité s'inscrit dans celle de Dieu pour l'homme en l'homme Jésus.

Notre fidélité est prophétique d'une parole d'homme, donnée et livrée : « Je t'aime » n'a rien d'un disque de 45 tours ! « Je t'aime » est plus fort que la souffrance et l'absurdité de la mort. L'amour entre nous est signe tangible de la résurrection. Quand je dis, « je t'aime », je fais vivre l'autre éternellement : voilà la Parole de Dieu pour nous aujourd'hui, voilà la parole d'homme aujourd'hui. « Je t'aime » égale le « je vis en et avec Jésus, Seigneur ». Je ferai et nous ferons péter les tombeaux, le cimetière-dortoir ! « Je sais, moi, que mon Défenseur est vivant. Après mon éveil, il me dressera près de lui et, de ma chair, je verrai Dieu » (Jb 19,25-26). L'année 84, c'est une année jubilaire, de rédemption, de joie, de libération de tout esclavage, c'est notre Pascha ! *Marana Tha* ! Viens, Seigneur Jésus !

Et jusqu'à la fin de 1986, les événements et les activités suivent leur cours dans le même cadre communautaire de Québec, avec le même rythme de réflexions et d'approfondissement dont le corps est toujours la source d'inspiration et d'interprétation, le véhicule qui permet, ralentit ou qui accélère l'exode, la marche à travers la vie. Le vocabulaire est toujours percutant : il chante ou crie les émotions latentes, les sursauts d'espoir et de relance en avant, les arrêts et les tentations de fermeture sur les dons reçus qui ont tendance parfois à prendre toute la place dans son cœur et se dressent comme des obstacles insurmontables. Et c'est par la force de Celui qui l'habite qu'il maintient le cap en avant dans les cris-refrains qu'il ne cesse de répéter : « *Marana Tha* », « Me voici, je suis là ». Éphémérides :

Ma prière ce matin est présence et offrande : Merci, Seigneur, d'être fils en Jésus, libre en Jésus. Quelle force dans ma pauvreté : *Deo gratias* pour tout ce cheminement que tu me permets de partager et de façon particulière par les rencontres, les conférences et les contacts ! Oui, merci pour ta RUAH [12] en Jésus. En révisant ma visite à Montréal et ma conférence chez les Prêtres des Missions Étrangères, je lis l'événement et l'interprète comme un lieu de rencontre providentielle, et je sens intensément avoir été utilisé à plein par Jésus. Je suis dans la joie et l'action de grâce. Merci en priorité pour cette grâce du discernement, l'art de lire et d'interpréter l'événement. Le Seigneur vient dans et par l'événement, j'en suis persuadé. Il vient dans l'histoire, dans notre histoire, dans mon histoire. Il est à lire et à déchiffrer : ce n'est pas évident ! Merci du courage que tu me donnes et qui me fait canaliser mes pauvretés en activité productrice !

Arrivée d'une autre amie : quelle joie de se revoir et se « sentir » sur la même longueur d'onde, comme si on s'était vu hier. Nous partageons notre cheminement depuis notre dernière rencontre en 79 : une amitié qui vient d'« ailleurs » : un don de Dieu, directement du cœur du Père. Notre histoire est toute simple, transparente et pleine du Seigneur qui a mis en nos cœurs une attirance mutuelle, secrète,

---

12. Mot hébreu signifiant « esprit ».

mystérieuse, toujours vivace avec les années et qui vient de recevoir avec cette journée vécue ensemble dans la joie et l'action de toute une inspiration nouvelle. C'est un signe du Père, un sacrement de sa tendresse, une confirmation de nos cheminements et de notre amour. *Deo gratias!*

Le lendemain : j'ai eu un peu de peine à m'endormir : maux de jambes et de hanches. Je suis très fatigué de la journée. Mon cœur se souvient de l'amie d'hier. Elle est gravée en moi : son visage m'interpelle en profondeur en termes de pureté, de transparence et de gratuité. Serait-ce le fruit de notre rencontre? Merci, Père, pour ce don de l'amitié. Tu me demandes d'être tout simplement parallèle à Marie qui gardait toutes ces choses dans son cœur et s'en laissait pénétrer (Lc 2,19). Et puis, je sens une forte lourdeur et une grande faiblesse dans mon corps sans réagir et tendance à lâcher! Vivre aux frontières de son être, c'est côtoyer Jésus qui fait éclater nos tombeaux.

L'eucharistie est présidée par Cyprien[13]: il le fait bien et fermement, et c'est bien. Il nous faut faire confiance à celui qui préside l'eucharistie et qui s'est bien préparé. Il est bon d'apprendre à écouter!

Nous sommes dans la semaine des fêtes du 300e anniversaire de la fondation de Neuville, le village de mon enfance. Je vis mon eucharistie dans l'action de grâce pour cette rencontre, pour toute l'histoire et pour les parents, « en mémoire active de »… Nous avons beaucoup d'échanges avec les jeunes et les moins jeunes sur la question de la culture de notre temps : « Quoi dire, quoi faire ? » Essayer d'éclairer la conscience et de l'éduquer : ça prend du temps et ici il n'y a pas de réponse-recette, rapide et noir sur blanc. C'est complexe! Savoir nous inspirer de notre éducation chrétienne, l'Église, l'évolution humaine, le respect, la responsabilité et la relecture du vécu, accepter d'apprendre et garder une référence explicite à Dieu, Jésus, les personnes sages et la société environnante. Qu'est-ce qu'on veut faire de sa vie ? Cette

---

13. Le p. Cyprien Bouchard était supérieur de la communauté de Lennoxville à l'arrivée de Julien.

conversation me fait sentir la profondeur de la crise culturelle qui passe au Québec : une crise des valeurs, tous et toutes en sont touchés profondément et perturbés. Où est la vérité ? L'Église a perdu de sa crédibilité et de son influence ? Tout un surmoi ! J'y suis très touché et quel style de vie adopter ? Toujours nomade ? Prophète ? *Kyrie eleison !* Il faut continuer le « bon combat de la foi » et pour la foi.

Je suis de retour dans ma communauté. Je sens cette pauvreté et je réalise encore une fois les limites de ma liberté et la lourdeur de la chair, ses pauvretés ! Mon Dieu, merci de nous garder dans ton amour et à ton service malgré tant de pauvretés. Il faut avoir le courage d'être comme « ça » et m'accepter dans la foi. Seigneur Jésus, augmente ma foi. Je sais que tu me donnes force et courage et la foi pour vivre ces déserts, et je continue à dire ton Nom ce matin. Et plus tard dans la matinée, je jase avec un confrère : il faut nous accepter dans nos pauvretés mutuelles et suivre le principe de faire confiance à celui qui préside la liturgie du jour. C'est très important pour nous accepter dans nos différences et dans le respect réciproque, et pour ainsi respecter notre liturgie : elle va se qualifier. L'important n'est pas suivre le livre mais la liturgie d'inspiration mystique : bref, accueillir le Souffle ! Ici, j'ai quelque chose à faire, vieux Pap !

Au bureau : Seigneur, je te donne cette journée que tu mets entre mes mains pour que ton Nom soit connu, glorifié et aimé : une bonne matinée avec des mains presque paralysées. Étrange, je me sentais en « forme » au départ, mais à mesure que la matinée progresse, j'ai beaucoup de peine à écrire. *Kyrie eleison !* J'ai des pensées liées avec hier soir : suis-je libre ? Et totalement livré ? Je sens bien qu'il y a des appels à plus de clarté dans la domaine du cœur. C'est un long cheminement déjà en marche depuis longtemps, mais j'expérimente aussi des relents de pauvreté et d'équilibre psychoaffectif ! De toute façon, cette soif d'aimer et d'être aimé et de l'exprimer me colle à l'être et à la peau ! Et c'est moi ! Il faut que j'accepte cette carence d'être qui appelle l'autre, l'Autre, et vivre avec ! Seigneur, merci de mettre en moi, par toute mon histoire, le besoin de l'autre et la capacité de « le dire », même si j'erre souvent dans l'expression. J'apprends et je marche avec d'autres dans le même cas, bien humain. Dans l'entraide mutuelle et dans la découverte progressive que tu es au fond de « tout ça » ! Et petit à petit, on apprend à voir ton Visage de Père et celui de Jésus. Prends pitié de moi et de nous !

——◆——

Dans une lettre datée de janvier 1985 [14], Julien fait le point sur son itinéraire actuel. L'année précédente a marqué son jubilé d'argent comme prêtre et missionnaire.

——◆——

Nos lettres « des fêtes » se croisaient quelque part et nous sont arrivées respectivement en même temps ! Un autre signe de communion en cette année jubilaire déjà passée à l'histoire ! Je l'ai vécue dans la gratitude et l'action de grâce, content d'être « explicitement » sur la Voie (1 Jean 14,6) qui mène vers la demeure définitive. C'est un « mystère » que cette marche de l'humanité vers ce point Oméga ! Heureux sommes-nous d'être éveillés à cette réalité, et quelle responsabilité (1 Co 9). Quant à moi, je passe l'hiver « en dedans » évidemment, toujours actif selon mes possibilités et dans la ligne des charismes connus ! Mon corps est très pauvre et ça régresse, doucement. Je me tiens en solidarité avec les souffrants, et qui ne l'est pas ? Grâce à Dieu, mon cœur demeure serein, souple et ouvert aux quatre coins de l'horizon ! La famille va bien. La vie ici à Québec est bonne et la communauté est tolérante et fraternelle. La maison affiche complet. Je suis le troisième plus jeune, un signe des temps ! Je te serai particulièrement présent à ton anniversaire prochain d'ordination, le 28 janvier prochain, dans la communion fraternelle et dans la joie d'être sur la même route, dans le même bateau ! Trois décennies de connaissance mutuelle. Deo gratias ! Nous sommes des expériences-témoins de la miséricorde du Père en Jésus-Christ. Oui, amen ! Alleluia !

Le lendemain, je continue. J'ai été forcé d'interrompre hier après-midi, ma main droite ne suivait plus, et en me relisant tout à l'heure, j'ai pensé que tu pourrais avoir des difficultés, très modeste comme expression, à me déchiffrer, mais je te fais parvenir quand même cette présente, et comme tu vois, ce n'est pas tellement mieux ce matin. Enfin, bref ! Me revoilà comme je suis, passablement fatigué, « un peu plus que d'ordinaire » ! J'ai accepté, entre nous,

---

14. Lettre du 6 janvier 1985 à Richard Dandenault.

de donner les Exercices à une bonne religieuse qui était bien préparée, heu-
reusement, et j'y ai mis le paquet et profité de l'occasion pour préparer, en
bonne et due forme, une retraite bien structurée de 30 jours. Je suis main-
tenant prêt et serai plus libre quant au temps et quant à l'énergie à investir.
Je m'inspire du Deutéronome, chapitre 8, avec comme refrain privilégié le
verset 4 : « Le vêtement que tu portais ne s'est pas usé et ton pied n'a pas
enflé, au cours de ces quarante ans ! » que j'ai interprété comme le signe du
« je suis toujours avec vous ! ». Toi, dit Jésus. Deo gratias !

Je serai présent aux trois retraites qui seront données aux confrères de la
Province [15] par le p. Roger Labonté, à titre d'accompagnateur. Je continue à
être présent dans le cadre des activités pères blancs, et de temps en temps,
ça déborde autour ! Bien que très pauvre, mais je m'en sors toujours, avec
« peine » la plupart du temps, vivant mes pauvretés comme une participation
active à cet « enfantement cosmique gigantesque » auquel j'ai conscience
d'appartenir activement. J'aime bien cette vision de saint Pierre dans sa 2ᵉ
épître, au chapitre 3, les versets 1 à 13. Oui, la vie n'est pas un pique-nique !
Heureux sommes-nous de « vivre la Pascha » les yeux ouverts et sachant où
nous allons mais pas toujours le comment ! Ici, c'est toujours l'hiver, bien
que ça diminue en intensité. J'entends les corneilles qui reviennent tranquil-
lement : les fleurs vaincront encore une fois. Le Québec se singularise encore
une fois sur la scène internationale. Il semble que nous sommes en tête de
liste pour les suicides chez les jeunes, pour les divorces et évidemment les
grèves. L'égoïsme, l'hédonisme, la violence et les « jeux » foisonnent. Il
semble aussi que la poste va « bloquer » au début d'avril. Poisson d'avril ?
Et la vie continue et l'amour est plus fort que la mort. Amitiés à toi et aux
communautés pères blancs et sœurs blanches de Fribourg.

Julien

Je pense à la veillée d'hier soir et à l'appel à la conversion qui y est
inscrit : être attentif à l'invitation du Seigneur et lui demander son aide
pour vivre une pédagogie de croissance avec une intelligence éclairée
par la foi ! Le dîner se passe dans un climat fraternel. Un confrère
cependant m'envoie une remarque que je ne saisis pas trop : une interprétation de mon « éveil » à rendre service et ne le pouvant pas, il
semble percevoir « ça » comme une impatience face à la lenteur des
autres. Enfin, je comprends « tout ça ». Bien après, je laisse tomber,

---

15. C'est-à-dire la province des Pères Blancs du Canada.

mais ma sensibilité un peu heurtée mais contrôlée me permet de revoir le vécu et de percevoir chez lui une interprétation fausse de mon comportement. Ça se passe chez lui et non en moi. Sois en paix, Pap ! *Deo gratias.*

Durant ce printemps 1985, Julien accompagne une religieuse pour une retraite de 30 jours. Chaque jour, il prépare la nourriture à proposer, se servant du livre de Jean Laplace, s.j., *Une expérience dans la vie de l'Esprit* comme guide. À cet effet, Julien produira un document de son cru de 228 pages.

Merci, Seigneur, de cette expérience captivante et unique à travers laquelle le Seigneur m'éduque beaucoup. Dans ma prière, je reste fixé sur Jésus – influencé par les Exercices – qui nous le disent dans la chair.

Ce matin, je suis chez moi au travail ! Et c'est du bon travail, je suis en action de grâce même si j'ai les bras et la main droite foutus comme s'ils étaient paralysés. J'ai quand même une matière aujourd'hui sur papier : c'est un miracle du Seigneur. Au dîner, j'ai peine à couper mes bouchées ! Paul-Émile Labadie s'en aperçoit et s'offre discrètement à faire le travail : je suis vraiment, Seigneur, à ta merci ! Merci, Seigneur, de me garder sur la « corde raide ». Une invitation perpétuelle à crier vers Toi ! « Ma chair est un cri vers le Dieu vivant ! » Mon corps : *Kyrie eleison.* Ça me garde solidaire avec la « passion » de l'humanité. Et ce qui me reste de plus précieux à donner, c'est d'offrir mon temps et le vivre comme je suis aujourd'hui. Garde-moi fort dans la faiblesse !

Et aujourd'hui, le 20 mars, j'ai le corps fatigué et le cœur en joie : j'ai terminé tout le travail écrit. C'est une écriture déplorable, oui, mais c'est parallèle à l'enfant. Je pense à Jésus qui pensait au Père et qui passait les nuits « comme ça ». Il se reposait dans la prière, dans une relation existentielle et épanouissante. Y a-t-il de quoi de plus reposant ? L'enfant dans l'intimité de son père, l'enfant qui reçoit la Vie. Et il y a le don de l'Esprit. Et il y a un autre signe, la confirmation que ces exercices ignatiens ont été un lieu de rencontre exceptionnelle avec Toi, Seigneur, grâce au père Ignace. *Deo gratias* ! Et je reçois ce fameux livre du Deutéronome, chapitre 8, avec un accent sur le verset 4, particulièrement et exceptionnellement vécu pendant toute cette période : « Le vêtement que tu portais ne s'est pas usé et ton pied ne s'est pas enflé, au cours de ces quarante ans » (Dt 8,4). Je suis encore touché, et une présence spontanée de ce verset ne cesse de me revenir et de m'étonner. Et je termine tout ce travail écrit : monumental ! 228 pages de notes.

———•◆•———

Dans cette même période de temps, le beau-frère de Julien, Neuville, époux de sa sœur Monique, est sérieusement malade à l'hôpital.

———•◆•———

Un confrère vient me conduire jusqu'à la chambre de Neuville en chaise roulante. Monique m'y attend et Neuville est dans le même état de pauvreté. Il fait signe en clignotant des yeux qu'il me reconnaît. Je prie avec lui et l'introduis à la célébration du sacrement des malades en solidarité avec la fête de demain à Neuville. Il reçoit le sacrement et, Monique et moi, nous continuons à prier le chapelet pour qu'il puisse nous entendre.

J'ai beaucoup de peine à marcher avec mes jambes. Les limites sont de plus en plus prononcées et cela m'affecte : il faut que je sois attentif aux impacts sensibles en moi pour ne pas me laisser « bouffer » par l'envie intérieure de chialer avec les récriminations de toutes sortes et les compensations qui se pointent. Je dois faire « feu de tout bois » et laisser Jésus venir en moi avec sa passion, en communion avec Neuville et avec tous les souffrants aujourd'hui. Père, donne-moi, donne-nous ton Esprit de fils/fille et évacue en moi, en nous, la peur, fais-nous croître dans la confiance et la vie filiale : *ABBA*!

J'ai un bon échange avec mon confrère Pélo [16] qui se prolonge jusqu'à la prière du midi. C'est un homme qui est toute disponibilité et accueillant à la grâce de Dieu qui le sollicite. Il m'a choisi comme

---

16. Le père Jean-Louis Péloquin, qui maintenait le contact avec les « coordinatrices ».

accompagnateur depuis son retour de la grande retraite à Jérusalem. Je te remercie, Seigneur, de sa simplicité et de son ouverture. Qu'il puisse mieux voir et discerner Ta volonté en lui, par mon instrumentalité.

Je reçois ce matin un téléphone de Monique m'annonçant le décès de Neuville. « Qu'il repose en paix », dit notre refrain de prière. Merci, Seigneur, de ta miséricorde : je sais qu'il est vivant en et par Toi. Grâces te soient rendues pour cette préparation que tu lui a permis de vivre. C'est toute une initiation à l'essentiel et à la plénitude de la Vie.

Le lendemain, je me rends chez Monique pour les funérailles : nous ne sommes que tous les deux, c'est très calme. Merci, Seigneur, pour la paix que tu mets dans nos cœurs. Merci pour la foi en toi : Tu es la Voie, la Vérité et la Vie. Les membres de la famille arrivent : nous préparons la liturgie. Je donne un thème à la célébration : la reconnaissance, qui sera mon fil conducteur. Le jour de la célébration arrive : beaucoup de monde et nous vivons une liturgie de qualité. L'homélie se déroule bien, je suis à l'aise et chaleureusement inspiré : oui, merci, Seigneur, pour Neuville, et merci, vieux, pour ton coup de main. C'est une heure pleine de célébration généreuse avec cœur et dévotion. Retrouvailles après coup : beaucoup de monde à l'auberge au Grand Quai. Le climat est très sympathique. Plusieurs viennent me dire qu'ils ont été très touchés par toute la célébration.

Toujours chez Monique, je me lève le lendemain avec maux de ventre généreux et je sens aussi la pauvreté de ma prière : « Quand on est malade, de quoi est-on capable ? » Grande faiblesse dans mon corps, je pense au grand voyage. Seigneur, prends-moi chez Toi. Je sens une certaine hésitation intérieure à l'entrée de cette « terre inconnue » : Jésus, viens augmenter ma foi en Toi, au Père et aux inspirations de l'Esprit. Une grande amie vient pour toute une matinée qui se passe dans le partage de la foi et dans l'écoute mutuelle. Je me dis tout simplement sur ce que Jésus me fait vivre et elle s'ouvre aussi sur le cheminement entrepris depuis bien des années. Une « longue marche » de part et d'autre. On s'éduque mutuellement. Nous sommes faits pour l'Évangile. Merci, Seigneur Jésus ! Et autour d'une eucharistie familiale, nous relisons l'histoire des trois dernières années et y découvrons la pédagogie de Dieu qui préparait Neuville et Monique à cette rupture vécue dans la foi et la réalité acceptée, assumée et sublimée dans la liberté, fruit et signe de notre communion au Seigneur Jésus qui prend soin des siens. *Deo gratias!*

Je suis revenu à Québec. Ce matin, nous avons un petit déjeuner fraternel : j'entends une parole dure pour ma sensibilité. Je la reçois et le confrère s'excuse en délicate attention et service. Seigneur, merci de nous éveiller à ton Évangile et de nous garder attentifs et aptes à nous reprendre. Merci de ne pas nous laisser enfermés dans nos *primo primi*[17] !

Dans les jours qui suivent, un problème de vie intérieure s'intensifie. Je me tors les boyaux depuis plusieurs jours. Cause ? Manque d'exercice sûrement. Je parle et supplie Jésus : une plainte qui me renvoie à ceux et à celles qui agonisent, souffrent dans les hôpitaux, les prisons, les salles de tortures et aux personnes violées ! *Kyrie eleison.*

À l'automne de cette même année, j'ai la visite d'une grande amie qui vient passer plusieurs jours dans ma famille. Des jours de joie et de bénédictions multiples.

———◆———

Julien fait ici état d'une amitié profonde qu'il reçoit comme un don du Donateur et qui sera source, à la suite des autres amitiés qui ont été semées dans sa vie, de profonde transformation et d'humanisation. La parole de cette religieuse, citée plus haut et reprise ici, est particulièrement percutante : « L'icône pour notre temps est le mystère de la rencontre humaine, c'est elle qui permet d'entrer dans l'étreinte de Dieu jusqu'à ce que tout l'être s'ouvre à la tendresse et à la beauté. »

Dans une lettre à Richard, datée du 27 novembre 1985, il écrit ceci :

———◆———

Je pense garder mémoire sans nostalgie, pour remercier le Donateur. On peut définir l'homme/la femme comme « un cœur ». Alors, il ne faut pas s'étonner de nos réactions quand il y a rupture physique, ça ne fait que

---

17. Réaction sensible, spontanée, de surface.

creuser le désir, le purifier et le « virginiser ». La confiance mutuelle ne peut qu'inspirer le meilleur chez soi. Je te partage ce vécu « plus qu'ordinaire » dans l'ordinaire de mon itinéraire d'une année qui tire sur sa vie et qui m'a été généreuse et joyeuse avec ses pauvretés au plan santé. Mais cette fragilité du corps n'arrive pas à éteindre la flamme qui brûle mon cœur et qui donne à tout mon être consistance et cohérence et tout ! Oui, Jésus est vivant. Deo gratias pour avoir ce goût de Jésus-Christ. Je t'avoue que ça m'impressionne d'être ainsi « en amour » avec Lui, et tous ces amours humains me sont donnés comme des sacrements de sa Présence dans ma vie et nos existences de nomades, et notre amitié d'homme fait partie de ce « signe sensible » par lequel il nous dit qu'il est là et ici.

Julien

———◆———

Toujours en référence à cette amitié nouvelle, il dit ceci :

———◆———

Oui, Dieu a été et est là et ici ! *Deo gratias* pour tout ce vécu dans la force de l'Esprit, pour le partage mutuel qui nous fait toucher toute la pédagogie de Dieu pour chacun de nous, pour la parole inscrite au cœur de cette profonde expérience relationnelle purifiée par le temps et la distance et le travail de l'Esprit dans chacun de nos cœurs, et qui nous fait découvrir ton visage au creux du mystère de l'autre. Notre expérience d'amitié vient de Toi et elle nous ouvre la voie à l'éternité, elle nous fait expérimenter dans la chair ce que nous vivons en Toi. Réciprocité dans la Parole partagée pour plus de libération, de pureté, de transparence pour une plus grande fidélité à nos charismes respectifs. Tu m'appelles, Seigneur, à une plus grande totalité de mon don. Donne-moi le courage d'être ce que tu veux que je sois : un fils et un frère.

———◆———

Suit une réflexion à propos de confrères Pères Blancs qui ont changé d'orientation dans le cours de leur vie :

———◆———

Un confrère vient de choisir le mariage à 55 ans. Ça me renvoie à moi-même et à mon vécu jusqu'à maintenant. Chacun vit le mode de fidélité à lui-même selon les données profondes de sa conscience. Pourquoi ai-je encore le goût de Jésus et de la vocation missionnaire Père Blanc ? Tout est grâce. Merci, Seigneur, de me garder « fidèle » dans mes pauvretés multiformes à l'option de prêtre missionnaire qui me travaille depuis mon âge tendre. Je te suis reconnaissant, Seigneur, pour tout ce que tu m'as donné de vivre jusqu'aujourd'hui, pour toutes ces amitiés expérimentées et qui me font ce que je suis aujourd'hui : tendre et miséricordieux. Oui, merci pour ta pédagogie envers moi. Tu es un Dieu de bonté, de tendresse, de miséricorde, et tu me le redis en termes de chair dans mes amitiés présentes.

Tout cela m'habite alors que j'accompagne une religieuse qui fait sa retraite. Elle me fait entrer dans son histoire affective et relationnelle. C'est le cœur de la vie touchant à l'Absolu de Dieu. Son histoire permet de relativiser l'impact de certains visages, grâce à quelques rencontres qui l'ont émue, et lui « enseigne » qu'un tel n'est pas la fin du monde. C'est intéressant et important pour elle : le Seigneur vient la chercher sur son terrain propre. C'est beau ! Ce qu'elle vit lui a été dur, mais lui permet de mieux voir en elle, d'exprimer ses humeurs intérieures et le senti en profondeur, de telle sorte qu'à la fin de notre rencontre la lumière et la vérité en ressortent avec le fruit escompté : la joie se lit sur son visage. Elle apprend à se dire et elle en est contente. *Deo gratias !* Le lendemain, effectivement, la lumière de la Parole fait son chemin : elle est touchée dans son péché qui lui est révélé. Merci, Seigneur. Et nous partageons longuement sur une parole livrée hier à notre rencontre : la communauté est un DON. Merci, Seigneur, pour ton Esprit d'amour et de liberté. On termine par la célébration du pardon. Dans le même contexte, elle sent en elle-même et elle est « touchée » pour la première fois par le texte de Hé 10,5-10 : « Me voici, tu m'as fait un corps » : c'est aussi son corps, lieu de culte. Elle est appelée à se livrer avec et dans son corps. C'est une lumière nouvelle sur le réalisme de l'engagement existentiel à Dieu.

Ce matin, je suis réveillé « en chaleur », en proie à une mini-angoisse : je suis renvoyé à moi-même, à ma pauvreté de cœur et de corps avec des maux de jambes très généreux et la peur de ne plus être capable de marcher et de bouger. Je garde une pensée dans mon cœur qui me vient de la liturgie : tout change. Il y a un au-delà de la mort, et la mort est ainsi vaincue par l'attitude avec laquelle on l'aborde. Cette attitude est sacrificielle : elle transforme la mort en *Pascha,* en route pascale vers le Père. Je suis serviteur de cette Parole incarnée et vécue en Jésus. Mon cœur se tourne vers le Seigneur Jésus, ma consolation et ma libération : avec lui, je redis mon *Fiat* au Père et je suis pacifié malgré et avec tout ça et « ça » m'invite à m'approfondir dans mon mystère, dans la vigilance et l'attention à l'essentiel. Tous, nous sommes mortels, et la reddition des comptes viendra, et ici pas de passe-droit. « Heureux qui sert le Seigneur, il se tiendra debout quand le Fils de l'homme viendra dans sa gloire et rendra à chacun selon ses œuvres. » « Viens, fidèle serviteur, dans la joie de ton Maître. »

———◆———

À l'automne de 1985, Julien donne à un groupe de laïcs/laïques, religieux et religieuses une conférence sur Jean-Paul II, l'homme, son message et son impact sur l'ensemble de la communauté chrétienne.

Le journal spirituel qui couvre **la période de 1986 à novembre 1989** se poursuit sur les mêmes lignes que celui de 1985.

Registre du lever, état de santé, expressions de ses émotions et sentiments intérieurs, offrande et ouverture à Dieu, prière personnelle et communautaire, influences diverses des événements de la veille, des rencontres, programme des journées, climat des repas, événements nouveaux, accompagnement, sympathie pour personnes qui le contactent, correspondance, professions de foi renouvelées et constantes.

Une chose à noter : son état de santé se détériore constamment, dans une faiblesse accrue : fatigue et membres de plus en plus réfractaires aux commandes du système nerveux et de la volonté, lutte avec son état de léthargie, efforts à faire pour être simplement là et pour accomplir ce qu'on lui demande : liturgies à présider, accompagnement de retraites, présence à sa famille, à ses ami(e)s, écoute des événements en cours.

———◆———

Lever avec un bon mal de tête et « préoccupé » par ma pauvreté. En fait, la pensée de mourir et ma pauvreté générale m'effraient. Il me vient des « flashs » d'impatience totale. Je vois une dégradation progressive et constante. : on dirait que je me familiarise avec Lennoxville ! Le vieil âge ! C'est l'apprentissage du grand passage et l'apprivoisement de l'exode final, la dernière mission ! Je constate encore une fois mon manque de foi et de confiance et j'en fais la remise fidèle entre les mains de mon Créateur et Père. Pourquoi avoir peur ? Je suis fils dans le Fils bien-aimé, et ce matin l'Écriture me donne le Père de Jésus : ABBA, c'est à méditer et à recevoir. Merci, Jésus, mon Sauveur et Seigneur. Tu me prends comme je suis ce matin, pauvre et dans le besoin à tous points de vue. Viens en moi vivre ton incarnation et ton exode vers le Père. *Marana Tha !* Dans la foi et la dévotion, Rm 12,1 me revient : « *Je vous exhorte, frères, au nom de la miséricorde de Dieu, à vous offrir vous-mêmes en sacrifice vivant, saint et agréable à Dieu : ce sera là votre culte spirituel.* » Ce verset cristallise mon sentiment profond d'être : être à Toi, Seigneur, pour l'humanité en communion avec des visages bien-aimés. Je peine aussi dans ma chair de sentir chez certain(e)s de mes proches une ignorance de Jésus et peut-être un éloignement. Offrir ma vie pour eux et tant d'autres !

Le lendemain, j'apprends le décès de Philippe Girouard, jeune confrère des années de formation. « Philippe, montre-nous le Père » (Jean 14,8) ! Tu y es, mon bon Philippe, et je te prie de m'aider à voir le Père. Ma prière s'ouvre sur la figure du Dieu de la révélation, exprimé en Jésus face à la femme qui vient chez Simon le pharisien et verse du parfum sur ses pieds, les couvre de baisers et les essuie avec ses cheveux. « *Tu vois, Simon, cette femme, beaucoup lui est pardonné parce qu'elle a montré beaucoup d'amour.* » Ça me vient au cœur et engendre en moi joie et espérance. Prends pitié de moi, Seigneur, je suis un pécheur, et joie d'être pardonné et bien-aimé du Père, invité à prendre l'initiative sur la route de la conversion ! L'important est d'aimer !

En ce matin de mai 1986, je prends une bonne douche comme un grand garçon ! Et je réussis à me tenir debout, un tout petit peu. *Deo gratias*. Jean-Claude[18] vient me chercher et fait mon lit, et je me rends familier avec la *chaise roulante*. C'est le coup à donner, de « débuter ». C'est dur pour ma « dignité », mon orgueil ! Jésus, pardon : je suis « poigné » par la pauvreté de mon corps : il faut m'y faire et être devant Toi, comme ça !

En cette fin de journée, Roger[18], un autre confrère de mon voisinage, prend son service à 19 h 50 et m'aide à revêtir ma robe de chambre et à me préparer pour la nuit. J'ai le dos très inconfortable et les jambes faibles. Je suis bien fatigué. De quoi ? D'un corps souffrant qui suit difficilement. Ça ne lâche pas beaucoup.

Seigneur, garde-moi les mains ouvertes et en oblativité pour tout recevoir et tout donner. Purifie mon cœur, mes besoins et mes désirs pour que tout soit vécu dans l'aujourd'hui donné en vérité. «Ô homme, le Seigneur t'a fait savoir ce qu'il attend de toi : pratiquer la justice, aimer la miséricorde et marcher humblement avec ton Dieu » (Michée 6,8).

Des confrères passent par Québec. Mgr Jobidon[20], avec nous depuis quelques jours, nous quitte pour retourner à Mzuzu. Arrivée de Richard, tout heureux de nous revoir. Nous partageons un bon dîner ensemble dans la joie des retrouvailles et une bonne jasette pour une bonne heure et demie sur les dernières nouvelles de Fribourg où j'ai vécu quelques bonnes années. Dans la veillée, un autre confrère de l'Année spirituelle de Fribourg se joint à nous et nous avons un généreux partage de ce que nous vivons : nos pauvretés, nos grandeurs, notre foi en Jésus-Christ, notre vie et notre solidarité et communion : un signe confirmé par la résurrection de Jésus que nous nous reverrons dans un au-delà de lumière et tendresse définitives. *Deo gratias* pour la foi déposée dans nos cœurs et cultivée. Merci, Père, du goût de Jésus !

---

18. Le frère Jean-Claude Bédard, aidé par le p. Roger Gingras. Les deux assuraient les soins nécessaires au lever et au coucher de Julien.
19. Mgr Jean-Louis Jobidon, évêque de Mzuzu au Malawi de 1958 à 1987. C'est dans ce diocèse que Julien avait travaillé à la fin de l'année 1965 et au début de 1966.

Arrive le lendemain Jean Simard qui vient me voir pour bâtir une retraite de huit jours. Ça va bien : il est 17 h et une bonne partie est faite. C'est tout un encouragement pour lui, et pour moi, un service fraternel. Merci, Seigneur !

Et ces jours-ci, je suis préoccupé par la « situation québécoise », la transmission des valeurs et le Refus global[20] dans une certaine jeunesse d'entrer dans ces valeurs et d'opter pour une société où l'option transcendantale semble absente. Une personne qui m'est proche me donne l'impression d'être un porte-parole de cette certaine jeunesse ? Cela me conduit à la prière, à un « second regard », à l'approfondissement de ma pensée-parole et à me poser l'inquiétante question : comment faire passer le message de l'Évangile dans « tout ça » ?

Des confrères de passage, venant d'Afrique, sont là. Petit déjeuner bien fraternel et à l'écoute de leurs récits missionnaires. Oui, j'écoute et me sens bien petit. Je n'ai rien fait, et je fais pas grand-chose « encore » ! En montant chez moi, je prends une heure de bain. Beaucoup de sang ce matin et bain de siège et tout le tralala. Ce n'est pas du gâteau ! J'en sors fatigué et me mets au bureau. J'ai mal au ventre : ce sang, ces varices au colon sont épuisantes. *Kyrie eleison* et ça me fout par terre, psycho et somatiquement parlant ! La prière de ce matin : « Aujourd'hui, n'endurcissez pas votre cœur, mais écoutez la voix du Seigneur » me presse. Oui, merci, Seigneur, d'entendre ta voix et de me donner la grâce de l'écouter et la pratiquer malgré et avec mes pauvretés.

À la fin de cette année 1986, je suis la retraite sur le Cantique des Cantiques, prêchée par le p. Jean Laplace, s.j., à Loretteville. J'y vis une étape très importante dans ma libération pour le service de la BIENHEUREUSE TRINITÉ en, par et avec Jésus, le Bien-Aimé ! Merci, Jésus, de sentir par ton Esprit le travail pédagogique du Père en moi. Reconnaissant d'être et de te laisser être en moi, Seigneur, me laisser

---

20. Manifeste du *Refus global* (1948), signé par Paul-Émile Borduas et par d'autres intellectuels et artistes, refusant ou remettant solidement en cause un certain nombre de valeurs religieuses et sociales.

aimer et t'offrir ce monde. Viens brûler mes violences et résistances. Merci de me sensibiliser à ta Venue et à ton Retour.

◆━◆

L'année **1987** est commencée. Julien poursuit sa réflexion au fil des jours, des événements, à l'écoute de ses états d'âme et de son corps.

◆━◆

J'ai commencé, cette année, chaque matin en accueil, reconnaissance, oblativité et communion de cœur avec des visages bien-aimés. Loin des yeux mais tout près du cœur. Un climat de joie, de joie d'être et de reconnaissance, envahit toute ma conscience avec des «souvenirs» très vifs de faits existentiels qui me rappellent l'Amour miséricordieux du Seigneur à notre égard. Je n'ai que «merci» au cœur, communion intime et joie intérieure pour tant d'amour. En même temps, je ne me laisse pas envahir par ces sensibilités historiques. J'en aurais toutes les raisons. La miséricorde de Dieu expérimentée en Jésus est plus forte que tous les péchés de mon histoire et de l'histoire de l'humanité.

En cette journée de janvier, grande lassitude dans mon corps, fatigué et tellement fragile. Des pensées de mort me reviennent fortement. S'agit-il de peur? C'est plutôt le désarroi devant l'inéluctable. Tentation de lâcher… et il ne «faut pas lâcher!» Je garde les yeux fixés sur Jésus, le vainqueur de la mort. Reprise vigoureuse inspirée par la foi et la vie en Jésus vivant : *Marana Tha!* Prière du matin et eucharistie vécues dans la présence du cœur inspirée par la parole de Cyprien, le confrère présidant la célébration, bien préparée. Notre petit déjeuner est bien fraternel et il y a bon échange sur la situation sociale et chaotique au Québec alimentée, semble-t-il, par certains personnages intransigeants, style Narcisse des années 30-40 d'Europe. *Kyrie eleison!* Ces conflits me font peur et je me sens mal par cette haine qui semble régner et se propager. Oui, *Kyrie eleison.* Que puis-je faire? M'offrir, prier et vivre aujourd'hui avec «compétence» humaine dans le climat des Béatitudes, donner et joindre ma souffrance à celle de tous les artisans de paix (Mt 5,9), et à celle de Jésus. Oh! oui, viens! Vivre aussi autour de cette Parole de Ben Sirach : « L'or est vérifié par le feu, et les hommes agréables à Dieu par le creuset de la pauvreté » (2,1.11).

Et ma prière prolongée est touchée par cette parole qui origine dans l'Évangile du jour : Mc 10,17-22. Le serviteur des mystères de Dieu, le missionnaire est signe du projet de Dieu, il n'est pas nécessairement l'exécuteur. Dieu se réserve les moyens ultimes de constituer son Royaume et reste seul à les connaître. Alors, être à la manière de Jésus : s'en remettre au Père. Rien ne lui est impossible!

La fin de l'hiver et le printemps 1987 témoignent d'un délabrement accentué de la santé de Julien et son recours constant à la prière.

Je suis très fatigué et très pauvre dans mon corps, les maux sont généralisés, je me lève tout courbaturé. J'ai peine à bouger mes quatre membres, et je sens une peur sous-jacente, une impotence de plus en plus envahissante. J'ai peur de devenir impotent et de perdre mon autonomie relative. Des pensées de mort face à mon incapacité physique et ses répercussions m'envahissent. C'est la mort à petit feu! Je reste en prière et en communion avec Jésus. Viens vivre ton exode en et par moi, Seigneur Jésus, viens, j'ai peur, viens! Avec courage, confiance et en solidarité avec toute créature, les yeux fixés sur Jésus, entrons, j'entre dans le combat de Dieu : voilà ma force! « Tu m'as fait un corps, tu m'as donné un corps, me voici pour vivre ta volonté. » Donne-moi force et courage pour faire Ta volonté et être pour toi une humanité de surcroît. *Marana Tha!* Viens, Seigneur Jésus!

Au petit déjeuner, j'écoute beaucoup les commentaires sur la partie de hockey d'hier soir. Les Nordiques (équipe de Québec) ont perdu. Je suis impressionné par la violence chez moi, chez nous, chez l'homme! Le partage entre nous met en relief nos différences de sensibilité et il est révélateur de notre expérience d'homme. J'écoute mon cœur et mon histoire. J'apprends à relativiser et à respecter. « Prends ma pauvreté, Seigneur, pour l'enfantement de notre humanité. » À ma chambre, je reçois la visite de Mgr Jean-Louis Jobidon, qui se retire de son diocèse d'Afrique après plus de 25 ans. On parle vigoureusement du « dépouillement inhérent à l'exil » : il se trouve éloigné de son diocèse par une pauvreté de santé non choisie. C'est cela, être nomade jusqu'à la fin ! *Kyrie eleison !* Il pleure ! Oh oui, Jésus, prends pitié !

Et nous voilà au vendredi saint. Ma prière se vit dans la reconnaissance et la supplication pour moi et pour l'humanité. Mon petit peuple est en train de sombrer dans le paganisme. *Kyrie eleison !* Ici, l'événement m'invite à une prière d'intercession en m'inspirant toujours du texte de l'épître aux Hébreux 10,10. Avec Jésus, témoin de la vérité sur l'homme, sur Dieu et sur moi, il faut choisir et il faut se brancher. Jésus, donne-moi, donne-nous ton courage. Je monte à ma chambre pour une activité-communion-silence et recueillement avec toutes les passions de l'humanité : les offrir pour que Jésus vienne les habiter. Viens ! Je passe toute la matinée dans la liturgie du triduum pascal. Merci, Seigneur, pour ton amour, ton OUI au Père !

———

Au même moment, dans une lettre adressée à un ami, on trouve ceci :

———

Garde-moi dans ta prière pour que mon corps puisse suivre mon cœur ! La pauvreté et la faiblesse me demeurent des compagnes quotidiennes, elles ne me lâchent pas ! Je les reçois comme des « invitations » à demeurer orienté vers l'Essentiel, et je les « interprète » comme un « lieu pédagogique » où j'apprends et réapprends l'art du « Me voici » qui traverse toute l'Écriture, et qui doit « s'inscrire » dans ma – notre – vie d'homme et de femme (Gn 1,27). Le texte de la lettre aux Hébreux 10,5-10 m'inspire toujours, ainsi que Rm 12,1 ; 15,16 où le corps devient « un lieu de culte » – l'autel du sacrifice spirituel, et comme et avec Jésus-Christ, on puisse dire : « Tu m'as fait un corps, alors me voici pour vivre ta volonté. » Tout ça, c'est toute une dynamique liturgique et ça me travaille beaucoup, moi qui ai le luxe de réfléchir, de prier, d'avoir du temps : quelle responsabilité ! Alors, je cultive la disponibilité, l'accueil et le désir : Marana Tha – l'écoute, l'attente et le silence (Job 42,1-6)! J'ai découvert comme jamais le sens de notre « communion des saints » et de l'apostolat de la prière appris sur les bancs de l'école primaire. Je « vieillis » et je retrouve mes racines! Bref, je n'ai pas le temps de m'ennuyer, les murs de ma chambre-bureau éclatent, silencieusement, et je me sens littéralement « lié » en toute liberté (Galates 5,22-26) à tous ces visages rencontrés et bien-aimés. Quelle force et quelle inspiration que ces « liens » tissés en cours de route : ils me font goûter la parole prophétique de Jésus : « Personne n'aura laissé maison, frères, sœurs, mères, enfants à cause de moi et de l'Évangile, sans recevoir au centuple maintenant, en ce temps-ci, avec des persécutions, et dans le monde à venir, la vie éternelle (Marc 10,28-30).

❖

Et le reste de l'année 1987 se vit dans cet incessant dialogue entre événements, état de santé, rencontres d'amitiés et prière.

❖

Entre, Jésus, dans toutes les zones de mon être. Oui, c'est normal que tu aies un mot à dire dans ma vie. Et merci de le dire : que je te sois toute disponibilité pour que je puisse laisser passer ta parole par tout ce que je suis et ce que je vis! J'aime le Seigneur, toute ma vie, je l'invoquerai. Oui, toute ma vie j'invoquerai ton nom, Jésus, le nom au-dessus de tout nom : « Yahvé sauve. » *Deo gratias!*

Et à l'automne de cette même année, je vis des moments de quiétude et de communion en présence d'une grande amie qui passe quelques jours dans ma famille. Ce sont des blessures d'amour et des temps de lumière que je remets entre tes mains, Seigneur. Merci! Et puis, je suis renvoyé à moi-même, à ma solitude et à mon mystère. Des pensées qui me replient sur moi-même me reviennent, mais je ne veux pas me laisser empoisonner par ces pensées. Je veux accepter ma « situation » de pauvre et ses conséquences avec l'invitation que ma vie se doit d'être gratuité et disponibilité pour la louange, l'action de grâce et le service des frères et sœurs.

Et juste trois jours avant Noël, je fais une visite à l'hôpital pour mon problème de « fond ». Et le bon Yvan, mon ami médecin, est toujours là pour m'aider et m'accompagner. Je reçois cette journée de toi,

Seigneur, et te la donne en reconnaissance et action de grâce dans l'accueil des personnes que j'y rencontrerai pour m'aider à mieux vivre dans la liberté d'un corps plus harmonisé ! Et la veillée est riche en expérience de complémentarité. Je suis l'objet d'une très grande attention par Yvan, son épouse Ruth, avec mes problèmes d'hôpital. Et je vais au lit en communion avec ces visages rencontrés et bien-aimés, dans la reconnaissance à toi, Seigneur, et à ceux et celles qui ont le rôle déterminant de ce mieux-être. Merci, mon Dieu, pour tout ce vécu et cet amour reçu, donné et partagé. Le grand fleuve est majestueux, mon corps est en progrès et la « région opérée » donne des signes d'heureuse convalescence. Je reçois les soins appropriés post-opératoires dans ce contexte exceptionnel de notre très grande amitié-communion. Je suis faible et fatigué, mais pas particulièrement souffrant aux « douanes ». Le lendemain, nous avons « en famille » une conversation-communion. La grâce fait son travail à sa manière dans chacun et chacune. Oui, merci, Seigneur, à tous ceux et celles qui ont coopéré à ce mieux-être physique et spirituel ! Nous sommes tous très heureux de vivre cette expérience familiale dans ce contexte de profonde amitié. Oh merci, mon Dieu, pour tout cet amour ! Le lendemain, il neige généreusement et nous reprenons la route ensemble en direction de Québec.

L'année 1987 se termine. Merci, Seigneur, de m'avoir gardé à ta suite après tant de pauvretés et de légèretés de ma part. Avec le texte de Jean 6,44, je chante ma joie d'être sauvé. Merci, Seigneur, pour cette année 87 vécue sous le signe de l'Alliance.

Année 1988 et 1989 : préambules

- Prière : de plus en plus oblative. L'action de grâces, la louange, deviennent la note dominante de la prière de Julien. On note aussi, comme la base de tout, la place éminente de la Parole de Dieu qui libère, purifie, transfigure.
- Santé : de plus en plus précaire. La sclérose affecte en intensité les bras et les jambes, avec une sensation de « mal de dents » dit Julien. Le dysfonctionnement des intestins et un problème sérieux d'hémorroïdes pour lequel il a subi une intervention chirurgicale ne sont pas entièrement résorbés. Le

fauteuil roulant est son seul moyen de déplacement. Il est question pour la première fois de déménagement dans un institut où « l'unité de soins » est assurée. Envers et contre tout et sans demander une guérison complète, Julien espère toujours un « meilleur sort » dans son corps.

— Amitiés : tant masculines que féminines, elles prennent beaucoup de place dans sa vie. Là encore, sans comparaison de l'une à l'autre, certaines personnes le marquent en profondeur. En aucun cas cependant, ces amitiés ne se tournent en repli ou en source d'ennui. Elles sont toujours un lieu très privilégié d'action de grâces, de louange, de remerciement au Père pour lui avoir permis de rencontrer ces personnes et de grandir en amour et en humanité.

— En novembre 1989, Julien quitte définitivement la communauté de Québec et se rend à la maison de Lennoxville où, grâce à la présence permanente d'une infirmière, on veille davantage sur les besoins de santé et où davantage de soins sont prodigués. Julien se meut déjà en fauteuil roulant depuis trois ans. Il ne restera à Lennoxville que trois mois. Les effets de la maladie se précipitent au début de 1990 et, le 1er mars de cette année, il sera définitivement traité à l'unité de soins du Pavillon Cardinal Vachon, à Beauport, localité qui fait maintenant partie de la ville de Québec.

La spiritualité de Julien est devenue profondément trinitaire. Les références sont multiples. Sa confiance s'enracine constamment dans l'amour indéfectible du Père. Elle se renouvelle incessamment par l'Énergie vivifiante de l'Esprit du Christ ressuscité. C'est à eux qu'il offre avec docilité son dur et humble quotidien pour qu'il soit transfiguré en joyeuse espérance.

Rencontre avec une amie de longue date : deux heures dans un climat de confiance, d'aisance mutuelle et d'amitié. Merci, Seigneur, pour tout le travail que tu as opéré dans nos vies. Comme tu as été bon, miséricordieux et patient. Nous partageons, à mesure que le temps progresse, notre foi en Jésus et notre reconnaissance d'avoir gardé ce goût de Lui (Jean 6,44). Quelle grâce ! Oh oui, quelle grâce ! Notre itinéraire est une preuve éclatante du travail de l'Esprit dans nos cœurs, et le fait d'être aujourd'hui capables de le voir et de l'accueillir avec humilité et reconnaissance engendre en nous une grande joie et nous invite à vivre son aujourd'hui dans le remerciement, la constance, l'action de grâce et le service : « *Vous avez reçu gratuitement, donnez gratuitement* » (Mt 10,8).

Visites de confrères. L'un d'eux vient jaser un bon moment et me dit qu'il est « né critique ». Ça me peine d'entendre ça. Il donne l'impression de vivre « totalement dans le passé » et en procès contre tout ce qui « souffle » : ça le fait grelotter. Oui, Jésus, prends pitié de nous ! On termine en parlant de la miséricorde du Père et, à chaque célébration du sacrement, je reçois la MISSION d'être miséricorde (Mc 6,36). Un autre vient faire une révision de ses derniers mois. Il revient lui aussi sur son passé. Je reviens à l'Écriture, au discernement, à l'amour qui discerne : les événements sont des lieux de rencontre dans une mentalité de Galates 5,22-25. Il parle aussi de son état et revient beaucoup sur lui-même et l'incompréhension des autorités. J'écoute silencieusement et reviens sur la liberté intérieure et l'offrande de soi. Il repart pacifié.

Rencontre finalement avec mon provincial, le p. Marcel Boivin. Il vient pour un généreux partage et je lui ouvre mes états intérieurs, selon le psaume 56,8-12 : « *Mon cœur est prêt, mon Dieu, mon cœur est prêt.* » Il me dit sa joie de me voir « en forme de cœur », et m'encourage à continuer à porter la lumière et la vie. Je reçois sa parole avec reconnaissance, et lui, il réfléchit la mienne et sa compréhensive et toute simple présence parmi nous.

Et ma prière se poursuit : « *Pour toi, Julien, qui suis-je ?* » Je pense avoir la réponse : merci, Seigneur, merci d'être ton disciple et merci de me garder à ta suite malgré tant de légèretés de ma part. Oh oui ! Tu es vraiment le Fils bien-aimé du Père, en qui et par qui nous sommes faits fils. *Deo gratias !* Merci, Père, de me donner le goût de Jésus (Jean 6,44). Quelle grâce ! Oui, merci, Seigneur, de cette liberté que tu as fait naître en nous et d'être devenu notre nourriture l'un pour l'autre et pour les autres.

Au début de cet été 1988, je sens de nouveau du mal au « fond des choses », et c'est le retour aux sources de la patience ! Avec Jésus, la peur s'apprivoise et la communion avec les souffrants : *Kyrie eleison !*

Je remarque durant cette période une dégradation marquée de mon état physique. Mon bras gauche et la main sont devenus très pauvres. Quant aux jambes, elles sont malheureusement presque totalement impotentes. La SP fait bien son boulot ! Je prends mes pauvretés et je les offre : « Que ton règne vienne ! » Mon cœur est prêt, mon Dieu, mon cœur est prêt.

Durant la retraite de cette année, je demande à Jésus de me faire participer à sa conscience filiale. Ça m'accroche : « Tu es mon fils/Fils bien-aimé, en toi je mets toute ma joie. » Mes heures de prière sont réduites quant au temps par mon corps et ses faiblesses. L'important, c'est de vivre « certaines servitudes », les yeux fixés sur Jésus, et de laisser ma conscience s'éduquer par l'écoute et la praxis : ma mère et mes frères sont ceux qui écoutent la Parole de Dieu et qui passent à la praxis. Merci, Père, pour ton Fils Jésus, notre rabbouni et notre pasteur : la Voie, la Vérité, la Vie. Merci pour la nourriture d'Écriture et pour me laisser toucher par Jésus. À la dernière eucharistie ensemble, chacun exprime une parole d'Écriture qui l'a touché. J'ai choisi Rm 12,1.

Au retour de la retraite, j'apprends que mon frère est touché par la maladie de Hodgkin. Seigneur je n'ai qu'un frère, prends pitié. Dans ma prière, reviennent les trois noms chéris de mon enfance, Jésus, Marie, Joseph, et je remets Henri entre leurs mains bienveillantes, sûr que tout va bien marcher pour la gloire du Père, sa joie et sa plénitude. Oh ! Jésus ! toi qui connais les cœurs, viens en eux et chez eux et chez nous. Viens, *Marana Tha !*

Le temps de l'avent est arrivé. C'est décembre et il fait un froid sibérien. « Jésus, viens nous sauver et viens consoler nos frères les souffrants, les Amérindiens, les Africains et toute l'humanité. » Ma prière se fait supplication et attente en ce temps d'accouchement. « Prends ma prière pour les souffrants et les agonisants. »

Dîner fraternel : j'écoute beaucoup et préoccupé par la pauvreté de mes mains, et même la droite qui est faible et malhabile, complètement dépendant devant toute résistance même pour trancher du poulet. *Oh! Jesus! take pity on me.* Soirée : en route vers Sainte-Foy avec Richard, un froid sibérien! Heureux d'être avec la famille, une généreuse rencontre autour de la table. Nathalie et Jean viennent nous rejoindre. Henri est de bonne humeur, plein humour sur sa présente pauvreté. Merci, Seigneur, pour cette rencontre. Retour à 22 h 30.

Je passe le temps de Noël chez mes amis, le docteur Yvan Auger et sa famille, face au fleuve. Merci, Seigneur, d'être ici, bénéficiaire de tes généreux dons d'amitié, de tendresse et de miséricorde de la part de mes bons amis, rencontrés, bien-aimés et donnés par Toi. Oh! oui, Père, notre histoire est toute pleine de Toi, de la Source à l'aujour-d'hui. Merci pour la bonté, la tendresse, l'hospitalité généreuse d'Yvan et de Ruth. Bénis-les! Merci pour leur compétence médicale qui me donne confiance et sécurité.

Dans une lettre de décembre 1988 adressée à un ami, il écrit :

La sclérose prend de plus en plus de terrain et l'impotence également. Il ne me reste que le côté droit, un bras et une main qui me permet « encore » une relative autonomie. Comme tu vois, l'écriture m'est encore possible par étapes. Pour une page comme cette présente, j'ai dû me reprendre trois fois. Je suis toujours exposé à la patience. Si tu vas prier au mont des Oliviers, tu penseras à moi. Je lui ai tout donné, mais s'il le veut bien, demande-lui de me garder l'usage de mes mains, sinon les deux, du moins la droite. L'arrêt total de l'écriture me serait très dur, mais à Lui de décider. Le ser-virais-je mieux dans le silence total? Lui seul le sait. Fiat! Comme tu vois, il me faut penser à Lennox possiblement en octobre prochain. C'est toute une étape en perspective. En attendant, je t'assure de mes bonnes pensées et communion en lui, qui nous a ouvert la voie de l'espérance en ces cieux nouveaux et cette terre nouvelle que nous sommes en train d'enfanter! Marana tha... Shalom and Love[21],

Julien

---

21. Expression très utilisée par Julien comme signature finale de ses lettres, signifiant « Amour et Paix ».

———●———

L'année 1989 provoquera chez Julien trois déménagements. Il assume, dans une faiblesse croissante, comme il le note dans la lettre précédente, sa vocation de « nomade ». Encore dix mois à Québec, il est toujours aidé de quelques confrères qui compensent son manque d'autonomie. Il se rend à Lennoxville en octobre de la même année, pour être soigné par l'infirmière, sœur Françoise Simoneau, Oblate de Béthanie, et par d'autres confrères. En février 1990, une nouvelle chute de paralysie l'oblige à passer deux semaines à l'hôpital. Devenant de plus en plus dépendant, il doit être amené dans une clinique assurant la totalité des soins. Il laisse Lennoxville pour la Clinique intercommunautaire de Val-des-Rapides. Il n'y restera que deux semaines. Le 1er mars 1990, il « reprend son bâton de pèlerin » pour le Pavillon Cardinal Vachon à Beauport, à proximité de sa famille, et où il restera jusqu'à son « exode final », le 25 juin 2002.

———●———

Je reprends cette année dans l'apprentissage permanent à tout donner et à me livrer dans le climat du texte de l'épître aux Hébreux 10,5-10 : « Tu m'as fait un corps, me voici. » Laisser Jésus venir à plein et vivre en/par moi pour la joie et le salut de notre terre. Jésus, pour tous ceux qui lui obéissent, est devenu la cause du salut éternel et universel. Toi, la tendresse du Père ! Seigneur, rends-moi semblable à Marie et à Joseph, et que je puisse te permettre d'être là où je suis. J'ai un mal à l'aise prononcé, euphémisme pour dire que ça fait mal ! Prélude de paralysie ? On parle de location de quelques studios à la Résidence Cardinal Vachon (avec unité de soins pour les prêtres en perte d'autonomie) : on m'offre le choix d'y demeurer si l'impotence s'accélère. Sans hésitation, j'acquiesce volontiers de préférence à Lennox ou à Laval-des-Rapides. Seigneur, prends soin des « pauvres de Yahvé ». Vivre aujourd'hui, demain, je t'appartiens, Seigneur, tu pourvoiras.

C'est encore le temps des Fêtes et de célébrer la nouvelle année. En route pour une journée en famille. Enfin sur les bords du « Grand Fleuve » pour la première fois en 89. *Deo gratias !* Heureux de nous revoir réunis et après deux bonnes heures de partage « en avant » face au fleuve et au soleil qui entre généreusement, on s'assied autour d'une table généreuse et l'appétit ne manque pas, l'irrésistible pâté à la viande et les fraises au dessert ! Je dépasse les normes habituelles ! Une bonne sieste jusqu'à 15 h et arrivée d'autres de la famille. On se souhaite la « Bonne Année » et ça jase aisément pour une bonne heure. On passe à la coiffure et Monique me fait toujours un très bon travail : ça me rajeunit ! Et après la prière des vêpres, on passe encore à la table pour un autre de ces repas type « de fête » : du bon ragoût[22] ! Et on termine avec les fraises ! Merci, Seigneur, pour toutes ces bonnes choses. Et Monique et son garçon René me ramènent à la maison. Je ressens beaucoup de joie et de reconnaissance pour cette bonne journée ensemble.

En conseil de la communauté, la question de la Résidence Cardinal Vachon revient sur le tapis. Je me prononce nettement en faveur en cas d'impotence totale. La communauté préfère qu'on y loue des chambres sans tarder : une solution à proposer à nos autorités de la province. Et voilà, c'est clair ! *Deo gratias !*

Dans ce contexte communautaire, je mentionne l'un ou l'autre nom envers lesquels je sens un certain « agacement » de ma sensibilité. Il m'est difficile de percevoir le mobile de cette impression spontanée. De toute façon, il m'est bon d'appeler ici Jésus à venir changer mon cœur pour le rendre comme le sien. J'aurai toujours à revenir sur cette demande fondamentale. Je sens au fond de ma sensibilité, à travers cet agacement, comme une impatience, ou une inaptitude à répondre aux problèmes qui lui sont posés ? Ici encore, il m'est difficile de cerner le problème ! Et ma demande à Jésus reste sûrement juste !

Je reçois la visite de Marcel, le provincial, qui s'ouvre sur un généreux et lucide échange sur la Résidence Cardinal Vachon et la maison de Lennoxville. À la relecture des échanges de ces derniers jours, j'opte pour Lennox à l'automne. Lennox est fait pour des gens comme moi avec une motivation mystique non négligeable : mon désert en vue de mon exode final. Marcel me confirme et je suis heureux de m'y voir là-bas « chez nous ». Mon cœur est dans la paix face à cette rupture : quitter Québec sera costaud, et l'entrée à Lennox marquera un dernier

---

22. Mets particulièrement apprécié des gens du Québec, pieds de porc dans une sauce.

tournant dans mon histoire de nomade ! Mon cœur est en paix et je le remets entre tes mains, Père, que ta volonté soit faite ! Choix pour Lennox vers le milieu d'octobre. Merci, Seigneur, de m'avoir éclairé sur cette décision-rupture. Lennox sera toute une étape à vivre à plein. Dernière étape, lieu de l'attente de « ma parousie ». La pauvreté dans mon cœur m'apprend l'obéissance à la condition humaine « de transit ». Dans ma prière, je suis impressionné par cette Parole : « Ce peuple que j'ai formé pour moi redira ma louange, dit le Seigneur » (Is 43,21).

Je reçois la visite d'une accompagnée. Une rencontre généreuse et émouvante ! Elle me remet entre les mains les lettres, les albums et le journal de Danielle Jobin, responsable d'une communauté de l'Arche à Ottawa, décédée quelques années auparavant, et elle me laisse l'alliance de cette dernière, voulant qu'il soit au doigt d'une personne apte à saisir le mystère d'alliance vécue par elle. « Je m'en occupe, lui dis-je, et trouverai une bonne amie qui le fera. » Elle me fait confiance et repart très émue : mission accomplie. « J'ai la certitude, dit-elle, d'avoir été visitée par Dieu aujourd'hui avec ces deux visages, Danielle et Jeannot Hualde, un Père Blanc mort au Mali, grand ami de Danielle, désormais réunis dans l'éternité ! C'est un signe de leur part. » « Oui, je sens ta présence, Seigneur. Quel signe ! »

Je passe la soirée avec Nathalie et Jean, neveu et nièce par alliance : un long partage de mon amour des Écritures et bien lié à leur projet, avec questions bien concrètes sur leur entreprise. Prière pour qu'ils s'aiment en Toi, Jésus, eux qui scellent leur alliance dans ton Alliance.

L'été est arrivé. Je passe ma première journée de vacances chez moi à Neuville chez ma sœur Monique. Je suis à un grand stade de pauvreté, et Monique est là toute disponibilité, discrétion et aide. Elle m'aide à m'habiller. Bref, un début de vacances par les soins essentiels ! *Kyrie eleison* et *Deo gratias*. Émilia, ma belle-sœur, et Henri viennent nous rejoindre pour une liturgie familiale. Merci, Seigneur, d'être de nouveau ensemble et de célébrer dans la foi et la dévotion ta Parole généreuse et qualitative. Bon et intime partage, tous les quatre, dans la joie et la confiance mutuelle. Merci, Seigneur, de toutes ces bontés et ces délicatesses familiales.

En août 1989, je fais un voyage de trois jours à Lennoxville. Une amie m'accompagne. Mes bagages sont partis dans cette direction. Mes bibelots, en arrivant, sont cassés et brisés. J'en suis peiné, mais c'est ça : une réalité qui m'invite à la rupture, une symbolique de mon entrée avec un cœur libre. *Deo gratias!*

Retour à Neuville et vacance agréable en compagnie de cette amie. Nous faisons un mini-voyage aux États-Unis, sur les bords de l'Atlantique. Un temps libre de vent, de soleil et d'espace infini. Tout ce qu'il me faut pour une semaine de repos, et vivre dans la communion et le partage une prière reconnaissante. Merci, Seigneur, pour tant de beauté et recevoir tes bontés durant ces jours privilégiés. De retour à Neuville, devant ce grand fleuve toujours beau et nouveau avec ces géants des mers qui passent dans le silence à portée de la main, glissant sur l'onde et qui nous rappellent que nous sommes en route vers notre port d'attache définitif. Nous célébrons l'eucharistie dans la joie partagée et une profonde reconnaissance pour tout ce vécu.

Le 20 octobre 1989, je laisse la communauté du 180, chemin Sainte-Foy, à Québec, où j'habitais depuis août 1983. Je reprends « la route » dans ma peau de nomade. Je commence cette dernière journée ici et ma première à Lennoxville avec une eucharistie de reconnaissance pour tout le vécu ici depuis mon arrivée au pays et dans ce poste qui était témoin de ma réinsertion au pays, avec début « purifiant » : « Je me souviens! » Merci aussi, Seigneur, pour cette communauté de confrères Pères Blancs qui m'ont beaucoup appris et reconnaissance aussi pour les religieuses[23], pour monsieur et madame Blackburn, s'occupant de la cuisine et de la blanchisserie. Tout ça dans mon cœur est offert avec foi et dévotion.

---

23. Les religieuses affectées à la maison des Pères Blancs au 180, chemin Sainte-Foy, à Québec, étaient de la congrégation des Sœurs de Notre-Dame du Bon-Conseil de Chicoutimi. Elles ont quitté cette maison en 1994.

Lennoxville sera mon dernier poste avant la parousie ! Je rencontre les confrères au repas du midi. L'accueil est bon et chaleureux. Je passe la soirée, seul, dans la prière. Il est 21 h et j'écris cette page. Je sens tout un cheminement à vivre qui sera sûrement décapant. Merci, Seigneur, pour la grâce d'être une humanité de surcroît en te laissant vivre en moi. Que cette dernière étape en soit une d'oblativité et d'accueil positif des événements comme lieux de rencontre. Cyprien, le supérieur de la communauté, vient m'aider à me dévêtir. Le lendemain, le frère Wilfrid Poulin vient m'aider à me vêtir, et constamment sœur Françoise, infirmière, est à mes côtés pour les soins appropriés, ainsi que la responsable de la communauté, sœur Yolande Dufour. Belle liturgie : merci, Seigneur, pour tous mes confrères d'ici, tous hérauts de la Bonne Nouvelle, tous appelés par Toi. *Deo gratias !* Et en attendant, j'apprends la langue[24].

Le lendemain, dans un moment de recueillement, je récite mon chapelet, seul dans le silence de mon studio ! Je suis habité par la pensée du retour du Seigneur selon 1 Corinthiens 1,26. C'est la perspective à cultiver tous les jours et toutes les nuits qui me sont donnés pour ainsi être prêt à me tenir debout quand Il viendra et à aider les miens et toute l'humanité à vivre dans l'essentiel, en travail d'enfantement pour « bâtir » les cieux nouveaux et la terre nouvelle. « Je l'ai dit et je le ferai », a promis le Seigneur. Vivre de cette promesse et en faire vivre. Ma prière du matin et mon eucharistie sont vécues dans la joie d'être là, les mains ouvertes. *Marana Tha !*

On m'avait dit à Québec que je ne serais pas mieux ici que là ! Je crois que ma décision est bonne, même s'il y a ajustement et adaptabilité à vivre pour un bon moment avant de trouver un rythme. Cette venue ici fait partie d'un appel missionnaire à un détachement, à reprendre la route et à demeurer activement « nomade ». Je suis habité par certains visages bien-aimés, très importants pour moi ; ils me permettent de faire ainsi communion dans ton Alliance. Ma prière est

---

24. Expression souvent utilisée par Julien pour signifier qu'il s'apprivoisait d'abord à la mentalité, aux manières, aux mœurs de la communauté où il était nommé.

toujours reconnaissante et débordante de mercis pour m'avoir gardé à ta suite, Jésus, et d'avoir rencontré toutes ces personnes.

———◆———

Lettre de Noël 1989 :

———◆———

J'en suis très heureux. La communauté est accueillante, sereine et priante (pour qui le veut bien). Cyprien est l'homme de la situation. Mon premier mois a été assez éprouvant au niveau du cœur : bien des ruptures à vivre presque en même temps. Je suis entré comme le grain qui tombe en terre! Silencieusement se faisait le travail d'apprentissage de «toute une nouvelle langue!» Oui, quel changement! Bien humblement, je trouvais mon rythme. Dans ce nouvel investissement, Il m'accompagnait, m'avait même devancé, je n'avais qu'à m'offrir : ADSUM! Au milieu de frères qui vont de la «parole proclamée» à l'écoute – au silence – à la contemplation. En tout cas, tout m'y invite. Et la présence des sœurs[25] est réellement une bénédiction matérielle et spirituelle. Leur participation est généreuse et qualitative, et avec elles, l'adoration tous les jours. Je t'avoue que je suis profondément sensible à tout ce qui nous est ainsi offert. Encore ici, en cet automne de la vie, nous sommes des privilégiés. Oui, Deo gratias! Je te reste très uni en Lui. Amitiés et salutations à tous,

Julien

———◆———

En première page du journal de 1990, on note en préambule les réflexions suivantes :

———◆———

Pour la première fois depuis des siècles, nos Églises ont l'occasion de devenir ce qu'elles auraient toujours dû être : des témoins vulnérables et sans pouvoir de la foi qu'elles proclament et qui les fait vivre. Peu importe l'éloquence de nos paroles, les gens croiront d'abord ce qu'ils verront!

---

25. Les religieuses affectées à la maison des Pères Blancs de Lennoxville sont les Oblates de Béthanie, Institut fondé en 1901, à Paris, par le père Eugène Prévost, en même temps que les Prêtres de la Fraternité sacerdotale.

L'amour est un feu qui est son propre oxygène. Que l'amour rencontre et encourage l'Amour, et vous obtenez un incendie.

Après avoir célébré la miséricorde du Père, ce qui me permet de terminer les dernières heures de l'année 1989 dans la reconnaissance pour tous les DONS reçus, je remercie le Père pour sa tendresse. Le fait de vivre cette reconnaissance dans le sacrement est une grande grâce. Merci, Père, pour le DON de la FOI, pour le goût de Jésus (Jn 6,44) et pour la joie de ton Esprit. À la fin de cette première journée 90, je ressens des maux de jambes, de bras et une faiblesse à faire pleurer. J'écris quand même un petit mot de cœur à des amis à l'occasion de leurs fiançailles de Noël.

Le 25 janvier 1990, Julien est transporté en ambulance à l'hôpital de Sherbrooke, affecté par une paralysie totale, incapable de bouger ses quatre membres. Il y passera deux semaines. Au retour, le 8 février, il note en rétrospective :

Yvan, l'ami bon et fidèle, vient passer quelques heures avec moi. Force, consolation, soutien fraternel, amical et sécuritaire grâce à sa compétence d'homme, docteur et ami de toutes ces années ensemble sur la route de la vie. *Deo gratias!* Je suis le traitement qu'il a proposé. Ça pourra aller avec beaucoup de repos. La grippe m'a littéralement vidé et « lessivé ». Yvan, avant de retourner chez lui, via Québec, me laisse à son départ une magnifique violette africaine au nom de sa belle et bonne famille. J'en suis très ému !

Le 13 février 1990, voyage en ambulance de Lennoxville à l'Infirmerie intercommunautaire de Laval-des-Rapides. Julien est accompagné de sœur Françoise, « généreuse et très dévouée jusqu'à la fin », note-t-il. « *Entre tes mains, Seigneur, je remets mon esprit.* »

Le lendemain, fête de Saint-Valentin, cette fête des cœurs, je reçois un téléphone d'une amie. On ne lâche pas ! Alliance éternelle en Jésus. Le provincial me fait dire que ma présence ici est une question de formalité et que d'ici dix à quinze jours, je serai transporté à l'unité de soins du Pavillon Cardinal Vachon, à Beauport.

Le 24 février, je reçois la visite de deux confrères, Benoît Cloutier et Serge Saint-Arneault. C'est la joie des retrouvailles et sympathies pour la petite sœur de ce dernier, Annie, tuée dans la fusillade de ce pauvre homme responsable de cette violence à la Polytechnique de Montréal. *Kyrie eleison!* On jase un bon moment et il reviendra demain concélébrer avec nous. Le lendemain, toute la matinée se passe avec Serge qui concélèbre avec nous et Claude, notre chapelain, qui intègre le texte sur Annie, composée par la maman. À son homélie, Serge est bien content et fort impressionné de la concélébration et son contexte de grande pauvreté (Mt 5,3).

27 février : j'ai quelques visites et j'ai beaucoup de mal au ventre. Et je reçois une amie de longue date, très heureuse d'être là. La rencontre est très réconfortante. Merci, Seigneur, pour elle, pour sa présence généreuse et sa compétence dans mon acceptation à la Résidence Cardinal Vachon. Je reçois un téléphone du provincial. Mon départ est prévu dans deux à quatre jours.

❖

Le 1er mars 1990, le transport à Québec se fait. Julien commence la dernière grande période de sa vie.

❖

CHAPITRE 7

Les années 1990-2002

Être : juste cela, sans discours superflu. Être, sans aucun recours ni secours du côté du verbe avoir. Être, dans l'absolu du dénuement, du non-pouvoir, du non-savoir. Être aussi léger qu'un frêle épi de blé, qu'une fine bruine, aussi immense que le ciel, l'océan. Être : verbe à conjuguer au point de tangence du présent et de l'éternité. Et s'aventurer dans l'espace en expansion de ce verbe – le plus exigeant et le plus éprouvant de tous les verbes avec le verbe « aimer » –, cela implique de larguer les amarres, à commencer par les passions qui aliènent, les peurs qui enlisent et humilient, la colère de l'esprit de vengeance, de revanche, qui usent en vain les forces dont on dispose, le mépris et l'indifférence qui ne sont que des travestissements de la paresse, la haine enfin, qui gangrène et le cœur et l'esprit, les souille et les pétrifie au final. Être, rien que cela, mais sans mesure ni concession.

Sylvie Germain, *Etty Hillesum, Chemins d'éternité*,
Éditions Pygmalion, Gérard Watelet, Paris, 1999, p. 63

Protéger son désir avec sollicitude, c'est le considérer radicalement, le respecter absolument et donc en vivre selon le régime qui lui est propre. La considération respectueuse et profondément attentive de son désir représente proprement « l'amour de soi », doit autant se cultiver pour garder la foi que l'amour propre doit se dépouiller.

Il ne consiste pas cependant à cultiver une belle petite personnalité. Il consiste au contraire à s'aimer comme un parmi d'autres, différent, irremplaçable, détenteur d'une part irréfrangible de l'imaginaire humain, irréductible à aucun autre, mais ordinaire, homme parmi les hommes, parcelle éclatée de la grande nébuleuse du Désir universel que certains nomment Dieu et que les chrétiens nomment le Père.

C'est pour certains le fondement radical et obscur de cet amour plein de sollicitude qu'on se porte à soi-même. Ce qui fait de mon désir cette instance, cette tension radicale que je ne veux ni ne peux, pour la meilleure des causes, refouler, altérer, négliger, oublier, c'est que quelque chose d'obscur en moi me dit qu'il ne m'appartient pas. Ce que j'ai de plus personnel m'a précédé, me dépassera, se trouve là par l'insufflation d'un Désir encore plus radical, encore plus souverain, encore plus créateur. J'aime en moi ce désir que je ressens comme le don le plus précieux du Père le plus aimant. On ne dispose pas à sa guise d'un tel don, on le reçoit, on le contemple, on le garde à l'abri des dilapidations insignifiantes pour le rejouer à la manière du donateur, selon un régime particulier, dans la grâce créatrice, dans la sollicitude réparatrice, dans une sorte de folie ardente.

Yves Prigent, *L'expérience dépressive*, DDB, 1978, p. 256-257

Préalables

Ces années de 1990 à 2002 marquent la dernière période de la vie de Julien. Le 1er mars 1990, il déménage au Pavillon Cardinal Vachon, à Québec-Beauport. Il est installé à l'unité de soins parce que beaucoup de soins lui sont nécessaires pour pallier un état de santé qui se délabre plus que rapidement. Il y restera jusqu'à son décès, le 25 juin 2002 : soit douze ans et quatre mois. Son journal spirituel se termine le 31 décembre 1999.

À compter de décembre 1995, les pages du journal de Julien sont rédigées partiellement par lui-même et partiellement par une «main amie». Le 29 janvier 1998 est le dernier jour où il écrit de sa propre main. Ce jour-là, après avoir commencé «sa page», il note : «Incapable d'écrire, j'appelle pour me faire aider. On dispose les livres devant moi, mais je pense à la parole du Cardinal (Lavigerie) : ‹Quand on est malade, de quoi est-on capable ?›» À compter de cette date jusqu'à la fin de 1999, soit presque deux ans, le journal de Julien sera entièrement rédigé par cette «main amie».

Les premières réflexions qui nous frappent, dès les premiers jours dans son nouveau milieu, sont des considérations très «terre-à-terre». C'est toujours à partir de son «corps» et de ce qui monte de son corps et de sa sensibilité que Julien prend à son compte les situations et les événements qui l'affectent. Le texte scripturaire de Romains 12,1, présent en permanence à sa mémoire, transforme imperceptiblement sa vie quotidienne comme une lumière toujours neuve : « Je vous exhorte donc, frères, au nom de la miséricorde de Dieu, à vous offrir vous-mêmes (littéralement vos corps) en sacrifice vivant, saint et agréable à Dieu : ce sera votre culte spirituel. » Le souffle spirituel émane du corps, et tout se joue pour lui à ce niveau : c'est par lui qu'il est présent à Dieu et aux autres. Par l'intermédiaire de son corps offert, il demande constamment à Dieu de vivre et de réaliser sa mission dans les conditions pénibles et douloureuses qu'il affronte. Il ne peut faire ou réaliser grand-chose par lui-même, il dépend constamment des autres, mais il se sait et se sent toujours pleinement missionnaire par le «truchement» de son corps offert, souffrant et de plus en plus réduit à l'inactivité et à l'incapacité totale. Au cœur de cette souffrance, il nous dévoile discrètement avec beaucoup de pudeur le sens fort de sa spiritualité : un ancrage dans l'humain où tout se transforme de l'intérieur, grâce au don de la foi qui lui apporte des perceptions inédites de la vie dont il se déclare constamment reconnaissant. C'est bien d'une spiritualité de chair que Julien témoigne, non alimentée par des interprétations empruntées, mais ressentie dans les bienfaits guérisseurs que lui apporte l'alliance établie entre son humanité blessée et fragile avec l'humanité crucifiée et ressuscitée du Christ, son Maître et Seigneur. C'est lui son « chemin » vers le Père par la force de l'Esprit. Il se sent en « exode » permanent jusqu'au moment où, dans l'affaissement total qui le frappera en ce jour de juin 2002, il vivra son « exode final » et remettra dans la mains du Père la mission qui lui a été confiée.

Durant cette longue période allant jusqu'à la fin de 1999 et totalisant plus de 3 000 pages, tout est noté : événements, rencontres, visites, état de santé, activités et inactivité, vie liturgique et dévotions, situations provocantes et routine, pensées et images, rêves et réflexions, et au sommet, une vie de relations et d'amitié des plus intenses. Une matière dense en somme, immense, génératrice d'émotions et de sentiments les plus nobles. Rien n'est relégué aux oubliettes. C'est la vie dans la chair accueillant la Parole de Dieu et le travail de l'Esprit, passée au crible du discernement des esprits, orientée par la prière et dynamisée par le désir d'union au Père. À la lecture de ces pages, on ressent la complicité entre « être et aimer », dans la seule passion qui humanise et qui semble importante : la vie reçue et donnée. C'est le double commandement de l'amour incessamment à l'œuvre dans le concret de l'existence, et qui en appelle à une Alliance sans cesse renouvelée.

———◆———

Nous sommes au 1er mars 1990. En compagnie de Maurice et de Marcel[1], nous quittons la Clinique intercommunautaire de Val-des-Rapides et nous nous mettons en route vers la Résidence Cardinal Vachon. L'humour de Dieu ! Merci, Seigneur, pour tout ce vécu et la vie et tout ce qui s'offre à moi : investir pour tout recevoir et tout donner. Nous sommes accueillis par l'abbé Gréco, le responsable de la Résidence. Il y a même des fleurs dans ma chambre et les Sœurs Blanches m'y attendent. Elles m'installent dans une première petite chambre, et le *staff* est bien sympathique. La première nuit se passe bien. Le lendemain, on me déménage à ma nouvelle chambre au numéro 019, au sous-sol. Elle est plus grande et se situe aux frontières

---

1. Le frère Maurice Dufour et le père Marcel Boivin, alors provincial des Missionnaires d'Afrique de la province canadienne. Les deux se sont chargés d'effectuer le transport du p. Julien de Montréal à Québec-Beauport, en ce 1er mars 1990.

de l'infirmerie et de la vie autonome : un signe prophétique. *Deo gratias*. Le soir, je suis bien fatigué.

Deux jours plus tard, le père Aurélien Cinq-Mars arrive avec ma chaise roulante. Merci, Seigneur, pour ce geste fraternel. Et je suis toujours bien aidé par Madeleine, une Sœur Blanche. Oui, béni sois-tu ! Je reçois la visite de plusieurs confrères, dont Mgr Jean-Louis Jobidon, mon évêque au Malawi, et le p. Gilbert Dupuis, avec qui je célèbre la miséricorde du Père[2]. On a installé le téléphone dans ma chambre, ce qui me permet de communiquer et de communier avec plusieurs visages aimés. C'est cela, le Corps mystique. Oui, viens, Seigneur Jésus !

—◆—

Durant ce mois de mars 1990, Julien revient souvent sur son état de santé.

—◆—

Je suis très fatigué, mon bras et mes mains sont comme du plomb et je suis incapable d'écrire. Ma santé est de plus en plus délabrée. Je dois toujours être aidé et le côté gauche est très abîmé et sans progrès. Je plafonne de plus en plus à basse altitude. Silence et grande pauvreté ! Difficultés de sommeil, très lent à démarrer et « étapiste[3] » ! Un jour, après la sieste, je demande du secours pour aller à la toilette et trop tard, c'est l'inondation. On me lave et on me change. Je suis très ému et très affecté dans ma dignité. *Kyrie eleison !*

Le 6 avril, du spécial : lever en relative bonne forme et je réussis à mettre ma chemise, un exploit ! depuis janvier dernier que je n'ai pu faire cette opération seul : c'est à souligner. *Deo gratias*. L'important, c'est de ne pas me laisser aller ! Merci, Seigneur.

Les jours saints sont arrivés. Le dimanche des Rameaux, c'est la procession. Je suis fatigué, mais bien heureux de suivre Jésus avec

---

2. Rite du sacrement de la réconciliation entre Julien et le père Gilbert Dupuis, qui se faisait périodiquement.
3. Sommeil espacé de périodes de réveil.

toute l'Église universelle. Et c'est le jeudi saint; merci, Seigneur, pour cette journée en mémoire de ton dernier repas avec les tiens et nous tous de toutes les générations qui suivent. *Deo gratias* pour ton OUI au Père. Vendredi saint : mon cœur est lourd : je me vois « poigné » dans mon corps et limité ici. Avec un peu de force, je pourrais être sur la côte, au 180, chemin Sainte-Foy, avec mes confrères. Je me sens très seul, en communion avec Jésus. Ce type de « feeling » ne peut que me purifier et m'aider à être disponible à entrer davantage dans ma mission qui est silence, prière et ouverture à l'universel et offrande à la mission : « Que toute langue proclame que Jésus est Seigneur à la gloire de Dieu le Père. » Dans le même temps, le père Aurélien Cinq-Mars m'apporte mes béquilles et mon bâton de pèlerin (Gn 12,1) : un souvenir de Brome Hall en 1970[4]!

En cette période pascale, j'accueille Jean, mon neveu, et Nathalie, son amie. Ils m'amènent à Neuville et c'est le dîner au chalet. « Seigneur, fais-moi ta présence au milieu des miens aujourd'hui en cette première sortie depuis octobre dernier. *Deo gratias*. Grande joie de se retrouver autour de la très bonne table préparée par Nathalie en l'honneur de la fête des mères.

Dans la soirée, visite d'une grande amie : mon cœur est tout plein de son beau visage. C'est une grande émotion et je suis en profonde reconnaissance en cette heure trop brève d'une autre rencontre historique avec cette amie de toujours. Merci, Seigneur, pour cette joie toute gratuite dans l'amitié que tu sèmes sur ma route de nomade. Oh oui! Tu es le Dieu d'amour et de tendresse. Fais-nous entrer de plus en plus dans ta lumière et dans ta musique éternelle.

---

4. Un bâton de marche que Julien avait hérité d'une personne amie, non identifiée, et qui était devenu le symbole de sa spiritualité de l'être humain en marche vers le Royaume : une spiritualité de l'exode vers l'exode final. Placé debout au coin gauche à l'entrée de sa chambre au Pavillon Cardinal Vachon, ce bâton rappelait constamment à Julien, dans son état de permanence stationnaire, qu'il était toujours en marche vers quelque chose autre dans ce qu'il appelait « ce décentrement de soi ». Voir chapitre 2, note 47, et chapitre 4, note 40.

De retour chez moi, après le petit déjeuner, je dis mon chapelet en attendant le bain tourbillon qui m'invite à passer la matinée chez moi dans l'attente et dans la prière. Je pense et prie pour une voisine en conflit avec un autre voisin. Ils ont eu encore une rencontre-choc. Lui monte dans ses appartements en colère et sous pression et elle pleure pendant tout le petit déjeuner, très bouleversée. Demain, nous avons une rencontre à trois. Seigneur, prends pitié et viens ! Et je reçois dans la même journée une lettre d'une grande amie. Merci, Seigneur : aide-nous à sentir ce que Tu veux de nous et donne-nous lumière, force et joie et d'entrer dans ton bon vouloir par Jésus-Christ notre Seigneur.

Et nous avons célébré la fête de la Pentecôte. C'est un bon moment pour reprendre les éléments du discernement des esprits [5]. Merci, Seigneur pour toutes ces personnes qui viennent partager ta Parole : rends-moi de plus en plus ton instrument. Une accompagnée vient me voir et me parle généreusement de tout le travail de Dieu dans son cœur. C'est tout un itinéraire, elle est rejointe au cœur de son être et de son histoire ! *Deo gratias !* Merci, Seigneur, de m'avoir fait ton instrument pour l'aider à se libérer. Merci, Seigneur, de me donner la « force » et l'aptitude à l'accueil et à l'écoute-disponibilité. Oui, merci de ces dons naturels qui me permettent de laisser transparaître ton Visage.

Et ainsi le temps poursuit sa route. Les événements se succèdent. À la fin de cette année de grand délabrement physique, avec un souffle plein de jeunesse et de vitalité, Julien sent le besoin de conclure son journal par une immense action de grâces, dans une longue litanie des bienfaits reçus. Ceux-ci sont évoqués et d'autant plus appréciés que s'accentue son état de faiblesse et de pauvreté.

---

5. L'une des pratiques importantes de la spiritualité ignatienne. Cette dernière a été brièvement explicitée dans les chapitres précédents. Le discernement des esprits est une pratique quotidienne pour détecter dans la prière les mouvements intérieurs et vérifier leur source : venaient-ils de l'Esprit Saint ou d'un tout autre esprit ? C'est l'apprentissage de la docilité à l'Esprit de Dieu. Le discernement n'est pas toute la vie spirituelle, mais une fonction essentielle de l'expérience spirituelle.

Merci, Seigneur pour cette bonne journée donnée – tu es bon, Seigneur. Merci pour le don de la vie et le sacrement de l'amitié.

Merci pour ce temps que tu me donnes. Accorde-moi la grâce de toujours le vivre avec Toi, en communion avec les visages bien-aimés, jusque dans l'éternité bienheureuse. Oh oui, merci.

Merci, Seigneur, pour ton inspiration et pour la joie d'être Ta Parole. Heureux d'être bien-aimé du Père en et dans le Christ, dans la joie de l'Esprit. Merci, Seigneur, pour la grâce que tu me donnes de vivre.

Merci, Seigneur, pour cette grâce de partager le/mon vécu. Beaucoup de reconnaissance pour le don de la vie.

Prière de reconnaissance pour m'avoir gardé à ta suite, Seigneur Jésus, malgré mes étourderies et péchés, en action de grâce, tous les soirs.

Merci, Seigneur, pour Ta Parole créatrice.

Merci pour le don de la foi et la joie de la nourrir dans le silence et la recherche.

Merci pour le don de la vie et la générosité que tu mets dans mon cœur.

Merci, Seigneur, de la grâce que tu me donnes de demeurer attentif à Ta visite et Parole dans l'événement qui invite à accueillir et m'offrir avec un cœur uni au tien. Merci, Seigneur Jésus.

Merci, Seigneur, d'avoir les mains ouvertes pour tout donner et tout recevoir.

Merci, Seigneur, de me donner la chance et la joie de célébrer ton Nom.

Merci, Seigneur, pour cette grâce de vivre ta béatitude : « Heureux les artisans de paix. » Une infirmière me fait une confidence ce matin, les larmes aux yeux. Je l'écoute et la fortifie. Merci, Seigneur, pour ce que je suis pour elle : ta présence.

Venue d'un confrère pour le sacrement de la réconciliation : merci Seigneur d'être là, merci du signe visible de ta Présence et de ton amitié-sacrement de la bonté du Père.

Visites de confrères : merci, Seigneur, pour tous ces signes d'amitié.

Merci, Seigneur, de me faire vivre « en amour ». Viens, Seigneur Jésus, dans les cœurs de tous les hommes en cette vigile de ta première venue.

Merci, Seigneur, pour notre être ensemble sur la route de ce temps présent qui nous ouvre sur la vie (Ap 21–22).

Merci de l'événement qui engendre l'amour et nous rapproche en Toi.

31 décembre 1990 : que cette dernière journée, Seigneur, te soit toute consacrée et vécue dans la joie reconnaissante d'être « fils dans le Fils, et vivre mon existence dans la grâce d'être sauvé en Jésus et cette vision que tu me/nous donnes dans ta Parole : Rm 8 ; 12,1 et 15,16 ; Hé 10,5-10 et grâce sur grâce. *Marana Tha !*

Je termine l'année à la fraternité et en communion. Merci, Seigneur, pour cette année et *Deo gratias* pour tout le vécu.

À ce stade de l'itinéraire de Julien, sachant bien où il est et ce qu'il vit et avant d'aller plus loin dans son dialogue avec les événements, il est bon de laisser une grande place au dialogue avec les autres, à l'échange de paroles avec amis, hommes et femmes, qui ont fait partie de sa vie de façon plus proche et plus intime[6]. Il s'agit bien des amitiés. La documentation ici

---

6. Les visites de membres de sa famille, d'ami(e)s, de confrères effectuées au Pavillon Cardinal Vachon durant ces années sont nombreuses, toutes circonstanciées et personnalisées. Ces visites constituaient une partie importante du quotidien de Julien. Je ne mentionne ici que les noms rencontrés durant cette période 1990-2002. Les membres de sa famille : sa sœur Simone (époux, feu Hervé Mirault) et son fils Robert ; sa sœur Germaine (époux : feu Émile Hamel) et ses enfants : Denis, Gilles, Thérèse, Nicole, Pauline et Yolande ; sa sœur Monique (époux : feu Neuville Larue) et ses enfants : Robert, Hélène et René ; son frère Henri (épouse Émilia) et ses enfants : Andrée, Josée, Lucie et Jean. Voir aussi chapitre 1er, note 2.
Les confrères Pères Blancs mentionnés : Marcel Boivin, Gotthard Rosner, Denis-Paul Hamelin, Joseph Gamache, Richard Dandenault, Laurent Côté, Cyprien Bouchard, Mgr Jean-Louis Jobidon, Jean-Guy Richard, Denis Bergeron, Raymond Perron, Lucien

demeure nécessairement très limitée. Il s'agit d'abord d'extraits de quelques lettres adressées par Julien lui-même à l'un ou l'autre destinataire dans la mesure où celui-ci/celle-ci a bien voulu nous en faire partager le contenu. Ces lettres datent pour la plupart de cette période 1991-2002[7]. Certaines de ces lettres nous ont été conservées comme par miracle, puisque, semble-t-il, Julien détruisait ou retournait la correspondance de ces personnes. Viennent ensuite le témoignage d'un confrère et ceux de plusieurs amies, donnés avant ou après son décès. Finalement, nous terminons avec deux poèmes de Julien.

———◆———

Tremblay, Normand Bonneau, Maurice Boissinot, Odilon Leclerc, Gérard Charbonneau, Aurélien Cinq-Mars, Armand Poulin, Paul-Émile Labadie, Luc Perreault, Émilien Caron, Émilien Lacroix, Gérard Bouchard, Gilbert Dupuis, Marc-Henri Dupuis, Roger Labonté, Guy Bourgeois, André Bilodeau, Maurice Dufour, Raymond-Marie Fortin, Aloïs Tégéra, François-Xavier Bigéziki, Martin Grenier, Mgr Joseph Zuza, remplaçant de Mgr Jobidon comme évêque de Mzuzu, Malawi.

Parmi les ami(e)s : Sr Gabrielle Lepage, Sr Françoise Nadeau, Sr Jacqueline Martin, Mlle Dominique Jeanbourquin, Mlle Christine Droux, Sr Mariette Durocher, Sr Marie Heintz, Sr Louise Durocher, Sr Madeleine Bérubé, Sr Seorsa, Sr Mary McDonald, Sr Marie Cloutier, Mgr Jean-Louis Martin, M. Guy Huard (ex-confrère père blanc avec qui Julien avait gardé une grande amitié), le Dr Yvan Auger et son épouse Ruth, M. Clément Laguerre et un certain nombre d'autres ami(e)s dont les anniversaires étaient notés aux dates respectives. Notons aussi Charley et Jacqueline, amis d'enfance, au sujet desquels il écrit ceci : *« J'ai senti une profonde joie intérieure de rencontrer ce vieil ami pétri aux mêmes sources socio-religieuses. Toute la journée sera imprégnée de la joie de cette rencontre qui est beaucoup plus qu'un simple rappel d'histoire de jeunesse, mais vraiment un retour aux sources dans la joie reconnaissante d'être fidèles à nos origines et d'être ouverts dans l'espérance de notre avenir (Ap 21–22). »* Les noms d'autres ami(e)s ne sont pas ici mentionnées, faute de documentation. Une dernière note dans l'épilogue relèvera ces noms à partir du carnet d'adresses de Julien.

Il faut citer enfin de façon spéciale, comme il a été mentionné plus haut, Mme Marguerite Muller-Gosselin, compagne d'habitat dans le même Pavillon Cardinal Vachon, qui a été pour Julien une amie, un soutien moral et une aide précieuse dans ses multiples mini-besoins de chaque jour.

7. Note sur la correspondance de 1983-91. Julien a eu une correspondance volumineuse durant cette période de sa vie. La plus grande partie de cette correspondance ne nous est pas accessible, à l'exception des quelque 38 lettres et cartes adressées à Richard Dandenault. Dans le contexte du présent chapitre et des années 1990-2002, ils s'agit de quelques lettres adressées à des ami(e)s qui ont bien accepté de nous les prêter et qui constituent un pourcentage très restreint de l'ensemble de sa correspondance durant cette période.

De 1991-1992

En ce bienheureux jour de ton anniversaire, je voudrais te « chanter » ma joie d'être avec toi !... Désormais ensemble « sur la route de la vie » (Jn 14,1-6). Quelle grâce donnée dans ce climat de confiance et de réciprocité. Tu as été un événement providentiel dans ma vie de pauvre nomade, dans ma solitude habitée. Le Seigneur me redit, d'une manière tout inédite, sa PAROLE faite chair (Jean 1,14) en et par toi. Tu as ma chaleureuse gratitude et profonde affection en Celui qui nous a donné la grâce et la joie du plus merveilleux des dons, celui de l'amitié : expérience bien incarnée de sa tendresse, de son amour qui nous fait déjà « toucher et goûter » la Joie du Festin : « Heureux ceux qui sont invités au festin de l'Agneau ! » (Ap 19,9)... mais pour ce temps présent, cette joie se situe au cœur de la rupture... quel paradoxe !

Plus j'entre dans la lecture de mon histoire, plus je découvre sa bonté et sa beauté qu'il n'a cessé de me prodiguer. Grâce sur grâce, il me donne la joie d'être libre et (!) en amour aujourd'hui. Deo gratias. Ma vie ici continue son cours au rythme classique que tu m'as vu expérimenter certains jours et certaines nuits, bien pauvre. Je les reçois comme ils se présentent les mains ouvertes pour tout recevoir et tout donner : parole donnée, vie livrée.

Oh oui ! L'amour féconde et fait éclater toutes les frontières. Il est véritablement plus fort que toutes les « morts » rencontrées. Il n'y a plus de distance, de temps, d'âge, d'espace. Nous passons « en lui » déjà au monde de la plénitude (Ap 21–22), tout en demeurant « victimes », fragiles et pauvres. Nous sommes riches de ses promesses parce que nos yeux sont « fixés sur lui » (Ap 12,1-4). Il nous permet d'être l'un par l'autre expérience de cette « perle fine » qui a valeur d'éternité. Bienheureux sommes-nous d'avoir cru à la Parole qui nous été transmise de la part du Seigneur par le truchement de l'histoire et des événements qui tissent notre histoire, et cela, par pure gratuité de sa bonté. Il nous proposait d'être l'un pour l'autre événement et parole incarnée. Comment ne pas être débordant d'action de grâce, de reconnaissance ? Tu as creusé en moi le désir de la rencontre et de la plénitude. Oh oui ! Marana tha !

Ton visage est imprimé en moi pour toujours, un toujours à saveur d'éternité, qui fait éclater toutes les frontières, car en Lui, le bienheureux responsable de notre rencontre, il n'existe qu'un éternel présent. Avec et en lui, nous avons touché et expérimenté déjà la plénitude de la vie (Jn 17,3)... Le don de la réciprocité est le joyau de l'amour. Merci, Seigneur, pour ce don précieux remis entre nos mains : il nous est donné pour notre joie et pour sa plus grande gloire et vérité dans le service à la suite de Jésus (Jean 13,14-17). Soit dit en passant, cette mystique du service baigne tout ton être et agir. Tu rayonnes la bonne odeur du Christ! Et si de vieux démons reviennent empoisonner le champ de ta conscience, entre au plus profond de ton être et tu m'y trouveras tout près, toute affection et toute tendresse, et laisse-toi redire : « Je t'aime » pour tout ce temps de pèlerinage et de préparation à la Vie (Jean 14,1-6). Nous sommes de la même race (Ga 4,4-7). Une profonde parenté spirituelle s'est tissée entre nous. Merci, Seigneur, pour tant d'amour et pour tous ces nombreux et généreux signes de ta présence au cœur même de notre aujourd'hui. Gardons les yeux fixés sur lui (Hé 12,1-4). Souvenons-nous de Rm 8,39.

Et mémorable cet événement inusité, tout bien providentiellement préparé, qui nous rapprochait l'un de l'autre sur les rives du Grand Fleuve auprès duquel j'apprenais à aimer. Approfondissant mon mystère, je sentais tout jeune les premiers appels à l'Absolu, où je découvrais à travers bien des « ruptures » que je n'appartenais à personne sauf à Lui qui m'avait lancé dans l'existence pour être présence de sa Présence. Comme il m'a aimé pour m'avoir gardé à la suite de Jésus en dépit de multiples pauvretés et faiblesses. Lui seul est fidèle. Bienheureux sommes-nous d'avoir cru à la Parole qui nous fut donnée de la part du Seigneur. Je vis dans la patience et l'attente de son Retour, reconnaissance, action de grâce et silence, créant et chantant bien souvent silencieusement la prière pleine de l'espérance eschatologique : Marana tha! Il faut relire et ruminer quotidiennement ces derniers versets de l'Apocalypse avec fond de scène : la communauté.

L'exil creuse le désir! Nous l'avons expérimenté encore une fois, nous qui sommes des nomades par appel, nous avons toujours à le ré-apprendre et ainsi nous laisser travailler par l'événement : il y a toujours une parole inscrite en son sein. C'est notre responsabilité d'apprendre à lire! Pour bien interpréter (Ga 5,22-26).

J'avais reçu la grâce de sentir que Dieu se dévoile dans l'acte d'aimer (Mt 5,48; Lc 6,36). En ce jour de ton anniversaire, je te souhaite de t'approfondir dans ce que tu es : un cœur disponible et vulnérable et ouvert et exposé à l'autre : celui/celle que le Seigneur met sur ton chemin aujourd'hui pour te/le sortir de sa solitude et lui « dire » en termes de chair et d'os qu'il/elle est quelqu'un, unique et bien-aimé. Quel risque d'oser vivre ainsi sa vie! On vit le même risque que Jésus. Je dirais « aujourd'hui » un signe prophétique (contexte de la Passion) de toute ta vie consacrée à l'amour « fou de Dieu » (Jn 3,16). Bienheureux sommes-nous d'avoir cru à la Parole qui nous fait libres (Jn 8,32). Quel est le plus important à vivre, sinon d'aimer en vérité et avec tendresse? À travers toutes les créatures de l'amour, nous re-découvrons notre état d'enfants de Dieu. Par le truchement des rencontres offertes à notre route, il nous proposait, par l'événement-rencontre, une Parole, la sienne, pour qu'elle se fasse chair en – entre – nous et, pour ne pas nous illusionner, l'aujourd'hui-réalité propose aussi de nous incarner là où nous sommes plantés et transplantés! Et nous voilà visages-icônes de la bonté, de la tendresse et de la miséricorde du Père, à l'instar de Jésus (Jn 14,1-9).

Aujourd'hui, j'écoute le silence et contemple tout ce qui nous est offert et donné par le Père pour goûter dans ce climat réciproquement bien connu d'expérience et apprécier, étonnés, émerveillés et reconnaissant en action de grâce d'être ainsi comblés et de «jouir» de la grâce d'aimer – d'être bien-aimés. Et que de visages au creux de notre être aujourd'hui qui refont surface, nous permettant de faire mémoire pour toutes ces rencontres qu'Il nous donne de vivre, d'être et de demeurer libres dans l'Esprit (Ga 5,22-26). Merci pour le charisme du célibat consacré au Royaume (Mt 19) tout tendu vers ces «nouvelles terres et nouveaux cieux» (Ap 22), tendus vers, mais sans tension!!

Y a-t-il un DON plus précieux que l'amitié en ce monde déchiré et qui prône la violence des sexes. Alors que «notre différence», voulue par le Créateur (Gn 1,27) pour être lieu de rencontre, de communion et de tendresse dans la fidélité d'être soi! Et il y a Gn 3, la faille, source de toutes les «ruptures subséquentes», et nous voilà!! Dans le décor pour être icônes de Celui qui nous invitait et nous invite aujourd'hui à refléter son visage de beauté, de bonté, de tendresse et de miséricorde. Et «un jour», il nous proposait par les événements de nous rencontrer et aimer. Le risque est grand de nous en tenir au niveau des corps, mais nous savions qu'il y avait – a – plus! Et nous voilà sur la route des grandes amitiés qui marquent une destinée. «Me voici» (Hé 10,5-10). Oh oui! tu m'as formé un corps… me voici pour faire ta volonté. Oh oui! que ta volonté soit FÊTE! (Luc 1,38). À moi est donnée la joie d'être témoin intime de tout ce que tu es et vis et sens et ressens! Quelle grâce et responsabilité d'être compagnon(s) de route (Jean 14,1-9).

———◆———

Témoignage d'un confrère écrivant quelques mois après la mort de Julien :

———◆———

Je voudrais ici exprimer ma joie comme aussi ma reconnaissance d'avoir connu, côtoyé mon confrère Julien Papillon. Et je voudrais me limiter aux années 1990-91 et 1992, alors que j'étais aumônier chez les D.M.A (Dominicaines missionnaires adoratrices) et que Julien était à la Résidence Cardinal Vachon. Durant ces trois années, j'étais à une distance de quelques minutes de mon ami Julien, et je l'ai fréquenté à raison d'une fois par semaine! Amitié spirituelle et combien précieuse pour ma propre vie spirituelle, car Julien m'a aidé à grandir dans ma foi baptismale (devenir de plus en plus disciple du Christ Jésus), dans ma connaissance de ce Jésus, Parole-du-Père.

Julien était à la fois homme tout court et homme-de-Dieu; Julien très humain; Julien jamais tragique; Julien joyeux; Julien homme au jugement solide à cause de son attachement au Christ Jésus : son Rocher. Il connaissait bien Jésus-homme : le Jésus bien incarné; à la fois compris et incompris; à la fois loué et dénigré; à la fois joyeux et chagriné. Bref, Julien homme à 100 % mais aussi bien « connecté » sur le Ressuscité. Julien m'a appris à accepter mon humanité avec ses limites, avec ses péchés, avec ses faiblesses; car, alors, Julien faisait toujours le LIEN avec Jésus-Sauveur, avec Jésus-le-Libérateur. Et ainsi, Jésus devenait de plus en plus le Vivant, mon Compagnon de vie, Celui qui ne déçoit pas.

Julien puisait chez le Crucifié-Ressuscité cette force, ce courage dont il a fait preuve pendant ces années de maladie qui ne pardonne pas. Julien courageux, Julien tenace, Julien ferme. En effet, j'ai vu Julien pleurer, j'allais dire sangloter, tellement il souffrait dans son corps, dans son psychisme. Et alors, je voyais le Christ à Gethsémani, le Christ qui n'en peut plus… le Christ seul avec lui-même, le Christ qui s'adresse au Père : « Pourquoi m'as-tu abandonné ? »

Julien, j'en suis sûr, a vécu une longue, une très longue passion : Julien tellement démuni physiquement; Julien incapable de se laver; Julien toujours accompagné pour les soins les plus intimes; Julien « abaissé » ! Julien d'une très grande humilité; et cela non pas « en passant seulement »; non pas pour une journée, une semaine, mais pour des mois et des mois; bref pour quelques années !

Oui, Julien m'a appris beaucoup. Julien, témoin de la souffrance physique, de la douleur! Mais aussi, Julien fort et constant dans la souffrance psychique et spirituelle. À le voir, je me posais beaucoup de questions… Par lui, grâce à Julien, j'ai appris, un tout petit peu, « quoi faire avec ma souffrance » ! J'ai appris, grâce à lui, comment vivre ces moments difficiles *inhérents à toute vie humaine. J'ajoute que si, durant les derniers mois de sa vie, Julien ne parlait pas beaucoup (il en était physiquement incapable), Julien, pour moi, demeurait toujours un Témoin de l'Invisible, de l'Indicible !*

Laurent Côté

Témoignage d'une amie au lendemain du décès de Julien :

Me voici, comme promis, avec ce témoignage, en reconnaissance de ce que Julien a été pour moi comme force, lumière, vie et amour tout au long de ce chemin de plus de vingt années d'amitié partagée. Difficile de trouver les mots justes pour dire ce que je commence seulement à déchiffrer : l'œuvre de Dieu dans le cœur d'un homme... Avant tout, je voudrais dire MERCI au Dieu de toute Bonté, Beauté, Tendresse, Miséricorde, qui nous a fait la grâce de nous rencontrer...

En lisant la lecture proposée ce dimanche en Rm 4,18-25, nous parlant de grand-papa Abraham, comme aimait l'appeler Julien, lui qui aimait tant s'inspirer de sa vie de nomade (Gn 12,1), il me semblait que ces paroles s'appliquaient si bien à Julien : « Il n'a pas faibli dans la foi... mais il trouva la force dans la foi et rendit gloire à Dieu, car il était pleinement convaincu que Dieu a la puissance d'accomplir ce qu'il a promis. » Oui, sa foi a résisté à l'usure d'une maladie qui, pétale par pétale, l'a dépouillé de tout, l'a réduit à la plus totale dépendance et au silence... Il est resté éveillé dans l'Amour, fidèle à tous ceux qu'il avait rencontrés sur sa route, vivant sans faire de bruit toutes les paroles qu'il m'avait transmises. Je n'en retiendrai que quelques-unes, car si je voulais toutes les mentionner il me faudrait écrire un livre...

« Savoir s'étonner, s'émerveiller, rendre grâce pour le Don de la vie, car rien n'est dû, tout est Don. » C'est ainsi que Julien m'a appris la Joie d'être jusqu'à l'ombre de la croix.

« Nous sommes faits pour la relation, à l'image de la Trinité sainte. » Dans le regard de Julien, j'ai reconnu l'amour que Dieu me portait et j'ai appris dans mon propre regard à habiller l'autre d'amour, quelle que soit sa pauvreté. Jusque dans les derniers jours de sa vie, il a cultivé ce regard de confiance en l'autre puisée dans la confiance que Dieu nous fait, qui que nous soyons.

« Je sais entre les mains de qui j'ai mis ma vie. » Auprès de Julien, j'ai appris que l'unique nécessaire, c'est la confiance qui est la vie même de la relation à Dieu et à nos frères et sœurs. Cette confiance, il la puisait dans la Parole que Dieu lui-même nous a donnée : « Oui, tu aimes tous les êtres et tu n'as de dégoût pour rien de ce que tu as fait » (Sg 11,2).

« Gardons les yeux vigoureusement fixés sur Jésus-Christ. » Combien de fois ne m'a-t-il pas rappelé ce texte ? Lui-même y puisait force pour persévérer dans la prière. Jusque dans les derniers mois de sa vie où sa prière était dénuée de toute consolation, il est resté fidèle à cette parole, reprenant chaque jour la lecture assidue de l'Évangile du jour et de ses textes préférés qu'il connaissait par cœur. « La moisson est abondante, mais les ouvriers sont peu nombreux », aimait-il redire avec Jésus. Missionnaire jusqu'au fond de l'être, même s'il n'a jamais pu partir dans les pays de mission, comme il l'avait rêvé dans sa jeunesse, Julien m'a appris à accepter d'être déroutée dans mes projets pour apprendre petit à petit à entrer dans le projet de Dieu. Il m'a appris que l'œuvre de Dieu est avant tout de croire (Jn 6,29) et d'épouser sa volonté à travers tous les événements de notre vie tels qu'ils se présentent, vécus en profonde solidarité avec nos frères et sœurs souffrants : en offrande, par Jésus, avec Jésus, en Jésus… telle est notre première mission.

« Hostia cum Christo ad gloriam Patris in Spirito sancto » (Rm 12,1). Telle était la devise qu'il avait prise le jour de son ordination et qui l'a accompagné toute sa vie. Jour après jour, il est devenu ce qu'il avait pressenti. Dans le silence des dernières années, il est devenu cette Parole jusqu'à ne faire plus qu'un avec Jésus. Par Jésus, avec Jésus, en Jésus, il s'est offert dans l'obscurité d'une vie toute simple à l'unité de soins qu'il aimait comparer à la vie de Nazareth auprès de Jésus, Marie et Joseph en compagnie de qui il aime vivre et espère mourir.

Lors des dernières paroles que j'ai échangées avec Julien, il me disait : « Je vais entrer dans le grand silence », et je lui avais dit simplement : « Oui, mais ce ne sera pas simplement un silence d'abandon, mais un silence de communion. » J'entends encore sa voix me dire : « Merci ! » Et aujourd'hui, j'expérimente combien c'est vrai. Bien sûr, c'est le grand silence, mais au fond de l'être, je goûte sa présence et sa parole toujours vivante et, avec Marie, je comprends mieux ce que veut dire « garder toutes ces choses dans son cœur ».

———◆———

Trois autres amis témoignent. Voici le premier témoignage.

———◆———

J'aimerais profiter de cette occasion où nous sommes tous réunis autour de Julien Papillon pour vous faire part de mon témoignage, d'une petite partie de mon vécu auprès de cet homme qui nous dépassait tous, même assis dans une chaise roulante.

Durant ces 11 années, en tant que bénévole, j'ai beaucoup aidé Julien, mais en ce moment, je suis à me demander qui a reçu le plus.

Il a beaucoup souffert, mais toujours il avait le mot pour réconforter. Il ne pouvait manger seul, mais son sourire nous nourrissait. Il avait besoin d'être transporté, mais jamais il n'était un poids. Nous devions pousser son fauteuil roulant, mais c'est lui qui nous entraînait.

Je me rappelle encore cette journée de pèlerinage à la basilique de Sainte-Anne-de-Beaupré. Lyndsay, un ami commun, et moi avions été surpris que Julien veuille se rendre prier à Sainte-Anne malgré ses souffrances. Cette journée-là, il n'allait vraiment pas très bien. Nous sommes tout de même partis. Vers la fin de l'avant-midi, après nous être recueillis dans la basilique, Julien, soudainement tout ragaillardi, nous regarde et lance : « Maintenant, nous pourrions nous rendre jusque dans Charlevoix, à la communauté des Petits Pères. »

Nous ne savions pas où il puisait toute cette énergie et surtout tout ce courage. Ce même après-midi, je suis resté 2 heures 30 en prière près de lui. Julien dans sa chaise et moi sur un petit banc de bois. Quelle journée !

Il n'y a que la foi des saints hommes pour demeurer si pieux dans des épreuves aussi longues et intenses.

Il avait aussi une telle capacité d'émerveillement devant les simples joies de la vie alors que sa propre vie était devenue si compliquée.

À une autre occasion, à sa demande, nous l'avions amené voir le fleuve à partir du boulevard Champlain. Il aimait tant être près de l'eau. Soudainement, un gros nuage gris, surgi d'on ne sait où, est passé au-dessus de nous. Une pluie forte mais chaude s'abattit sur nos têtes. Julien a vite repéré un restaurant un peu plus loin. Nous nous y sommes réfugiés et installés à une table. Le visage de Julien s'était transformé en visage d'enfant. Tout heureux de se faire surprendre par la pluie, il transformait l'imprévu en aventure.

Quel plaisir que de côtoyer un homme comme lui. Il était limité par son corps, mais son esprit ne tarissait jamais de surprises. La terrible maladie de Julien le privait des gestes de son corps, mais il n'a jamais été à court de gestes du cœur. Oui, la route a été une des plus dures pour toi. Tu m'as souvent remercié pour l'aide que j'ai apportée, maintenant c'est moi qui remercie le Seigneur pour avoir fait croiser nos chemins.

———◆———

Le deuxième :

———◆———

Cher Julien,

J'ai pensé, voyant la richesse du message laissé dans l'une des pages du livre que tu m'as donné, Prie ton Père dans le secret, *te le redire. Jour de rupture, mais aussi départ et mise au monde à un nouveau type de relation que le Seigneur nous propose maintenant comme cheminement et exode libérateur et conversion personnelle et communautaire parce qu'éternel est son amour.*

Aujourd'hui, ce type de grâce passe dans notre vie, aidons-nous à l'identifier, le discerner et laissons-le nous pénétrer et descendre en nous pour la gloire du Père, du Fils, de l'Esprit Saint et le salut de nos âmes et de celles qu'il a liées par choix éternel. Que notre amour en lui nous soit force et courage et source d'inspiration et re-nouveau dans notre regard l'un sur l'autre et vraiment responsables d'être sa Présence incarnée.

Je veux bien essayer d'adhérer à cette réalité qui nous fait mal. Je veux te laisser ces paroles de la Bible… « La Parole est vérité… et la vérité vous rendra libres. » Parole – vérité – liberté !

———◆———

Après le décès de Julien, la même personne écrit ceci :

———◆———

Quand je pense à Julien, aujourd'hui, je pense à cette Parole de la Bible :
« Je sais, moi, que mon Défenseur est vivant ; que Lui, le dernier, se lèvera sur la terre, et de ma chair, je verrai Dieu.
Celui que je verrai sera pour moi,
Celui que mes yeux regarderont ne sera pas un étranger » (Job 19,25-26).

Il aimait beaucoup cette Parole et il me disait qu'il voudrait qu'elle soit inscrite sur sa pierre tombale, dans le cimetière de Neuville.

Difficile pour moi de penser à Julien sans penser à la Bible. Il avait le goût de la Bible, de lire la Parole de Dieu, de la méditer, d'essayer de la vivre. Il m'a donné le goût de la Bible, c'est peut-être le plus beau cadeau qu'il m'a fait. C'était vraiment un homme de foi profonde.

C'était aussi un homme d'écoute : ce qu'il en a entendu, des histoires de toutes sortes et toute sa vie durant! Il me disait que le malade était un spécialiste de l'attention, de l'écoute. Il était un écoutant.

Julien était un homme de devoir. Fidèle à son poste jusqu'à la fin, plusieurs en ont été témoins. Homme de relations, il l'était, et tous ceux et celles qui sont venus en contact avec lui, il les a marqués a sa façon. On n'oublie pas facilement un homme comme lui, qu'on a rencontré dans sa vie.

Je remercie le Dieu de la Rencontre qui nous a permis de nous croiser sur la route de la vie. Je te dis merci, cher Julien... et AU REVOIR*. « Je me souviens. » Quand je pense à Julien, aujourd'hui, je pense à cette Parole de la Bible dans le livre de Job.*

◆━◆

Le troisième :

◆━◆

... J'ai découvert en toi la liberté que tu avais de manifester ton affection par des manières qui déconcertaient la plupart d'entre nous. Et par contre, en regardant en arrière, je peux dire que ta façon d'entrer en relation, ton ouverture à quiconque désirait s'approcher de toi, ton affection n'étaient pas simplement une méthode d'approche pour initier la direction spirituelle ou encore une façon de fraterniser avec l'une d'entre nous. Non, tout se passait dans une atmosphère d'honnêteté et de confiance qui m'a amenée à m'émerveiller de la beauté, de la profondeur et de l'amour véritable chez toi. Cet amour n'était pas seulement pour celle-ci ou celle-là parce qu'elle se sentait attirée, mais un amour universel et en même temps immensément personnel. Du moins, c'est ce que j'ai ressenti pendant toutes ces années de notre relation, principalement par lettre, mais ensuite pendant deux retraites et une année de direction spirituelle pendant mon juniorat.

Je suis encore impressionnée par ton espérance, doublée de patience, dans la possibilité de me voir devenir une personne humaine, plus spirituelle, plus intégrée. Ta compassion pour ma fragilité et ma timidité, ton empathie pour mon inhabilité à m'exprimer demeureront toujours pour moi un don précieux. Je me demande encore aujourd'hui comment tu as pu réaliser cela. Je

*présume que cela venait du fait que tu étais totalement centré sur Dieu
et du fait de ton désir profond de laisser l'amour de Jésus toucher quiconque
t'était proche, que ce soit en personne ou par lettre. Julien, tu sais combien je
te dois. Merci!*

——◆——

Témoignage final, lettre-poème qu'écrivait Julien à une autre amie quelque
temps avant de se rendre au Pavillon Cardinal Vachon :

——◆——

*Te recevoir, toi qui es l'autre.
Merci, très chère amie, pour cette Parole d'amour.
Tu es venue chez moi,
Toi qui étais en moi depuis notre premier regard
Jésus nous a touchés pour l'éternité,
Nous n'avions pas besoin de « preuves »,
Et voilà, tu as écouté ton cœur,
Et à ton heure tu faisais le passage
Dans la liberté,
Tu répondais à l'appel.
Et j'étais tout accueil à la même Parole
Qui nous travaille le cœur depuis des « siècles »
Et nous préparait pour la rencontre.
Nous portons dans nos cœurs
La nostalgie de nos origines.
Oui, nous sommes de la même race !
Faits par lui, faits pour lui
Et nous nous sommes rencontrés
Pour écrire de l'histoire
Toute neuve, toute fraîche
Pour faire « toute chose nouvelle »
Nous dévoilant l'un à l'autre la vérité
Pour se dire toute transparence et simplicité
Au fond de nos cœurs et de nos pensées
Et se découvrir par l'autre – l'Autre – habité
J'apprends avec toi à conjuguer
Le Cantique de l'Amour, le verbe Aimer
En attendant de le chanter dans l'Éternité.
Nos corps ont été de précieux « instruments »*

J'y ai senti la chaleur de tout ton être
Oui, nous nous sommes « touchés » en profondeur
Nous avons été fidèles à l'Appel et à nos Sources.
Transparence et limpidité nous ont accompagnés
Comme des enfants nous nous sommes aimés.
La « rupture corporelle » nous
Appelait « qu'adultes » nous étions...!
Nouveau mode de « présence transexuelle » !
Pour cheminer vers ces nouveaux cieux et
Nouvelles terres.
Amitiés au langage inédit des bienheureux.

Je sais qu'un jour nous nous reverrons
Je sais qu'un jour je te « toucherai » !
Je te sens toujours tout près
Je sais que tu ne m'as jamais quitté !
« Fabriqués » pour les grands espaces
Nous nous sommes sentis habités
Par l'Esprit de Liberté
Et « poussés » à voler haut, très haut
À vivre aux frontières de notre être
Nous avons contemplé les merveilles de la création
Nous nous sommes extasiés devant tout ce
Déploiement de beautés
Et quelle vue à cette altitude :
Le goéland voit le plus loin
Qui vole le plus haut (Jonathan, le Goéland, p. 85)
Nous avons pris le temps de regarder
De se parler
De s'arrêter pour s'étonner – s'émerveiller –
S'épanouir dans l'action de grâce.
Et que te dire de la « merveille que je suis » (Ps 139,14)
Découverte sous des angles inédits
Dans le regard de l'autre
Ta parole revient toujours en moi
Comme la vague du « Grand Fleuve »
Qui ne s'épuise jamais à me dire
Sa présence créatrice et
À m'inviter à aller toujours plus loin
Toujours plus haut et pousser plus au large

Au bout de mon être.
Tu libères ma liberté
Tu me libères pour ces horizons illimités
Les espaces infinis
Tu fécondes tout mon être
Tu m'as introduit dans le sanctuaire
De ton intimité où j'entends
La voix du Bien-Aimé (Ct 7,11)
Qui a séduit ton cœur et j'ai touché.
Reconnu en entrant chez toi
Que tu es très belle
Ta beauté reflète Celui qui t'a faite être Toi
Unique et irremplaçable et remarquable entre toutes
Avec toi sur les routes de notre monde
« Les yeux fixés sur Jésus » (Hé 12,1-4)
Ma main sur la tienne
Sûr qu'un jour nous serons
Vie et lumière et transparence et communion
En Lui et par Lui, ensemble coude à coude
Côte à côte,
Cœur à cœur, dans l'harmonie totale
Pour l'éternelle liturgie :
L'Alleluia « des vainqueurs » (Ap 3 et 7).
À toi ma joie,
Avec Toi, vers Lui,
Dans l'humble service quotidien
De nos frères et sœurs (Jean 13,1-17),
Donnés l'un à l'autre
Dans la liberté de nos appels
Uniques et respectifs
Pour être pour l'autre
Pour tous les autres rencontrés
Sur la Route
Sacrements
De sa beauté et de sa bonté
De sa tendresse, de sa miséricorde…
Merci d'être toi,
Je te redis ma communion
En et avec Jésus,

Le bienheureux responsable
De notre rencontre
De tout mon cœur –
Avec toute cette tendresse
Dont il me rend capable
Je t'embrasse
Je t'aime en Lui.
  Julien, le Goéland
  À ma sœur et amie
  Ensemble pour cette envolée
  Au pays sans frontière.

En conclusion

Le poème suivant, écrit quelques années auparavant, illustre bien cette dimension essentielle de sa spiritualité :

La chair est une demeure
pour la conscience et la tendresse,
pour la mémoire et désir
pour le souvenir et l'avenir
pour l'impatience... le bonheur,
pour la parole et l'écoute,
pour le plaisir... le labeur.
La chair n'est pas une enveloppe de l'être,
Elle est l'existence en son intégralité
Elle est le lieu où la vie se dit en plénitude
Et c'est dans la chair que l'homme et Dieu se sont rejoints.
Avec Jésus ressuscité, la chair n'est pas dépréciée
Elle est transformée au matin de Pâques.
Par la résurrection, c'est la vie qui est réalisée,
Et c'est l'homme de chair qui se redresse.

Ce dialogue-amitié se vit avec les membres de sa propre famille. Une amitié qui se dit et se révèle avec davantage de pudeur, mais aussi réelle et pleine d'affection. Elle est discrètement affirmée au cours des rencontres familiales à travers des retouches discrètes de son journal. Amitié finalement offerte dans toute relation qui se présente, de quelque durée qu'elle soit, pour permettre à l'autre de découvrir le meilleur de son être. C'est là qu'est sa mission. Les textes de Hé 10,5-10 et de Rm 12,1 sont l'inspiration première de cette présence à l'autre et la réponse au double commandement de l'amour. Il a fait sien, à sa manière, le mouvement de Jésus tel qu'évoqué en Jean 13,1 : « Sachant qu'il venait de Dieu et qu'il retournait à Dieu. » « Fils dans le Fils », il ne cesse de répéter : «*Marana Tha!* Viens, Seigneur Jésus ! » Les paroles de l'Écriture s'insèrent dans cette marche pour lui apporter le pain quotidien et l'aider à maintenir le cap dans la confiance et l'abandon. Nous n'évoquerons que quelques événements qui nous semblent marquants de cette période pour illustrer la force et la fécondité de cette spiritualité à la fois mystique et profondément missionnaire.

La suite des événements : 1992-1993

Une matinée studieuse et toute pleine d'espérance : je refais mon testament biologique avec une feuille annexe pour les textes bibliques dont j'aimerais entendre la lecture si je devenais incapable. Merci, Seigneur, pour le don de la foi. Merci pour ta Parole : Jésus-Christ est le Nouveau Temple, source de vie, de fécondité et d'action de grâce.

Je vis cette soirée avec beaucoup d'émotion : je fais la lecture du rapport sur la mort violente d'Alex You, mon compagnon de travail au noviciat à Ottawa et à Fribourg ! *Kyrie eleison* et aussi pour les assassins. Je récite mon chapelet pour Alex et sa famille et je célèbre l'eucharistie pour eux. Et j'entre dans le sommeil dans la reconnaissance et l'approfondissement du mystère de notre itinéraire humain et Rm 12,1 me revient en sourdine.

Je fais le pèlerinage annuel à l'église de Neuville : eucharistie avec onction des malades. Offrande de cette nouvelle journée à vivre à plein dans la communion, la disponibilité et la joie de la rencontre. À 13 h, arrivée à l'église avec joie. Monique est à la porte et il y a beaucoup de monde ! L'église pleine à craquer ! Impressionnante célébration. Le curé donne l'homélie que je trouve un peu longue ! Après la messe, heureux de revoir des connaissances. Au souper, c'est la célébration des 40 ans de mariage d'Henri et Émilia chez Jean et Nathalie. Une fête très sympathique. Merci, Seigneur, pour cette belle fête de famille Pap. Tout s'est bien déroulé dans un climat de totale confiance, de joie, de reconnaissance et de grande simplicité dans l'amour. Oh oui, Seigneur, je suis très heureux pour et avec eux.

Accueil et offrande de ma réalité : une humanité de surcroît pour Jésus. C'est ma consolation et ma force, les mains ouvertes. Reconnaissance d'être : Ga 4,7 : « *Tu n'es plus esclave, mais fils* » avec Jésus, vers le Père dans l'Esprit Saint. Visite surprise d'une amie pour un généreux partage : quelle joie d'être ensemble et se dire dans la joie, la liberté et la reconnaissance « à se recevoir » de Lui et donnés par Lui. Tu ne nous as faits que pour ça, fais-nous vivre au service de ton Évangile, ta Bonne Nouvelle (Jean 15,13), sans oublier cette touche pascale dans toute relation : disciples de JÉSUS dans la joie, la vérité et la liberté de l'Esprit.

Une nouvelle préposée est en processus d'apprentissage, elle est nerveuse et je suis seul, je sens tout ce qui se vit intensément dans l'acceptation positive de ma réalité de marginalisé et de dépendance. Incident d'écolo : comme je suis pauvre ! Maux d'abdomen prononcés que je vis en communion avec tous les souffrants. Cette difficulté chronique a l'effet d'une invitation à la communion à la gigantesque gestation cosmique : Rm 8.

Décès de Marc-André Bourque, mon confrère atteint lui aussi d'une maladie semblable à la mienne, ami et compagnon de route à la suite de Jésus. Je préside l'eucharistie et le recommande aux prières de notre communauté d'anawim dans la foi en la résurrection, aidé par la fête d'aujourd'hui, saint Thomas : « Jésus, mon Seigneur et mon Dieu. »

Le 4 août, c'est mon anniversaire : 60 ans. Je suis chez ma sœur Monique, à Neuville. La pensée d'être humanité de surcroît de Jésus est bien présente dans mon cœur : être ta Présence, Seigneur, dans les événements à vivre à mesure qu'ils se présenteront. Tu vois, vieux Pap, 60 ans, c'est pas « tirant ». D'autres de la famille se joignent à nous pour l'eucharistie que nous célébrons avec foi et dévotion. À la communion, je dois d'urgence me rendre à la toilette. « C'est pour l'humilité », dit ma belle-sœur Émilia. Merci, Seigneur, de m'éduquer par l'événement. Oh! viens, Seigneur Jésus, nous redire qui nous sommes et apprendre aujourd'hui à agir et réagir en fils et filles : *Abba*!

Très pauvre hier soir, les bras comme du plomb! Les mains très gauches. Je demeure patient, bien que j'aimerais faire une marche sur la terrasse! J'entre humblement et pauvrement dans ma réalité de silence, de communion et de liturgie. Je te rends grâce, Seigneur, pour le don de la foi et pour tout ce temps DONNÉ, employé à la réflexion et à la solitude habitée! Après avoir terminé mes « dévotions », je me plonge dans la lecture d'écrits PB et je sens mon lieu d'appartenance par la grâce de Dieu qui m'a invité à vivre mon existence d'homme dans la « plus petite des Sociétés » et de m'y avoir gardé – à la suite de Jésus – malgré mes légèretés, mes bêtises et mes péchés. Grande reconnaissance pour toute sa miséricorde : que je puisse la chanter jusqu'à la fin de mon pèlerinage terrestre.

Visite surprise, au cours de la soirée, de Jean et de Nathalie, et joie de se retrouver. Ils sont radieux et débordants de joie et d'espérance : quel mystère, Seigneur, que le don de la vie. Marie-Pier (leur premier enfant) célèbre son quatrième jour. *Deo gratias!* Très beau de les voir et de les sentir avec leur parole faite chair. Ils entrent tous les trois dans la vie! Et le lendemain, j'ai une longue et bonne conversation avec Henri, mon frère, un peu mal en point. Je lui partage quelques textes de l'Écriture et l'ouvre à l'espérance, « les yeux fixés sur Jésus ». Il s'ouvre, ce qui me permet de lui partager cette expression vitalisante : entrer et plutôt se laisser introduire dans une « solitude habitée » : nous sommes les temples de l'Esprit.

Préparation du partage évangélique avec un confrère qui m'arrive et qui vient partager un bon moment sur la « pauvreté » de notre condition humaine, « inspirés » que nous sommes par le comportement très « troublant » de certains d'entre nous, les prêtres, où la tendance à être servi est plus suivie que celle de servir! C'est toute une question que celle de la pénétration de la Parole jusque dans notre chair et notre comportement avec même ce manque de formation humaine, de perméabilité, de temps livré à la prière, de réalisme et de purification « mystique ». Seigneur, garde-nous courageux et pleins de foi AUJOURD'HUI. Merci, Seigneur, pour cette rencontre profondément fraternelle enracinée dans la foi en Toi, Dieu de bonté et de beauté, de tendresse et de miséricorde, Oh oui ! que tu es bon !

Le 2 février 1992, fête de la Présentation de Jésus au Temple, c'est le baptême de Marie-Pier à Neuville avec les deux familles Pap et Larochelle bien présentes. Le baptême se déroule dans un climat familial et de foi enracinée dans celui de Jésus. Tout se déroule bien, avec aisance et bonne participation. Merci, Seigneur, pour cette liturgie. Jean vient chez moi dans la soirée pour tout ranger. Il jase un bon moment, il est profondément heureux et reconnaissant. Merci, Seigneur, pour cette rencontre en toi !

Un confrère est étonné de ma « patience », et moi, j'essaie de lui « expliquer l'inexplicable » : mon état est en régression, pétale par pétale. En me quittant, je lui laisse ma réponse : Rm 12,1 : « Me voici ! Tu comprends » ! Merci, Jésus, de m'avoir appelé et gardé à ta suite et à ton service. Par la suite, j'ai un très bon partage avec deux autres confrères, M\ :sup:`gr` Jobidon et Réjean Rainville : joie des retrouvailles. Je ressens une profonde solidarité et entraide fraternelle pour répondre à notre appel missionnaire : être ta Parole, Seigneur, là où nous sommes plantés et transplantés. Je suis très ému à leur départ. Merci, Seigneur, pour cette grâce de l'amitié spirituelle toute basée sur ta Parole qui s'enracine dans notre histoire dont tu es le bienheureux responsable. Oui, merci du don de la foi qui transfigure toute situation humaine en lumière.

Et ces jours-ci, je m'unis avec les confrères réunis à Rome en chapitre. En communion au service du Royaume. On a élu le p. Gotthard Rosner comme supérieur général, avec qui j'ai travaillé durant quatre ans au noviciat de Fribourg. Je ressens beaucoup de joie, de reconnaissance et d'action de grâce en ce jour de la Pentecôte. Tout se continue aujourd'hui dans la communion des saints en solidarité envers la mission : dire ton saint Nom par toute notre vie et notre service, ensemble dans nos milieux et nos charges respectives.

Merci, Seigneur, pour la journée d'hier, jour de silence et de prière et pourtant manque de pauvreté au niveau du tempérament exprimé par un mouvement d'impatience « intérieure » devant ma sensibilité contrariée. Un manque alors que nous étions plongés dans ta Parole, Seigneur. Merci de me le faire sentir et reconnaître, non à cause de mon « image », mais du besoin d'être sauvé en tout et partout : *Kyrie eleison*. Et je remarque que mon cœur reste attaché encore aux *feelings* vis-à-vis de ma personne. Mon moi a bien besoin de purification !

Jours de maladie en ce mois de mars 93. Ô bon saint Joseph, quelle pauvre journée à t'offrir pour ta fête. Cette troisième rechute de grippe est très pénible à vivre. Elle a « bouffé » toutes mes énergies. Que reste-t-il sinon : acceptation, patience, offrande, et communion. C'est très dur, je me sens vidé. *Kyrie eleison !* Saint Joseph, je t'aime et garde-moi et nous tous près de Jésus. Je reste bien confiné à la chambre pour l'eucharistie. J'ai du dégoût pour toute nourriture. Je commence à sentir fortes difficultés pour toute position au lit et, en conséquence, un sommeil très pénible. Mon cœur reste bien fragile, bien qu'en offrande et en communion avec des visages bien-aimés. Et on utilise désormais le lève-patient ! Tout un appareil pour moi que je trouve difficile à accepter. C'est demandé par la responsable de l'Unité et écrit dans le cahier des patients ! Ma réaction, c'est de m'entraîner à me convertir : ça fait partie de ma presque totale dépendance physique. Ma prière se nourrit de ma pauvreté trempée dans le bréviaire, le chapelet. Et avant de quitter son travail, la responsable vient causer. On parle du lève-patient. Elle s'excuse, mais en même temps elle m'explique bien que la réalité est là et à moi de la faire mienne. Merci, Seigneur, pour cette franchise et tout le personnel est dans cette ligne. Je suis content d'apprendre tout ça et ça m'évite de me laisser prendre par quelque illusion. Merci, Seigneur, pour tous ces événements à vivre bien que difficiles. Je t'offre, Seigneur, ma pauvreté pour la mission.

Béni sois-tu, Seigneur, pour ta Présence dans ces événements. Merci pour ce que tu es : bonté, beauté, tendresse et miséricorde, toi qui diriges l'histoire et les événements. Puissions-nous nous laisser toucher en profondeur et transfigurer ces moments de pèlerinage terrestre !

En cette année 93, une nouvelle équipe provinciale est mise en place (Robert Lavertu, Gilles Primeau et Richard Dandenault). Ils me rendent visite, accompagnés de Jean-Claude Ceillier, assistant général. Je ressens énormément de reconnaissance au cœur pour cette belle et bonne visite. Étrange toute l'émotion ressentie provoquée par cet événement. Tout particulièrement, je vibrais aux émotions de notre « Petite Société » à la joie profonde de la communion qui nous unit. Me voici !

1994

Jour de l'an : Merci, Seigneur, pour cette année toute vierge et naïve qui s'offre à être vécue à plein. Elle nous vient de Toi. Béni sois-tu pour tout ce que Tu ES et fais dans ma vie de tous les jours. Merci de m'avoir tout DONNÉ. Garde-moi, Seigneur, les mains ouvertes, le cœur disponible et vulnérable à ta très sainte volonté – avec tous ces visages que tu as mis, que tu mets, que tu mettras sur ma route en cette nouvelle année donnée. Garde-moi fraternel en tout accueil. Que je sois aujourd'hui porteur de ton visage de bonté, de beauté, de tendresse, de miséricorde et particulièrement artisan de paix en parallèle avec mes frères et sœurs, Pères Blancs et Sœurs Blanches, consacrés à ta louange et à ton service. À Henri, mon frère et à son épouse Émilia, à mes sœurs Monique, Germaine, Simone, et à leurs enfants, mes meilleurs vœux de paix et de joie, avec toute mon affection !

Ces premières journées de l'année sont des jours priés et blessés par les conflits et la violence qui ne cessent pas, plus particulièrement dans les points chauds de notre planète. *Kyrie eleison* pour toutes ces populations qui souffrent de l'orgueil et de la soif du pouvoir de quelques intégristes et fanatiques. Oh oui ! Seigneur Jésus : viens nous sauver ! Que ton Esprit vienne nous guérir de nos différences et nous conscientiser au scandale de l'oppression de nos frères et sœurs pour que nous apprenions à nous pardonner, nous réconcilier, à respecter nos semblables et à nous aimer. Je te consacre chaque jour de cette nouvelle année à vivre et à rayonner ta béatitude de paix : « Heureux les artisans de paix, ils seront appelés fils de Dieu. »

Je consacre une journée à l'écoute de mon corps ! Je voulais écrire dans la matinée, mais mes membres n'avaient pas la force de concrétiser ce désir. Je me suis mis à prier dans ma réalité de pauvreté : des flashs sur mon histoire et sur les pauvretés de mon cœur : orgueil, vanité, pouvoir, rivalité : tout ça bien camouflé, et malgré tout, Jésus m'a gardé à sa suite et mes péchés, mon cœur, mon esprit et ma chair ont été et sont vaincus par l'Amour du PÈRE, par le goût de Jésus qu'il m'a donné (Jean 6,44 et Rm 8). Reconnaissance et action de grâce aujourd'hui. Merci, Seigneur, du don de la FOI, de l'amitié, la communion des saints !

Durant cette année 1994, les membres du conseil général des Missionnaires d'Afrique, Pères Blancs, ont demandé des témoignages de confrères à propos de leur identité et de leur vocation missionnaire. Nous reproduisons ici celui qui avait été préparé par Julien et qui reflète bien son CREDO personnel à ce moment-là de sa vie. : « Ils reconnaissent en eux des compagnons de Jésus » (Ac 4,13b). Cette confession de foi nous semble être une synthèse spirituelle de sa vie, bien ancrée dans sa chair, loin de toute interprétation évasive, imaginaire, imprégnée de foi et de réalisme.

Et pour Julien, elle semble lui avoir été comme une expérience de transfiguration où, dans la lumière du Père, il se sent « confirmé » dans son statut de « fils dans le Fils bien-aimé », lui permettant de poursuive sa route vers Jérusalem pour affronter dans la paix son exode final (Luc 9,28-36). Julien est sûr des données fondamentales de sa foi, mais sans dogmatisme ni abstraction. C'est la Parole qui l'intéresse, celle qui se glisse chaque matin dans son cœur et qui lui répète l'amour inconditionnel pour le maintenir dans l'existence. Les quelque 2 000 pages du journal de ces années, à mesure que s'accentue sa dépendance et que se pointe le crépuscule de sa vie, révèlent une étonnante profondeur, proche à vrai dire de la plus pure des mystiques.

Notre vie ne repose pas sur l'appréciation des hommes! Il est intéressant cependant d'écouter ce qui se dit à ce propos. Est-ce qu'on reconnaît en nous des compagnons de Jésus? Est-ce que je me sens, dans les profondeurs de mon être, disciple de Jésus-Christ – Sauveur – Seigneur – Fils du Dieu vivant – Roi de l'Univers – Alpha et Oméga de l'histoire, de mon histoire? Mon identité de Père Blanc, Missionnaire d'Afrique, est-elle toujours bien vivante? Voilà des questions qui invitent à la réflexion et au partage fraternel. À chacun de répondre dans le contexte de son AUJOURD'HUI, *dans la réalité qui est sienne.*

J'ose, à la suite de l'invitation proposée, partager un vécu de confrère atteint de sclérose en plaques depuis quelques années. Comme la plupart d'entre nous, mon ministère a évolué à travers les événements qui se sont présentés et qui m'ont invité à plusieurs re-lectures pour en arriver à discerner les appels à aller toujours plus loin, à demeurer fidèle à moi-même et à la PAROLE DONNÉE. *Parole donnée =* VIE LIVRÉE *m'est toujours une «formule capsule», vigoureuse, inspiratrice d'énergie.*

Je mentionnerai rapidement que je n'ai fait qu'un bref passage en Afrique, plus précisément au Malawi, au diocèse de Mzuzu, chez Mgr Jean-Louis Jobidon, et des problèmes de santé m'orientent providentiellement vers les maisons de formation, plus précisément vers le noviciat devenu avec les années «l'Année spirituelle». J'ai été très heureux, y recevais une grâce extraordinaire de connaître et d'aimer des générations de jeunes confrères qui sont aujourd'hui des compagnons de Jésus, artisans de paix sur quatre continents: l'Afrique, l'Asie, l'Amérique et l'Europe. Et sporadiquement des lettres généreuses m'arrivent… et me touchent profondément. «Il faut qu'il grandisse et que je diminue» (Jean 3,30).

Je pressentais depuis longtemps que j'entrerais dans le silence; et depuis mon retour au pays en 1983, les événements se sont précipités, et depuis ces quatre dernières années j'y suis! J'en suis réduit au style qui s'apparente progressivement, grâce à Dieu, à la vie de Nazareth. Une «étrange» complicité de cœur avec Jésus, Marie et Joseph (Luc 2,51) habite ma solitude, nourrit mes journées… et bien des nuits!

Lui, VERBE *(Prologue de Jean), «par qui et pour qui tout a été fait» (Col 1,15-17), s'inculture à plein en épousant humblement tout de la condition humaine. Après sa première parole énoncée au Temple, il entre dans le silence, dans la vie ordinaire des petites gens, et il apprend à devenir un homme, et quel homme (Jean 7,46)!*

J'essaie humblement, pauvrement, de garder mes yeux vigoureusement sur Jésus, lui qui transfigure mes tourments en travail d'enfantement (Rm 8). Ce chapitre des Romains m'est force, inspiration et consolation aux heures les plus dures. Je reçois chaque nouvelle journée-DONNÉE, les mains ouvertes. Être tout accueil et offrande (Rm 12,1 ; 15,16) dans la communion avec tous les membres de nos communautés respectives, les Pères Blancs et les Sœurs Blanches, des plus jeunes aux plus aînés. Demeurer disponible à celui/ celle qui frappe à ma porte. Rester libre d'esprit et de cœur malgré les lourdeurs du corps, cette fatigue continuelle, accablante, qui ne lâche pas du lever au coucher. On perd tous ses moyens, on entre dans la dépendance pour tout, on n'a plus aucun pouvoir. J'apprends, à tous les AUJOURD'HUIS DONNÉS, à vivre dans la patience tout imprégnée de la douceur du Christ Jésus (Mt 11,25-30).

À mesure que le « faire diminue », lentement mais sûrement, l'être émerge, grandit, prend de plus en plus d'espace (2 Co 4,14 – 5,10). Cette maladie chronique évolutive m'a fait parcourir tout un itinéraire géographique… et « intérieur ». Après avoir quitté Québec fin 88 et après un bref séjour à Lennoxville, la santé se dégradant fortement, je quittais pour un séjour à l'hôpital de Sherbrooke et à l'infirmerie intercommunautaire de Ville Laval et après quelques semaines, j'arrivais à l'unité de soins, à la Résidence Cardinal Vachon, à Beauport… et je complète ma troisième année ici. Le milieu est très bien, 24 heures par jour. Les forces se retirent, je perds mon autonomie, pétale par pétale ! Tout doucement, les quatre membres sont presque totalement paralysés. Il ne me reste qu'une main, la droite, très affaiblie et malhabile.

Se soumettre à la réalité ? Je préfère y entrer positivement plutôt que dans une simple soumission, et y entrer à la manière de Jésus. Pour m'y aider, je puise mon énergie dans l'eucharistie concélébrée quotidiennement avec un groupe d'ANAWIM. La liturgie des heures, alliée à mon chapelet, sont les « passe-temps » de mes journées. Je me permets même une formation continue en puisant dans la revue Christus et un bon livre de spiritualité, toujours en chantier. Ainsi mon handicap a des côtés positifs. Le Seigneur me DONNE beaucoup de temps que je consacre à la louange et au service. Demeurant, grâce à la communion des saints et à notre fraternité Pères Blancs/Sœurs Blanches, chaleureusement en communion de pensées, de prière et de cœur avec les grandes intentions de l'Église, de notre « Petite Société » et de tous mes frères/sœurs en humanité de communion, dans la liturgie de l'Évangile. Avec une attention privilégiée, j'exprime ma reconnaissance profonde pour tous ces visages rencontrés et bien-aimés *d'hommes et de femmes qui m'ont été* DONNÉS *sur la route et qui demeurent maintenant et toujours une source de force, d'inspiration et de vitalité dans les déserts d'aujourd'hui et face au grand paradoxe de l'existence. Oui, loué sois-tu, Seigneur, pour notre sœur la mort.*

Je conclurai, un peu comme je le fais à la fin de chaque journée, par une relecture du vécu. Je remercie le Père de m'avoir gardé le goût de Jésus dans la Joie de son ESPRIT, *de me* DONNER *cette sérénité d'esprit et de cœur à travers les déserts et d'être toujours Père Blanc, Missionnaire d'Afrique, malgré toutes les pauvretés de ma vie. Profondément reconnaissant pour tous mes confrères avec lesquels je garde contact quotidien. Il n'y a pas de distance, ni de temps, ni d'âge dans ce lien fraternel qui nous relie en ce temps présent, prélude de l'Éternité qui s'offre à nous tous (Ap 19,9). Vivre dans l'ombre en attendant la* LUMIÈRE. *Merci aussi pour ce ministère d'accompagnement, ici, auprès de confrères prêtres vivant leur exode final. La Parole de Dieu demeure une source inépuisable de force/réconfort face aux pauvretés de mon corps/cœur de ne pas être toujours reflet de* SON *visage (Jean 14,9). Kyrie eleison!… Comme j'aime cette parole de 1 Jean 3,20 : «Si ton cœur te condamne, dis-toi bien que Dieu est plus grand que ton cœur» (aussi en Sg 11,25-26). «Et si Dieu est pour nous, qui pourra nous séparer de l'amour de Dieu manifesté en Jésus-Christ» (Rm 8,31-39). Je vis mes pauvretés multiformes dans la communion des saints, dans la vigilance et l'attente de* SON *retour (1 Co 1,26), avec une fleur à la main, dans la joie de l'*ESPÉRANCE *d'être reconnu comme compagnon de Jésus. Oh oui, viens, Seigneur Jésus!* MARANATHA *(Ap 22,20).*

«Augmente en nous la foi, Seigneur, fais-nous la grâce de tenir en ce monde notre devoir de louange et de service» (laudes, mardi, IV semaine, Liturgie des heures).

Julien Papillon

Les six dernières années durant lesquelles Julien rédige son journal spirituel, 1994-1999, reflètent, à chaque journée près, une parole de l'Écriture. «Être reconnu comme compagnon de Jésus» signifiait, pour lui, rattacher l'événement, la rencontre de l'autre, l'état déficient de santé, la souffrance, l'insomnie, les contraintes de toutes sortes à une Parole venant du monde nouveau d'où Jésus l'appelle et éclaire de l'intérieur son destin.

La détérioration accentuée des membres supérieurs et les difficultés intestinales qui souvent l'affectent sont fréquemment relevées dans ces pages, mais toujours replacées à la lumière de l'Écriture : *«Rm 12,1 et Hé 10,5-10 me reviennent souvent»*, dit-il. *«Je m'y accroche, il faut que je me tienne debout, la lampe allumée dans l'attention du retour de Jésus, dans la perspective humblement et pauvrement concrétisée de la solitude. Il faut que je me décentralise, c'est le combat constant.»* La présence et les visites de confrères, amis et amies, qui partagent leur vécu avec Julien lui sont précieuses. Grande reconnaissance pour le soutien de Mme Marguerite Gosselin-Miller, qui lui prodigue les multiples petits services qu'il ne peut se rendre à lui-même, ne fût-ce que pour tourner les pages de son bréviaire, et par-dessus tout, être cette «main amie» qui peut écrire et faire le relevé du vécu quotidien.

———◆———

25 juin : je partage beaucoup sur les événements du centre de la ville de Québec (24 juin). Notre fête nationale a été flétrie ainsi que toute la dignité du petit peuple que nous sommes. Seigneur, prends pitié de nous qui avons oublié nos origines. Émeute qui a tout saccagé, dégâts matériels considérables, cela atteint toutes les bonnes gens ordinaires. Pourquoi ? Tout un malaise social à l'arrière-plan. «Je me souviens» : nous avons coupé tout lien avec nos origines. Seigneur Jésus, prends pitié de nous !

Et aujourd'hui, le 24 juillet, c'est le baptême de Marie-Annie Frédérique, petite nièce, le deuxième enfant de Jean, mon neveu, et de Nathalie, son épouse. Nous sommes à Neuville pour la fête avec généreuse et joyeuse collaboration des familles de part et d'autre. Une cérémonie toute pleine de foi, d'amour et de simplicité. Merci, Seigneur, pour tant d'amour autour de Frédérique «toute pleine de Jésus». Oui, merci, Seigneur, pour tout cet amour autour de cet enfant – don du ciel. Merci de me donner un tel milieu privilégié.

Le 4 août 1994, c'est mon anniversaire : 63 ans. Merci, Seigneur, pour célébrer ta bonté à mon égard et pour tous ces visages rencontrés et bien-aimés, comme tu m'as choyé depuis mon entrée dans ce monde ! Oui, béni sois-tu pour tout ce DONNÉ. Je célèbre aussi mon 35e anniversaire d'ordination, avec toute la famille dans la joie d'être sur les rives du grand fleuve. Merci pour ce retour aux sources du pays de mon âge tendre où j'ai appris à aimer et à découvrir ton Visage et à articuler : « Me voici ! » Merci pour tout ce contexte familial et villageois. Action de grâce dans la joie : très fatigué à la fin de cette journée, mais très heureux de ces générosités a mon égard.

À l'époque de l'automne, autre incident : poignet et avant-bras droit enflés. S'agit-il d'empoisonnement ? Venue du médecin, et c'est diagnostiqué : furoncle « streptocoque ». Le docteur fait une incision aux bras pour éliminer le mauvais et fait un tampon protecteur avec indication formelle de ne bouger ni bras ni main. Il m'informe que ce furoncle au bras droit pourrait être très grave. Action de grâce pour tous les bons soins reçus : anesthésie locale et chirurgie mineure qui permet une élimination des éventuelles bactéries. Je suis en condition de « manchot » : mes deux mains et mes deux bras sont inutiles, sinon pour me taire, et dans le silence intérieur, m'offrir dans un climat de patience dans la communion avec les visages bien-aimés. Je te bénis, Seigneur, pour ce temps vécu dans l'acceptation des événements assez purifiants auquel vient de s'ajouter un rhume qui me rend très faible. Il ne me reste encore qu'à me taire et prier l'événement, lieu par excellence de la rencontre du Seigneur.

Après le service funèbre de mon confrère Arsène Giroux, je me sens très heureux de me retrouver à la procure après sept années d'absence. Merci, Seigneur, pour cet événement – exode d'Arsène – qui me permet une fraternelle rencontre et beaucoup de joie de nous retrouver ensemble, c'est toute une grâce. Je te rends grâce pour mon confrère Arsène maintenant rendu chez toi. Donne-lui la joie de contempler ton visage, et qu'il se rappelle tous ceux et celles qu'il a laissés ici-bas, particulièrement les confrères Pères Blancs et les Sœurs Blanches et aussi les Sœurs de Sainte-Chrétienne.

Et dans les jours qui suivent, c'est au tour de mon ami Émile[8] de décéder. Action de grâce pour toute sa vie, son amitié et tout ce témoi-

---

8. L'abbé Émile Bélanger, voisin et grand ami de Julien, décédé des suites de la maladie de Parkinson. Après son décès, souvent Julien fera appel à lui dans sa prière pour demander son intercession.

gnage de courage qu'il a laissé. À lui aussi, donne la joie de contempler ton visage

Journée vécue dans une profonde communion et toutes ces nouvelles de violence entendues à la radio ce matin : Zaïre/Algérie. Je me sens très solidaire de toutes ces souffrances et prie le Seigneur de venir changer nos cœurs de pierre en cœur de chair. Dans mon itinéraire d'homme, je découvre cette longue pédagogie divine qui met à nu la dureté de mon cœur et son besoin d'être purifié. Il me faut apprendre à me livrer à l'Amour.

Visite surprise de Guy Huard, un bon vieil ami du temps de nos études. Il a changé de route. Nous avons un échange très profond sur notre vécu. Nous nous comprenons mutuellement, même si nos chemins ont différé, et nous nous sentons très près l'un de l'autre en ce qui concerne le fond du cœur et la visée mystique. Je suis heureux de le voir pacifié et très serein.

31 décembre 1996 : 14 h : office dans la communion des saints en préparation de l'eucharistie qui vient, célébrée avec beaucoup de dévotion reconnaissante et d'action de grâce pour cette année. J'en profite également pour lire la liturgie de demain, cette première journée 1997, consacrée à la Vierge Marie. Et j'y ajoute évidemment saint Joseph pour pouvoir ainsi leur remettre tout ce qui sera donné de vivre dans l'expérience, les mains ouvertes. Dans cette action de grâce, je pense particulièrement à tous ces visages rencontrés cette année. Seigneur, fais descendre sur eux et sur elles ta grâce et ta joie.

1997 : pour cette nouvelle année qui s'ouvre

Oh bon Jésus, viens nous faire Eucharistie.
Eh oui, viens, Seigneur Jésus, transfigurer
Nos tourments en travail d'enfantement.
Viens transformer nos larmes en perles,
l'impuissance de nos mains en source de libération
pour les prisonniers de toutes sortes.
Que ton eucharistie soit à chaque aujourd'hui
Le creuset de notre conversion.

Béni sois-tu, Père, pour ce que tu ES:
Beauté, Bonté, Tendresse, Miséricorde.
La Tendresse n'est-elle pas la corde
la plus sensible du Cœur du Père? (Jn 14,9)
Et Jean 3,16. Incarnée en Jésus-Christ,
elle nous creuse à la miséricorde.
Cette tendresse s'inscrit en forme de
chair en Jésus-Christ, et
nous modelant la Hésed du Père, elle
nous rend notre Beauté et notre Bonté
premières (Gn 1,27).

En cette première journée de l'année, je me sens invité à vivre à plein ma réalité dans la foi : Jésus. Je voudrais vivre cette journée dans un climat de mutuelle attention dans l'échange de bons vœux. Merci, Seigneur, pour toutes ces marques d'affection du personnel et des bonnes gens de la maison [9], dans l'espérance que cette année me/nous permette une vie plus totalement ouverte à l'autre/l'Autre. Dans le même contexte, ma situation de pauvreté m'invite à demeurer dans l'essentiel, à creuser en moi la communion.

Dans les jours qui suivent, l'absence occasionnelle de Marguerite me fait toujours toucher ma «totale pauvreté». Je suis totalement incapable de «rien faire» seul. La soirée se passe dans la solitude. Le téléphone sonne, incapable de répondre. Je risque de glisser dans la frustration. Je prie. Tout est très pauvre. Action de grâce dans cette même ambiance de reconnaissance d'être, de vivre mon existence d'homme dans la grâce de pouvoir dire merci à l'Auteur que je peux nommer *ABBA* en Jésus-Christ dans le FEU de l'Esprit. Garde mes yeux fixés sur Toi, aide-moi à me décentrer de mon EGO, à lâcher prise dans

---

9. Sont notées les personnes suivantes pour lesquelles Julien manifeste une très grande reconnaissance : l'abbé Anicet Greco, Sr Germaine Bélanger, infirmiers et infirmières : Marie-Paule Bélanger, Clément Giroux, Suzanne Racine, Lorraine Lacasse, Lucie Simard, Emmanuelle Bouchard, Johanne Blais, Steve Ouellet, Victor Délisle, Danièle Poulin, Doris Côté, Daniel Roy, Marie Tremblay, Valérie Joyal, Diane Bouchard, Marielle Massicotte, Rita Délisle, Lindsay Mélançon, Réjean Savoie, Nicole Côté, Francine Rousseau, Colette Poirier, Michel Paré, Michèle Ouellet.

l'offrande. Eucharistie célébrée en profonde communion avec mes confrères qui sont exposés aux dangers de la vie missionnaire. On m'informe justement de la mort violente du p. Guy Pinard, assassiné au Rwanda en donnant la communion. Seigneur, prends pitié du ravisseur (assassin). Au téléphone, ma famille m'en parle, en offrant leurs sympathies.

Vient l'épisode des derniers jours de Mgr Jobidon. On m'apprend qu'il est hospitalisé et gravement malade au cœur. Son état est stable mais inquiétant quant à l'issue finale. Quelques jours se passent et il vient se reposer ici. Je suis bien content de le savoir en sécurité, assurance d'une profonde communion réciproque. Ce temps reste cependant court. Il retourne à l'hôpital et j'ai juste le temps de lui serrer la main et de le bénir.

Il est bien fidèle à lui-même, serein, tout accueil. Plus tard, je le rejoins au téléphone. Sa voix est bonne. Mais le surlendemain, nous apprenons son décès. Il vient de terminer son itinéraire et pèlerinage vers le Père. Seigneur Jésus, donne-lui la joie de contempler ta gloire et que sa vie nous demeure toujours une inspiration. Merci pour tout ce qu'il a été et a fait dans ton Église, particulièrement au Malawi. Comme j'aurais aimé qu'il revienne ici. Merci, Seigneur, de le recevoir chez toi dans ta joie et dans ta lumière. Ses funérailles se passent à Château-Richer. On me conseille de ne pas aller aux funérailles pour raisons de santé. La célébration est généreuse et de grande dévotion, me dit-on, avec une participation de cinq évêques et de nombreux confrères Pères Blancs et de religieuses qui l'ont connu en Afrique. Béni sois-tu, Seigneur, pour le don de la foi qui nous est fait en ton Fils bien-aimé Jésus-Christ, pour notre fraternité missionnaire et toutes ses ramifications internationales. Deux jours plus tard, ce sont les funérailles du père Raoul Joyal, à Amos. Reçois-le aussi dans ta paix.

Période où j'ai un retour fréquent au passé que je trouve très lourd et souvent relié à ma sensibilité. J'essaie de m'en libérer en me rappelant la passion de Jésus. Je suis tiraillé dans mes pensées et dans mon cœur. Suis-je déçu de Dieu ? Où est-il, ton Dieu ? Déçu de moi ?

Orgueil, dureté du cœur et de la sensibilité. « Les yeux fixés sur Jésus, entrons dans le ‹ combat › de Dieu. »

Totale incapacité d'écrire ce matin. La grippe a pris un virage qui m'est très pénible. Elle a provoqué, j'en suis persuadé par mes expériences antérieures, une poussée de sclérose qui me rend complètement incapable de bouger. On finit ma toilette au lit. J'y passe toute la journée, je réussis à me reposer grâce aux soins de tout le personnel, je me sens profondément en sécurité et plein de reconnaissance à ces beaux visages qui m'aident dans mon infirmité. Je touche à la plus totale dépendance pour tout. Comme il est fatiguant d'être fatigué ! Au cœur de cette extrême faiblesse, Émile m'est très présent. J'ai l'impression de vivre la même situation. Merci, Seigneur, de me garder en ta présence. Très touché par l'annonce de l'exode du bon père Jean-Louis Péloquin.

Je suis serviteur de la mission ici et toujours. L'eucharistie ne nous fera que me/nous approfondir dans cette vision de la Bonne Nouvelle, car je ne suis envoyé que pour ça. Je suis très heureux d'expérimenter à l'eucharistie l'amour et l'espérance qui sont inscrits au cœur même de la mission. Je sens au fond de moi-même cet appel aux vastes espaces d'une part, et d'autre part mon péché, ma faiblesse, ma pauvreté et ma dépendance sous toutes ses formes qui ne cessent peut-être de vivre cette Parole que j'ai tant donnée à mes frères que j'ai aidés à vivre leur exode, particulièrement mon ami Émile : apprendre à lâcher prise, même si cela n'est pas facile, les derniers versets de Jean 21 : « Un autre mettra ta ceinture et te conduira là où tu ne veux pas. » Seigneur, prends pitié de ma faiblesse enracinée dans mon histoire d'enfant gâté.

Autre expérience de cette période : l'usage du « texas [10] ». On fait quelques poussés sur la vessie pour faciliter l'évacuation de l'urine. « Désormais, me dit-on, il faudra cesser cette façon de procéder et

---

10. Instrument médical devant faciliter l'évacuation de l'urine et portant le nom de la compagnie qui le fabrique.

utiliser le ‹texas›. » J'accepte la parole de l'infirmière. La première journée est « éprouvante » toujours sur cette question « texas » qui cause bien des problèmes, alors que ça devrait solutionner mes et leurs problèmes. J'essaie de vivre ça dans la patiente acceptation et l'offrande. C'est très humiliant ! Seigneur, garde mes yeux fixés sur toi !

———•─•———

Le 17 octobre de la même année 1997, c'est le décès du frère de Julien, Henri. Un départ précipité qui surprend la famille et son entourage immédiat.

———•─•———

Henri vit son exode dans une totale solitude, imprégnée de souffrance intérieure qu'il était incapable de canaliser. Jean-Normand, son fils, pose les gestes imprégnés de respect et d'amour pour l'homme qu'ils ont aimé. Je pense que la foi d'Henri au Christ a été pour lui un lieu d'inspiration qui l'invitait à continuer sa marche courageusement.

En route pour Neuville, on rejoint la famille Pap au salon funéraire, on s'embrasse tendrement, on pleure ensemble. Je reste près d'Henri. Il est très beau, il repose enfin dans la paix du Seigneur. Je prends le texte préféré d'Henri, celui de l'histoire de Zachée (Luc 19,1-11), que je commente avec amour et facilité. J'exprime l'amour qu'Henri avait pour tous et pour son don de partager. Je termine avec cet autre texte de la première épître de Jean 3,20 : « Si ton cœur te condamne, dis-toi que Dieu est plus grand que ton cœur. » Nous allons manger et revenons pour 13 h pour recevoir beaucoup de gens contents, très heureux, j'en suis certain, de voir tout un monde réuni autour des siens pour ce dernier au revoir… dans l'espérance qu'il nous attend là-haut. Très heureux pour ma part de voir 25 confrères venir concélébrer. Très belle messe des funérailles. Très belle homélie du curé. La chorale excellente ! L'église est remplie de bonnes gens. Plusieurs confrères Pères Blancs me glissent à l'oreille : « Ton frère est bien-aimé. » Rencontre généreuse et très amicale à la salle paroissiale. Henri est content.

« *Oui, Henri, le cœur du village battait fort pour toi. Tu étais pressé par les événements qui te bousculaient de toute part. Tu sentais au creux de ton mystère que la solution à tes souffrances était de te retirer. On ne pouvait rien faire pour toi, et pourtant, comme tu étais aimé. Tu ne pouvais plus voir, aveuglé par ta souffrance intérieure… Toi qui t'identifiais à Zachée* (Luc 19), *tu voulais voir Jésus, lui qui est venu sauver ce qui était perdu. Seigneur, Toi qui es tendresse et miséricorde, donne à Henri la joie de contempler la Beauté et la Bonté de ton visage. Je sais que tu es parti dans cet esprit de la Parole de Jésus de Jean 15,13 ou de 1 Jean 3,20. Toute la journée nous avons pleuré, chanté, célébré ta vie par une très belle liturgie pour toi, sûrs que tu nous entends parce que maintenant, tu es dans la lumière. Merci, Père, pour Henri. Au revoir à toi, mon grand frère ! Tu es entré dans le monde de la* LUMIÈRE *!* »

J'ai une grande reconnaissance de le sentir tout près du Seigneur. Je sens, dès aujourd'hui, qu'il sera pour moi, comme il n'aura jamais été, un soutien, une inspiration pour continuer ma route missionnaire en profonde communion avec ma famille Père Blanc et, main dans la main avec papa, je réalise, grâce aux événements de ces derniers jours, qu'il y a tout un message à déchiffrer et à approfondir pour être et vivre à plein ma vie d'homme au cœur de ma réalité. Oui, ce n'est qu'un AU REVOIR. Merci, Seigneur, pour le don de l'espérance et de la FOI. Celle-ci vient signifier « l'absurde » : Dieu sait tirer le bien du mal. À la joie de se retrouver autour de la table du festin des noces de l'Agneau (Ap 19). *Deo gratias !*

Dans les jours qui suivent, je sens une profonde communion avec Henri et tous ces visages bien-aimés qui ont déjà traversé sur l'autre rive. Comme la vie est brève. C'est Jésus qui change tout, qui illumine, transfigure notre itinéraire en pèlerinage. Je réalise pendant la journée que l'exode d'Henri me fait toucher ma solitude. Mon unique frère étant parti et mes trois sœurs étant relativement âgées ou éloignées, tout cela m'invite à demeurer vigilant dans la prière pour ne pas me laisser prendre par des pensées piégées qui pourraient me faire souffrir inutilement à moins de demeurer tout accueil dans l'amour de Jésus. L'exode d'Henri m'invite et nous invite à approfondir notre propre mystère, pour qu'ainsi nous puissions vivre ce qui nous est proposé d'ÊTRE: devenir toujours plus et mieux fils et filles du Père en, par, avec Jésus dans le feu de l'Esprit. C'est ainsi que mon action de grâce se vit ce temps-ci. Des amis sont allés voir Émilia et ont partagé un très bon moment ensemble dans un climat de délicatesse et profond respect. Oui, Henri a été un grand homme, il nous a marqués profondément dans la qualité de son humanité. Son héritage est dans l'amour (Jean 15,13). À moi maintenant de continuer courageusement de vivre ma pauvreté dans le silence et la prière. Oui, gardons les yeux fixés sur Jésus. Je célèbre l'eucharistie avec beaucoup d'amour et profonde communion avec les intentions de toute la famille. Je suis profondément touché d'être par choix du Seigneur (Jean 15,15-17) porte-parole officiel par mon ministère sacerdotal missionnaire, d'être ainsi élu pour prier pour les miens évidemment et pour toute l'Église, Corps de Jésus-Christ, et pour toute l'humanité. C'est ainsi que je célèbre avec beaucoup de dévotion-émotion. En ces jours, Henri est au cœur de ma/notre prière. Merci, Seigneur, pour ta miséricorde, merci pour ma foi reçue par toute ma tradition familiale et qu'Henri a si bien transmise. Action de grâce dans la reconnaissance. Je termine mon bréviaire en priant particulièrement pour tous les souffrants et désespérés qui sont en train de vivre leur exode. Henri est maintenant libéré pour devenir un intercesseur.

Très heureux de recevoir Jacques Grenier, psychiatre, compagnon à l'école primaire. Chacun suit son appel. Nous partageons l'histoire de notre vécu. Eucharistie aux intentions d'Henri. Je demande à Henri de m'aider à continuer notre route avec courage dans la joie de se retrouver au cœur de la très sainte Trinité. Sûr de la miséricorde du Père, Henri devient un intercesseur. Reconnaissance au Seigneur pour cette visite de Jacques Grenier : très généreux et joyeux partage.

Cette lecture de l'eucharistie de la liturgie ces jours-ci me garde dans le désir de la venue du Seigneur Jésus. J'écoute parfois des conversations sur un certain style dans l'Église, les images vénérables des habits ecclésiastiques. J'entends ça : dommage que l'Église se soit laissé prendre par la vanité humaine et le triomphalisme. C'était peut-être le bon vieux temps, mais ça coûte cher à l'Église. Offrande de ma situation d'« inutile » que j'offre au Seigneur dans l'espérance qu'il transfigure cette humilité en semence de mission (Jean 17,3). Un confrère bien-aimé m'a dit dans sa dernière lettre : « Prends-moi dans ta prière. » « Oui, garde-nous tous, Seigneur, dans l'unité des cœurs et la communion fraternelle. »

L'année 1997 se termine. Béni sois-tu, Seigneur, Dieu de nos pères et de nos mères. À toi louange et gloire éternellement. Merci, Seigneur, pour cette dernière journée de cette année, année consacrée à Jésus-Christ, année marquée par l'exode d'Henri. Reconnaissance pour sa vie et pour tout ce qu'il a été pour moi. Seul Dieu connaît les cœurs et merci pour tout l'amour reçu et donné, pour tous ces clins d'œil de ton infinie miséricorde, la présence de la bonne Marguerite, sa fidélité, son affection et son service tous les soirs. Office dans la communion des saints, eucharistie : profonde reconnaissance pour tout le vécu de cette année qui se termine dans l'action de grâce.

——◆——

1998-1999 : les deux dernières années du journal. Comme dans les pages des années précédentes, les mêmes attitudes intérieures sont maintenues et répétées en lien toujours serré avec les événements : offrande, louange, intercession, mises en eucharistie et donnant lieu à la reconnaissance et à une perpétuelle action de grâce.

——◆——

« Je te bénis, Dieu de mes pères... » (Daniel 3). Cette parole me revient fréquemment comme un refrain pour toutes ces générations d'hommes et de femmes qui viennent à tour de rôle vivre un bref passage sur la terre pour se préparer à habiter « les cieux nouveaux et la terre nouvelle » (Ap 21–22). Ces racines plongent leur souffle dans le travail de l'Esprit au cœur des hommes/femmes qui se souviennent de leurs origines et y trouvent force et courage pour vivre et transfigurer l'itinéraire humain en pèlerinage. Oui, merci, Seigneur, pour le don de la foi et de m'avoir donné la grâce de naître et de grandir au sein de la Révélation. Merci, Seigneur, pour la grâce de me sentir solidaire dans cette chaîne humaine et responsable avec ceux et celles liées à mon histoire, particulièrement mes frères et sœurs Pères Blancs, Sœurs Blanches, et tous ces visages bien-aimés.

Autre type de prière alternant avec la précédente :

Je te bénis, Père, parce que tu es beauté, bonté, tendresse, bonté, miséricorde : voilà ce que dit toute l'Écriture : Jean 1,1-18 ; 14,9 et 3,16 ; 15,13-17.

C'est sur ces notes que débutent les premières pages de 1998 :

Je suis incapable d'écrire, c'est devenu presque nul ! Encore une « invitation » à entrer dans le silence et l'offrande ! Au bureau, je suis heureusement bien aidé par une infirmière qui dispose mes livres pour que je puisse prier mon office en communion avec l'Église. Je suis en profonde reconnaissance à l'équipe de soins, qui font toutes les petites choses habituelles du matin. Merci, Seigneur, pour ces bons visages. À moi de leur refléter ton visage (Jean 14,9). Ma vocation est de ME SOUVENIR dans la joie d'être aimé. Passage de mon confrère Maurice Boissinot qui vient causer fraternellement sur la vie des confrères à la Procure. Je suis très heureux d'appartenir à notre « p'tite Société » qui est dans une dynamique préparation du chapitre de juin prochain. J'y collabore très pauvrement par l'offrande de mes pauvretés et « inutilités ».

Béni sois-tu ! Cette bénédiction du livre de Daniel n'est qu'une formule mais est pour moi un acte de FOI qui me relie à la foi et à l'amour de toutes mes amitiés. Elle est écrite ce matin avec peine. *Kyrie eleison* pour toutes mes pauvretés à tous les niveaux de mon être. J'entre dans le silence et j'essaie de lâcher prise de toute attache et d'habitudes pour placer tout mon être entre les mains du Père.

D'autres pauvretés me travaillent. C'est le « texas » qui lâche ce matin après la toilette : c'est à en pleurer ! *Kyrie eleison*. Merci pour les bons services et la patience que tu me donnes. Même si, dans ce milieu-ci, tout est répétitif, j'essaie de vivre chaque journée comme toute neuve, afin de ne pas me laisser emprisonner par la routine. Je pense que la prière demeure un lieu de fraîcheur, de renouveau et de liberté me gardant ainsi en communion de pensée et d'amour avec tous ces visages qui m'ont été donnés tout au long de mon pèlerinage. *Marana Tha !* (Ap 21–22).

———◆———

Les derniers mots écrits de la main de Julien datent du 29 janvier 1998 : le reste du journal est écrit par une main amie sous sa dictée…

———◆———

Je demeure dans la reconnaissance, malgré une extrême faiblesse corporelle dans mon corps. Je suis incapable d'écrire, j'appelle pour me faire aider. On dispose les livres de prière devant moi, mais je pense à la parole du Cardinal : « Quand on est malade, de quoi est-on capable ? » Jusqu'au petit déjeuner, j'urine beaucoup de sang, et ça continue ainsi une partie de la matinée. On me soigne avec beaucoup d'attention. On me prescrit des antibiotiques. Je dis à l'infirmière que je ne veux absolument pas aller à l'hôpital. Et je pense qu'on respectera mon désir. La journée se passe dans une extrême faiblesse, vomissements, fièvre et douleur à la vessie. J'essaie humblement de prier cette situation et d'offrir cette pauvreté et tous ces visages bien-aimés qui sont liés à mon histoire, particulièrement le monde missionnaire. Je sens au plus profond de mon être que toute ma vie est une synthèse de la vie du peuple d'Israël. *Kyrie eleison*.

Il est bon de commencer toute journée donnée dans la reconnaissance d'action de grâce et la joie d'être toujours en marche vers ces

« cieux nouveaux et ces terres nouvelles » (Ap 21–22). Une parole de l'Écriture me revient fréquemment : « Je préfère l'obéissance et la docilité du cœur à tous les sacrifices. » Cette parole m'aide à recevoir les instructions des infirmières. Si je n'avais pas la liturgie quotidienne, je me demande où je pourrais puiser une vraie nourriture solide. Merci à Paul VI qui a dit : « La liturgie est l'école de la sainteté ». *Deo gratias.*

Journée de mars 1998 :

Même si depuis une semaine je vis une situation de très grande pauvreté corporelle et, par ce fait, « mon programme habituel est déréglé », je réalise que je dois m'adapter, bien que déjà dépaysé, à cette situation de pauvreté : c'est-à-dire que ma vie de prière habituelle du matin est toute chambardée. N'ayant aucun accès à mon bréviaire et à mon *Prions en Église* par le fait de demeurer au lit, peut-être suis-je en train de saisir « l'invitation du Seigneur » à casser l'habitude ritualiste de prier pour en arriver à plus de « liberté » en prenant pour école « la prière du cœur ». Chaque inspiration et expiration dans le souffle de l'Esprit et des battements du cœur au même rythme que le cœur de Jésus, en lui demandant de rendre nos cœurs semblables au sien. Tout cela pour la joie du Père et le salut de nos frères et sœurs, sous la guidance et la bienveillance de Marie et de Joseph. Je pense avoir trouvé ici le cœur de ce nouveau seuil mystique. À moi de m'en nourrir humblement sans essayer de vouloir contrôler « ma prière » : ces jours de grande faiblesse se ressemblent tous, mais à l'intérieur dans mon cœur, il y a tout un cheminement qui se fait jour. Je termine cette autre journée dans la reconnaissance pour être ainsi enseigné par cette épreuve nouvelle.

Merci pour tant de témoignages d'amitié et de solidarité et d'une profonde sympathie par rapport à toute cette pauvreté qui m'accable. Heureusement, le don de la foi, l'amitié vécue avec tant de visages sont un signe tangible de l'amour du Père à mon égard. À moi de correspondre à l'invitation proposée par l'événement-épreuve. « Il faut garder les yeux fixés sur Jésus-Christ, lui seul est notre salut, capable de transfigurer l'épreuve d'un jour en une masse de gloire éternelle » (Rm 8). Ces derniers jours, je passe l'après-midi dans le fauteuil gériatrique. Je peux maintenant parler d'expérience. Ça paraît super confortable, mais, quant à moi, je trouve que c'est très pénible pour le siège. Je me rappelle un certain confrère prêtre, ici à l'infirmerie, qui se plaignait fréquemment (on peut en rire) : « J'ai mal aux fesses. » Le lendemain : je te bénis pour hier vécu dans une pauvreté – faiblesse corporelle, sûrement accentuée par cette constante situation assise sans pouvoir bouger, ce qui engendre un très grand inconfort : malaise particulièrement au siège. Mais comme tout le reste, je ne contrôle RIEN ! Seigneur, augmente en moi la foi et donne-moi le courage et la force de vivre ma réalité. « Le temps se fait court, il est urgent de demeurer éveillés, vigilants dans la prière, et heureux de chanter sa louange quand il viendra » (1 Co 11,26). Par ton Évangile, Seigneur Jésus, tu es venu vaincre la mort. Puissions-nous nous en laisser pénétrer même au cœur de mes plus grandes faiblesses, dans mon corps et à tous les niveaux de mon être. La rencontre avec une personne ce matin me fait toucher du doigt ma pauvreté et me rappelle la trahison de mes pères, car je me sens toujours très proche du peuple d'Israël et toute leur histoire. J'ai conscience que tout leur vécu devient pour moi un lieu de référence.

Jn 15. Être épiphanie de ta gloire pour qu'ainsi, dans la pauvreté de mon corps, je laisse passer ton infinie miséricorde. Toi qui connais bien mon cœur, convertis-moi dans mes profondeurs. L'important, c'est d'essayer humblement de tirer le meilleur profit de ces aujourd'hui donnés par la patience, l'offrande par le silence prié. Je regarde souvent la photo de la Terre et une carte postale qui me montre les Carmélites en prière devant le Saint-Sacrement. Ces deux photos me gardent activement présents à mes frères et sœurs Pères Blancs, Sœurs Blanches, amis et amies, ainsi que tout ce monde des moines-moniales, consacrés à la louange et au service de la prière pour tous nos frères et sœurs en recherche de sens.

Particulièrement heureux, hier soir, de la fraternelle visite de Richard, vécue en profonde confiance mutuelle. Cette heureuse rencontre toute pleine de charité fraternelle et de plusieurs intentions de prières que je garde dans mon cœur... parole de l'Écriture : « Souviens-toi Seigneur que je me suis tenu en ta présence pour te parler en leur faveur » (Jr 18,20). J'accroche cette parole de Jérémie aux intentions données par Richard... avec tous ces visages qui vivent des situations pénibles. Avec ces intentions dans mon cœur, je m'endors... pour une nuit difficile causée par mon mal de hanche. Longtemps éveillé, ces intentions mentionnées plus haut viennent à la surface de mon cœur, particulièrement dans la communion-offrande avec mes confrères. Nous sommes consacrés à la louange et au service de l'Évangile. Cela doit donc paraître dans ma vie très pauvre ici et au cœur de ma réalité qui m'invite au silence et à la communion de pensée, particulièrement avec ceux et celles qui sont dans le besoin.

Je reçois la visite du p. Aloïs Tegera, Père Blanc congolais et ancien novice de Fribourg. Il est dans un camp de réfugiés au Rwanda et il est témoin de la violence et de la haine la plus gratuite. Je l'écoute attentivement et l'accueille dans sa souffrance, plus celle de son peuple. Je communie avec compassion à tout son vécu, lui parle évidemment de réconciliation et l'invite à prendre une distance autant qu'il se peut de lui-même et de tout son environnement de violence, en se réfugiant dans la prière et le contact avec les confrères Pères Blancs. Je sens en lui, en l'écoutant, toute la violence et la haine dont il est témoin chaque jour dans son pays. C'est pourquoi je ne pouvais le laisser partir sans l'assurer de mon affection, de ma prière fraternelle (Jn 17 + Jn 13,34-35 + Ga 5,22-26 et Rm 8).

Journée toujours avec cette compagnie inséparable : cette faiblesse qui ne me quitte pas et qui peut facilement user au lieu de purifier. Si je n'y prêtais pas attention pour déceler un discernement continuel, les éventuelles pesanteurs pourraient venir ternir l'offrande qui m'est demandée par le seul fait d'être et de le reconnaître. Depuis trois ou quatre jours, je suis obligé par la « force » des choses, d'accepter qu'on me fixe les bretelles de soutien pour me tenir le haut du corps. Ainsi je peux me rendre « encore » à la cafétéria pour le dîner fraternel.

Avec le temps qui avance, en présence d'une amie, une question se pose : la tenue de mon agenda est-elle devenue pour moi un quelque chose que je continue à « contrôler » ? Le Seigneur me demanderait-il de m'en détacher, de l'offrir et d'être même prêt à laisser totalement du moins tout ce côté chronique pour me garder exclusivement l'essentiel ; et l'« essentiel » ne serait qu'une parole, une rencontre, une réflexion qui m'inviterait au discernement et que l'Écriture pourrait davantage mettre en lumière ? Et voilà que cette amie vient dans mes pensées en ce même moment puisqu'elle est actuellement celle qui, tous les soirs, part de chez elle pour m'offrir la gratuité de sa présence et de son service. Et parce qu'elle me connaît bien, la pensée me vient au cœur : je lui demanderai de m'aider à faire le discernement sur cette question existentielle. Elle est très impressionnée par ma proposition de m'aider à faire le discernement pour cette question. Le partage qui s'ensuit en est, j'en suis sûr, dans l'Esprit. Inspiré par ce partage : éliminer l'aspect chronique et m'en tenir à ce que je considère essentiel, quitte à ne rien écrire s'il y a lieu (cela m'étonnerait !). *Deo gratias.*

Le partage avec cette amie me revient de temps à autre, et ce retour me permet de sentir une invitation à une « libération » que me propose le Seigneur vis-à-vis d'une attache trop personnelle, à la Julien, de mon « style trop chronique » de rédaction de mon journal. Prise de conscience que j'ai encore une « richesse » à lâcher. Il semble bien que je dois m'abstenir d'imposer ce « service » à ces personnes qui m'aiment bien, particulièrement à Marguerite qui va nous revenir bientôt. Important aussi que je ne me sente pas obligé de remplir la page !

Particulièrement uni avec les confrères réunis à Rome pour le chapitre : je me sens très lié à eux et pense souvent à notre fondateur, le cardinal Lavigerie, et à tous ces confrères décédés qui les/nous accompagnent à être toujours plus fidèles à notre appel missionnaire, spécialement en cette année consacrée à l'Esprit et à Thérèse de l'Enfant-Jésus, pour que, tous ensemble, les confrères réunis en chapitre vivent une nouvelle Pentecôte – réunis dans la prière avec Marie, la mère de Jésus (Actes 1,14). Toute la journée va se passer un peu dans cette mentalité d'accueil et, peut-être pour une des premières fois, je ressens le besoin de me tourner vers notre fondateur et mes confrères défunts pour les supplier de ne pas nous oublier et, par leur intercession, d'ouvrir nos cœurs à l'Esprit dans l'espérance que ce chapitre puisse être pour notre « p'tite Société » un lieu de retrouvailles de nos origines, une source d'inspiration et de créativité pour ces nouveaux défis qui s'ouvrent devant nous. Que tous ces témoignages écrits par des confrères dans le *Petit Écho* en préparation au chapitre portent du fruit.

Avec l'aide d'une amie, je manifeste mon souci d'y participer par l'envoi d'une lettre incluant un texte intitulé *Religieux en pays d'islam* que je trouve très pertinent et capable d'engendrer toute une nouvelle attitude dans nos comportements avec les autres qui nous sont si « différents » par la culture et la religion. Bref, une invitation à vivre notre charisme et aussi une invitation à encore agir par une proposition émise en vue d'un volet contemplatif dans notre Société. Je pense que nos maisons de retraités pourraient être le lieu par excellence du soutien par la prière, l'offrande et la communion silencieuse. Profondément reconnaissant à cette amie religieuse pour son aide depuis 15 jours à venir vivre ses soirées avec moi et particulièrement ces derniers jours dans la « réflexion sur notre chapitre ». Sur ce, ce travail écrit est déjà en route pour la maison généralice aux soins de notre provincial, qui saura bien répandre la Bonne Nouvelle.

Ce désir de communion avec les confrères capitulants est repris tous les jours jusqu'à la fin du chapitre 1998... Afin que nous puissions entrer dans le troisième millénaire dans la joie d'être porteurs de la Bonne Nouvelle à tous ces peuples auxquels nous sommes envoyés.

Je suis impressionné par la feuille de route de notre nouveau conseil général. Il est vrai qu'il n'est pas bon de se comparer, mais la « tentation » me vient fréquemment, et j'essaie de l'éloigner, en pensant que TOUT est dans l'OFFRANDE comme je suis aujourd'hui.

Très intéressant partage avec Mgr Labrie et l'abbé Dorval, qui ont participé à l'eucharistie soulignant le 150e anniversaire de la fondation des Sœurs de la Charité. Ils nous expriment leur admiration dans cette très belle liturgie et dans l'histoire de ces femmes consacrées au Seigneur et à leurs frères et sœurs les plus pauvres à travers le pays et même à l'étranger par leur engagement missionnaire. Tout un cahier du journal *Le Soleil* leur est consacré dans l'édition d'hier. Très intéressant au point de vue historique avec plusieurs documents montrant l'évolution de leur engagement apostolique. C'est un magnifique témoignage à la femme dans la construction du pays. Elles ont été la cheville ouvrière du système hospitalier et d'éducation. *Deo gratias…* Ensemble nous sommes liés, dans la communion des saints, au service de la louange et de la proclamation de la Parole dans nos milieux respectifs et selon notre vocation propre.

Je suis réveillé depuis 2 h 30, essayant humblement, pauvrement, de reprendre le sommeil qui malheureusement n'est pas revenu. Ce temps pénible m'invite à me situer dans la réalité de ma totale dépendance et incapacité de faire face à mes besoins les plus nécessaires. J'essaie de m'accrocher au Nom de Jésus que je reprends, mais plusieurs pensées se bousculent en moi, particulièrement celle d'être obligé de toujours demander quelqu'un d'autre ou de tout planifier. S'il se présente une possibilité de sortie dans la journée qui vient, je me sens « mal à l'aise » de mobiliser et sûrement de fatiguer tant de bonnes gens : je pense à Marguerite spécialement qui est toujours prête à se donner. Cette pensée ne me lâchera pas jusqu'à l'aube, pour très humblement entrer dans une prière qui me fait sortir de moi-même : adoration, action de grâce et communion avec tous les miens…

Grâce de l'amitié qui nous est donnée d'être ensemble sous le regard du Père pour le Royaume. Sans nous prendre pour d'autres, je suis fermement ancré dans cette expérience que la présence de mon amie est pour moi dynamisme, inspiration de la tendresse du Père qui ne peut que se refléter par nos visages sur tous ceux et celles que nous rencontrons. Sous le souffle de l'Esprit, nous partageons tout simplement la Parole donnée en ce dimanche qui nous relie à toute notre histoire sainte et qui nous invite à continuer la route à la suite de tous ceux qui nous ont précédés dans la foi. Parole libératrice qui donne sens et convertit notre itinéraire d'homme et de femme en pèlerinage (Ap 21–22). La Parole de Dieu nous permet de nous laisser brûler le cœur afin de nous laisser purifier de toutes nos scories qui nous empêchent d'être libres, fils et fille du Père, pour apprendre à nous laisser aimer. Quant à moi, j'y sens un profond appel à la « totale liberté » à laquelle nous sommes invités dans le respect du mystère d'un chacun. Encore un signe qui nous a été donné par le Père en, par et avec Jésus dans la feu de l'Esprit. Je pense expérimenter une invitation à une totale kénose pour le bien de notre vocation mutuelle, missionnaire.

Anniversaire de la mort d'Henri : partage dans une joie toute pleine d'espérance, en pleine eucharistie ; après une pluie généreuse, le ciel s'illumine d'un magnifique rayon de soleil qui vient baigner tous les visages. En relisant ce signe, j'exprime au plus intime qu'Henri vient, par la grâce de Dieu, de nous faire un clin d'œil pour nous « dire qu'il est bien dans la lumière ». Plusieurs ont eu cette émotion-pensée, montrant bien que l'Esprit nous donnait un signe de la joie. Je ressens une profonde communion avec toute la famille et les ami(e)s. Merci, Seigneur, pour cette journée qui nous redit en termes plus généreux que tu es le Seigneur des vivants.

Cet après-midi, un voisin part pour la Maison Michel-Sarrazin, spécialisée dans les soins palliatifs. Et c'est l'évangile du jour, Luc 23,37-43, que nous lisons : « *Seigneur, souviens-toi de nous quand tu viendras dans ton Royaume.* » Cette dernière parole de Jésus adressée au bon « larron » m'impressionne beaucoup et je prie le Seigneur que nous puissions tous la garder précieusement dans notre cœur. Et je veux terminer ces derniers jours 98 dans le feu de l'Esprit. Il est aussi très important pour moi de vivre ce dernier mois dans la confiance et l'abandon entre les bras du Père.

Je prie le Seigneur de ne pas déserter le petit peuple que nous sommes, parce que toute notre histoire baigne dans la foi de nos pères et mères. Il semble malheureusement s'évader par manque de prise de conscience de nos propres responsabilités. Il est aussi très juste, historiquement parlant, que le cléricalisme nous étouffait. *Kyrie eleison.* C'est pourquoi je considère cette journée historique, parce que l'élection d'aujourd'hui (référendum pour l'indépendance du Québec) va sûrement donner une orientation qui j'espère va nous garder unis et respectueux de nos différences. J'ai souvent repris cette petite prière : « N'oublie pas, Seigneur, le petit peuple que nos sommes, nous qui avons baigné dans la foi de nos ancêtres. Garde-nous fidèles et persévérants. »

Préparation de la fête de la venue du Sauveur. Reconnaissance à tous ceux et celles qui m'ont initié à la foi en Jésus, dont le nom signifie « Dieu sauve ». C'est le nom que Joseph reçoit du ciel et qu'il donnera à Jésus. Très heureux de vivre, grâce aux parents et à la famille et à tout mon milieu d'enfance en compagnie de Jésus-Marie-Joseph avec lesquels je demeure bien attaché : « VIENS, SEIGNEUR JÉSUS. »

1999

En ces débuts de 1999, l'inévitable se produit et comme pour plusieurs autres, la grippe m'a rejoint ! Tellement que l'infirmière m'invite à garder le lit. Je n'ai pas le choix, je me sens très faible, mais la présence du personnel m'aide à vivre ces premiers jours de l'année avec reconnaissance. Après les premiers soins de toilette, je reçois l'eucharistie chez moi et demeure ainsi dans l'action de grâce. Au cœur de ma solitude profondément ressentie, je te remercie, Seigneur, pour ta présence et l'invitation qui m'est faite par cet événement, celle d'entrer toujours plus dans la solitude et l'offrande silencieuse. Puisses-tu, Seigneur, transfigurer cette extrême faiblesse en lieu de profonde conversion pour que toute cette année soit tournée vers le Père. Encore une fois, je reçois le corps du Christ chez moi et demeure silencieux et dans l'offrande. Grâce à Marguerite, je peux terminer les précisions sur la fin de mon séjour « ici-bas » ! De telle sorte que cela évitera à mes confrères un « travail » qu'il faut bien accomplir au décès d'un confrère quand le temps sera venu ! Et je remarque que, depuis le début de l'année qui a commencé dans la faiblesse corporelle, ça ne semble pas vouloir lâcher prise. Une parole du dernier *Petit Écho* me revient constamment : « Vivre le moment présent », c'est le seul lieu de la rencontre vraie avec Dieu qui parle toujours par l'événement « aujourd'hui ».

J'avoue que le fait de ne pas célébrer l'eucharistie ces jours-ci, avec le repas qui suit à la salle à manger, me manque beaucoup. Il est vrai qu'être confiné à ma petite chambre, sans aucune ouverture sur l'extérieur, engendre une certaine nostalgie des vastes horizons que j'ai connus depuis mon âge tendre. La pensée de ces dernières pages de ma vie me rapproche de tous mes confrères en fin de course. Cet événement, grippe et confinement qui bouleversent notre routine, m'invite à apprécier notre petite vie habituelle avec l'eucharistie et les rencontres. Le livre de J. N. Besançon, *Le Christ de Dieu*, m'aide à me préparer au carême en approfondissant cette vérité : « Jésus Christ, Sauveur et Seigneur, Fils du Dieu vivant, Roi de l'univers, Alpha et Oméga de l'histoire et de notre/mon histoire, béni sois-tu et prends pitié de moi, pécheur que je suis. » Cette profession me revient fréquemment et j'y tire force et inspiration.

Préparation du « brouillon » sur ce qui concerne mon exode. Texte qui sera proposé à mon frère Richard pour le rendre plus facile pour les bonnes gens qui pourront ainsi suivre un peu tout mon itinéraire-pèlerinage au service de la mission. Au réveil, très tôt le lendemain, une pensée consolante me revient : les derniers mots du texte reliés à mon exode[11] ; et de là, au cimetière paroissial de Neuville pour reposer auprès des miens dans l'attente du retour de Jésus. La parole que Tu

---

11. Julien avait à cœur de choisir pour la liturgie de ses funérailles les passages suivants : *Ouverture : Job 19,23-27 : « Oh ! Je voudrais qu'on écrive mes paroles, qu'elle soient gravées en une inscription, avec le ciseau de fer et le stylet dans le roc pour toujours ! Je sais, moi, que mon Défenseur est vivant, que Lui, le dernier, se lèvera sur la terre. Après mon éveil, il me dressera près de lui et, de ma chair, je verrai Dieu. Celui que je verrai sera pour moi, celui que mes yeux regarderont ne sera pas un étranger. »*

as transmise à Thérèse de Jésus : « Occupe-toi de mes affaires, et je m'occuperai des tiennes » me revient fréquemment et m'encourage à la confiance et à me remettre entre les mains du Père, comme et avec Jésus. À cause de la grippe, toujours pas d'eucharistie célébrée. Il s'agit d'en avoir été privé depuis quelques jours pour nous en faire réaliser l'importance dans notre vie de prêtre consacré à l'eucharistie, à la Parole et au service de la communauté. *Deo gratias.*

Lecture-contemplation de la peinture de Rembrandt sur le « fils prodigue ». On peut sentir que Rembrandt a été profondément touché dans son expérience d'homme par ce texte de Luc 15. Je te prie, Seigneur, de toujours garder dans mon cœur « cette icône » de la miséricorde et de la tendresse du Père. Comment ne pas s'enfoncer dans la confiance en recevant cette parole de Jésus, lui, image du Père (Jn 14,9).

Moments d'insomnie et de « souffrance » qui me permettent d'approfondir une « vieille compagne » : la solitude. Je reçois cette nouvelle journée donnée dans l'adoration, l'action de grâce et le don de la vie, uni à tous ces visages bien-aimés depuis mon âge tendre jusqu'à aujourd'hui. Garde-nous, Seigneur, ensemble dans la louange et l'admiration d'être fils et filles en ton Fils bien-aimé dans la perspective du Royaume (1 Co 1,26).

1re lecture : Rm 8,31-39 : « *Si Dieu est pour nous, qui sera contre nous ? Qui nous séparera de l'amour du Christ ? Oui, j'en ai l'assurance… aucune créature ne pourra nous séparer de l'amour manifesté dans le Christ Jésus.* »

Psaume responsial : Ps 130 (129) : « *Je mets mon espoir dans le Seigneur, je suis sûr de sa Parole.* »

Acclamation de l'Évangile : Jean 6,44 : Alleluia ! « *Nul ne peut venir à moi si le Père qui m'a envoyé ne l'attire ; et moi, je le ressusciterai au dernier jour.* » Alléluia !

Évangile : Jean 14,1-6 : « ‹ *Que votre cœur cesse de se troubler ! Croyez en Dieu, croyez aussi en moi. Il y a beaucoup de demeures dans la maison de mon Père, sinon, je vous l'aurais dit ; je vais vous préparer une place, je reviendrai vous prendre avec moi, afin que là où je suis, vous soyez, vous aussi. Et du lieu, où je vais vous connaissez le chemin.* › Thomas lui dit : ‹ *Seigneur, nos ne savons pas où tu vas. Comment en connaîtrions-nous le chemin ?* › Jésus lui dit : ‹ *Je suis le Chemin, la Vérité et la Vie. Nul ne va au Père que par moi.* › »

Antienne de la communion : « *Si quelqu'un m'aime, il gardera ma parole, et mon Père l'aimera et nous viendrons à lui, et nous ferons chez lui notre demeure.* »

Toutes ces soirées qui viennent semblent vouloir s'orienter vers les confrères PB vivant en Afrique et qui vivent des situations dangereuses dans différents pays. Cela n'est pas nouveau, mais la lecture de la vie de Guy Pinard [12] et cette très belle introduction du père Armand Duval m'invitent à demeurer bien présent à mon milieu qui semble bien pauvre comparativement aux vies de mes confrères sur le terrain de plusieurs pays du continent africain où la situation est périlleuse. Je pense particulièrement à mes confrères d'ordination, en ces derniers jours du mois de janvier, il y a maintenant 40 ans. Une prière simplement oblative. J'ai tant de fois exprimé aux « novices » et à d'autres de faire de leur vie une liturgie (Hé 12,1-4). Les dernières pages du livre sur Guy Pinard me font voir le long cheminement encore à parcourir pour arriver à la réconciliation entre les différentes ethnies. Seul l'Esprit peut conduire ceux et celles qui veulent bien accepter de vivre ce chemin de croix. Il en est ainsi pour tous les conflits sur le continent africain et partout dans le monde. Cela m'invite à m'offrir et à garder confiance en l'homme et l'espérance que la grâce vaincra.

Je te remercie, Seigneur, pour la confiance qu'on me fait en me partageant des pensées si intimes qui font souffrir bien des personnes. Pourtant, nous sommes tous appelés à vivre comme des frères et sœurs. Nous l'entendons souvent, mais nos oreilles sont bouchées. Jésus a pourtant dit : « Faites attention à la façon dont vous écoutez » (Luc 8). Prière à l'écoute de certains passages de l'Évangile pour nos frères et sœurs du peuple élu. Seigneur, donne-leur de découvrir que Jésus est le messie tant désiré et qu'ils puissent découvrir ton visage chez nous, les chrétiens. *Kyrie eleison*. Je te rends grâce, Seigneur, pour la vie d'Édith Stein, sœur Thérèse Bénédicte de la Croix, une Carmélite qui a été transfigurée par la croix de Jésus à qui elle a consacré sa vie et qui a été illuminée par la résurrection, cette force puisée dans l'Esprit de Jésus et du Père, qui lui a permis de traverser l'épreuve des camps nazis où, avec tant d'autres juifs, elle a donné sa

---

12. Ce dernier, Père Blanc au Rwanda, a été assassiné le 2 février 1997 dans une église-succursale du nord du pays, alors qu'il célébrait l'eucharistie.

vie pour l'Agneau immolé jusqu'à la fin des temps : *MARANA THA !* Nuit offerte en offrande et communion afin de vivre le moment présent dans le silence et l'offrande. Je passe mon testament à Richard et tout ce qui concerne l'exode final afin qu'il puisse être au courant de mes dernières volontés et de certains détails importants concernant ma famille. Merci pour avoir vécu avec lui pendant plusieurs années, dans les mêmes services à travers le monde. Je lui donne aussi mon agenda 98, qu'il garde précieusement chez lui avec les autres. Il a actuellement en sa possession tout mon itinéraire depuis mon âge tendre jusqu'à aujourd'hui. Je sais qu'il saura quoi en faire en temps voulu [13].

En communion avec les miens... et tous ces visages rencontrés et bien-aimés sur ma route de nomade maintenant « convertie » par les événements en un style « monacal ». Une nouvelle manière d'être missionnaire : solitude et louange dans la communion des saints. Je pense, durant ces longs moments d'attente, à la Parole de Jésus : « Je fais toujours ce qui lui plaît » (Jean 8,29). Cette parole me donne de la force pour demeurer accueillant à l'événement, quel qu'il soit.

J'expérimente, dans la solitude, la souffrance et l'insomnie, des pensées qui me reviennent fréquemment et qui sont lourdes à porter, parce que je sens bien que je suis en train de vivre les dernières étapes de mon pèlerinage. Et la tentation est forte, en lisant la nécrologie des confrères qui ont tellement travaillé en se donnant à l'Afrique... Et moi, depuis près de 20 ans, je suis au « crochet » de notre « p'tite Société »... À moi d'entrer dans cette semaine sainte à la suite de Jésus en priant *FIAT*.

Brûlant comme la lampe du sanctuaire : silence et présence. Une grâce que je demande au Seigneur : me garder au fond de l'ÊTRE

---

13. « ... mon itinéraire depuis mon âge tendre... il saura quoi en faire. » Quelques jours avant sa mort, Julien a confirmé à Richard Dandenault « sa permission » de « faire de ses écrits » ce que bon lui semblerait, en concertation avec l'une de ses amies qu'il lui avait désignée. Le présent ouvrage est un essai pour mettre en œuvre cette permission. Dans la même circonstance, il lui avait dit : « *Le Seigneur connaît ma vie de nomade. Je lui fais confiance. Il connaît les méandres de mon histoire* » (le 25 mai 2002).

comme Jésus nous le demande de garder «notre lampe allumée» jusqu'à la fin, et cette heure où tu m'inviteras à rentrer chez toi, ma Joie éternelle. Lecture du livre de Job qui m'invite à me laisser creuser par la pauvreté corporelle. Ma dépendance s'accroît avec les maux qui l'accompagnent. Je sens une sorte de «vertige». Je ne contrôle plus rien! Cette étape de ma vie d'homme me semble être un appel non à la démission, mais à laisser le Maître d'œuvre sculpter l'image en ma chair du Fils bien-aimé. *Marana tha… Kyrie eleison.*

Je passe une bonne partie de la soirée à lire quelques articles du journal *Le Soleil,* particulièrement celui qui parle de l'hôpital Sainte-Anne, à Baie Saint-Paul, que dirigent les Petites Sœurs Franciscaines totalement consacrées au service des enfants les plus démunis de notre société, surtout dans les années d'après-guerre jusqu'à récemment. Depuis plusieurs mois, une campagne de dénigrement teintée d'anti-cléricalisme fait rage contre les religieux et religieuses qui se sont donné(e)s, avec leurs pauvretés évidemment, au service des plus pauvres. Et aujourd'hui, plusieurs tentent de leur extorquer de l'argent par tous les moyens! *Kyrie eleison.* Visite de Ruth et Yvan : quelle grâce que le don de l'amitié qui s'enracine dans l'histoire et qui nous fait déjà sentir que même la mort ne pourra vaincre, parce que fondée dans l'espérance de la foi en Jésus ressuscité.

Communion avec les miens et toutes ces personnes dont le Seigneur m'a confié la responsabilité : *Kyrie eleison* pour mes maladresses et duretés de cœur et toutes ces «montagnes d'orgueil» qui ont obstrué mes relations avec les autres. Reconnaissance pour le DON du sacerdoce missionnaire et d'avoir été invité à vivre ma vie chez les PB. Toutes mes eucharisties vécues pendant ces 15 premiers jours sont orientées aux intentions de notre «p'tite Société» et de tous nos parents et amis et bienfaiteurs depuis le début de notre existence. Elles sont aussi orientées vers l'unité des chrétiens que nous sommes. Et je passe le temps de la sieste à recevoir la joyeuse visite d'un ancien novice qui a gardé un profond souvenir de son séjour avec nous :

Jeannot Gagné. Il est maintenant major dans l'armée et très heureux d'être aumônier au service de la Parole.

Lecture de la vie de Mgr André Dupont[14], du Burkina Faso. Profonde reconnaissance pour la vie de cet homme qui a totalement consacré sa vie à son pays d'adoption. Un vrai fils du cardinal Lavigerie. Merci, Seigneur, pour être confrère de tant d'hommes qui ont donné leur vie au service de l'Évangile. Quant à moi, « mon apostolat » se vit dans le silence, l'attente patiente et la dépendance totale. À chacun son mystère.

Je remarque que ma prière de cette nuit et de ce matin a été marquée par la lecture du *Foyer oriental chrétien,* où je puise une grande inspiration de certains saints de Russie. Des *starets* qui ne cessent de reprendre la « prière de Jésus ». J'y trouve un repos pour le cœur et une concentration par la répétition toute simple : « Seigneur Jésus Christ, Sauveur et Seigneur, Fils du Dieu vivant, aie pitié du pécheur que je suis. »

Neuville : messe des malades. C'est le 30e anniversaire. Sera présente Mme Lise Thibault, lieutenant-gouverneur. Elle donne une très bonne et substantielle homélie. Elle nous invite à vivre bien reliés à nos racines pour ainsi livrer à nos enfants notre culture enracinée dans la foi chrétienne. Elle termine en nous laissant les trois R : respect, responsabilité et reconnaissance. *Deo gratias.*

La vie d'Édith Stein m'impressionne fortement et j'en suis reconnaissant à une amie de m'avoir fait connaître le petit livret qu'elle m'a envoyé. Avec Thérèse d'Avila, Thérèse de Lisieux, Thérèse Bénédicte devient pour moi une compagne de route. Elle est toute une inspiration et de plus, dans ses origines juives, elle est de la même chair que Jésus, Marie et Joseph. Elle a donné sa vie pour son peuple. *Deo gratias.* Visite d'un confrère qui pensait me trouver tout décharné. Il ne cesse de me répéter sa joie de me revoir avec « une si bonne mine » ! Mais je lui répond : « Mon cher, ce n'est pas la mine qui est malade, c'est le

---

14. Évêque Père Blanc au Burkina Faso, en Afrique occidentale, pendant de nombreuses années.

porte-mine ! » Après leur départ, je regrette d'avoir oublié de lui montrer quelques informations succinctes sur la sclérose en plaques. Ça lui aurait montré toute la complexité de ce handicap. Il m'est difficile de résumer mes sentiments à la fin de cette journée. Je remarque que certaines personnes de mon entourage me sont, par leur impact sur ma sensibilité, pénibles à recevoir en vérité. Seigneur, ré-apprends-moi chaque jour à vivre en vérité, avec moi-même et tous les autres que je rencontre dans mon milieu de personnes limitées par l'âge et par le handicap de santé pour qu'ainsi je puisse rayonner ton visage.

---

4 août 1999 : 68e anniversaire de naissance de Julien, chez sa sœur Monique, à Neuville.

Nous célébrons l'eucharistie dans la reconnaissance envers tous les nôtres qui reposent dans l'attente du jour de la résurrection dans l'espérance de nous revoir tous et toutes au festin promis par le Seigneur (Ap 19,9). « Je l'ai dit et je le ferai. » Merci, Seigneur, pour cette espérance que tu nous donnes. L'un de mes neveux nous rejoint toujours dans un contexte agréablement familial et me souffle à l'oreille qu'il est impressionné par ma façon de vivre mon handicap. Il m'est bon d'entendre de telles paroles qui m'invitent à prendre davantage conscience qu'il m'est possible de demeurer « actif » au cœur de mon désert et de ma passivité. Toutes ces rencontres m'invitent à la responsabilité d'être comme Samuel « le suppliant » auprès de toi, Seigneur.

En soirée chez moi, je poursuis la lecture du livre *Un Juif nommé Jésus*. Quelques bonnes pages m'interpellent au plus profond de mon être. Je souhaite que tous les chrétiens découvrent nos vraies origines.

Une préposée me dit que les infirmières voudraient nous sortir cet après-midi. Je trouve la proposition intéressante entre nous deux, mais malheureusement trop tardive. Il aurait été avantageux, si on nous avait consultés, d'avoir pu sortir à l'arrière de la maison, tout particulièrement lors des grandes chaleurs et à la période des vacances de la construction. Malheureusement, nous ne sommes pas souvent consultés ! ! Nuit : vers 12 h 30, je passe deux heures en essayant de prier en répétant le nom de Jésus. Merci en pensant à la parole d'Élisabeth de la Trinité : « Crois toujours à l'amour et chante toujours merci. » Visite de Richard qui me partage les besoins des confrères ayant une santé chancelante. Besoins d'acceptation de limites, de vérité et d'humilité : *Kyrie eleison* pour nous tous, pécheurs que nous sommes.

« Dérangé » par la visite du médecin qui s'avère « catastrophique », à cause du changement de sonde qui engendre une douleur atroce et hémorragie de la vessie. Je pars pour l'hôpital en ambulance à 15 h 30, très bouleversé, mais je n'ai pas le choix, et Cyprien, à 21 h, m'apporte le soutien de la communauté. Merci pour la prière des confrères. *Deo gratias...* Je passe la nuit à l'urgence sans pouvoir être capable de dormir plus que deux heures. Évidemment, la douleur n'aidant pas, je passe le reste de la nuit dans l'offrande, la supplication et la communion avec tous les souffrants de l'hôpital. Je prie pour les soignants qui sont au service des autres, et je suis très impressionné par leur disponibilité et l'esprit d'équipe qui règne. J'ai le temps d'y penser parce qu'incapable de dormir. À 13 h 30 le lendemain, très content d'être de retour chez moi et de revoir les visages accueillants du personnel.

Je découvre toujours de plus en plus que l'ÉVÉNEMENT est vraiment le lieu de la rencontre avec TOI, Seigneur, et tous mes frères et sœurs et tous ces visages rencontrés sur la route. *Kyrie eleison* pour mes hésitations, mes refus et pour toutes personnes avec lesquelles j'aurais pu être un obstacle à l'Esprit. Comme disait la petite Thérèse : « J'ai trouvé ma vocation dans l'Église. » Quant à moi, inspiré par Thérèse, je pense que ma vie missionnaire est bien ici, au cœur de ma pauvreté et ma totale dépendance que j'ai à offrir jour et nuit en intercession.

Préparation de l'agenda 2000 : incroyable mais vrai, pour y inscrire les anniversaires de toutes les personnes qui sont liées à ma vie. *Deo gratias* pour toutes ces personnes, certaines déjà rendues chez Toi, Seigneur, et les autres encore en pèlerinage. En route vers cette « terre promise » où nous pourrons chanter ENSEMBLE TA MISÉRICORDE, manifestée en et par ton Fils Jésus dans le FEU de l'ESPRIT. Oui, béni sois-tu, Père, pour ce que Tu es : un Dieu de beauté, de bonté, de tendresse et de miséricorde. Que ta sainte volonté soit faite. Je lis le dernier numéro de *Christus*: « La mort ». Dès le premier article, j'y sens l'invitation à la foi, la confiance et l'abandon entre les mains du Père... comme et avec Jésus.

28 octobre 1999 : journée de déménagement du sous-sol des patients de l'unité de soins (depuis le 1ᵉʳ mars 1990) au 6ᵉ étage : superbe vision sur l'extérieur et sur le fleuve. Le point de vue est extra-ordinaire et il ne peut que nous inspirer à la louange. *Deo gratias.* Merci pour les très bons soins, car le personnel est très dévoué en cette journée... je suis renversé par la collaboration et la bonne humeur de tout ce beau et bon monde. Nous sommes tous dans l'admiration en arrivant au « sommet » ! Après cela, ce sera le paradis ! En attendant, vivons au jour le jour dans la main avec le Seigneur... Enfin rendu.

Beauté des lieux. Je suis fort impressionné par tout l'entourage des hommes et des femmes qui sont complètement dévoués à notre ser-vice. Je prends conscience qu'ils ont besoin de notre compréhension, et je prie pour que nous puissions toujours apprendre et ré-apprendre la patience. Nous avons un témoignage à donner à la suite de Jésus : celui de tout recevoir avec reconnaissance.

Chaque déménagement est une invitation au « dépaysement » et à la désappropriation. Il me faut apprendre à « voyager léger ». Dès l'aube, tourné vers l'extérieur, je reçois cette nouvelle journée donnée dans l'action de grâce et la reconnaissance pour la beauté de la nature. Moi qui y ai été si longtemps, je pense à la précédente cellule. Quelle diffé-rence ! À moi de vivre ces jours qui me sont donnés dans la communion et la patience de l'attente de la grande RENCONTRE quand TU le voudras. Entre tes mains, Seigneur, je remets mon corps et tout mon être qui VIENT DE TOI et qui retourne à TOI à ton heure. Merci pour les très bons soins reçus aujourd'hui et les très nombreuses visites, fleurs, etc.

La soirée d'hier est toute simple. Marguerite m'installe à la fenêtre pour regarder le côté sud, pour surveiller éventuellement le navire de croisière le *Norwegian Sky,* en cale sèche depuis l'accident survenu, il y a près de deux mois, à la sortie du Saguenay. C'était pourtant un navire tout neuf, l'orgueil des hommes, un peu comme le *Titanic.* Ça nous montre bien qu'on revient toujours à la «tour de Babel». La lecture de ce premier cahier sur les origines du christianisme me rappelle que la foi en Jésus ressuscité sait vaincre toutes les forces du mal en nos cœurs et nous invite à la joie aujourd'hui dans la patience et l'acceptation-offrande de ma totale dépendance…

Moments de veille où je meuble ma prière pour ainsi dire me laisser guider par le «style et la manière de faire de Jésus», particulièrement les contacts avec le personnel. Et, pour la première fois, aux petites heures du matin, je rêve à maman et à Henri : sûrement un signe que nous sommes bien ensemble dans le cœur du Père. Une lettre de notre supérieur général dans le *Petit Écho* m'interpelle, que je trouve très belle et surtout tonifiante : «Le Verbe s'est fait Emmanuel». Il s'est approché de nous non pas d'abord pour nous enseigner un message moral, mais tout simplement pour être avec nous, pour qu'avec lui nous devenions fils du Père (*Petit Écho,* n° 10, p. 494).

Téléphone d'une fille de Germaine qui me donne de ses nouvelles, et nous en profitons pour nous souhaiter une bonne fin d'année et une heureuse entrée dans le troisième millénaire. Profitons-en, on ne verra pas le prochain ! Béni sois-tu, Seigneur, pour le don de l'amitié qui nous a permis encore hier soir de vivre la joie d'être ENSEMBLE. Oui, c'est toi qui nous a permis de nous rencontrer et de faire germer en nos cœurs la joie de l'amitié qui traversera l'espace et le temps pour s'épanouir dans ton Royaume. Visite d'Émilia, ma belle-sœur, d'Évelyne, une vieille amie, et d'Andrée, une nièce, venues offrir leurs vœux. J'en profite pour les assurer de toute mon amitié, prières et bénédiction pour cette nouvelle année qui vient. Puissions-nous la vivre dans l'amour et le partage.

31 décembre 1999 : je vis en offrande cette dernière journée d'une année vécue, surtout l'été, avec de très grandes difficultés comme j'ai rarement rencontré dans ma vie. L'été, oui, a été particulièrement très pénible, à cause des travaux de démolition-construction de toute la résidence. Tout le monde de la résidence en a souffert, mais particulièrement nous de l'unité des soins, où il nous a été totalement « défendu » de sortir à l'extérieur, alors que nous avons connu l'été le plus chaud depuis mon arrivée ici.

En cette même journée, j'exprime à Marguerite *mon intention d'arrêter mon journal en cette dernière journée 99. Une résolution que j'ai gardée dans mon cœur depuis longtemps et que j'ai partagée avec l'une et l'autre amie.* Je pourrais à l'occasion me permettre d'écrire certains événements qui pourraient être très importants. Je termine ces derniers mots en exprimant ma profonde reconnaissance à Marguerite. Que Dieu la bénisse ainsi que ceux et celles qu'elle porte dans son cœur.

FIN DU DERNIER JOURNAL RÉDIGÉ
PAR JULIEN PAPILLON
31 décembre 1999

ÉPILOGUE

L'heure vraie est celle où nous ne cherchons plus à cerner les vérités qui servent habituellement de repères, où la vérité ultime nous échappe parce qu'elle s'annonce au-delà de nous-mêmes et où l'étonnement d'exister est en résonance avec la simplicité de l'existence. L'heure vraie ne nie rien de ce qui fait la joie de vivre ni de ce qui en génère la souffrance, elle n'est détachée des heures de bonheur et de malheur, elle est simplement dépouillée de toute nécessité.

Elle est pacifiée, l'heure vraie. Elle nous donne d'accueillir ce qui nous éclaire, de nous reconnaître habités d'une mystérieuse présence et d'accepter pauvrement de ne pouvoir en témoigner. Elle est la manifestation de l'être infini dans la surprenante saisie de notre être inaccompli.

Bernard Feillet, *L'arbre dans la mer*, DDB, Paris 2002, p. 137-139

« Petit bonhomme », lui dit cet ami apprivoisé, aviateur de métier, rencontré dans le désert, en panne technique, *« tu as eu peur. »* Il avait eu peur, bien sûr ! Mais il rit doucement : *« J'aurai bien plus peur ce soir. »* De nouveau, je me sentis glacé par le sentiment de l'irréparable. Et je compris que je ne supporterais pas l'idée de ne plus jamais entendre ce rire. C'était pour moi comme une fontaine dans le désert.

« Petit bonhomme, je veux encore t'entendre rire. » Mais il me dit : *« Cette nuit, ça fera un an. Mon étoile se trouvera juste au-dessus de l'endroit où je suis tombé l'année dernière. Petit bonhomme, n'est-ce pas que c'est un mauvais rêve cette histoire de serpent et de rendez-vous et d'étoile. »* Mais il ne répondit pas à ma question. Il me dit : *« Ce qui est important, ça ne se voit pas. »* Bien sûr. C'est comme pour la fleur. Si tu aimes une fleur qui se trouve dans une étoile, c'est doux, la nuit, de regarder le ciel. Toutes les étoiles sont fleuries. C'est comme pour l'eau. Celle que tu m'as donnée à boire était comme une musique, elle était bonne. Tu regarderas la nuit les étoiles. Mon étoile, ça sera pour toi une des étoiles. Et justement, ce sera mon cadeau... ce sera comme pour l'eau. Quand tu regarderas le ciel, la nuit, puisque j'habiterai dans l'une d'elles, puisque je rirai dans l'une d'elles,

alors ce sera pour toi comme si riaient toutes les étoiles. Et quand tu seras consolé, tu seras content de m'avoir connu. Tu seras toujours mon ami. Tu auras envie de rire avec moi. Et tu ouvriras parfois ta fenêtre, comme ça, pour le plaisir...» Puis, il redevint sérieux.

«Cette nuit... tu sais... ne viens pas. J'aurai l'air d'avoir mal... j'aurai un peu l'air de mourir. C'est comme ça. Ne viens pas voir ça, ce n'est pas la peine.» Cette nuit-là, je ne le vis pas se mettre en route. Il s'était évadé sans bruit. Quand je réussis à le rejoindre, il marchait décidé, d'un pas rapide. Il me dit seulement : «Tu as eu tort. Tu auras de la peine. J'aurai l'air d'être mort et ce ne sera pas vrai.»

A. de Saint-Exupéry, *Le Petit Prince* (chap. XXVI)

———◆———

Témoignage d'une témoin de dernière heure[1].

———◆———

Un homme remarquable s'est éteint le 25 juin 2002, à 11 h 10, et son absence cause bien de la tristesse et du chagrin autour de lui.

À juste raison, Julien avait une fierté de sa personne. Aussi, il a tenu à être habillé tous les jours et assis dans son fauteuil roulant près de sa fenêtre donnant sur le magnifique fleuve Saint-Laurent, et cela jusqu'au 23 juin après-midi, toujours avec son *Prions en Église* sous ses yeux.

---

1. Il y a beaucoup de «visages bien-aimés», comme il les appelle, qui sont témoins d'une manière ou d'une autre de la vie du p. Julien Papillon. Ce sont ceux qui font partie de sa parenté et de son entourage immédiat, amis d'enfance, d'école et de collège, confrères Pères Blancs, et d'autres aussi qui l'auraient croisé à un moment ou l'autre de sa vie. Tous ont fait partie de sa prière et de son intercession. Il nous est évidemment impossible de tous les relever. Certains d'entre eux figurent en tête de page de son journal au jour de leur anniversaire, d'autres dans le corps de son récit. Et il arrivait souvent que ces personnes n'étaient mentionnées que par leur prénom.

Il nous reste enfin, comme dernière source d'information, les noms de ceux et celles qui figurent dans son carnet d'adresses :

Marcelle et Francis Anthony, Nouveau-Brunswick ; Lucien et Marie-Paule Blouin, Beauport ; Françoise et Mariette Berteaux, France ; Christiane et André Benoit-Dolbee, Aylmer ; Marilyn Burns, Ontario ; Monique Bonnefoy, France ; Marie-Hélène Carnette, Québec ; Marie-Thérèse et Roger Chapleau, France ; Ursula Canava, Irlande ; Helen Courtny, Grande-Bretagne ; Clotilde Dandenault, Montréal ; Denise et Benoit Desgagnés,

Le 22 juin, veille de la Saint-Jean-Baptiste, il m'invita à m'asseoir... c'était pour tourner la page de son *Prions en Église*. J'ai contemplé avec une grande émotion Julien moribond, assidu à la lecture de la Parole de Dieu jusqu'à sa mort... Je le voyais parcourir du regard, dévorer chaque ligne.

« Quand tes paroles se présentaient, je les dévorais, ta Parole était mon ravissement et l'allégresse de mon cœur. Tu m'as séduit Seigneur, et je me suis laissé séduire...» (Jr 15,16).

J'étais profondément émue de ce que je voyais.

Le dernier dimanche, le 23 juin, il a gardé les yeux fermés du début à la fin de la célébration eucharistique. Tout se vivait de l'intérieur. Cependant, il a ouvert les yeux, sans être poussé, pour recevoir le Corps et le Sang du Christ. Il était paisible, souffrant, assoiffé, conscient : le Serviteur Souffrant (Is 52).

Au matin du 25 juin, c'était très évident que c'était la fin. Un confrère Père Blanc a célébré l'eucharistie dans la chambre de Julien.

« Merci de ce que tu es Julien, de ce que tu as été et restera pour tous. Merci de ta fidélité à la Parole de Dieu lue... méditée... conservée. Merci de ton témoignage de vie ! Bon voyage, Julien !»

Bougainville; Christine Droux, Suisse; Lyse et Silvio Dumas, Sainte-Foy; Madeleine Dubuc, Neuville; Joy Elder, Grande-Bretagne; Odette Filzgerald, Grande-Bretagne; Gina et David Formosa, Grande-Bretagne; Irène et Marie-Anna Godin, Donnacona; Garneau Boisjoli, Charlesbourg; Nancy Hillard, Irlande; Guy Huard, Norbertville; Hilary Hopwood, Grande Bretagne; Dominique Janbourquin, Suisse; Suzanne et Jean-Noël Laguerre, Deschaillons; Christiane et Pierre Laguerre, Victoriaville; Lucille Laguerre, Ville d'Anjou; Clément Laguerre, Ville Laval; Michelle Lavoie, Gatineau; Michel Lepage, France; Agnès et Daniel Levasseur, Suisse; Géraldine Matte, Pont-Rouge; Solange Ménard, Montréal; Claude Mercure, Saint-Basile; Gladys Newson, Grande-Bretagne; Colette Ouellette, Edmunston, N.B.; Marie-Ange et Bill Park, Sainte-Foy; Nicolas Pascalon, OSB, France; Sr Jeanne Pery, Côte d'Ivoire; Petro Carlo Luigi, Aylmer;Charles Auguste Pelletier , Mirabel; Dara Saumure, Ontario; Pierre Savoie, Sainte-Marie de Blandford; Martine Sanfaçon; Louise et Martin Tétrault, Gatineau; Jos et Annie Van Hees, Belgique; Dominique Voinçon, Suisse.

« Habite ta situation, si tu veux trouver Dieu. Dieu n'est jamais ailleurs » (Julien Papillon, Journal spirituel, janvier 1979).

—◆—

Suivent quatre témoignages de confrères qui ont connu Julien au mitan de sa vie, au plus vif de son action, dans son travail de formateur. Un dernier témoignage d'une amie qui a suivi Julien dans les dernières années de sa vie.

—◆—

Témoignage de Raynald Pelletier, M.Afr.

« Je te bénis, Dieu de ma vie, pour la merveille que je suis. »

J'aime bien ce verset 14 du psaume 138. Chaque être humain peut répéter ce mot magnifique. Nous sommes tous des images de Dieu, des « merveilles », mais chacun avec sa physionomie propre, sa saveur unique.

Julien Papillon a pu le redire en toute vérité. Il fut un homme de talent, une merveille, un homme de petite taille mais de haute stature humaine et spirituelle. Toute sa vie, il a été comme cet autre de petite taille de l'évangile qui « voulait voir Jésus ». Un jour, Julien me donnait un mot de passe que j'ai bien conservé : *« Merci, Père, de me garder au cœur le goût de Jésus. »*

Avec un humour vif, une imagination fringante, Julien Papillon était toujours de bonne humeur. Nous avons été ensemble au noviciat, ou Année spirituelle, dans les années '60 à Saint-Martin, à Québec avec les PME et à Washington. Il était très populaire avec les étudiants, et plusieurs le choisissaient comme directeur spirituel. Il savait accompagner les jeunes. Comme membre du personnel, son jugement, son ouverture, son optimisme étaient des atouts précieux.

Il a porté toute sa vie une faiblesse, une « écharde dans la chair » qui le rendait humble, vulnérable, et a fait de lui un « pauvre de Yahvé ». *« Ma grâce te suffit. »* En un sens, je pense qu'il en était reconnaissant, car, dans un physique parfait, que serait-il devenu avec toute la vigueur, la fierté et le talent qu'il avait ?

Les dernières années, quand je venais en congé et que j'allais à Québec, j'allais toujours faire une visite à mon ami Pap à Beauport. Il était de plus en plus « diminué », à la fin, incapable de bouger un doigt, mais la tête était toute là ! On venait pour l'encourager et c'est lui qui nous encourageait... Si bien qu'on sortait de chez lui stimulé, réconforté par son courage, son sourire, ses paroles de plus en plus faibles mais toujours appropriées. Quel bel exemple ! Des années à ne rien faire, apparemment inutiles, mais riches de prière, d'offrande intérieure, de dimension missionnaire, grâce à la communion des saints. En union avec son Seigneur, il a vécu en profondeur la passion de Jésus « pour son corps qui est l'Église », donc au bénéfice des peuples de Mzuzu, de l'Afrique, de toute l'humanité.

Merci, Seigneur, pour cette belle vie de courage, de fidélité, d'une telle densité humaine, spirituelle et missionnaire.

Témoignage de Roger Labonté, M.Afr.

On raconte qu'un jour un Anglais de classe s'en fut visiter une amie. À son grand étonnement, il trouva Pap assis dans son salon. Lorsqu'il fut seul avec elle, il lui demanda : « *Qui est cet homme étrange avec la barbe ? Il a quelque chose de spécial.* » Pap, pour plusieurs, par sa présence tranquille et pourtant intense, apparaissait comme une sorte de gourou. Il me semble que cette aura de mystère doit demeurer si nous voulons aborder la personne de Julien avec tout le respect qui lui est dû. Chacun d'entre nous reflète un aspect du Christ ressuscité qui vit en nous d'une façon unique, nous donnant ainsi notre identité en Dieu. Il serait téméraire d'imaginer que quelqu'un d'autre que lui-même puisse savoir quel serait ce que l'on pourrait appeler son *nom de grâce*. C'est uniquement son journal spirituel et sa propre *signature* mystérieuse qui peuvent nous donner une idée de son véritable moi en Dieu. C'est pourquoi j'ai choisi, en quelque sorte, de ne *pas porter de jugement* sur Pap, visant plutôt à exprimer l'impact qu'il a eu dans ma vie. Ainsi, j'espère refléter quelque chose de la magnifique personne incarnée qu'il était.

J'ai rencontré Pap pour la première fois à Washington, au début des années 70, dans le *staff* de l'année spirituelle. L'année précédente, j'avais subi le choc de me voir projeté, de la vie paisible d'un petit séminaire ougandais, dans le chaos de l'Église américaine d'après Vatican II. Nos novices étaient imprégnés de l'esprit du temps, et l'un d'entre eux a même perdu l'esprit. J'ai fait l'expérience du renouveau charismatique au point d'en devenir un adepte. Lorsque Pap est arrivé en compagnie de Raynald Pelletier, tous deux maîtres de novices expérimentés, j'ai éprouvé un sentiment de sécurité. J'ai choisi Pap comme directeur spirituel et nous avons cheminé ensemble pour les trois années suivantes, de Washington à Dorking et à Birkdale en Grande-Bretagne.

Petit à petit, Pap partagea avec moi ses plus précieuses acquisitions du moment, ses notes de retraite qu'il me demanda de traduire en anglais. Il me permit d'en garder une copie, m'initiant ainsi à la direction de retraites ignatiennes. Ce qui me frappa, c'était de voir comment son message était centré sur la Parole de Dieu qu'il ne cessait de ruminer dans sa prière personnelle. Il était en amour avec Jésus, la Parole faite chair, et toute sa personne était transfigurée par le rayonnement intérieur du Christ ressuscité. Son corps fragile, qui portait déjà les marques de la sclérose multiple, était vraiment *« ce vase d'argile qui contient un trésor (la gloire de Dieu), manifestant ainsi qu'un tel pouvoir extraordinaire vient de Dieu et non pas de nous »* (2 Co 4,7). Dans les liturgies qu'il présidait ou dans ses conférences, sa faible voix portait le pouvoir peu commun de la conviction personnelle. Pap ne parlait pas à partir de livres, mais de sa conviction profonde que le Christ ressuscité était réel parce qu'il l'avait, en quelque sorte, rencontré dans ses souffrances et ses limites. Quand il parlait, on ne s'étonnait pas de voir les gens écouter. Il avait un message, une Bonne Nouvelle à véhiculer.

Au fil des années, il y a un souvenir qui ne m'a jamais quitté tellement il dit bien ce qu'était notre vie de communauté. Mike Target, Pap et moi-même étions ensemble comme d'habitude, avec un verre de crème Harvey Bristol, pour préparer le jour de récollection des novices. Nous avions décidé que Mike donnerait la conférence et que les deux autres y assisteraient. La porte sonna et Mike fut appelé. Il demanda simplement à Pap de poursuivre. Comble de surprise, Pap aussi dut quitter, me demandant alors de prendre la relève. L'unité que nous avions entre nous nous permettait de faire cela. De bien des façons, Pap était au cœur de cette unité. Comme une mère sage et compatissante, il avait le don de nous aider à arriver à un consensus. De toute évidence, il était en étroite communion avec nous, signifiant ainsi son partage de l'amour vivifiant de la famille de Dieu. Un jour, alors que Mike et moi-même avions à animer un jour de récollection pour le mouvement du renouveau charismatique de Londres, Julien avait décidé de ne pas venir. À notre retour, il nous accueillit chaleureusement et admit qu'il n'était pas fier d'être demeuré à la maison. Cet aveu me réchauffa le cœur puisqu'il manifestait son désir d'être à part entière avec nous dans nos engagements, même là où ce n'était pas sa *tasse de thé*. Il respectait ce à quoi le Seigneur nous appelait et, par un dialogue continu, il en arriva à apprécier ce qu'il n'avait pas compris de prime abord. En même temps, son esprit authentique de discernement, issu de la tradition ignatienne, m'aida à faire la différence dans le mouvement entre la paille et le blé : *Tout ce qui brille n'est pas nécessairement de l'or*. Par exemple, il n'existe pas de contemplation instantanée telle qu'imaginée au début par les gens qui ont le don des langues : c'est une expérience de foi qui exige une longue mort à soi-même avant de s'épanouir en prière authentique.

Sur un plan plus personnel, j'ai trouvé relativement facile de m'ouvrir à Pap. Ce n'est pas une chose qui va de soi quand votre monde spirituel et émotionnel semble s'écrouler et que vous vous sentez totalement anxieux et vulnérable dans la profondeur de votre être. D'une certaine manière, pour citer une maxime AA, j'ai senti qu'il *pouvait parler parce que le sentier, il l'avait lui-même foulé.* Comme un frère aîné me précédant et luttant toujours lui-même pour s'insérer dans la volonté de Dieu en ces moments chaotiques que nous vivions, il partageait avec moi ce qu'il avait lui-même acquis de sagesse dans les pas chancelants de sa vie affective.

Une sœur contemplative, qui ne l'avait jamais rencontré personnellement mais qui ne connaissait de lui que ce que je lui en avais raconté, disait à son sujet qu'il était *de cette terre,* même *sensuel.* Le contraste entre Pap et cette religieuse, qui était hautement spirituelle, me servit de catalyseur et me conduisit peu à peu à être particulièrement reconnaissant pour le don qu'était Pap. Son humanité était véritablement une poterie d'argile entre les mains du divin potier qui, sur une longue période de temps, le transformait en une magnifique œuvre d'art. *Il reflétait comme un miroir l'éclat du Seigneur, devenant lui-même de plus en plus éclatant alors qu'il était transformé à l'image de celui qu'il reflétait. C'est là l'œuvre du Seigneur qui est Esprit* (2 Co 3,18). Ajoutons à cela que Pap savait apprécier un repas intime arrosé d'un beaujolais, un signe approprié du Seigneur transformant l'eau en vin. La figure rayonnante que nous avons eu la chance d'admirer chez lui, surtout à la fin de sa vie, était sûrement le fruit de la contemplation quotidienne du visage de son Seigneur bien-aimé. Sa propre humanité abîmée était transfigurée. Ce fut là un signe d'espérance pour nous tous. Il était devenu totalement habité par l'Esprit.

Du fait de sa propre vulnérabilité, Pap était entouré de plusieurs femmes remarquables (ami-es, comme il disait) qui lui ont donné, et qui ont reçu de lui, beaucoup d'affection chaleureuse. Alors que dans l'Église nous apprenons tous à nous aimer véritablement comme personnes consacrées, Pap me conduisait (et bien d'autres) vers la juste mesure entre une attitude trop spirituelle ou trop naturelle. En regardant en arrière, peut-être a-t-il porté plus d'attention à l'aspect humain ! Une possible réaction à la tradition spirituelle exagérée qui mutilait encore l'amour humain chez les personnes mêmes qui devaient vivre et témoigner de l'authentique amour chrétien dans un monde où le mot amour avait été banalisé et désacralisé.

Et pourtant, parce que lui-même avait partagé avec moi quelque chose de ce qu'il vivait dans ce très délicat domaine des relations justes, je lui garde une grande confiance. Il m'a encouragé à vivre mes relations de l'intérieur, au lieu de référer instinctivement à des règles et à des traditions religieuses humaines, comme le pharisien en moi aurait préféré faire. Chaque fois que je passais par-dessus mon empressement à spiritualiser indûment, il me félicitait. Ses paroles résonnent encore à mon oreille : « *Roger, je suis fier de toi !* » À un confrère qui hésitait à poursuivre une amitié potentiellement romantique, il disait : « *Vas-y !* » Et il le fit. Mais on peut se demander si plus de prudence n'aurait pas été de mise. En même temps, il donnait de sages conseils sur la nécessité d'être toujours compréhensif en ce qui avait trait aux erreurs maladroites d'apprentissage. Je n'oublierai jamais la recommandation suivante : chez une amie, ne jamais blâmer ce que je percevais comme conduite *inappropriée,* mais toujours l'aider délicatement à tirer le meilleur parti possible de ce qui se trouvait au fond de son cœur. Il me semble que Pap désirait me voir accepter mon humanité, et celle des autres, dans toutes ses ambiguïtés possibles, tout en donnant à l'Esprit la place nécessaire pour purifier nos cœurs tordus, jusqu'à ce que nous arrivions à des relations profondes et durables dans le Seigneur. Ce qu'il désirait pour lui-même, il le voulait aussi pour moi. N'étions-nous pas un ?

Ses amitiés ne se limitaient pas aux femmes. Il a souvent fait référence à la relation unique entre David et Jonathan, expérience, je suis certain, que plusieurs d'entre nous, du sexe masculin, avons vécu avec lui. Je ne peux m'empêcher de penser que ce qu'il vivait avec nous, hommes ou femmes, était ce que Jésus décrivait en Jean 17,21 : « *Père, qu'ils soient un comme toi tu es en moi et moi en toi.* » Une cohabitation réciproque. Pour revenir à David et à Jonathan, nos âmes n'étaient-elles pas liées intimement à la sienne de sorte qu'il nous aimait chacun comme son âme propre (1 S 18,1)? Il n'est pas étonnant qu'il ait toujours essayé de se rappeler nos anniversaires par un message qui disait son affection et sa communion constante avec notre mission. Vers la fin de sa vie, alors même qu'il ne pouvait plus écrire, il me demandait de continuer à le faire afin qu'il puisse se joindre à moi dans mon ministère par sa si pauvre et pourtant si puissante prière. Une véritable communion des saints *« pour que le monde croie »*.

Lorsque je suis allé le voir pour la dernière fois, j'aurais bien voulu le questionner davantage sur sa façon de voir les choses maintenant qu'il était dans la lumière de l'éternité. Mais il ne devait pas en être ainsi. Et pourtant, j'ai toutes les raisons de croire que, comme sainte Thérèse de Lisieux, il est toujours présent avec nous et que, de sa place au ciel, il continue à nous soutenir.

Témoignage de Gotthard Rosner, M.Afr.

J'ai vécu et travaillé avec Julien de 1979 à 1983. C'était la période de sa vie où la sclérose en plaques progressait inexorablement dans son corps. Au début, il marchait à l'aide d'une béquille, puis de deux, et en 1983, il devait avoir recours à un fauteuil roulant pour un déplacement de quelque importance.

Je travaille maintenant comme missionnaire en Zambie. Il y a quelques jours, ma sœur, qui vit en Allemagne, est venue me rendre visite. Lorsqu'elle vit une photo de Julien sur mon bureau, elle s'écria : « Julien ! C'était un saint ! » Il y a 25 ans, elle était venue nous visiter, Julien et moi, quand nous étions à Fribourg, en Suisse. Julien avait passé quelques jours dans sa famille. Ainsi, au cœur de l'Afrique, nous nous sommes souvenus de Julien et nous avons parlé de ces rencontres des années passées.

Pourquoi Julien était-il un homme extraordinaire ? Un jour, il me dit : « Tu sais, Gotthard, il n'y a que deux cadeaux importants dans ce monde-ci : l'un est celui de la vie, et l'autre celui de la foi. Tous deux viennent de Dieu et de nos parents. » Julien a vécu sa vie en plénitude. Malgré sa maladie et ses souffrances, il était rempli de gratitude, de joie et de paix intérieure. Il rayonnait la paix, et sa joie était contagieuse. On se sentait heureux en sa présence et, parce qu'il était tellement transparent, je pouvais être entièrement ouvert et honnête avec lui et ainsi je pouvais devenir une meilleure personne. Il m'a appris que c'était en partageant mes faiblesses que je pouvais être guéri. Je n'avais plus peur. Julien était un homme pleinement vivant dans et par ses souffrances.

Julien était aussi un homme de foi. Il parlait facilement et librement de Dieu, de Jésus et de l'Esprit saint. On sentait que la sainte Trinité était le centre de sa vie. Il était rempli de l'Esprit saint. C'était un homme de prière et de grande compréhension. Mais il pouvait aussi interpeller et nous remettre en question et il n'hésitait pas à le faire quand, par exemple, j'avais mal agi. Cependant, il le faisait avec tant d'amour et de délicatesses que jamais je ne me suis senti blessé. Parfois sa maladie lui devenait insupportable. Il traversait alors des périodes de tristesse et de doute. Mais cela ne durait pas longtemps. Sa confiance en Dieu était tellement forte qu'il se reprenait et continuait à jouir de la vie.

Oui, Julien était un homme extraordinaire.

Témoignage Denis-Paul Hamelin, M.Afr.

C'était en 1983. J'étais à ce moment-là provincial à Montréal, et Julien nous arrivait de Fribourg, la dernière étape de sa présence dans les nombreux noviciats de la Société où il avait accompagné toute une génération de nos jeunes candidats dans leur formation spirituelle. Il croyait bien être arrivé au terme de sa vocation active, et la perspective de prendre résidence dans notre communauté de Québec, sans affectation à une tâche bien précise, avait créé chez lui un sentiment d'inquiétude bien justifiée.

Je pense bien que c'est avec la conviction de la foi d'Abraham bien plus que sur la force de mes arguments qu'il prit la route pour Québec, quelque peu rassuré. Le rayonnement de sa vie dans les années qui suivirent ont bien montré qu'une fois encore il avait choisi le bon chemin en faisant confiance au Seigneur. Les demandes de retraites et les visites d'accompagnement spirituel se multiplièrent, et, malgré toutes ses limites physiques, sa présence joyeuse et fraternelle apportait un rayon de soleil dans sa propre communauté.

Toute sa vie, Julien a marché à la lumière d'une seule étoile : la volonté très sainte du Père. Mais les chemins n'étaient pas tracés d'avance et la route était souvent ardue. Il a cherché pour comprendre les voies du Seigneur ; il a lutté avant de s'y abandonner. Mais plus la maladie dominait son corps, plus il se laissait déposséder de toute autonomie, plus sa liberté intérieure semblait grandir et plus sa présence spirituelle s'intensifiait.

Julien n'a jamais cherché d'excuses à la fidélité dans les fatigues et les frustrations de sa longue maladie. Les centaines de pages couvertes de son écriture brisée sont à leur façon témoin de sa discipline de vie, discipline qui n'était ni raideur ni formalisme. Ces « relectures », comme toute sa fidélité, étaient des chemins de libération intérieure ; il y cherchait les appels du Seigneur dans sa vie de chaque jour.

Pour nous, ses amis qui étions encore en activité en Afrique, des vacances au pays natal seraient restées incomplètes sans une visite à Julien. Immanquablement, la conversation prenait le même détour. Il répondait rapidement et bien simplement à notre question d'entrée sur son état de santé, mais bien vite c'est lui qui prenait l'initiative : « Et toi, comment ça va ? Et ton travail ? Es-tu heureux ? Comment va Mgr Jobidon ? » Il était resté très attaché à Monseigneur, qui l'avait accueilli dans son diocèse à Mzuzu lors de son trop court séjour au Malawi.

Julien avait vaincu la tentation de s'apitoyer sur son sort. Il avait si bien assimilé sa maladie qu'il était capable d'en parler avec humour. Il en avait fait son chemin de croissance. À travers ses diminutions, l'homme intérieur qui met sa force dans le Seigneur grandissait. Il était dépossédé de toutes forces physiques, mais le Seigneur lui fit la grâce de rester jusqu'à la fin en possession de toutes ses forces spirituelles pour s'abandonner complètement entre les mains du Père. Après chacune de mes visites, je me sentais renvoyé au si beau texte de Teilhard de Chardin sur la « communion par la diminution ».

Mon Dieu, il m'était doux, au milieu de l'effort, de sentir qu'en me développant moi-même j'augmentais la prise que vous avez sur moi; il m'était doux, encore, sous la poussée intérieure de la vie ou parmi le jeu favorable des événements, de m'abandonner à votre Providence. Faites qu'après avoir découvert la joie d'utiliser toute croissance pour vous faire, ou pour vous laisser grandir en moi, j'accède sans trouble à cette dernière phase de la communion au cours de laquelle je vous posséderai en diminuant en vous.

Après vous avoir aperçu comme Celui qui est un « plus moi-même », faites, mon heure étant venue, que je vous reconnaisse sous les espèces de chaque puissance, étrangère ou ennemie, qui semblera vouloir me détruire ou me supplanter. Lorsque sur mon corps (et bien plus sur mon esprit) commencera à marquer l'usure de l'âge; quand fondra sur moi du dehors, ou naîtra en moi du dedans, le mal qui amoindrit ou emporte; à la minute douloureuse où je prendrai tout à coup conscience que je suis malade ou que je deviens vieux; à ce moment dernier, surtout, où je sentirai que je m'échappe à moi-même, absolument passif aux mains des grandes forces inconnues qui m'ont formé; à toutes ces heures sombres, donnez-moi, mon Dieu, de comprendre que c'est Vous (pourvu que ma foi soit assez grande) qui écartez douloureusement les fibres de mon être pour pénétrer jusqu'aux moelles de ma substance, pour m'emporter en Vous.

Oui, plus, au fond de ma chair, le mal est incrusté et incurable, plus ce peut être Vous que j'abrite, comme un principe aimant, actif, d'épuration et de détachement. Plus l'avenir s'ouvre devant moi comme une crevasse vertigineuse ou un passage obscur, plus, si je m'y aventure sur votre parole, je puis avoir confiance de me perdre ou de m'abîmer en Vous – d'être assimilé par votre Corps, Jésus.

Ô Énergie de mon Seigneur, Force irrésistible et vivante, parce que, de nous deux, Vous êtes le plus fort infiniment, c'est à Vous que revient le rôle de me brûler dans l'union qui doit nous fondre ensemble. Donnez-moi donc quelque chose de plus précieux encore que la grâce pour laquelle vous prient tous vos fidèles. Ce n'est pas assez que je meure en communiant. Apprenez-moi à communier en mourant » (Le milieu divin).

Julien est parti vers son Jésus dont « il n'avait jamais perdu le goût », comme il disait. Ce goût de Jésus, il nous l'a partagé, nous rappelant un chemin de la mission – le chemin de la pauvreté – que nous avons trop souvent tendance à oublier.

—•—

Témoignage d'une amie, sœur Mariette Desrochers, qui a bien connu Julien dans la dernière étape de sa vie.

—•—

« À Lui notre Bien-Aimé (Cantique des cantiques) qui nous a mis sur la même route : *Deo gratias.* »

Quelle grâce m'a été accordée en mars 1989 lorsque j'ai fait la connaissance du p. Julien Papillon, P.B., qui était arrivé à l'unité de soins Cardinal Vachon quelques jours avant mon entrée dans l'équipe des soignants.

Très rapidement, j'ai découvert en cette personne fortement handicapée un homme profondément libre, un priant entièrement livré au Christ, un missionnaire au cœur de feu, un pèlerin infatigable. Je ne l'ai jamais vu en position debout, mais il ne cessait d'avancer, à l'écoute du monde et de l'Église, sans oublier son plus proche prochain. Une amie disait avec justesse le jour de ses funérailles : « Nous devions pousser son fauteuil roulant, mais c'est lui qui nous entraînait. »

Son énergie, où la puisait-il ?

« Je suis fidèle à moi-même ! Je suis toujours en Amour (Ct) et quelle grâce Il me donne à chaque AUJOURD'HUI d'être et de vivre dans le climat de Galates 5,22-26. »

« Grâce sur grâce il me DONNE la joie d'être... libre et vrai ‹en Amour› AUJOURD'HUI. Deo gratias. »

« Mon corps est pauvre, mon cœur est toujours en amour. Merci, Seigneur, de me donner de vivre l'essentiel. »

« Quand l'amour unit les hommes/femmes que nous sommes, il n'y a plus de distance, temps, âge et espace. Nous passons ‹EN LUI› déjà au monde de la Plénitude (Ap 21–22). Tout en demeurant fragiles et pauvres, nous sommes ‹riches d'ESPÉRANCE›. »

Aimer, révéler à l'autre sa capacité d'aimer et d'être aimé, vivre en relation et mettre des personnes en relation afin que s'accomplisse le plus tôt possible la volonté de Jésus : « Que tous soient un » (Jn 17,21) motivait toutes ses rencontres.

Inspiré de Rm 12,1-4, il se tenait en état de veille, de vigilance, de discernement, autant d'expressions souvent entendues de sa bouche qui exprimaient sa détermination à ne perdre aucune occasion de communier à la vie du Christ, lui-même en constante référence au Père. Si Julien tenait à demeurer vigilant comme si tout dépendait de son bon vouloir, il n'en était pas moins le « pauvre humble », selon son expression. « Je garde mes mains ouvertes pour tout recevoir et tout donner. » Comme il était touchant de l'entendre dire : « Je garde mes mains ouvertes » alors qu'elles se recroquevillaient de plus en plus et qu'il lui fallait demander qu'on lui ouvre les mains.

Je garde de Julien le souvenir d'un homme tourné vers les autres et plein d'humour. La douleur était toujours présente, mais il ne se plaignait pas. Combien de fois je me disais : « Il écoute si attentivement tous mes soucis que j'en oublie ses propres souffrances. » Il est vrai que chez lui nous pouvions apporter tous nos problèmes et il était reconnaissant. Sa prière était nourrie de toutes les intentions qu'on lui présentait. Un jour, je lui ai demandé de prier pour une jeune femme aux prises avec un très grave problème de toxicomanie. Tellement violente, elle avait été mise à la porte de la maison de thérapie. Quelle ne fut pas notre surprise de la revoir peu de temps après, complètement transformée et engagée pour aider d'autres personnes à sortir de ces situations douloureuses. J'ai toujours pensé que la prière de Julien avait été une très puissante intercession et que le Seigneur avait agi avec force.

Julien avançait en confiance, disant : « Je vis dans la patience, l'attente de son RETOUR, la reconnaissance, l'action de grâce, le silence… criant, chantant, bien souvent silencieusement la prière de l'espérance eschatologique : *Marana Tha.* »

Il avait au cœur l'assurance dont parle saint Paul aux Romains 8,38-39 : «Ni mort ni vie, ni anges ni principautés, ni présent ni avenir, ni puissances, ni hauteur ni profondeur, ni aucune autre créature ne pourra nous séparer de l'amour de Dieu manifesté dans le Christ Jésus notre Seigneur. »

Rien ne pourra nous séparer de l'amour du Christ et rien ne pourra nous séparer de ceux et celles que nous avons aimés dans le Christ.

En communion d'amitié et de prière avec tant de personnes qui ont connu et aimé Julien, je dis toute notre reconnaissance et notre joie d'avoir marché ensemble, pèlerins vers l'Éternel.

Célébration de l'«exode final» de Julien Papillon, M.Afr. Neuville, le 28 juin 2002

Homélie

Julien parlait depuis longtemps de cet événement qui terminerait sa vie comme étant son «exode final» : une sortie de ce monde pour se mettre en route vers un autre monde. C'est ce que nous célébrons dans cette eucharistie aujourd'hui.

Une dernière mise en route, un dernier départ, pour rencontrer Celui qui l'avait appelé dans ses années d'enfance, qui l'a progressivement séduit et consolé tout au long de sa vie, le Dieu-Trinité : attirance de Dieu-Père, compagnonnage de parole et de conseil avec le Dieu-Fils, le Seigneur Jésus, et transformation dans la paix, la joie, la bienveillance et l'amour par le Dieu-Esprit. Julien a vécu en relation tout à fait privilégiée avec chacune des personnes de la Trinité et il en fait sa signature de tous les jours : au Père, dans le Christ, par l'Esprit; «Shalom and Love» sur le sigle de la Croix. (Texte de communion – choisi par Julien : «Si quelqu'un m'aime, il gardera ma parole, mon Père l'aimera, nous viendrons à lui et nous ferons chez lui notre demeure. »)

Le 1ᵉʳ janvier 1979, Julien entreprenait d'écrire jour après jour son journal spirituel : son vécu quotidien, terre à terre, les rencontres, les événements, les épreuves, les difficultés, les joies. Rien de sa vie, telle que celle-ci se présentait et se déroulait au jour le jour, n'a échappé à son attention : une réalité soigneusement enregistrée dans sa mémoire, rigoureusement interprétée selon les données de sa conscience, et de plus en plus transfigurée dans sa prière. Cette réalité humaine du corps, du cœur, de l'âme, de l'esprit de Julien, il a appris aussi au jour le jour à la laisser illuminer par la Parole de Dieu. Ce journal quotidien, Julien s'est arrêté de le rédiger le 31 décembre 1999, après 21 ans. Si vous en faites le calcul, le chiffre s'élève à près de 7000 pages. À cela, il faudrait ajouter le contenu de lettres nombreuses, personnelles et intimes, les textes de conférences, de retraites prêchées, d'homélies multiples pour découvrir la vision à la fois profondément humaine et divine qu'il se faisait de la vie et du sens de l'existence.

Nous sommes donc devant un héritage considérable. Indépendamment de ses écrits, beaucoup ont connu Julien à divers degrés d'intimité. Des témoignages nombreux trouveraient toute leur place dans cette célébration.

1. Voie d'humanité : famille, amis, accompagnements multiples dans son ministère : « la présence à l'autre ».
2. Voie d'enfance : le croyant. La foi, la prière, la Parole reçue. La progressive désappropriation de soi pour un plus grand don de soi.
3. Mission : le missionnaire. L'entrée dans le projet missionnaire de Dieu.
4. Voie d'amour, purifiée par, vécue dans la souffrance.

1- *Voie d'humanité : Julien, l'homme*

Laissons parler Julien sur une première voie : celle de son humanité, une humanité qu'il a toujours prise fortement au sérieux.

« Habite ta situation, si tu veux trouver Dieu. Dieu n'est jamais ailleurs. »

Habite ton corps, pour le rendre sportif et adapté. Habite ton cœur pour l'habiliter à l'amour. Habite ton esprit, ton âme, ta psychologie pour te situer dans la culture dans laquelle tu vis et pour développer ton profil propre. Habite tes événements pour ne pas passer à côté de l'histoire. Habite tes relations familiales pour être en contact avec tes racines. Habite tes rencontres, tes amis, tes amitiés pour accueillir et découvrir l'autre dans sa différence. Habite les étapes de ta vie : les défis, les épreuves, les crises, les remises en question, les rejets. Habite ta famille. Habite tes amis. Habite ton intelligence, ta volonté. Ta mémoire, ta sensibilité : laisse ta conscience émerger dans ce que tu es, sans évasion, sans fuite, sans compensation. Connais-toi, accueille-toi, accepte-toi : vis dans tes qualités, tes richesses, tes limites, ta maladie, ta fatigue. Accepte tes erreurs, ton ignorance, ton péché. Oriente-toi dans la vie avec ce que tu es, dans ce que tu es, non dans ce que tu crois être ou que tu voudrais être. Nous sommes en présence de l'HOMME JULIEN se vérifiant et cherchant à faire la vérité dans cette matière charnelle, selon les multiples particularités de sa vie, en respectant la maturation que lui apportait le temps.

« Au début de mon adolescence, nous confie-t-il, *je note des ‹conséquences existentielles› : la découverte d'être différent. Cela va engendrer la peur et la crainte et le désir d'être l'autre, dans le conformisme. Je ne veux pas être un ‹phénomène›. »*

« Pourtant, poursuit-il, *malgré cette peur et cette inclination au plus facile, me fondre dans l'anonymat, je sens un appel confus, de l'intérieur, éveillé par le contexte famille-école, à être ‹autre› ‹quelqu'un›, à faire ma vie et à cheminer dans mon originalité propre malgré les exigences attachées à ce challenge ! »*

Un peu plus tard, il note : découragement, révolte, refus, éveil à la réalité, acceptation, réflexion et prière : *« Je me sens très seul. Dieu devient toujours plus mon confident. »*

Les grandes questions de l'existence lui faisaient mal au ventre : *« D'où je viens ? La fin de l'être humain ? L'autre bord ? Le sens de l'existence ? Qu'est-ce que je fais avec tout ça ? Plus j'y pense, plus j'ai peur. Parce que je sens que c'est sérieux et la question m'est personnellement posée... et pourquoi avec autant d'intensité ? »*

Questions douloureuses et déchirantes. Ces questions seront « ma souffrance », ma première dose de souffrance. À la fin de son secondaire, Julien conclut que Dieu parle fort dans sa vie et son histoire.

« Il me respecte et me met devant mon choix, qui demeure libre. Je sens que je dois ‹tout investir pour l'Absolu› : c'est mon unique voie pour vivre ma vie d'homme. Moi qui priais pour me marier et mener une vie familiale honnête, je décide pour un engagement radical pour l'Évangile, dans l'Église, au loin. »

2- Voie de foi, voie spirituelle : Julien, le croyant

« Dieu était devenu le confident de ma vie. Dieu dans ma situation. Pas de simples émotions de piété ou de pratique religieuse. Dieu dans ma vie, dans tout ce qui m'habite, se manifestant dans toutes les dimensions de mon être. » Un deuxième profil de Julien se dessine en travers de cette composante humaine, celui du CROYANT, L'HOMME DE FOI ET DE CONFIANCE dans un Dieu qui l'a séduit et qui le fascine de plus en plus.

Des notes de son journal : chaque matin, prière et offrande. *« Très tôt, l'offrande est devenue la première expression de ma prière. »* Une offrande qui deviendra de plus en plus habitée de pauvretés et de limites, celle de son humanité handicapée, comme il le signale. Offrande pour la mission et pour le service dans chacun des aujourd'huis de sa vie, dans les détails du quotidien avec toute la conscience et la présence de son être. Que de fois il a noté « vouloir être ailleurs, être autrement, s'offrir efficace, valeureux, actif », vivre des réalités plus consistantes. C'est cependant devant son Dieu et illuminé par sa Parole qu'il revenait présent dans les contraintes de la réalité.

JULIEN LE CROYANT : l'homme aux mains ouvertes et nues devant Dieu, à l'écoute assidue de sa Parole pour entendre ce que son Dieu attendait de lui ce jour-là. Cette attitude est devenue contagieuse et missionnaire à travers de multiples rencontres et des amitiés semées dans sa vie.

« *Il m'a donné le goût de la Bible, de lire la Parole de Dieu*, lit-on dans le témoignage d'une amie, *et c'est peut-être le plus beau cadeau qu'il m'a fait. C'était vraiment un homme de foi profonde.* »

« *Oui*, dit une autre, *sa foi a résisté à l'usure d'une maladie qui l'a dépouillé de tout et l'a réduit à la plus totale dépendance et au silence... Il est resté éveillé dans l'Amour, fidèle à tous ceux qu'il avait rencontrés sur sa route.* »

Il savait entre les mains de qui il avait remis sa vie.

« *Auprès de lui*, poursuit-elle, *j'ai appris que l'unique nécessaire, c'est la confiance qui est la vie même de la relation à Dieu et à nos frères et sœurs.* »

« *Gardons les yeux vigoureusement fixés sur Jésus-Christ.* » *Combien de fois ne m'a-t-il pas rappelé ce texte ? Lui-même y puisait force pour persévérer dans la prière. Jusque dans les derniers mois de sa vie, alors que sa prière était dénuée de toute consolation, il est resté fidèle à cette parole, reprenant chaque jour la lecture assidue de l'Évangile du jour et de ses textes préférés qu'il connaissait par cœur.* »

3- La mission : Julien, le missionnaire

Le 1ᵉʳ novembre 1981, Julien écrivait à ses supérieurs les mots suivants :

> « *Je fais partie du décor de la formation du noviciat depuis maintenant 14 années consécutives. Sécurisé par l'habitude, qui pourtant est soumise à l'exigence de la désinstallation avec chaque nouveau groupe, je me pose la question à mesure que je vieillis dans ce service sur mon aptitude à reprendre la route, selon la parole dite à grand-papa Abraham : ‹ Va ! › J'ai crainte de quitter ce lieu privilégié, peur de l'inconnu, Mais d'autre part, appel à partir pour l'ailleurs et disponibilité à cet ailleurs.* »

À l'intérieur de son expérience de foi, il vivait une grande disponibilité à accueillir ce qu'on lui demandait. Il avait fait son serment missionnaire pour cela. Il entendait y être fidèle jusqu'au bout de ses capacités.

Julien n'a jamais pu partir pour une longue période en Afrique, selon son rêve de jeunesse. Les quelques mois qu'il a passés au Malawi de septembre 1964 à mai 1965 ont été hypothéqués par un surcroît de maladie : celui du paludisme ou de la malaria à la fin de son séjour ; il a dû être rapatrié dès les premières améliorations de son état.

Sa disponibilité se situait ailleurs. Son style missionnaire s'est affirmé autrement, simplement à travers ses relations humaines.

« *Nous sommes faits pour la relation, à l'image de la Trinité sainte* », disait-il à une amie. Jusque dans les derniers jours de sa vie, il a cultivé ce regard de confiance en l'autre puisé dans la confiance que Dieu nous fait, qui que nous soyons.

« *La moisson est abondante, mais les ouvriers sont peu nombreux* », aimait-il redire avec Jésus.

Missionnaire jusqu'au fond de l'âme, Julien m'a appris à accepter d'être dérouté dans mes projets pour apprendre petit à petit à entrer dans le projet de Dieu. Il m'a appris que l'œuvre de Dieu est avant tout de croire (Jn 6,29). Et d'épouser sa volonté à travers tous les événements de notre vie tels qu'ils se présentent, vécus en profonde solidarité avec nos frères et sœurs souffrants, en offrande, par Jésus, avec Jésus, en Jésus. Telle est notre première mission.

Faire exister l'autre : telle semble avoir été la motivation missionnaire de Julien. Étonnamment doué pour la relation humaine, cordial et chaleureux, sachant utiliser ses talents pédagogiques, Julien a mis tous ses services pour rencontrer l'autre et lui faire découvrir le meilleur de lui-même. Une forme très discrète de leadership.

4- Habitué de la souffrance

Et Julien, comme nous le savons, était devenu un « habitué de la souffrance » : il avait apprivoisé sa maladie et s'était laissé dépouiller par elle de toute forme de pouvoir pour entrer dans la plus grande pauvreté qui soit, et non sans humour. En 1979, il note ceci :

« *Je remarque de fortes difficultés à écrire de façon prolongée. J'ai actuellement le bras sclérosé... et cela paraît. Quelqu'un m'aide à faire et à transporter mes bagages ; j'ai cette occasion unique et heureuse parce que, avec mes jambes, la marche et les bagages me sont rendus très pénibles. Ce soir, j'ai fait le tour du bloc du quartier et j'ai beaucoup de difficultés à revenir... comme un gars saoul : on me regarde... quel type... encore un, la maudite bouteille !* »

« *À mesure que le ‹faire› diminue*, nous dit-il dans ces dernières années, *lentement mais sûrement l'être émerge, grandit, prend de plus en plus d'espace. Cette maladie chronique, évolutive, m'a fait parcourir tout un itinéraire géographique et ‹intérieur›. Les forces se retirent, je perds mon autonomie, pétale par pétale ! Se soumettre à la réalité ? Je préfère y entrer positivement plutôt que dans une simple soumission, et y entrer à la manière de Jésus.* »

« *C'est là, dans le silence des dernières années*, nous signale une amie, *qu'il est devenu cette Parole jusqu'à ne faire plus qu'un avec Jésus. Par Jésus, avec Jésus, en Jésus, il s'est offert dans l'obscurité d'une vie toute simple qu'il aimait comparer à la vie de Nazareth auprès de Jésus, Marie, Joseph, en compagnie de qui il aimait vivre et espérait mourir.* »

Dans un message reçu après l'annonce du départ de Julien, un confrère disait : « *Il connaît Dieu maintenant, car il le voit.* »

Julien a dû passer rapidement par le purgatoire pour se purifier de quelques poussières de la route en nomade qu'il était, prendre une bonne douche, revêtir la robe nuptiale, pour aller à la rencontre de celui qu'il avait passionnément aimé et servi.

Merci, Julien, de tout ce que tu as été pour nous !

Richard Dandenault

Table des matières

MEMBRE DU GROUPE SCABRINI

Québec, Canada
2005